Otto von Corvin

Die Geißler

Historische Denkmale des Fanatismus in der römisch-katholischen Kirche

Ergänzungswerk zum Pfaffenspiegel

SEVERUS

von Corvin, Otto: Die Geißler. Historische Denkmale des Fanatismus in der römisch-katholischen Kirche. Ergänzungswerk zum Pfaffenspiegel
Hamburg, SEVERUS Verlag 2014

ISBN: 978-3-86347-758-5
Druck: SEVERUS Verlag, Hamburg, 2014

Der SEVERUS Verlag ist ein Imprint der Diplomica Verlag GmbH.

Bibliografische Information der Deutschen Nationalbibliothek:
Die Deutsche Nationalbibliothek verzeichnet diese Publikation in der Deutschen Nationalbibliografie; detaillierte bibliografische Daten sind im Internet über http://dnb.d-nb.de abrufbar.

Otto von Corvin

Die Geißler

Historische Denkmale des Fanatismus in der römisch-katholischen Kirche

Ergänzungswerk zum Pfaffenspiegel

SEVERUS

Dem Roß eine Peitsche, dem Esel einen Zaun und dem Narren eine Ruthe auf dem Rücken.

Sprüchw. Salom, Kap. 26. V. 3.

Inhalt

1. Allgemeine Prügelschau

„Der Stock regiert die Welt“
Altes Sprichwort

Der Papst und unsere Fürsten lassen sich so gern die Statthalter Gottes nennen; aber in der That sind sie nur Statthalter des Stockes, der nach dem gemeinen Sprichwort die Welt regiert. Die Wahrheit desselben erkannten schon die Alten an, und die Bilder des Stockes und seiner gleich verehrungswürdigen Gemahlin, der Geißel, waren von jeher die Symbole der obersten Gewalt.

Die Römer dachten sich alle ihre Götter, sogar die sanfte Venus, mit der Geißel bewaffnet, und Cicero träumte einst, daß Jupiter dem jungen Octavianus, nachherigem Kaiser Augustus, eine Geißel gegeben habe als Sinnbild der Herrschaft über die Welt. – Die Regierung der meisten Könige hat dargethan, daß sie, nämlich die Geißel, auch ein weit besseres Symbol für die oberste Gewalt der Fürsten ist, als der Szepter, welcher in seiner Jugendzeit ein einfacher Stock war. Es ist nur eine höfliche Redensart der Diplomaten, wenn sie der Krone, die doch unzweifelhaft von weit jüngerem Adel ist, den Vorrang geben, indem sie stets von der Krone Frankreich, der Krone Rußland u. s. w. reden; während sie doch eigentlich die Geißel Frankreichs oder der Stock Rußlands sagen müßten.

Die Krone oder ihren Träger fürchtet Niemand; jeder scheut nur den Stock in der Hand des Königs. Nehmt ihm diesen, das heißt die Gewalt, so ist er trotz seiner Krone ein Mensch wie jeder andere.

Daß man den Stock mit der Geißel und ihren beiderseitigen Verwandten zu Sinnbildern der höchsten Gewalt wählte, beweist nur, daß im Leben der Menschen diese Instrumente selbst eine sehr wichtige Rolle spielten. Die Aeußerungen ihres Vorhandenseins nennt man bekanntlich mit den verschiedensten Namen, und ganz besonders reich an Bezeichnungen dafür ist unsere deutsche Sprache; denn fast in jeder Stadt Deutschlands hat man für Prügel ein provinzielles Lieblingswort. Es müßte nicht uninteressant sein, alle diese verschiedenen Benennungen einmal zusammengestellt zu sehen, und ich wäre begierig zu wissen, ob wir reicher an Namen sind wie die Russen, deren Ueberlegenheit in der Sache ich ohne Streit anerkennen will.

Doch wir haben hier viel Wichtigeres zu thun, als daß ich mich bei sprachlichen Forschungen aufhalten könnte. Mag man sie nun Schläge, Hiebe, Haue, Wichse oder Keile nennen, der Grundsatz bleibt: Prügel thun weh, und ebenso sicher darf man als wahr annehmen, daß sie in ihrem Naturzustande eben dieser physischen Beschaffenheit wegen ausgetheilt wurden. Daß sie in späterer Zeit zu anderen Zwecken verwendet wurden, daß sie durch die verfeinerte Kultur, unter dem Schutze der römischen Kirche und besonders durch sorgfältige Pflege der ehrwürdigen Herren Jesuiten allmälig so weit ausarteten, daß sie, anstatt wehe zu thun Wollust erzeugten, – das alles wollen wir vor der Hand unberücksichtigt lassen und nur die einfachen, ursprünglichen Prügel betrachten.

Wie sie eigentlich entstanden sind, das weiß weder der Abbé Boileau noch der Jesuit Gretser, noch irgend einer der andern Schriftsteller, welche diesen Gegenstand wissenschaftlich untersucht und behandelt haben. Ich möchte fast vermuthen, daß schon Eva auf den sinnreichen Einfall kam, dem ungezogenen Kain mit der flachen Hand den Hintern zu klatschen; doch will ich nicht eigensinnig auf dieser gewagten Hypothese stehen bleiben. Es war wohl das natürlichste, daß man sich anfänglich zum Schlagen der Hand allein bediente, und somit würde den Ohrfeigen, Püffen und Katzenköpfen die Ehre des höchsten Alterthums gebühren, wenn sich nur historische Beweise darüber beibringen ließen. Der älteste Schlag, von dem wir Nachricht haben, ist der, welchen Kain gegen den Abel führte; aber Moses vergißt uns zu sagen, mit welchem Instrumente der tödtliche Schlag geführt wurde. Geschah es mit der Faust oder mit einem Stock? Ueber meinem Schreibtisch hängt ein Gemälde von Annibal Caracci, welches Kain und Abel vorstellt; auf diesem hat Kain einen blutigen Thierkinnbacken als mörderische Waffe in der Hand; allein die Maler erlauben sich ja häufig Anachronismen, und dieser Kinnbacken beweist nichts. Wahrscheinlich ist es allerdings, daß man bald die Entdeckung machte, wie ein heftiger Schlag mit der Hand eben dieser Hand wehe thut, und eben deshalb zu irgend einem Dinge griff, welches die beabsichtigte Wirkung hervorbrachte, ohne selbst etwas zu empfinden oder dem Schlagenden wehe zu thun. Nun war doch wohl den ersten Menschen nichts näher als ein Baumzweig – ein Stock, und ich glaube demnach ohne Gefahr annehmen zu können, daß der Stock nächst der Hand das erste Schlaginstrument des Menschen war.[1]

Wie Adam der Stammvater des ganzen Geschlechts der Menschen wurde, die trotz ihrer Verschiedenheit an Gestalt und Farbe ihrer menschlichen Natur wegen unter einander verwandt sind, so wurde auch der rohe Stock Ahnherr einer sehr respektablen Familie, deren verwandtschaftliches Verhältniß schon durch den gemeinsamen Zweck ihres Daseins – nämlich den, zu prügeln – hinlänglich erwiesen ist. Zwischen dem ersten rohen Baumast, der zum Prügeln diente und der Ruthe, mit welcher der Jesuit Girard die

1 „Die Leser, welche mich aus dem ersten Buche bereits kennen und Weitschweifigkeit an mir nicht gewohnt sind, werden sich darüber wundern, daß mir die Geburt des Stockes so schwer wurde, und vielleicht meinen, ich hätte damit nur meinen Widerwillen gegen denselben überhaupt andeuten wollen; allein dies ist nicht der Grund. Ich wollte den gelehrten Wissenschaftlern und Pennalreitern, die auf meine Schreiberei vielleicht mit Geringschätzung herabsehen, nur zeigen, daß ich ganz ebenso langweilig schreiben kann wie sie, ohne Professor zu sein. Uebrigens ist dieses Pröbchen »wissenschaftlicher« Untersuchungsweise nur ein Kind gegen andere Untersuchungen über weit unwichtigere Gegenstände. Ich besitze zum Beispiel eine Weltgeschichte, in welcher auf vielen Quartseiten untersucht wird, wie lange Jakob gesäugt wurde!"

schöne Cadiere streichelte, ist doch gewiß nicht weniger Ähnlichkeit, wie zwischen einem thransaufenden Eskimo und Fanny Elsler.

Das Geschlecht Adams und des Stockes bildete sich mit und neben einander aus, und als sich das erstere in verschiedene Klassen sonderte und verschiedenen Beschäftigungen anheim gab, entstanden auch verschiedene Klassen von Schlaginstrumenten, die auf die einem jeden eigenthümliche Weise den Zweck ihrer Existenz erfüllten.

Die Naturgeschichte des Menschen ist gewiß sehr interessant; aber doch bei weitem mehr zieht uns die Geschichte der menschlichen Thätigkeit an; ganz derselbe Fall ist es mit den Stockgeborenen, und die Naturgeschichte der Prügelinstrumente interessirt uns weit weniger als die Geschichte der Prügel, zu welcher ich eben einige historische Beiträge zu liefern gedenke.

Dies ist nicht so leicht, wie sich viele meiner Leser einbilden mögen, – wäre es das, dann würde ich schwerlich eine so lange Einleitung machen! – denn die Prügelinstrumente handeln nicht selbstständig, sondern werden durch den Willen eines schwer zu ergründenden Wesens, des Menschen, bestimmt. Die Beschaffenheit des Menschen ist aber unendlich verschieden, und das erschwert die Klassifikation der Prügel bedeutend. Die Effekte, die derselbe Bogen, geführt von Paganini und dann wieder von einem Bauernjungen, auf derselben Violine hervorbringen, können nicht verschiedener von einander sein als die Wirkungen, welche von derselben Ruthe, geführt von einer robusten Klostermagd und dann wieder von einem feinen Jesuiten, auf demselben zarten Hintertheil eines schönen Fräuleins hervorgebracht werden. Man vergebe mir daher, wenn ich dabei etwas gründlich und umständlich zu Werke gehe.

In einem Buche, welches ebenfalls vom Geißeln und den Jesuiten handelt, las ich, daß ein berühmter Gelehrter in einer deutschen Universitätsstadt folgendes Schema für die Geschichte des Schlagens aufstellte: »Die Prügel oder Schläge, sagte er, lassen sich eintheilen in Staats- und Privat-, öffentliche und geheime, freiwillige und unfreiwillige, zweckgemäße und zweckwidrige, rationalistische und supernaturalistische, geistliche und weltliche, reguläre und irreguläre, trockene und saftige Prügel. Ferner lassen sie sich eintheilen: 1) nach dem Subjekte, welches prügelt; 2) nach dem Objekte, welches geprügelt wird; 3) nach dem Materiale, womit –, 4) dem Körpertheile, auf welchem es geprügelt wird; endlich 5) nach der Dauer der Züchtigung.«

Ich führe dies nur an, um eine Uebersicht von all den Thematas zu geben, welche in diesem Buche mehr oder minder weitläufig abzuhandeln sind. Auf alle Spielarten kann ich mich nicht mit gleicher Gründlichkeit einlassen, sondern muß mich hauptsächlich auf die geistlichen Prügel beschränken; allein da alle andere Arten mehr oder weniger nahe mit ihnen verwandt sind, so muß ich sie wenigstens in der Kürze berühren, und das soll in diesem Kapitel geschehen.

Zunächst wollen wir darin die klassischen Prügel und nach ihnen die biblischen untersuchen; dann folgen die weltlich-mittelalterlichen und endlich die modernen, insofern sie nicht Kinder der römisch-katholischen sind und in das Gebiet der geistlichen herübergezogen werden müssen.

Unter klassische Prügel verstehe ich diejenigen, von denen uns die alten klassischen Schriftsteller Nachricht gegeben haben; ich unterscheide sie wieder in unfreiwillige und freiwillige und beginne mit den ersteren, welche jedenfalls, in Bezug auf den Geschlagenen, natürlicher sind.

Obgleich das Christenthum, oder das, was die Pfaffen so nennen, sich das Verdienst erworben hat, das Prügelsystem auf die höchste Stufe der Vollkommenheit zu erheben, so darf man ihm doch keineswegs die Erfindung des Prügelns selbst zuschreiben. Das war schon eine uralte heidnische Gewohnheit.

Bei den alten Persern war es eine große Schmach, mit Ruthen gegeißelt zu werden; aber nichtsdestoweniger ließen die Könige dieser Völker gar häufig selbst ihren vornehmsten Staatsbeamten diese Behandlung zu Theil werden, und das Hof-Ceremonial verlangte, daß die Geprügelten sich beim Könige für die große Gnade bedanken, deren er sie gewürdigt, und daß sie die erhaltenen Schläge als ein Merkmal des gnädigsten Andenkens des Königs ansehen mußten.

Artaxerxes Langhand verbot, die Großen seines Reiches auf so hündische Weise zu strafen; hatten sie sich eines Verbrechens schuldig gemacht, dann werden von nun an anstatt ihrer Rücken nur die ausgezogenen Kleider gestäupt.

Die parthischen Könige hatten eine sehr bequeme und wohlfeile Art von Ehrenbezeugungen. Wollten sie einem ihrer Lieblinge eine rechte Auszeichnung zu Theil werden lassen, dann ließen sie ihn in ihrer Gegenwart mit Ruthen streichen, und die vornehmsten Jünglinge stritten sich um diese Ehre. Ein ähnlicher Gebrauch herrschte auch bei den Lydern. Ich schlage vor, ihn bei uns anstatt der Orden einzuführen.[2]

Bei den Indern regierte das Bambusrohr, und das Oberhaupt einer Familie handhabte es mit unumschränkter Willkür. Es hatte das Recht, seine Frau, seine Tochter, seine Magd, ja selbst seine Mutter zu schlagen, wenn sie Wittwe war.

Der Gebrauch, die Sklaven durch Schläge zu strafen, ist uralt und herrschte auch bei den freien Scythen, wie uns eine Erzählung von Justin beweist. – Die Scythen, gezählt er, waren zum dritten Mal nach Asien in den Krieg gezogen und blieben acht Jahre von Hause fort. Ihren Weibern wollte diese erzwungene Ehelosigkeit gar nicht gefallen, und da sie wohl glauben mochten, daß ihre Männer im Kampfe gefallen wären, so entschlossen sie sich, die Sklaven zu heirathen, welchen während der Abwesenheit der Herren die Sorge für das Vieh aufgetragen war. Man kann sich also den Schrecken der Weiber und Sklaven denken, als die todtgehofften Scythen sieggekrönt von ihrem Feldzuge zurückkehrten. Weiber und Sklaven hatten auf gleiche Weise zu fürchten, und die letzteren entschlossen sich, ihren Herren mit den Waffen in der Hand den Eingang in ihr Land zu verwehren.

Der Krieg begann und wurde von beiden Seiten mit fast

2 „Jedenfalls würden die Ausgezeichneten dann sicher sein, echte vollgültige Schläge zu erhalten, während es jetzt vorkommt, daß manche Orden nicht einmal von dem vorgeschriebenen Metall sind. So ist zum Beispiel das »goldene« Kreuz, welches den preußischen Offizieren für 25 jährige Dienste gegeben wird – nur vergoldet."

gleichem Erfolge geführt. Die Scythen waren in großer Verlegenheit. Da ertheilte ihnen Jemand den Rath, sich zu erinnern, daß sie nicht mit Feinden, sondern mit ihren eigenen Sklaven zu streiten hätten, also auch die Art des Krieges ändern müßten. Sie sollten ihre Gegner nicht als ebenbürtige Feinde, sondern als Sklaven behandeln und statt der Waffen nur Peitschen, Geißeln und ähnliche Instrumente zum Prügeln der Sklaven ins Feld bringen.

Die Scythen fanden diesen Vorschlag gut und bewaffneten sich, wie man ihnen gerathen hatte; und sie hatten sich kaum aufs Neue ihren Feinden gezeigt und ihre neuen Waffen zu brauchen angefangen, als jene auch dadurch in den größten Schrecken versetzt wurden, so daß diejenigen, welche nicht durch Waffen bezwungen werden konnten, bloß durch die Furcht vor Geißeln überwunden wurden und nicht wie ein geschlagener Feind, sondern wie fliehende Sklaven entflohen. –

Bei den Griechen waren Prügel keineswegs Seltenheit und kamen selbst unter Standespersonen vor. Wenigstens sehen wir aus dem Homer, daß sich diese bei geringen Streitanlässen häufig Schläge antrugen. Ja selbst die Kriegsgefangenen, die in ehrlicher Feldschlacht den Griechen in die Hände fielen, werden von ihnen häufig gegeißelt, die Helden scheinen sich sogar ein besonderes Vergnügen daraus gemacht zu haben, die Tapfersten und Angesehensten darunter mit eigenen Händen durchzupeitschen. In einem Trauerspiele des Sophokles, Ajax der Geißelträger, legt Minerva selbst bei dem Helden vergebens ein gutes Wort für einen Gefangenen ein, den er todtzugeißeln sich vorgenommen hat. – Die griechischen Sklaven bekamen bei jeder Veranlassung Prügel, und besonders schnell waren damit die leicht reizbaren Griechinnen bei der Hand.

Uebrigens habe ich auch einmal eine lange und sehr gelehrte Abhandlung gelesen, welche über den bei den Griechen herrschenden Gebrauch, ihre Weiber zu schlagen, handelt. Darin wird behauptet, daß es die schönen Griechinnen sogar als einen Mangel an Liebe ansähen, wenn sie nicht, von Zeit zu Zeit von ihren Liebhabern gehörig durchgeprügelt wurden.[3] Daß übrigens die Männer des klassischen Alterthums zu Zeiten von ihren geliebten Mädchen Schläge bekamen, scheint keinem Zweifel unterworfen, und selbst Ovid räth in seiner »Kunst zu lieben« an, die Schläge von dem geliebten Mädchen nicht für etwas Schimpfliches zu halten. In der Satire des Petronius, Polyänos an Circe, findet sich auch eine hierher gehörige Stelle. Polyänos hat sich eines derjenigen Fehler schuldig gemacht, welchen die Damen am schwersten vergeben, er schreibt deshalb an Circe: »Wenn du mich tödten willst, so komme ich mit dem Schwerte; begnügst du dich aber mit Schlägen, so erscheine ich nackend bei dir, meine Gebieterin.«[4] In der Folge werden wir sehen, daß Polyänos zwei sehr vornehme Nachahmer fand.

Sehr spaßhaft war ein hierher gehöriger Gebrauch in Lacedämon. Bei einer ausdrücklich dazu angeordneten Feierlichkeit wurden alljährlich die Junggesellen, die ein bestimmtes Alter erreicht hatten, von den alten Jungfern um den Altar der Juno herumgegeißelt. Die Sache war ganz in der Ordnung; bei uns rächen sich die alten Jungfern gewöhnlich für die Konservirung ihrer Jungfrauschaft an der ganzen Welt und vorzüglich an den jüngern, glücklichern Personen ihres Geschlechts; aber in Sparta traf ihre Rache die eigentlichen Verbrecher, denn es lag offenbar nur an ihnen, daß die armen Mädchen als Jungfrauen sterben mußten. Daß sie ihre Geißeln und die Rücken der Sünder nicht geschont haben werden, darf man von verschmähten, ehemaligen Schönen erwarten.

Die Geißel spielte sowohl im öffentlichen, wie im Privatleben der Römer eine große Rolle. Die Lictoren, welche die Consuln und Diktatoren umgaben, trugen ansehnliche Ruthenbündel, jeden Augenblick bereit, die Befehle und Urteilssprüche der Gebieter zu vollziehen. Wirkliche römische Bürger zu geißeln war im Allgemeinen wohl selbst zu Rom

---

3 „Ich habe leider das seltene Buch an Jemand verborgt, der verreist ist, sonst würde ich den Lesern Näheres darüber mittheilen."

4 „Polyaenos Circae salutem ... sive occidere placet, cum ferro venio; sive verberibus contenta es, curro nudus ad Domi nam. Id tantum memento, nonme, sed instrumenta, peccasse, etc."

nicht erlaubt, und der Hauptmann, der den Apostel Paulus geißeln ließ, hatte wohl Ursache, zu erschrecken, als dieser ihn bedeutungsvoll fragte: »Ist es erlaubt, einen römischen Bürger zu geißeln?«

Desto freigebiger waren die römischen Richter aber mit Schlägen gegen Freigelassene und Sklaven, die sich irgend etwas zu Schulden kommen ließen; auch wurden sie nicht mit Ruthen gepeitscht, sondern mit anderen, dauerhafteren Instrumenten. Einige bestanden aus einem einfachen, glatten Riemen von Leder, und diese wurden ferulae genannt; mit ihnen gegeißelt zu werden war die gelindeste Strafe. Schon schmerzhafter und bei größeren Vergehungen angewendet, waren die aus mehreren Streifen Pergament zusammengedrehten scuticae; aber den Superlativ bildete die aus Ochsenleder verfertigte Geißel, welche man flagelum und häufig terribile flagelum nannte; noch furchtbarer war aber die sogenannte spanische Geißel, die indessen nur von strengen Herren gegen ihre Sklaven angewendet wurde.

Ich habe schon oben gezeigt, daß die Geißel bei den Römern als ein Symbol der Oberherrschaft angesehen wurde; allein ebenso galt sie auch als das Sinnbild der Sklaverei. Bei den Triumphen war es gebräuchlich, hinter den Sieger im Triumphwagen einen Mann zu stellen, der eine Geißel in der Hand hatte, um dadurch anzuzeigen, es sei keine Unmöglichkeit, daß ein Mensch von dem höchsten Gipfel der Ehre bis in den tiefsten Abgrund der Niedrigkeit, ja selbst bis zum Stande eines Sklaven herabsinken könnte. – Uebrigens konnte diese Geißel auch eben so gut hier ein Zeichen der Herrschaft sein, da der Triumphator an seinem Ehrentage den Oberbefehl in der Stadt hatte.

Geißel und Sklave stand bei den Römern in der allergenausten Beziehung zu einander. Der Herr hatte nicht allein das Recht, seinen Sklaven nach Gefallen geißeln zu lassen, er konnte ihn sogar ohne Umstände tödten. Ja der Volkswitz theilte die Sklaven sogar nach den Instrumenten ein, mit denen sie gewöhnlich geprügelt zu werden pflegten. Einige, deren Rücken mit gewundenem Pergament bearbeitet zu werden pflegte, nannte man restiones, und die, welche mit dem Ochsenleder vertrauter waren, hießen bucaedae. Der Comödiendichter Plautus, der Bäckerknecht gewesen war und selbst höchst schätzbare Erfahrungen im Fach des Prügelns auf seinem Rücken gesammelt haben mochte, ist unerschöpflich in Witzen und Anspielungen in dieser Beziehung. Höchst spaßhaft ist die Betrachtung, die er einen Sklaven über eine ochsenlederne Geißel anstellen läßt. Der arme Bursche meint, es wäre doch etwas Erstaunliches, daß noch todte Ochsen auf lebendigen Menschen herumspringen könnten.

Das Loos der Sklaven bei den Römern war sehr traurig; sie wurden häufig weit schlechter behandelt, wie bei uns die Hunde. Manchen Herren genügte nicht einmal die schreckliche spanische Geißel, und sie ließen die Riemen, aus denen sie geflochten war, noch mit Nägeln oder kleinen Knochen versehen und manchmal noch außerdem kleine bleierne Kugeln daran hängen. Ein Sklave, der gegeißelt werden sollte, wurde nackend mit den Händen an einen Pfahl oder Baum gebunden, und an seine Füße hing man ein Gewicht von hundert Pfund, damit er den ihn Schlagenden nicht mit den Füßen treten konnte.

Die geringsten Vergehen wurden auf diese Weise bestraft. Zerbrach ein Sklave ein Glas oder hatte er gar eine Speise verdorben, sogleich wurde er gegeißelt, häufig in Gegenwart der zu Tisch geladenen Gäste. Es kam nicht selten vor, daß die armen Menschen unter den an ihnen verübten Mißhandlungen starben, und man machte nicht mehr Aufhebens davon, als ob irgend ein Hausthier krepirt sei.

Besonders scheinen aber die römischen Damen diese Gewalt über ihre Sklaven und Sklavinnen auf eine ganz unerhörte Art gemißbraucht zu haben, denn alle Schriftsteller jener Zeit stimmen darin überein. Jede Laune der Damen mußten die armen Sklavinnen entgelten. Hatte die Dame schlecht geschlafen, bemerkte sie eine neue Runzel oder ein Bläschen in ihrem Gesichte, oder war sie gar von ihrem Eheherrn vernachlässigt worden, dann hatten die zahlreichen Dienerinnen, welche ihre Morgentoilette umgaben, Höllenqualen zu leiden. Meistens kamen sie zerkratzt und blutend oder mit der langen Schmucknadel grausam zerstochen aus dem Zimmer, und das Haus wurde von dem Geschrei der Gegeißelten erfüllt.

Die Grausamkeit gegen die Sklaven nahm endlich so überhand, daß die Kaiser ihre unumschränkte Macht gebrauchten, um derselben Einhalt zu thun. Unter Augustus oder Claudius wurde eine Verordnung erlassen, nach welcher diejenigen Herren, welche ihre Sklaven in der Krankheit im Stiche ließen, aller Rechte auf dieselben verlustig sein sollten, wenn dieselben wieder gesund würden. Ein Römer aber, der einen Sklaven vorsätzlich tödten würde, sollte gänzlich von Rom verbannt sein.

Diese Gesetze scheinen indessen wenig gefruchtet zu haben, denn schon Hadrian fand sich abermals genöthigt, sie zu erneuern. Die römische Dame, welche durch ihre Grausamkeit gegen ihre Sklavinnen dazu Veranlassung gegeben hatte, wurde durch ein eigenhändiges Rescript des Kaisers auf fünf Jahre verbannt. Auch Antoninus Pius erließ dergleichen Gesetze zum Vortheil der Sklaven.

Daß damit wenig geändert wurde, beweist folgender Beschluß des Concils von Elvira – (wir haben von dieser Kirchenversammlung schon im vorigen Buche geredet): »Wenn eine Hausfrau in einem Anfall von Wuth oder Tollheit ihre Sklavin entweder selbst geißeln oder von Andern geißeln lassen würde, daß sie vor dem dritten Tage davon sterben sollte insofern es außer Zweifel gesetzt ist, ob es absichtlich oder zufälliger Weise geschehen sei: so soll die Hausfrau, wenn es absichtlich geschehen ist, auf sieben Jahre, ist es aber zufälliger Weise geschehen, nur auf fünf Jahre excommunicirt sein! doch soll sie, im Falle sie krank würde, zur Communion gelassen werden.«

Bei solcher Behandlung der Sklaven von Seiten ihrer Herren ist es dann wohl zu entschuldigen, daß diese eine herzinnige Freude empfanden, wenn sie einmal Gelegenheit bekamen, einem ihrer Peiniger ungestraft Gleiches mit Gleichem zu vergelten, und das kam hie und da schon vor. Die jungen vornehmen Römer, welche nach den Frauen ihrer Nächsten trachteten, wählten gar häufig die Maske der

Sklavenkleidung, um in das Haus ihrer Geliebten zu schleichen. Die Zahl der Sklaven in den vornehmen Häusern war so unendlich groß, daß sie häufig der Herr selbst nicht alle persönlich kannte, und daß dies ohne alles Aufsehen geschehen konnte. Aber nicht selten ließ der argwöhnische Ehemann, vielleicht auch von seiner treuen Gemahlin benachrichtigt, aufpassen, den in Sklavenkleidung versteckten freien römischen Bürger als einen entlaufenen oder fremden spionirenden Sklaven aufgreifen und mit einem hundertpfündigen Gewicht an den Füßen beschwert, unbarmherzig durchpeitschen. Dies Schicksal hatte der berühmte Geschichtsschreiber Sallustius, welcher der Tochter des Diktators Sulla, der Faustina, Gemahlin des Milo, den Hof machte. Milo hörte nicht eher auf zu geißeln, bis ihm Sallust eine beträchtliche Geldsumme hatte auszahlen lassen. Man kann sich die Wuth Sallusts denken, und seine Feindschaft gegen Milo verursachte gefährliche Unruhen im Staate.

Caligula unterschied, wenn er Lust zum Prügeln hatte, auch nicht so genau, ob seine Schläge einen freien oder einen Sklavenrücken trafen. Machte Jemand im Theater neben ihm Geräusch, so daß er nicht deutlich die Rede seiner Lieblingsschauspieler hören konnte, dann ließ er den Unruhigen auf der Stelle entkleiden und geißelte ihn mit eigener Hand. Ein römischer Ritter, der dasselbe Verbrechen begangen hatte, wurde von ihm auf andere, sehr eigenthümliche Weise bestraft. Der Kaiser gab ihm einen Brief mit dem Auftrag, diesen auf der Stelle nach Afrika zu bringen, ohne dem überraschten Ritter auch nur Zeit zu lassen, nach Hause zu gehen und von seiner Familie Abschied zu nehmen.

Sehr seltsam muß es uns erscheinen, daß sogar die in Rom so sehr geachteten vestalischen Jungfrauen, wenn sie ein Vergehen begangen hatten, gegeißelt wurden. Dies Schicksal traf die Vestalin Urbinia, welche von einem Priester gegeißelt und in Prozession durch die Stadt geführt wurde. Wahrscheinlich hatte sie das heilige Feuer der Vesta verlöschen lassen, denn mehrere Geschichtsschreiber erzählen uns, daß andere Vestalinnen eben dieses Vergehens wegen mit der schimpflichen Sklavenbuße bestraft wurden. Bei dieser Geißelung wurde die Schuldige nur in einen dünnen Florschleier gehüllt und der Priester ertheilte ihr die zuerkannten Schläge an einem dunkeln Ort. Daß eine unkeusche Vestalin lebendig vermauert wurde, ist bekannt; aber auch dem Verletzer ihrer Keuschheit erging es übel, denn er wurde zu Tode gegeißelt.

Ja es scheint, daß man selbst die vornehmsten Frauen, sogar die Kaiserinnen, mit Schlägen bestrafte; wenigstens geschah dies in späterer, christlicher Zeit einst zu Konstantinopel. Ein Eunuche, der vornehmste Vertraute Justinians II., ließ die Mutter desselben geißeln, wahrscheinlich weil sie sich mehr in die Staatsangelegenheiten mischte, als es diesem impotenten Minister lieb war.

Nach römischen Begriffen war die Geißelung das Beschimpfendste, was einem römischen Bürger angethan werden konnte, und die römischen Richter machten sich daher ein Vergnügen daraus, die Christaner, welche der Verachtung der Götter angeklagt waren, gleich beim ersten Verhör geißeln zu lassen, theils aus Zorn wegen ihres hartnäckigen Widerstandes, theils um ihre Verachtung gegen die neue Religion auszudrücken. Die Strafe des Geißelns war den Christen um so empfindlicher, als dabei zugleich ihr Schamgefühl verletzt wurde, indem stets eine völlige oder doch theilweise Entblößung des Körpers stattfand. Besonders schnell waren die Prätoren mit dem Geißeln bei der Hand, wenn sie schöne junge Christen und Christinnen vor sich hatten, und ihre lüsternen Augen weideten sich an den enthüllten schönen Formen.

Zu den unfreiwilligen klassischen Prügeln würden nun auch die gehören, welche von den römischen Schulmeistern ausgetheilt wurden; allein da das Prügelsystem bei unserer Erziehung in genauem Zusammenhang mit den christlichen Prügeln steht, so will ich damit warten, bis ich auf dieses Kapitel komme, und sogleich zu den freiwilligen klassischen Prügeln übergehen.

Den erhabenen Gedanken, sich zur Ehre Gottes den Rücken zu zerbläuen, ist leider nicht zuerst in dem verbrannten Gehirn eines Mönchs erstanden; ich wollte den Pfaffen sehr gern die Erfindung dieses seltsamen Gottesdienstes lassen, wenn es sich nur mit der Wahrheit vereinigen ließe; allein die Geschichte lehrt uns, daß es schon bei vorchristlichen Völkern Gebrauch war, mit Schlägen gegen den eigenen Körper um die Gunst ihrer Götter zu buhlen.

Es ist eine seltsame aber richtige Erfahrung, daß die Menschen von jeher eine geheime Neigung hatten, die Gottheit auf eine möglichst mühsame und beschwerliche, ja selbst schmerzhafte Art zu verehren. Forscht man nach dem Grund dieser merkwürdigen Erscheinung, so findet man die Ursache in der niedrigen Vorstellung, welche sie sich von dieser Gottheit machten. Selbst sehr kultivirte Völker dachten sich dieselbe immer mehr oder weniger menschenähnlich, mit menschlichen Neigungen, Liebhabereien und Leidenschaften behaftet. Man denke nur an die Götter der Griechen und Römer. Aus dieser sinnlichen Vorstellung geht nun sehr natürlich der Gedanke hervor, daß Entbehrungen, denen man sich unterzieht, oder Schmerzen, die man sich um der Götter willen zufügt, diesen angenehm sein müßten.

Einem Mädchen, wenn es auch noch so zart und noch so gutmüthig ist, wird es stets Freude machen und mit erhöhter Liebe für den geliebten Mann erfüllen, wenn dieser ihretwegen einen Kampf bestanden und dabei Wunden empfangen hat; es wird ihr sehr schmeicheln, wenn er in Sturm und Ungewitter stundenlang unter ihrem Fenster steht, um nur den Schatten ihrer Gestalt zu sehen, oder um nur in ihrer Nähe zu sein. –

Man setze den Fall: man sei von Jemand beleidigt worden und denke daran, irgend eine Gelegenheit wahrzunehmen, um sich zu rächen; nun komme der Beleidiger, bitte um Verzeihung, werde aber von uns abgewiesen, weil die Abbitte unsern Zorn nicht besänftigt, oder weil wir seine Reue nicht für aufrichtig halten. Man nehme ferner an, daß dieser Mann, um uns zu versöhnen und die Aufrichtigkeit seiner Reue zu beweisen, sich eine Entbehrung oder einen Schmerz auferlegt, welcher die Rache weit übersteigt, die wir zu nehmen gesonnen waren; indem er, der sonst geizig ist, zu irgend einem Zwecke eine große Summe opfert; oder wenn er, sonst ein großer Gourmand, lange Zeit fastet oder sonst gegen jeden Schmerz äußerst empfindlich, sich mit einem Messer die Arme durchsticht oder den Rücken blutig geißeln läßt. Würde ein solches Verfahren nicht in den meisten Fallen im Stande sein, unsern Zorn zu versöhnen und uns veranlassen, von der beabsichtigten Rache abzustehen?

Da sich nun Menschen auf solche Weise versöhnen lassen, und man von den Göttern menschliche Vorstellungen hatte, so glaubte man sie durch Selbstqualen und Entbehrungen ebenfalls bewegen zu können, die für diese oder jene Sünde beabsichtigte Strafe zu erlassen. Dies mag einstweilen zur Erklärung genügen, da wir später auf denselben Gegenstand noch einmal zurückkommen müssen.

Ein anderer Grund, welcher die Menschen veranlaßt, sich selbst Schmerz zuzufügen, kann auch sein, daß man dadurch einem größern Schmerz vorzubeugen oder ein Vergnügen zu erzielen hofft, welches den erlittenen Schmerz überwiegt. Endlich kann man auch freiwillig Schmerzen ertragen, um sich abzuhärten für das Ertragen unfreiwilliger; oder weil man dabei Gelegenheit findet, mit seiner Charakterfestigkeit, seiner Willenskraft oder – seinem dicken Fell zu prahlen.

Den Gebrauch, sich zu Ehren der Götter zu schlagen, finden wir zuerst bei den Aegyptern; aber es ist wohl möglich, daß er bei den Aethiopern und Indern noch früher herrschte, nur haben wir keine bestimmte Nachricht davon. Von dem Schlagen der Aegypter erzählt uns aber der vortreffliche Herodot. Er sagt (II. B, Cap. 40): »Und wenn sie gefastet haben (zu Ehren der Göttin Isis nämlich), dann opfern sie. Während dem das Opfer brennt, schlagen sich Alle, und wenn sie sich geschlagen haben, tragen sie von den Ueberresten des Opfers ein Mahl auf.« Und an einer andern Stelle heißt es (Cap. 61): »Und wie sie das Fest der Isis in der Stadt Bubastis begehen, ist von mir schon früher gesagt worden. Es schlagen sich während der Opferung Alle, Männer und Weiber, wohl viele tausend Menschen. Doch den, um deswillen sie sich schlagen, wäre mir Sünde zu nennen (weil er von den Priestern in die Geheimnisse eingeweiht war und sie nicht aussprechen durfte). Sämmtliche Karier aber, die in Aegypten wohnhaft sind, thun noch so viel darüber, daß sie mit Messern sich vor die Stirne hauen; und dadurch geben sie zu erkennen, daß sie Fremdlinge sind und keine Aegypter.«

Auch die Syrer geißelten und peinigten sich zu Ehren der großen Mutter der Götter. Ein alter Schriftsteller, der uns davon Nachricht giebt, erzählt: »Zum Beschluß zerfetzten sich die Priester ihre eigenen Arme mit zweischneidigen Messern, die sie beständig bei sich zu tragen pflegen. Während der Zeit fängt einer von ihnen an, unsinnig zu werden, zu seufzen, zu ächzen und scheint seinen Athem tief aus den Eingeweiden herauszuholen. Endlich stellt er sich, als wenn er in eine Art wahnsinnigen Paroxysmus verfiele, und giebt vor, daß er vom Geiste der Gottheit erfüllt sei; – als wenn die Gegenwart der Götter, anstatt die Menschen besser zu machen, sie im Gegentheil verwirrt und unsinnig machen müßte. Aber welches ist nun die Gnade, die ihm nun die Gottheit erweist? – Der Priester fängt an zu brüllen, und sich besonders durch dazu ersonnene Lügen Vorwürfe zu machen, und sich selbst des Verbrechens anzuklagen, gottlose und schändliche Anschläge gegen die Geheimnisse ihrer heiligen Religion gemacht zu haben. Er fährt dann fort, sich selbst sein Urtheil zu sprechen, ergreift seine Geißel, ein Instrument, welches die Priester stets bei sich tragen und welches aus gedrehten wollenen Stricken besteht, an deren Enden kleine Knoten geknüpft sind – und geißelt sich zu wiederholten Malen damit. Die ganze Zeit hindurch aber zeigt er, ungeachtet der Grausamkeit und der Menge der Hiebe, die er sich giebt, eine zwar affectirte, aber nichtsdestoweniger erstaunenswürdige Standhaftigkeit.« – Man sieht, daß es auch schon damals Freigeister gab, welche die Priester für fähig hielten, Betrügereien zu begehen, und lebte Apulejus heutzutage, so glaube ich, wäre er im Stande, alle Meß- und Reliquienwunder für nichts Besseres zu halten.

In Griechenland war das freiwillige Geißeln auch im Gebrauch, und wir finden es vorzüglich bei den Spartanern welche es theils zur Verehrung der Götter, theils deshalb thaten, um sich im Ertragen von Schmerzen zu üben oder ihre Kraft darin zu zeigen.

An einem bestimmten Feste wurden am Altar der Diana eine Menge Jünglinge auf die grausamste Weise gegeißelt. Es wurde indessen Niemand gezwungen; die Geißelung war eine freiwillige. Die Knaben meldeten sich schaarenweise dazu, denn es war eine große Ehre, die meisten Schläge ohne Klagen oder Zeichen des Schmerzes ausgehalten zu haben. Die ganze Ceremonie ging mit großer Feierlichkeit vor sich. Eine Priesterin der Diana, welche eine kleine Statue der Göttin in der Hand hielt, hatte dabei den Vorsitz, und um die Sache noch vollkommener zu machen, beschauten einige dazu befehligte Priester die Striemen und Wunden und weissagten daraus die Zukunft.

Die Eltern und Anverwandten waren weit entfernt, ihre Kinder von diesem Wettstreit abzuhalten; im Gegentheil sie ermunterten dieselben und nahmen daran den regsten Antheil. Ein ehrliebender Knabe würde sich zu Tode geschämt haben, wenn er in Gegenwart seiner ganzen Familie sich nicht tapfer gezeigt hätte. Mit lächelndem Gesicht ertrugen diese kleinen Spartaner die furchtbarsten Hiebe, die ihnen den nackten Rücken zerfleischten, so daß einige auf der Stelle todt niederfielen, andere an den Folgen der Geißelung starben, ohne eine Thräne vergossen zu haben. Wer auf diese Weise starb, dem wurde auf einem öffentlichen Platze in Sparta eine Ehrensäule errichtet.

Diese Sitte erhielten die Spartaner besser als ihre Freiheit, und noch zu Tertullians Zeit wurde das Fest der Geißelung als ein sehr großes Fest angesehen. – Betrachtet man unsere jungen Männer und sieht, wie erbärmlich sie sich bei der geringsten Beschwerde oder einer körperlichen Verletzung benehmen, dann möchte man wünschen, daß auch mit unsern Jünglingen ähnliche Uebungen wie bei den Spartanern vorgenommen würden. Privatim geschieht es hin und wieder in Erziehungsanstalten, und ich selbst habe in meiner Jugend mir viel darauf zu gut gethan. –

In Griechenland gab es philosophische Sekten, welche Jünglingen im Ertragen von Arbeiten, Mangel und Schmerzen förmlich Unterricht gaben und welche dergleichen Strapazen zur Tugend machten. Diese Philosophen und ihre Schüler geißelten sich derb oder zogen sich, mit einem eigens dazu verfertigten Instrumente, stellenweise die Haut ab. Von andern griechischen Philosophen wurden sie deshalb sehr häufig lächerlich gemacht. – Das Geißeln der Knaben nahmen von den Lacedämoniern auch die Thracier an.

Auch den Römern war der Gedanke, durch selbstbeigebrachte Schläge den Zorn der Götter zu versöhnen, keinesweges fremd. Als Beweis dafür mag Folgendes dienen, was ein lateinischer Schriftsteller erzählt: Zwei Männer bestiegen unversehens ein Schiff, dessen Eigenthümer einst von einem von ihnen beleidigt worden war. Sie erwarteten daher während der Fahrt eine schlimme Behandlung und beschlossen, sich unkenntlich zu machen, indem sie sich als Sklaven verkleideten. Zu diesem Zweck schnitten sie ihre Haare ab; allein damit kamen sie aus dem Regen in die Traufe. Das Abschneiden der Haare während einer Reise galt nämlich bei den Seeleuten als ein Zeichen von der schlimmsten Vorbedeutung und wurde freiwillig nur bei Sturm und Unwetter unternommen, um damit den erzürnten Gottheiten des Meeres ein Opfer zu bringen und sie wieder zu besänftigen. Eine solche Handlung bei schönem Wetter erschien aber als eine Herausforderung, gleichsam als eine Verhöhnung der Götter. Jene beiden Männer wurden dabei von einem der Schiffer überrascht; dieser machte die verwegene Handlung der beiden Fremden sogleich dem übrigen Schiffsvolk bekannt, und dieses beschloß, den Zorn der Götter dadurch zu versöhnen, daß man jedem ihrer Beleidiger vierzig Hiebe geben sollte. Nur der Dazwischenkunft der andern Passagiere hatten sie es zu verdanken, daß das Sühnopfer auf ihrem Hintertheil nicht vollständig gebracht wurde.

Diese Geißelung war nun wohl keine freiwillige; allein ich kann andere Beweise für den Gebrauch derselben bei den Römern beibringen. Sie fand bei den Lupercalien statt, einem ländischen Feste, welches zu Ehren des Pan schon vor der Erbauung Roms in Etrurien und Latium gefeiert wurde. Es fiel auf den 15. Februar. An diesem Tage wurden von den Priestern ein Hund und eine Ziege geschlachtet und dann mit den blutigen Messern die Stirn einiger junger, entkleideter Männer berührt, welche dabei lachen mußten. War diese sonderbare Ceremonie beendet, dann wurden die Felle der geopferten Thiere zu breiten Riemen geschnitten, mit denen die nackten Jünglinge sich selbst geißelten, dann aber durch die Straßen Roms liefen und mit ihren durchaus nicht schmerzenden Riemen die Mädchen und Frauen geißelten, die ihnen in den Weg kamen.

Die Weiber waren weit entfernt, dem geißelnden Lupercus aus dem Wege zu gehen, wenn sie sich auch eigentlich vor seiner Nacktheit hätten schämen sollen; nein, sie warfen sich ihm, wenn er durch die Straßen lief, absichtlich in den Weg und boten ihre Hände und ihren entblößten Leib den Schlägen dar: denn es herrschte der Glaube, daß diese Schläge die Eigenschaft hätten, Unfruchtbare fruchtbar zu machen und Schwangeren eine leichte Entbindung zu verschaffen.

Man kann sich wohl denken, daß dieses Fest Veranlassung zu allerlei Leichtfertigkeiten und derben Späßen gab und meistens waren es junge schöne Männer aus den höchsten Ständen, welche sich das Amt der Luperci zu verschaffen wußten. Ja einst rannte sogar der ausgelassene Marcus Antonius, während er Consul war, als Lupercus nackt durch die Straßen und hielt in diesem Aufzuge eine Rede an das Volk. Cicero, der sein Feind war, tadelte ihn deshalb, aber nur, weil er jenes Amt mit der Würde der ersten Person in der Republik nicht für verträglich hielt, und weil vor Antonius noch kein Consul diese leichtfertige Priesterschaft übernommen hatte.

Den römischen Damen machte dieses Fest um so größeren Spaß, als sie die wahren Beweggründe ihres Vergnügens daran unter dem Deckmantel der Religion verbergen konnten, und daher kam es denn, daß sich die Lupercalien in Rom länger erhielten als die alte Religion, die Republik und das Kaiserthum. Als das Christenthum in Rom schon längst das Heidenthum verjagt hatte, wurde das lustige Fest der Lupercalien noch immer gefeiert, nur daß es von den Damen auf wesentliche Weise verändert worden war. Vor alten Zeiten waren nur die Segen und glückliche Entbindungen verursachenden Luperci nackt gegangen; aber die römischen Damen hatten das unbillig gefunden und den Gebrauch eingeführt, daß diejenigen unter ihnen, welche von den Luperci mit Fruchtbarkeit oder glücklicher Entbindung gesegnet werden wollten, sich ebenfalls nackt in ihren Weg warfen, um ihnen die Geißelung zu erleichtern und diese vollständiger zu genießen.

Der römische Bischof Gelasius, wahrscheinlich ein alter Griesgram, fand diese heidnische Feier mit dem Christenthum nicht vereinbar; er verbot sie und zog sich dadurch die allgemeine Feindschaft sowohl des Volkes wie der Senatoren, besonders aber der Damen zu. Die Unzufriedenheit war so allgemein und äußerte sich so drohend, daß Gelasius genöthigt wurde, sich wegen seines Verfahrens in einer eignen Schutzschrift zu vertheidigen, in welcher er auch gegen die Unanständigkeit der Weiber eiferte, die sich öffentlich auskleideten, um sich geißeln zu lassen.

Außer diesen Geißelungen finden wir noch andre freiwillige, die in Rom unter dem geringen Volke in Gebrauch waren und wahrscheinlich irgend einen abergläubischen Grund hatten. Diese Geißelungen wurden von marktschreierischen Wahrsagern sowohl an andern als an sich selbst vorgenommen, wie nicht allein aus den Komödien des Plautus, sondern auch aus den Schriften des heiligen Hieronymus hervorgeht. Letzterer schreibt in einem seiner Werke: Es ist kein Wunder, daß bisweilen mitten auf den Straßen und auf öffentlichen Marktplätzen ein falscher Wahrsager den Hintern dieser Dummköpfe auspeitschte.

Aus Stellen bei andern Schriftstellern geht auch hervor, daß es in Rom Leute gab, welche sich, wahrscheinlich zur Belustigung des Pöbels, für Geld öffentlich geißeln ließen. – Ich könnte über die klassischen Prügel noch mehr sagen, wenn ich nicht fürchten müßte, klassisch langweilig zu werden; deshalb eile ich zu den biblischen Hieben.

Die Juden scheinen die Geißelstrafe erst in Aegypten kennen gelernt zu haben. Bei den Frohnarbeiten, welche sie dort leisten mußten, erhielten sie Geißelhiebe, und die grausame Behandlung, welche sie hier zu erdulden hatten, wurde bekanntlich die Veranlassung zu ihrer Befreiung, indem Moses einen der Geißelvögte erschlug.

In den Gesetzen, welche dieser große Demagoge dem jüdischen Volke gab, sind Geißelhiebe als Strafe für mancherlei Vergehen angeordnet; zugleich bestimmen sie aber auch die höchste Zahl der Streiche. Im 5. Buch Moses Cap. 25, 1 und 2 heißt es: »Hat der Gottlose Schläge verdient, so soll ihn der Richter auf die Erde niederlegen und vor seinen Augen eine gewisse Anzahl Streiche, nach der Beschaffenheit seines Verbrechens, geben lassen.«

»So soll er ihm vierzig Hiebe und nicht mehr geben lassen, damit nicht, wenn er ihm mehr Schläge geben ließe, die Strafe allzu groß sein und man mit deinem Bruder vor deinen Augen nicht auf eine allzuscheußliche Art umgehen möge.«

Die Geißel, deren sich die alten Juden bei solchen Strafen bedienten, bestand aus drei Strängen; die beiden äußern waren nur kurz, aber der in der Mitte war sehr lang, so daß er sich beim Schlage um den ganzen Körper wand. Da nun mit dieser Geißel der Geschlagene mit jedem Hieb drei Streiche erhielt, so war das höchste Strafmaß auf dreizehn Hiebe festgesetzt, was gerade neununddreißig macht; hätte man noch einen Schlag mehr gegeben, so würde nach dieser Rechnung das Gebot Mosis überschritten worden sein.

David, Salomon und andere alttestamentarische Gentlemen empfehlen die Schläge sehr bei der Haus- und Kinderzucht und reden überhaupt viel von Geißel und Ruthe, welche Ausdrücke sie indessen meistens bildlich gebrauchen, was bei den berühmtesten, christlichen Schriftverdrehern viel Verwirrung veranlaßt hat. Ruthe und Geißel waren den jüdischen Sängern das Symbol für jede Strafe oder Plage, und besonders häufig gebrauchen sie dieses Bild, wenn sie von derjenigen Strafe reden, welche man von ihrem zornigen Gott Zebaoth zu erwarten habe Diese bildliche Anwendung der Ruthe und Geißel wurde bald populär und es ist ja noch bei uns; so sagen wir zum Beispiel: »Er hat sich damit eine rechte Ruthe gebunden.«

Wir finden indessen in dem ganzen alten Testament keine Spur, daß Jemand sich freiwillig selbst gegeißelt oder von einem Andern freiwillig habe geißeln lassen; auch ist keiner der Dichter oder Propheten ein solcher Narr, daß er diese Selbstquälerei als ein Gott angenehmes Werk oder überhaupt anempfohlen hätte. So lange sich daher die Juden allein an die Gesetze Mosis hielten, war bei ihnen auch von Selbstgeißelung nicht die Rede.

Aber etwa 460 Jahre nach Christi Geburt compilirten zwei jüdische Rabbiner den babylonischen Talmud und brachten dadurch allerlei neue Gewohnheiten und abergläubische Gebräuche in den jüdischen Gottesdienst. Nun kam auch die freiwillige Geißelung auf. Diese wurde in den Synagogen auf folgende Weise vorgenommen: Zwei Personen, welche das Bedürfniß der Buße fühlten, zogen sich in eine Ecke zurück. Einer vertraute dem andern seine Sünden und warf sich dann zur Erde nieder, den Kopf nach Norden und die Füße nach Süden, oder umgekehrt. Der Andere trat hinter den Liegenden und zählte ihm mit einem Farrenschwanze oder Riemen neununddreißig Hiebe auf. Der Gegeißelte sagte dabei den aus 13 hebräischen Worten bestehenden 38. Vers des 78. Psalmes her, der im Deutschen wie folgt heißt: »Er aber war barmherzig und vergab die Missethat, und vertilgte sie nicht, und wandte oft seinen Zorn ab, und ließ nicht seinen ganzen Zorn gehen.« Bei jedesmaliger Beendigung dieses Verses schlug sich der Gegeißelte mit der Faust vor die Brust. – Hatte er seine Buße vollbracht, so legte sich der Andere hin und die Rollen wechselten.

Daß Christus die Wechsler und Verkäufer mit einer Geißel zum Tempel hinausjagte, ist bekannt, ebenso daß er selbst gegeißelt wurde. Dasselbe Schicksal hatten die Apostel, und besonders reichlich wurde damit der Apostel Paulus bedacht (2. Korinther 11, 24 und 25). Daß aber Christus oder die Apostel sich selbst gegeißelt hätten, finden wir ebenfalls nirgends, obwohl einige Aussprüche des Paulus dahin gedeutet worden sind, worauf wir später zurückkommen werden.

Die im Alterthum ausgestreute Prügelsaat trug reichliche Frucht, und so sehen wir im Mittelalter das Feld der Geißelung in höchster Blüthe, obwohl untermischt durch verschiedenes üppiges Unkraut. Ich rede hier nur von den weltlichen Geißelungen, die mit den christlichen nichts oder doch nur sehr wenig zu thun haben. Um nicht zu oft von einem Gegenstande abspringen zu müssen, will ich mich indessen nicht immer streng auf das Mittelalter beschränken, sondern wo ich Veranlassung finde, auch in die neuere Zeit und die Gegenwart hinüberstreifen.

Schläge blieben die beliebteste Strafe bei fast allen Völkern, sowohl in der Haus- und Schulzucht, wie in der Justiz. Bei den Franken und Burgundern war dieser Gebrauch ganz besonders in Uebung, und selbst vornehme Personen und Frauen wurden von ihren Männern gehörig durchgebläut, wie wir aus dem Nibelungenlied sehen können, wo die heißgeliebte Chriemhild von ihrem Geliebten, dem tapfern Siegfried, gehörig abgeprügelt wird, weil sie ein ihr anvertrautes Geheimniß ausgeplaudert hatte. Auch die schöne Gudrun erhält von Zeit zu Zeit Schläge von der bösen Königin, die sie gefangen hält und deren häßlichen Sohn sie verschmäht. Als sie einst gegen diese schimpfliche Behandlung lebhaft protestirt, indem sie sagt:

»das will ich euch widerrathen sehr,

daß ihr mich mit Bremen (Ruthen) schlaget nimmermehr!«

wird die alte Königin wüthend, läßt die Gudrun an einen Bettpfosten binden und sie mit Ruthen von Dornen peitschen.

Vor allen waren es wieder die Frauen, welche in Anwendung der Prügel am unmäßigsten waren, wie die mehrfachen Bestimmungen der Concilien beweisen, welche diejenigen Hausfrauen mit Kirchenstrafen belegen, die ihre Sklavinnen und Mägde so stark geißeln würden, daß sie daran stürben. Die Leibeignen hatten es bis zu den neuesten

Zeiten herunter nicht besser wie die alten Sklaven, denn die Gesetze nahmen sie nur selten in Schutz. Oft war Prügeln ein Zeitvertreib für vornehme Herren, viele, ja selbst Könige trugen stets eine Peitsche bei sich, um sogleich diejenigen eigenhändig zu züchtigen, die sich irgend ein Versehen hatten zu Schulden kommen lassen. Dergleichen Beispiele haben wir ja noch in neuerer Zeit. Peter der Große ließ sich sehr oft herab, mit eigener Hand Jemandem die Knute zu geben, und konnte er die Execution nicht selbst vollziehen, so trug er sie seinem Hofnarren Witaski auf. Dieser hatte überhaupt Vollmacht, allen denjenigen einen ähnlichen Willkommen zukommen zu lassen, welche in der Absicht erschienen, Sr. russischen Allmacht die Cour zu machen.

– Friedrich Wilhelm I. von Preußen und selbst Friedrich II. trugen ihre Stöcke auch nicht nur allein deshalb in der Hand, um sich darauf zu stützen. Von Beiden erzählt man hierauf bezügliche, oft sehr spaßhafte Anekdoten. Friedrich erzürnte sich einst auf der Parade so sehr über einen Lieutenant, daß er den Stock erhob, um ihn auf der Stelle zu züchtigen. Der Offizier, diese Verletzung seiner Ehre mehr fürchtend als Alles, was da kommen konnte, lief eiligst davon, so daß der König ihn nicht einholen konnte und seinen Vorsatz aufgab. Als sein Zorn verraucht war, schämte sich der große König seiner Uebereilung und dachte darauf, den Gekränkten zu entschädigen. Als er den Lieutenant bei der nächsten Parade sah, sagte er zu ihm: »Mein Lieber, ich wollte ihm gestern sagen, daß ich ihn zum Rittmeister gemacht habe; aber er hatte es ja so eilig, daß ich ihn nicht einholen konnte.«

Katharina von Medicis fand ebenfalls großes Vergnügen daran, mit eigener Hand zu geißeln. Ihre jüngeren Hofdamen und Fräuleins mußten sich oft vor ihr nackt ausziehen, und wer von ihnen ein Versehen begangen hatte, erhielt von der eigenen Hand der Königin die Ruthe. Oft legte sie auch ihre Lieblinge über den Schooß, hob die Röcke auf und schlug sie mit der Ruthe oder noch häufiger mit der flachen Hand, bis Hüften und Schenkel geröthet waren. Dies war ihr eine sehr angenehme Spielerei.[5]

Königin Elisabeth von England theilte auch hin und wieder an ihre Hofdamen Schläge aus, aber nicht so katholisch-wollüstige, sondern höchst protestantische Ohrfeigen. Ihre Lieblinge scheint sie indessen anders behandelt zu haben, wenigstens ist dringender Verdacht vorhanden, daß sie ihrem Günstling, dem Grafen von Essex, einst eigenhändig die Ruthe gegeben habe, unbeschadet ihrer königlichen Jungfräulichkeit. Sie war einst von dem Grafen auf eine ungewöhnliche Art beleidigt worden, und er schrieb ihr, um sie zu versöhnen, in derselben Art wie Polyänos an Circe. Dann stattete er, wie der Geschichtsschreiber Camden erzählt, der Königin die aufrichtigsten Danksagungen für die erhaltene Züchtigung ab »und küßte Ihrer königlichen Majestät die Hand und die Ruthe, mit welcher sie ihn gegeißelt hatte.« Möglich ist es allerdings, daß der Graf hier wie König David in den Psalmen, das heißt bildlich, vom Geißeln spricht; allein daß dasselbe in England eben nicht ungewöhnlich war, geht wohl daraus hervor, daß unter den Staatsausgaben eines Premierministers alljährlich ein Posten von dreihundert und vierzig Pfund Sterling (mehr als 2200 Thaler) für Geißeln aufgeführt war, was noch im Jahre 1783 im Hause der Gemeinen gerügt wurde.

Auch finden wir noch andere Beispiele, daß englische Damen sogar ihren Männern die Ruthe angedeihen ließen. Ein Sir William Waller und Sir Henry Mildmay, wie auch

---

5 „Die Gründe derselben erkennt man am besten aus Brantomes eigenen Worten, mit denen er diese Sache erzählt: »J'ai oui parler d'une grand Dame de par le monde, voir grandissime, qui ne se contentant pas de lasciveté naturelle, et étant mariée et étant Veuve, pour la provoquer et exciter davantage, elle faisoit depoiller ses Dames et filles, je dis les plus belles, et se delectoit fort à les voir, et puis elle les battoit du plat de la main sur les fesses, avec de grandes clacquades et blamuses assez rudes; et les filles qui avoient delinqué en quelque chose, avec de bonne verges. – Autres fois, sans les depouiller, les faisoit trousser en robes, car pour lors elles ne portoient point de calecons, et les clacquettoit sur les fesses, selon le sujet qu'elles lui en donnoient, pour les faire ou rire, ou pleurer.«"

Lord Munson erhielten von ihren Frauen, die das Regiment im Hause führten, wie heutzutage kleine Kinder, die Ruthe. Letzterer war Richter im königlichen Gerichtshofe und lebte zu St. Edmundsbury, als seine Gemahlin mit Hülfe ihrer Kammermädchen diese Execution an ihm vollzog. Man beschloß, der Lady eine öffentliche Dankadresse zu übersenden, weil man meinte, sie habe ihren Mann züchtigen lassen, weil er seine politischen Grundsätze geändert.

Der andere Nachahmer des Polyänos – will ich hier nur beiläufig bemerken – war der französische Graf von Guiche. Er hatte gegen seine Geliebte, die Gräfin von Olonne, eine arge Sünde begangen und schrieb ihr: »Wenn Sie meinen Tod wollen, so werde ich Ihnen meinen Degen bringen; wenn Sie aber glauben, daß ich weiter nichts verdiene als die Geißel, dann werde ich im Hemde bei Ihnen erscheinen.«

Am russischen Hofe erhielten noch in neueren Zeiten die Hofdamen die Ruthe wegen Schwatzhaftigkeit, Untreue oder verliebter Abenteuer. Ein sehr hübsches Mädchen, welches sich in Moritz von Sachsen verliebte, bekam auf allerhöchsten Specialbefehl von der Oberhofmeisterin recht ordentlich die Ruthe. Dasselbe Schicksal hatte dort ein anderes vornehmes Fräulein, welches ihrem Geliebten, einem französischen Legationssekretär, ein Staatsgeheimniß verrathen hatte. Dies war indessen eine Strafe, die ihr in Berücksichtigung ihrer großen Jugend ertheilt wurde, denn eigentlich hätte sie nach Sibirien wandern müssen.

Als die Kaiserin Katharina einst die schöne Gräfin Bruce bei einem Stelldichein mit einem ihrer Günstlinge ertappte ließ sie beide Sünder zugleich auf das Bette der jungen Gräfin legen und ihnen tüchtig den Hintern vollhauen; dann aber stattete sie die Gezüchtigten reichlich aus. Katharina war überhaupt eine große Freundin des Geißelns, und ihre Diener und Günstlinge wußten davon Manches zu erzählen. Vielleicht betrachtete sie es als einen Beweis der Liebe, denn sie, die große Kaiserin, duldete selbst bisweilen die Hetzpeitsche ihres Lieblings Potemkin.

Paul der Erste verstand ebenfalls keinen Spaß. Die Frau eines reichen Gastwirths, Namens Remuth, hatte es versäumt, als der Kaiser vorüberfuhr, aus dem Wagen zu steigen und ihn knieend zu grüßen, wie es die russische Sitte erforderte. Sie wurde ins Zuchthaus gebracht und drei Tage hintereinander mit Ruthen gepeitscht.

Doch wir wollen wieder an den französischen Hof zurückkehren, wo ich noch einige Beispiele von dem Geißeln angesehener Personen zu erwähnen habe. Die Schmerzen, welche die böse Zunge oder die Feder eines Satyrikers Andern Verursachten, wurden oft an dessen Hintertheil gerochen. Dieses Schicksal betraf auch eine Ehrendame der Königin Katharina von Medicis, Fräulein von Limeuil. Diese junge Dame war mit den vornehmsten Familien des Königreichs verwandt und eben so witzig als schön. Als sie kaum einige Monate am Hofe war, schrieb sie eine Spottschrift in Versen, in welcher fast alle Personen desselben auf die unbarmherzigste Weise durchgehechelt wurden. Die Schrift ging von Hand zu Hand, und Jedermann war begierig, den witzigen Verfasser kennen zu lernen. Die Königin, welche fürchtete, daß dergleichen Satyren am Hofe Mode werden würden, wußte die Urheberin derselben zu entdecken und ließ sowohl sie, als alle diejenigen Damen ihres Gefolges, welche darum gewußt hatten, gehörig geißeln, aber nicht mit Worten, wie es Fräulein von Limeuil gethan, sondern mit Ruthen.

Besser erging es einem früheren Dichter, dem dasselbe Schicksal zugedacht war; der Witz, der ihn in Gefahr gebracht hatte, befreite ihn auch wieder aus derselben. Der Dichter war Clopinel, oder, wie er auch genannt wird, Jean von Mehun, der ungefähr ums Jahr 1300 am Hofe Philipps des Schönen, Königs von Frankreich, lebte, und der mehrere Bücher schrieb. Den größten Ruhm erwarb er sich aber durch die Fortsetzung eines berühmten Gedichtes von Wilhelm de Lorris, des Romans von der Rose, welches ähnlichen Inhalts ist, wie Ovids Kunst zu lieben. Diese Fortsetzung enthielt folgende Zeilen:

»Toutes êtes, serez ou futes
De fait ou de volonté, putes;
Et oui bien vous chercheroit,
Toutes putes vous trouveroit.«

Man kann sich denken, daß die Damen und besonders die Hofdamen über diese beleidigenden Verse höchlich aufgebracht waren, obgleich man annehmen kann, daß in jenem Zeitalter die gebrauchten Ausdrücke den Damen nicht so hart klangen, als es heutzutage der Fall ist. Dem sei jedoch, wie ihm wolle, die Hofdamen beschlossen, sich an dem impertinenten Dichter zu rächen und ihm als Honorar für seine Verse eine tüchtige Tracht Schläge angedeihen zu lassen.

Als daher Clopinel eines Morgens an den Hof kam, nichts ahnend von der Prügelwolke, die sich über ihn entladen sollte, fielen sämmtliche Damen, die sich bereits mit den nöthigen Geißelinstrumenten versehen hatten, über ihn her, zogen ihm mit Gewalt die Inexpressibles ab und versetzten ihn in die zweckmäßige Lage. Der arme Poet sah ein, daß ihn nichts von dem Schicksal, welches ihn bedrohte, erretten konnte, als allenfalls sein Witz. Er bat daher die Damen, ihm einige Worte zu seiner Verteidigung zu gestatten. Dies wurde bewilligt, jedoch mit der Mahnung, sich kurz zu fassen.

Nachdem er in wenigen Worten die Gerechtigkeit des über ihn gefällten Urtheils anerkannt hatte, bat er es sich als eine besondere Gnade aus, daß diejenige Dame, welche sich durch seine Verse am meisten beleidigt fühle, ihm den ersten Schlag geben möchte. – Es geschah, was der Schalk beabsichtigte. Keine der Damen wollte verrathen oder auch nur den Anschein haben, als habe sie ganz besondere Ursachen, sich vorzüglich beleidigt zu finden. Der Dichter kam ungegeißelt davon.

Die Damen der früheren Zeiten liebten es überhaupt sehr, Indiscretionen und dergleichen mit Peitschenhieben zu bestrafen, wie ich noch durch einige Beispiele darthun will Eins derselben findet sich in der Geschichte der Gemahlin Heinrichs IV., Margaretha von Valois, von welcher er sich aus sehr triftigen Gründen scheiden ließ. Der Königin gefiel es einst, ohne den Willen ihres Gemahls nach der Stadt Agen zu reisen, welche dem Könige Heinrich feindlich gesinnt war. Hier hielt sie sich einige Zeit auf; aber die Bürger erregten einen Aufruhr, durch welchen sie genöthigt wurde, in eiliger Flucht die Stadt zu verlassen. Damenpferde waren nicht bei der Hand, und Margaretha mußte froh sein, daß sie hinter einem Kavalier auf der Croupe seines Pferdes einen Platz fand. Ihre Damen und sonstigen Begleiter bildeten einen sehr närrischen Aufzug, denn die meisten von ihnen waren nur sehr unvollständig angekleidet. Endlich, nach einem Ritt von mehreren Meilen und mancherlei Gefahren, gelangte die seltsame Cavalcade an einen sichern Ort. Hier borgte sich die Königin von einem Dienstmädchen weiße Wäsche und reiste dann weiter nach der Stadt Usson in der Auvergne[6], wo sie sich von den Strapazen der Reise erholte. Der Ritt hatte ihr große Beschwerden gemacht,

6 „Einer Ausgabe des Journal Henri III. (Cologne, chez Pierre Marteau 1663) sind mehrere interessante Aufsätze beigebunden, unter andern auch einer, welcher die Königin Margarethe betrifft. Der Titel lautet: Divorce Satirique; en terme de Factum pour et au norm du Roy Henry IV.; ou il est amplement discouru des moeurs et humeurs de la Reyne Marguerite jadis sa Femme, pour servir d'instruction aux Commissaires deputez par sa Majesté à l'effect de la separation de leur mariage. Daß dieser Aufsatz eben nicht günstig für die Königin spricht, kann man sich wohl vorstellen; allein wenn auch Vieles übertrieben sein mag, so enthält er doch wenigstens das, was sich Hof und Stadt von ihrem Leben erzählten. In diesem Aufsatze ist diese Flucht ebenfalls wie folgt beschrieben: » – Mais les habitans (d'Agen) allarmez et presageans d'une vie si insolent un insolent succez, luy donnerent occasion der partir avec tant de haste qu'à peine se pût il trouver un cheval de croupe par la moitié de ses Filles; dont plusieurs la suivirent à la fiele, qui sans masque, qui sans devantiers, et telle sans tous les deux et ce avec un debris si pitoyable qe'elles resomboient mieux à des graces de l'Ansguenetz (Landsknechten) à la route d'un camp qu'à des Filles de bonne maison accompagnée de quelque Noblesse mal harnachée, qui moitié sans bottes et moitié à pied la conduisoient sous la garde de Lignerac aux montagnes d'Auvergne dans la Ville de Carlat, d'ou le Frère de Lignerac estoit Chastelain, place forte, mais ressentant plus la tanèire des larrons qui la demeure d'une Princesse, Fille, Soeur et Femme de Roy! »Als der Bruder der Königin, König Heinrich III., von ihrer Flucht und ihrem Aufenthalte in der Auvergne hörte, sagte er an offener Tafel: »Les cadets de Gascongue n'ont peu saoüler Ia Reyne de Navarre, elle est allée trouver les muletiers et chaudronniers d'Auvergne.«"

denn sie war sehr stark;[7] kurz sie hatte sich, wie man es nannte, einen Wolf geritten, der so bösartig war, daß ein Wundarzt zu Rathe gezogen werden mußte. Dieser kam, sah und siegte mit Hülfe seiner Pflaster, denn das störende Ungeheuer wurde vertilgt.

Der Wundarzt war aber ein Schwätzer, der zu viel über die Naturgeschichte dieses Wolfes plauderte und medicinische Anmerkungen dazu machte, deren Ausdrücke wohl eben nicht die anständigsten sein mochten. Genug, die Königin, welcher die Plauderhaftigkeit des Arztes zu Ohren kam, ließ ihm denjenigen Theil des Körpers wund hauen, an welchem er bei ihr seine Heilkunst versucht hatte; – elle lui fit donner les etrivières. Mit dieser Strafe wird wohl Jeder einverstanden sein und sie mehr billigen, als die undankbare Grausamkeit der Prinzessin Juliane von Gonzaga, gewöhnlich die schöne Juliane genannt.

Diese hielt sich im Städtchen Fondi auf. Der berühmte Seeräuber Barbarossa bekam davon Nachricht, beschloß den Ort zu überfallen, die schöne Juliane gefangen zu nehmen und dem Großherrn ein Geschenk damit zu machen. Mit Hülfe eines Kavaliers gelang es aber der Prinzessin zu entkommen. Als sie sich aber später erinnerte, daß ihr Retter sie bei der Flucht im Hemd beim Mondenlicht über ein Feld habe laufen sehen, war sie empört darüber, daß sie den Kavalier durch Meuchelmörder aus dem Wege räumen ließ.

Mit Fürsten ist nicht gut Kirschen essen, und wer mit Prinzessinnen redet, mag seine Zunge wahren. Wer es nicht thut, wird in jetziger Zeit eingesperrt, im Mittelalter erhielt er die Ruthe.

Ich will nur noch ein Beispiel erzählen, um nicht beschuldigt zu werden, daß ich etwas behaupte, ohne es zu beweisen.

Die schöne Gemahlin König Philipps II. von Spanien, Elisabeth von Frankreich, die früher dem Prinzen Don Carlos bestimmt war, hatte eine große Vorliebe für zwei königliche

---

7 „In dem angeführten Aufsatze ist kein vortheilhaftes Bild von ihr entworfen: – »une bouche assy tardée que le coeur, la face plastrée et couverte de rouge, avec une grande gorge descouverte, qui resemble mieux à un qu'à un sein."

Lustschlösser: eins derselben lag in der Nähe von Madrid, das andere bei Valladolid. Als einst die Rede darauf kam, äußerte die Königin gegen ihre Hofdamen den Wunsch, diese beiden Lustschlösser möchten so nahe bei einander liegen, daß sie mit dem rechten Fuße in dem einen und mit dem linken in dem andern stehen könnte. Zugleich machte sie eine bezeichnende Bewegung und setzte die Beine etwas weit auseinander. Schnell sprach der Hofnarr Legat, der gegenwärtig war, einen unanständigen Wunsch aus. Er wurde sogleich zum Zimmer hinausgejagt und für seinen Witz mit einer tüchtigen Geißelung bezahlt. Brantome, der diese Geschichte erzählt, bemerkt, daß er die Königin oft gesehen und ihre Schönheit und herablassende Freundlichkeit bewundert habe und daß es nicht an tausend Mal bessern Personen, als der Narr, fehlte, die Lust gehabt hatten, die Königin zu lieben.

Bei der Gemahlin Philipps II. fällt mir ein anderer hierher gehöriger Fall ein, der Jeden umsomehr erfreuen wird, als dabei ein Jesuit der passive Theil war. – Die Tochter des Kaisers Maximilian II., ebenfalls eine Elisabeth, war durch den Tod ihres Gemahls, König Karls IX. von Frankreich – derselbe, der auf seine reformirten Unterthanen wie auf Wildpret schoß – endlich Wittwe geworden und an den Hof ihres Vaters zurück. Ungefähr um dieselbe Zeit hatte auch König Philipp II. seine Gemahlin verloren und sah sich nach einer andern um. Sr. katholischen Majestät gefiel die Königin Elisabeth und er wünschte sie zu heirathen, obwohl sie die Tochter seiner Schwester war. Das ist zwar m der römischen Kirche nicht erlaubt, allein Philipp war um die Dispensation nicht besorgt. Er war indessen kein glücklicher Werber, denn das Glück, Königin von Spanien zu sein, war gar nicht verlockend für eine ehemalige Königin von Frankreich, die von diesem Lande noch ein ansehnliches Jahrgehalt erhielt. Die eigene Mutter bot vergebens alle Künste auf ihre Tochter zur Einwilligung zu bewegen.

Als gar nichts helfen wollte, schickte Philipp seiner Nichte einen Jesuiten aus Spanien über den Hals. Die Bemühungen des schlauen Paters waren vergebens, aber ein

Jude und ein Jesuit lassen sich niemals abweisen; auch dieser fragte unaufhörlich von Neuem an und wurde endlich so zudringlich, daß die Königin böse wurde und dem Jesuiten drohte, ihn in der Küche durchpeitschen zu lassen, wenn er sich unterstände, nur noch ein einziges Wort von dieser Heirath zu erwähnen.

Der Pater soll indessen in der Folge dieser Drohung vergessen haben und aufs Neue im Interesse des Königs von Spanien thätig gewesen sein; aber die deutsche Prinzessin hatte ein besseres Gedächtniß und ließ den zudringlichen Jesuiten tüchtig durchpeitschen. Ueber diesen letzteren Akt ruht indessen einiges Dunkel, denn die Jünger Loyolas verstanden es, alle ihre Niederlagen und Demüthigungen, die in den Geschichtsbüchern oder sonst mitgetheilt wurden, aus denselben auszumerzen oder doch wenigstens zu verdächtigen.

Doch ich komme wieder auf die Beispiele zurück, welche beweisen, daß man in früheren Zeiten häufig den Frevel der Zunge gegen Damen am entgegengesetzten Theile des Körpers büßen mußte. Um strenge Pedanten nicht zu ärgern, will ich nur noch eins erzählen, welches sich vor etwa hundert Jahren am russischen Hofe zutrug.

Damals war es schon unter den jungen vornehmen Russen Mode, nach Paris zu reisen, hier einige Zeit locker zu leben und dann als Muster des guten Tons nach Hause zurückzukehren. Dieser gute Ton äußerte sich denn besonders m einem sehr freien Benehmen gegen Damen, was die Altmodischen indessen frech nannten. – Zu der bezeichneten Zeit war ein solcher französirter Russe von Paris nach Petersburg zurückgekehrt und kokettirte in allen Gesellschaften mit Pariser Redensarten und Manieren. Einst traf er in dem Hause eines Freundes drei bis vier Damen. Er sang, tanzte, lachte und nahm sich Freiheiten gegen dieselben heraus, die bisher in russischen Gesellschaften unerhört waren und sichtbar ihr Erstaunen erregten. Als der Stutzer das merkte, erzählte er von seinem Glücke bei den Damen der Stadt und nannte einige derselben namentlich, deren höchste Gunstbezeugungen er sich erhalten zu haben rühmte. Dies that er in mehreren Cirkeln, und die Sache kam bald den Männern der bezeichneten Frauen zu Ohren, die nicht verfehlten, die Letzteren in die Beichte zu nehmen, vielleicht auf russische Manier, das heißt mit der Knute.

Die aufgebrachten Damen beschlossen sich zu rächen. Eine von ihnen schrieb daher einen Brief an den Renommisten, in welchem sie ihn an einen bestimmten Ort bestellt, wo sie ihn erwarten würde. Parfümirt und gekleidet à la dernière mode de Paris flog er auf den Flügeln der Liebe zum Rendezvous. Man denke sich seine Überraschung, als er statt einer Dame alle vier findet, die er verleumdet, – oder gegen die er sich indiscret betragen hatte; das läßt sich nun nicht so genau bestimmen. Statt einer Schäferstunde, wie er erwartete, verlebte er eine sehr unangenehme Viertelstunde, in welcher sein Hintertheil mehr als sein – Herz in Anspruch genommen wurde.

»Einige sagen,« fährt die vornehme Dame, welche diese Geschichte erzählt, fort, »daß die Damen ihn wirklich mit ihren eigenen Händen gegeißelt hätten; Andere meinen, sie hätten es ihren weiblichen Domestiken übertragen. So viel ist völlig gewiß, daß die Exekution mit solcher Strenge vollzogen ward, daß der Stutzer genöthigt war, einige Zeit das Bette zu hüten; ob aber die Damen die Exekution selbst vollzogen, oder ob sie nur Zuschauerinnen dabei gewesen sind, läßt sich nicht mit völliger Gewißheit angeben.«

Doch nicht immer war es gerechte Rache und die Vertheidigung ihrer Ehre, welche den Damen die Ruthe in die Hand gab. Sie wandten sich auch oftmals aus Neid oder Eifersucht gegen Personen ihres Geschlechtes an, und sowohl die Geschichte der Criminaljustiz, wie die der Höfe liefern dazu manches Beispiel. Ich will von beiden Arten nur eins erzählen und nur, um allen Vorwürfen über Unachtsamkeit und Ungründlichkeit zuvorzukommen.

Lady Liancourt war aus einer Familie, die nur ein mittelmäßiges Vermögen besaß; allein sie war schön und liebenswürdig und das Glück ihr so günstig, daß sie die Frau eines außerordentlich reichen Kaufmanns wurde. Dieser starb wenige Jahre nach ihrer Verheirathung und setzte sie zur Universalerbin ein, wodurch die junge Wittwe Herrin eines sehr großen Vermögens und das Ziel der Wünsche der vornehmsten Männer wurde. Lord Liancourt, dem das fehlte, was die junge Wittwe im Ueberfluß hatte, und der das besaß, was sie wünschte, einen hohen Rang, war der Glückliche, der die Hand der reichen Wittwe davontrug.

Die junge Lady hielt sich während des Sommers auf dem Landgute ihres Gemahls auf, welches dieser in der Nähe der Stadt Chaumont besaß. Nicht weit davon lag auch das Schloß des Marquis von Tresnel. Die Marquise war bisher in der ganzen Gegend die Tonangeberin gewesen, aber die geniale Lebensweise, wie der Witz und die Schönheit der Lady Liancourt verschafften dieser bald den Vorzug und die Marquise wurde völlig verdunkelt. Dergleichen verzeiht eine Frau nicht leicht, und so faßte denn auch die Letztere einen grimmigen Haß gegen ihre glückliche Nebenbuhlerin, der sich bei manchen Gelegenheiten, sogar einmal in der Kirche, zu erkennen gab, wo die Marquise die Lady fast mit Gewalt von ihrem Sitze verdrängte.

Dieser Haß der Marquise wurde auf die höchste Spitze getrieben, als die Lady ihre Geisteswaffen gebrauchte und einige witzige, satyrische Verse auf ihre Feindin in Umlauf brachte. Die auf diese Weise angegriffene Dame beschloß, sich auf eclatante Weise zu rächen und ihrer Gegnerin eine solche Demüthigung zu bereiten, daß sie dadurch zugleich beschimpft und lächerlich gemacht werden müßte. Diese der Lady zugedachte Rache wäre nur unvollständig gewesen, wenn sie dieselbe Bevollmächtigten aufgetragen hätte, und die Marquise beschloß, die Operationen selbst zu leiten.

Als sie daher eines Tages durch ihre Spione erfuhr, daß Lady Liancourt auf ein mehrere Meilen entferntes Schloß zum Besuch gefahren sei, befahl sie eiligst anzuspannen und stieg mit einer gleich gesinnten Freundin, dem Fräulein von Villemartin, in den Wagen, auf welchem noch vier Heiducken standen und der von drei bewaffneten Dienern zu Pferde begleitet wurde.

Da sie zu früh an dem Punkte der Chaussee ankam, wo sie ihrer Feindin begegnen wollte, so ließ die Marquise einen Diener als Alarmposten zurück und trat unterdessen unter einem Vorwande bei dem Pfarrer des zunächst gelegenen Dorfes ab; hier blieb sie mehrere Stunden. Als der zurückgelassene Diener im vollen Galopp angesprengt kam und das Herannahen der Lady Liancourt verkündete, setzte sich die Marquise in den Wagen und fuhr eiligst auf den Platz, den sie zur Schaubühne ihrer Rache ausersehen hatte. Sie kam gerade zu rechter Zeit, um der Lady den Weg abzuschneiden, und der Wagen derselben wurde gezwungen zu halten.

Sogleich fielen die schon vorher instruirten Heiducken über denselben her, rissen die Lady heraus, legten sie über und vollzogen an ihr, in Gegenwart der beiden andern Damen, auf öffentlicher Landstraße eine Geißelung, die schmerzhaft genug gewesen sein muß, da sie hinreichend war, der Rachsucht einer erbitterten Nebenbuhlerin zu genügen.

Dieser empörende Gewaltstreich verursachte ein ungeheures Aufsehen. Die beiderseitigen Männer waren bereit, sich die Hälse zu brechen, und würden es auch gethan haben, wenn nicht König Ludwig XIV., der davon gehört, ihnen auf das strengste verboten hätte, sich im Geringsten in die Sache zu mischen, welche auf dem ordentlichen Wege des Gesetzes untersucht und bestraft werden sollte. Die Lady kam bei dem Parlamente von Paris mit einer Criminalklage gegen die Marquise ein. Letztere wurde verurtheilt, der Beleidigten vor offenem Gerichtshöfe auf den Knieen Abbitte zu leisten, ihr zweitausend Pfund Schmerzengeld zu bezahlen und forthin nicht mehr unter der Jurisdiktion des Parlaments zu stehen. Die Bedienten, welche der Marquise als Werkzeuge gedient hatten, wurden auf die Galeeren geschickt und ihre Begleiterin, Fräulein de Villemartin, wurde citirt, persönlich vor dem Gerichtshofe zu erscheinen, um dort einen derben Verweis in Empfang zu nehmen und eine Geldstrafe von zwanzig Pfund zum Brode für die Gefangenen zu erlegen.

Noch unglücklicher erging es einer vornehmen russischen Dame, der Kanzlerin Bestustew, welche die Eifersucht der Kaiserin Elisabeth erregt hatte. Sie und ihr Mann hatten lange Zeit einen bedeutenden Einfluß auf die Angelegenheiten des Staates ausgeübt, als sie endlich durch einen Staatsstreich und eine Hofintrigue plötzlich gestürzt wurden und die Kaiserin dadurch Veranlassung erhielt, ihre Rachsucht gegen ihre Nebenbuhlerin zu befriedigen. Dies geschah auf eine so entsetzlich grausame Weise, daß dadurch der Unwille von ganz Europa erregt wurde.

Die eben so schöne als geistvolle Kanzlerin wurde auf den Markt geschleppt wie eine gemeine Verbrecherin und hier von dem Henker bis auf die Hüfte entkleidet. Der größte Theil der Zuschauer und selbst der Henker wurden beim Anblick der unübertrefflichen Reize der schönen Frau, die nun verstümmelt werden sollten und die man über die der Kaiserin erhoben hatte, von dem tiefsten Mitleiden ergriffen. – Die Unglückliche wurde nun an einen in der Mitte des Platzes stehenden starken Pfahl der Art befestigt, daß ihre Arme durch zwei am obern Theile befindliche Oeffnungen gesteckt, die Hände zusammengefesselt und vermittelst einer Kette an einen eisernen Ring geschlossen wurden; die zarten Füße wurden an der andern Seite des Pfahles festgeschnürt, um jede Bewegung zu verhindern und den Rücken der völligen Willkür preiszugeben. Selbst der rohe Henker, der doch an dergleichen Scenen gewöhnt war, zitterte und bebte, als er sein Amt verrichten sollte und mit der entsetzlichen Knute hinter die Aermste trat. Binnen wenigen Augenblicken war der schönste Körper auf die schrecklichste Weise zerfleischt. Dann wurden der Kanzlerin die Nasenlöcher und die Ohren aufgeschlitzt und sie sofort nach Sibirien abgeführt.

In der Erzählung von der verunglückten Liebeswerbung Philipps II. bedrohte, wie ich mit Vergnügen berichtete, die Königin den Jesuiten, ihn in der Küche peitschen zu lassen, und dies bringt mich darauf, zu untersuchen, an welchem Orte und unter welchen Ceremonien dergleichen Geißelungen in früherer Zeit am Hofe und in andern vornehmen Häusern gewöhnlich vorgenommen wurden.

Hofdamen und Ehrenfräuleins, die zur Geißelung verurtheilt wurden, empfingen ihre Strafe wahrscheinlich nur in Gegenwart ihrer Standesgenossen und vielleicht einiger

Bettmeisterinnen des Schlosses, die wohl auch die Exekutoren sein mochten; allein der Schauplatz für die Geißelungen der niedrigen Dienerschaft und untergeordneter Personen, welche irgend ein Vergehen begangen hatten, war eben die Küche. Diese war auch der geeignetste Platz; hier hatten Prügler und Geprügelte Schutz gegen Wind und Wetter, und alle zur Exekution nöthigen Instrumente waren sogleich bei der Hand. Außerdem war auch die Küche in den Schlössern der früheren Zeit der Sammelplatz für die große Menge der Diener, welche sonst von den Großen gehalten wurden; hier besprachen sie alle wichtigen Vorfälle oder lungerten umher, wenn sie nicht gerade einmal etwas zu thun hatten. Der Herr, der eine Geißelung verfügte, war sicher, daß er in der Küche stets Vollzieher seiner Befehle vorfand, die mit Vergnügen bereit waren, sie auszuführen, denn Bedientenvolk ist boshaftes Volk.

Abgesehen von der Bequemlichkeit und Zweckmäßigkeit mochte es auch wohl einen tiefern Grund haben, daß die Küche der gesetzliche Prügelschauplatz wurde. Dergleichen Züchtigungen wurden meistens ertheilt, wenn durch Verletzung der Hauszucht der Herr beleidigt wurde. Der Heerd ist aber gleichsam der dem Herrn in seinem Hause errichtete Altar, und wie man in heidnischen Zeiten zur Versöhnung oder zu Ehren der Götter an ihren betreffenden Altären gegeißelt wurde, so wurden die Beleidiger des Hausherrn am Heerde, das heißt in der Küche gestraft.

Die Hausordnung in manchen alten, besonders fürstlichen Schlössern war sehr streng, und das war auch nothwendig, denn sonst würden Pagen, Jagdbediente und Mägde das Unterste zu oberst gekehrt haben. In vielen Palästen wurde es als eine persönliche Beleidigung des Herrn angesehen, wenn Jemand sich unterstand, innerhalb des Hofes oder in einer Entfernung von weniger als zweihundert Schritt vom Schloßthor Jemand zu schlagen. Wurde ein solches Verbrechen begangen, dann gerieth das ganze Küchenpersonal in Bewegung, denn nun erhielt es Gelegenheit, die amtliche Gewalt auszuüben, die ihm außer der Pflicht, für Speisen und Getränke zu sorgen, noch zukam und worauf es nicht wenig stolz war.

Der Aufseher über den Holzhof mußte einen Block herbeischaffen, an welchem die Hände des Delinquenten befestigt wurden, und jeder Küchenbeamte, vom Oberkoch und Tafeldecker bis zum Küchenjungen herab, mußte das Amt übernehmen, welches ihm nach den traditionellen Ueberlieferungen zukam. Hatte der Sträfling seine Hiebe empfangen, dann überreichte ihm der Küchenmeister eine Semmelschnitte und der Oberkellermeister einen Becher mit rothem Wein; so verlangte es die Sitte wenigstens in England.

In den meisten Fällen, wenn eine Geißelung verfügt wurde, überließ man die Ausführung der Discretion des Küchenpersonals, und das Gaudium desselben war groß, wenn diese Strafe an einem Pfaffen oder gar an dem Hofnarren zu vollziehen war, der gewöhnlich einem Jeden einmal einen Schabernack gespielt hatte. Daß selbst die ehrwürdigen Herren Patres nicht verschont wurden, haben wir an dem Jesuiten gesehen; da aber die Ausführung zweifelhaft ist, so will ich ein anderes Beispiel anführen, welches die lobenswerthe Sitte, unanständige Pfaffen in der Küche zu peitschen, unzweifelhaft feststellt und welches in den Erzählungen der Königin von Navarra enthalten ist.

Ein verliebter Kapuziner, der in dem Hause eines Landedelmanns aus- und einging, hatte seine heiligen Augen auf ein niedliches Kammermädchen geworfen, deren Seelenheil er sich deshalb besonders angelegen sein ließ. Es wäre auch Schade gewesen, wenn ein so allerliebstes Geschöpf den häßlichen Teufeln zur Beute geworden wäre und der fromme Pater beschloß, dies schöne Stückchen Erbsünde dem Erbfeinde zu entreißen. Er wußte ihr nach mancherlei heiligen Vorbereitungen begreiflich zu machen, daß man vor allen Dingen den Körper kasteien müsse, wenn die Seele geläutert werden solle und überredete sie, ein härenes Gewand auf dem bloßen Körper anzulegen. Menschenfreundlich, wie Kapuziner sind, erbot er sich, diesen Talisman gegen den Fleischesteufel dem Mädchen mit eigenen Händen anzuziehen, weil das Gewand dadurch eine noch weit heiligendere Kraft bekommen würde. Das Mädchen erkannte aber die Absichten des frommen Mannes und erzählte Anderen im Hause, was der Kapuziner verlangt habe. Das kam auch dem Edelmann zu Ohren, und dieser hatte keine bessere Meinung von Mönchstugend als seine Dienerin. Er wurde sehr zornig und befahl, dem frommen Vater vermittelst einer tüchtigen Geißelung den übergroßen Bekehrungseifer auszutreiben, was in der Küche mit Lust und Liebe von Seiten der Küchenbeamten geschah.

Einen Beweis dafür, daß die Officianten der Küche als Personen betrachtet wurden, deren besondere Pflicht es war, für die Aufrechterhaltung der fürstlichen oder königlichen Würde Sorge zu tragen, finden wir in der Beschreibung der Art und Weise, wie die Ritter des Bath-Ordens auch den Statuten desselben installirt wurden.

Nachdem die verschiedenen Ceremonien der Installation in der Westminsterkirche vorüber waren, nachdem der neue Ritter mit den Insignien des Ordens bekleidet war, den Eid geleistet und die Ermahnungen des Dechanten angehört hatte, stellte er sich auf die eine Seite der Kirchenthür, während ihm gegenüber auf der andern Seite der Oberkoch des Königs Platz genommen hatte. Dieser war mit den Zeichen seiner Würde, einer weißleinenen Schürze, bekleidet und mit einem Hackemesser versehen, und wandte sich mit folgenden Worten an den Bath-Ritter: »Sir, Sie wissen, welchen großen Schwur Sie abgelegt haben; werden Sie denselben halten, so wird es Ihnen zur großen Ehre gereichen; werden Sie ihn aber brechen, so nöthigt mich mein Amt dazu, die Fußstapfen, wo Sie gegangen sind, mit meinem Messer auszuhacken.«

Es wäre eine unverzeihliche Nachlässigkeit von mir, wenn ich in diesem Buche, welches von dem Geißeln handelt, die Pagen vergäße, diese Professoren in der Kunst des Geprügeltwerdens. Wenn man von einem Pagen spricht, so denkt man sich gewöhnlich darunter einen hübschen jungen Menschen von guter Familie, der die unbezähmbarste Lust hat, alle nur möglichen Prügel zu verdienen, aber in dem Glauben, daß selten Jemand auf dieser Welt nach Verdienst belohnt wird, zugleich hofft, daß dieser Erfahrungssatz sich auch bei ihm bestätigen werde. – Es mag in der That keine

Kleinigkeit gewesen sein, die Schaar der Pagen in den königlichen Schlössern in Ordnung zu halten und – wenn ich überhaupt mit dem Prügeln einverstanden wäre – ich finde es nicht unbillig, daß die Vorgesetzten dieses leichten Völkchens unbeschränkte Macht hatten, die Geißelstrafe anzuwenden. Dazu fanden sie stets so vielfache Gelegenheit, daß die Begriffe Page und Geißel völlig identisch wurden; zu einem Pagen gehörte eine Ruthe und umgekehrt.

Wollte ich mich in das Gebiet der Pagenstreiche verlieren, dann möchte ich doch wohl etwas zu gründlich werden, und ich will mich daher begnügen, nur einer Pagengeißelung »monstre« zu erwähnen, welche einstens König Heinrich III. von Frankreich verfügte, der, wie wir später sehen werden, ein großer Beförderer der Geißelung war. Im Estoile findet sich folgende Stelle: »Am 29. März (1583) ließ der König im Louvre gegen 120 Pagen und Lakaien peitschen, die im untern Saal die Prozession der Pönitenten nachgemacht hatten, indem sie über ihre Gesichter Taschentücher hingen mit Löchern an den Stellen der Augen.«

Viele vornehme Frauen liebten das Kapitel der Hauszucht, welches vom Geißeln der Pagen handelte, ganz außerordentlich und waren bei den geringsten Ursachen sogleich bereit, die Geißelung an den jungen und schönen Delinquenten mit eigener Hand zu vollziehen. Manche mochte dies, wie ein neuerer Schriftsteller über diesen Gegenstand sich ausdrückt, wenn sie solid war, aus einer anatomischen Neugierde und einem unbestimmten, sinnlichen Gefühl thun, das zu dem Begriffe von der Notwendigkeit der Bestrafung sich mischte; war sie aber unreinen Herzens, aus wollüstigem Kitzel, wenn sie auch nichts Bestimmtes dabei suchte. Manche Tugend litt auf diesem Wege Schiffbruch, indem die Gefahr bald von der einen, bald von der andern Seite kam. Dasselbe Spiel trieben, indem sie das Prinzip der Hauszucht geltend machten, die gnädigen Herren oft mit den Kammerfräuleins.

Daß ich nun von den Kammerfräuleins auf den Ehebruch komme, wird man um so weniger befremdend finden, als derselbe früher sehr häufig mit Geißelung bestraft wurde, wie wir es schon im mosaischen Gesetz finden. Daß die Alten es weit strenger nahmen, wenn man mit einer verheiratheten Frau sündigte, als wenn es mit einem Mädchen geschah, erklärt sich ganz natürlich daher, daß, abgesehen von der Unzulässigkeit der Sache selbst, im letzteren Falle keine Eidverletzung stattfand, da ein Mädchen nicht gebunden ist. Die Herren Geistlichen der römischen Kirche predigten stets dasselbe, wenn sie, wie wir im vorigen Buche gesehen haben, sich in der Praxis auch mehr an die Weiber hielten. Wie spaßhaft sich die Mönche in ihrem Eifer gegen den Ehebruch manchmal auf der Kanzel vergaloppirten, habe ich schon an einem Beispiel des bekannten Abraham a Santa Clara gezeigt; ein anderes Beispiel erzählt uns Rousseau in einem seiner Epigramme.

Ein Mönch, der eines Tages sehr heftig gegen den Ehebruch predigte, gerieth dabei in großen Eifer, und in seinem Bemühen, die Zuhörer recht von seinem Abscheu gegen diese Sünde zu überzeugen, brach er zuletzt in folgende feierliche Erklärung aus: »Ja, meine Kinder, ich würde lieber, um das Heil meiner Seele nicht zu verscherzen, jeden Monat mit zehn Mädchen als in zehn Jahren mit einem verheiratheten Weibe zu thun haben.« [8]

Die Gesetze der meisten alten Völker gegen den Ehebruch waren außerordentlich streng, und sowohl bei Griechen und Römern, wie auch bei den Persern spielte in solchen Fällen die Peitsche eine große Rolle. Die Gesetze der Deutschen waren nicht minder streng und in den romanischen Staaten ebenfalls; doch kam allerdings dabei auf die

8 „Das Epigramm selbst heißt:
Un Cordelier prèchoit sur l'adultère,
Et s'échauffoit le Moine en son harnois
A démontrer par maint beau commentaire
Que ce péché blessoit toutes les loix.
Oui, mes Enfans, dit il, haussant la voix,
J'aimerois mieux, pour le bien de mon ame,
Avoir à faire à dix filles par mois
Que de toucher en dix ans une femme."

Gemüthsart des beleidigten Mannes viel an. In Frankreich erhielten die Damen, wenn die angebrachten Klagen wegen Ehebruch begründet waren, gewöhnlich Ruthenhiebe, entweder zu Hause oder im Verwahrungsort, meist sous la custode, wie man es zu nennen pflegte.

In altfranzösischen Gedichten und Romanen finden sich unendlich viel Stellen und Erzählungen, welche beweisen, daß die Züchtigung der untreuen Frauen oder derer, die man in Verdacht hatte, mit Ruthenhieben sehr gewöhnlich war. Doch wir brauchen nicht so weit zurückzusehen; auch bei uns nehmen sich die Männer noch sehr häufig die Freiheit, ihre Weiber für begangene oder angebliche Vergehungen in Bezug auf die Treue mit derben Schlägen oder mit Ruthenhieben zu züchtigen. Beweise ließen sich aus Criminalacten unendlich viele herbeibringen, allein nur einige mögen genügen.

Vor etwa fünfzehn Jahren lebte in einer süddeutschen Residenz ein Doctor der Medizin, der seiner sehr hübschen Frau bei der geringsten Veranlassung, besonders aber aus Eifersucht und wenn er sie treulos glaubte, die Ruthe gab. Dies trieb er lange Zeit, bis die arme Frau sich ihren Freundinnen entdeckte und auf deren Rath sich scheiden ließ.

In einer andern deutschen Stadt gab es mehrere Männer, welche ein Vergnügen dabei fanden, ihre Weiber vor dem Spiegel blutig zu peitschen oder dieselben in Kellern und dunkeln Gemächern Tage lang gefangen zu halten. – In einer andern Stadt wurden mehrere hübsche Frauen mit Stricken auf Tische gebunden und mit Ruthen, Stricken oder Ochsenziemern geschlagen. An öffentlichen Orten erschienen die Eheleute dann wieder ganz zärtlich und vertraut, denn bei dem geringsten Zeichen von Klage wurde die Züchtigung verdoppelt. Einer dieser Barbaren legte sein Opfer auf eine Art Winde mit Kopf und Füßen, wie ein Knäuel gewunden, und peitschte sie auf die ausgestreckten Hüften und Schenkel. In die offenen Wunden schüttete er Tinte und Vitriol! – Es hat Edelleute gegeben, die mit Metzen Haus hielten, und in deren Gegenwart ihre unglücklichen Weiber von Bedienten peitschen ließen, um denselben Ersatz zu geben; andere zwangen, unter Androhung des Todes und unter Anhetzung von Hunden, die eigenen minderjährigen Söhne, ihre Mutter zu schlagen! Solche entsetzliche Gräuel findet man indessen nur bei christlichen Völkern, und warum gerade hier, wird den Lesern am Ende dieses Buches völlig klar sein.

Nicht nur allein in Spanien und Italien waren die Inquisition und die Herren Jesuiten die Bewahrer und Rächer der ehelichen Treue; auch in Deutschland gab es eine Zeit, wo die Herren Geistlichen officielle Bestrafer der ehelichen Untreue waren. Man denke nur an das Sittengericht unter Maria Theresia, welches auch noch unter Joseph II. fortbestand.

Einer der geistlichen Herren dieses Gerichtshofes mochte bei einer vornehmen, sehr schönen Dame kein Gehör gefunden haben, obgleich sie wohl eben nicht hartherzig war und mehrere Liebhaber hatte. Der geistliche Herr rächte sich auf echt pfäffische Weise und zeigte sie dem Sittengerichte an. Die Dame ward mitten in der Nacht aus ihrem Bette gerissen, in einen verschlossenen Wagen gesetzt und an einen ihr unbekannten Verwahrungsort gebracht. Dort wurde sie verhört und ihr befohlen, die Namen ihrer Liebhaber zu nennen. Als sie sich standhaft weigerte, diesem Ansinnen Folge zu leisten, erhielt sie auf Befehl der hochwürdigsten Herren einen tüchtigen Denkzettel mit der Ruthe und wurde nach einigen Tagen zu ihrem Manne zurückgebracht. Ihre Verehrer machten ihr gemeinschaftlich ein sehr kostbares Geschenk, als Anerkennung und Dank für ihre Verschwiegenheit.

Die nordamerikanischen und englischen Gerichtsverhandlungen lehren, daß man in jenen Ländern das Peitschen der Frauen für Vergehungen an der ehelichen Treue ganz in der Ordnung findet, und auch bei weniger cultivirten Völkern findet man diesen Gebrauch – weil die Richter überall Männer sind.

In Korea richtet sich seltsamer Weise die Strenge des Gesetzes mehr gegen den unverheiratheten Ehebrecher als gegen die schuldige Frau. Der Inkulpat wird bis auf die Beinkleider entkleidet; dann beschmiert man ihm das Gesicht mit Kalk und steckt ihm durch jedes Ohr einen Pfeil. Hierauf befestigt man auf seinem Rücken eine Trommel, welche an den Kreuzwegen, wo er zur Schau ausgestellt ist, gerührt wird. Das Finale bilden fünfzig Hiebe auf den Hintern mit einem tüchtigen Bambusrohr, welche häufig den Tod zur Folge haben. Die Schuldige erhält eine Anzahl Hiebe von derselben Sorte auf denselben Körpertheil. – Verführt aber gar ein Verheiratheter die Ehefrau eines andern, dann wird er mit dem Tode bestraft, indem man ihn von hinten durchsticht.

In Guiana leben die Einwohner in Polygamie. Der Ehebruch kommt selten vor, aber dann wird er an dem Verführer meistens mit dem Tode bestraft; die Frau erhält tüchtige Prügel. Das finden die Weiber sehr in der Ordnung und würden die Prügel höchst ungern entbehren, da sie ihnen als ein Zeichen für die Liebe ihres Mannes gelten. Ein Franzose war einst Zeuge solcher Prügelscene. Als die Frau schon blutrünstig geschlagen war, glaubte er sie vor einem härtern Schicksal bewahren zu müssen und legte sich ins Mittel; allein damit kam er übel an. Die Frau, schäumend vor Wuth, fiel ihn mit dem Bogen ihres Mannes an und rief: »Wenn er mich schlägt, so thut er es, weil er mich liebt.« Die übrigen Weiber nahmen ebenfalls Partei gegen den Fremden und erklärten, was geschehen, sei durchaus in der Ordnung und Niemand sollte es wagen, zu stören wenn auch sie einst gezüchtigt würden. Es scheint demnach doch nicht, daß dadurch der Ehebruch vermindert wurde, auch kam die Gezüchtigte, von welcher ich eben erzählte und welche Lisbe hieß, gleich nach der Exekution zu dem Franzosen, überhäufte ihn mit Zärtlichkeiten und flüsterte ihm zu: »Niemand wird dir etwas sagen, wenn du uns nur nicht in unsern Liebkosungen, in unsern Schlägen störst.«

Bekannt ist es, daß die russischen Frauen ähnlich wie die in Guiana empfinden und daß sie meinen, ihre Männer liebten sie nicht, wenn sie von denselben nicht von Zeit zu Zeit ordentlich durchgeprügelt werden. Dieser Glaube herrscht nicht etwa nur bei dem gemeinen Volk, sondern selbst bei den höheren Ständen. Ich erinnere nur an die Kaiserin Katharina und Potemkins Hetzpeitsche. Eine schöne, russische Dame, die einen liebenswürdigen Franzosen heirathete, wurde nach vierzehn Tagen einer sehr zärtlichen Ehe plötzlich ganz traurig und seufzte unaufhörlich, als habe sie einen tiefen Gram. Der besorgte und zärtliche Gatte wußte sich diese Veränderung gar nicht zu erklären und forschte unablässig nach dem Grunde derselben. Endlich in der vierten Woche erklärte sie, über und über schamroth: »Wie kann ich glauben, daß du mich liebst; sind wir doch schon vier Wochen mit einander vereinigt, und du hast mich noch nicht ein einziges Mal geschlagen!«

Man denke sich das Erstaunen des zärtlichen Ehemanns, der nun froh war, daß kein anderes Hinderniß seines Glückes vorhanden war. Er kaufte eine mäßig schmerzende elegante Ruthe und befriedigte von Zeit zu Zeit das russische Bedürfniß seiner Frau, die ferner keine Ursache zur Klage hatte. –

Bei so strenger und oft so ungerechter Handlungsweise der Männer gegen ihre Frauen, wovon ich oben Beispiele gegeben habe, ist es denn kein Wunder, daß die Frauen alle ihnen angeborne List in Bewegung setzen, um sich vor solcher Strafe zu retten und bemüht waren, ihre Männer zu hintergehen. Dergleichen Fälle erzählen uns die italienischen und französischen Novellendichter in großer Menge; da sie aber nicht hierher gehören, so will ich mich nur auf ein Beispiel beschränken, welches mehr zur hier verhandelten Sache in Beziehung steht.

Ein Ehemann hatte seine schöne Frau im Verdacht, daß sie die Lehre von der Liebe des Nächsten gar zu weit ausdehnte und mit dem Nachbar Pfarrer in verbotenem Umgange lebte. Sein Verdacht wurde zur Gewißheit, als er beide beim heimlichen Verzehren seines Lieblingsgerichtes, einer Lamprete, ertappte. Die Ehrfurcht vor dem geistlichen Ehebrecher bewirkte, daß er einstweilen seine Wuth hinunter schluckte, aber innerlich beschloß, sie, die mit dem Körper gesündigt hatte, am Körper abzustrafen. Er kaufte daher mit Kennerblick einen vortrefflichen Besen von frischen Birkenruthen, den er in der Nähe des Schlafzimmers versteckte.

Die Frau, die kein gutes Gewissen hatte und ihren Mann mit argwöhnischen Blicken beobachtete, hatte aber diese Vorbereitungen belauscht und ahnte für die kommende

Nacht nichts Gutes. Sie bat daher eine ihrer Freundinnen, sich am Abend in ihr Bett zu legen, indem sie einen Vorwand angab, der sie verhindere, heute zu Hause zu schlafen. Die nichts Böses ahnende Dame war gleich hierzu bereit.

Als es nun Nacht war und der Mann seine Frau im Bette glaubte, schlich er mit einer tüchtigen Ruthe in die Schlafkammer und begann der im Bette liegenden Freundin eine derbe Strafpredigt über ihre Untreue zu halten und endigte damit, daß er ihr eine derbe Züchtigung dafür ankündigte. Die gute Dame bekam keinen kleinen Schreck; allein wenn sie sich zu erkennen gab, hätte noch Schlimmeres daraus entstehen können, und sie beschloß gute Miene zum bösen Spiel zu machen. Mit Thränen und unterdrücktem Gejammer verbarg sie ihr Gesicht in den Kissen und überließ ihr unschuldiges Hintertheil der Rachsucht des beleidigten Mannes. Dieser bearbeitete dasselbe mit solcher Rüstigkeit, daß das Blut herabrieselte, als er endlich ermüdet in sein Bette schlich.

Sobald es Tag wurde, verließ die so schmählich behandelte Dame das Schmerzenslager und machte ihrer Freundin die bittersten Vorwürfe. Diese wußte sie aber zu trösten und zu entschädigen, und da sie erfuhr, daß ihr Mann frühzeitig ausgegangen war, schlich sie in ihr Haus, entfernte alle Spuren, welche die nächtliche Scene zurückgelassen hatte, und schlüpfte dann in das frisch gedeckte Bette.

Als ihr Mann nach Hause kam, that sie, als ob sie noch schliefe. Der geprellte Ehemann hatte mit kühlerem Blute über die vollzogene Strafe nachgedacht und sie fing an, ihn zu reuen. Mit diesen milderen Gefühlen betrat er das Schlafzimmer seiner Frau, die in dem ordentlichen Bette so behaglich schlafend lag, als sei nicht das Allergeringste vorgefallen. Darüber höchlich erstaunt, rief er: »Nun Madam, es wäre doch endlich einmal Zeit aufzustehen.« Sie that, als ob sie eben erwachte, und wunderte sich gähnend darüber, daß es schon so spät sei, und erklärte ihren tiefen Schlaf durch einen Traum, der sie höchst angenehm beschäftigt habe. »Ja, du hast wohl vom Herrn Pfarrer und meiner Lamprete geträumt, die ihr zusammen verzehrt habt? nun, ich denke, daß ich dir heute Nacht dies Gericht für eine lange Zeit versalzen habe.« – Die Dame that, als könne sie durchaus nicht verstehen, was er meine; der Mann wurde immer hitziger und entschloß sich endlich, seinen Zweifeln durch den Augenschein ein Ende zu machen. Unter Lachen und Aeußerungen der Verwunderung über seinen Unglauben entfernte die schöne Frau die Hüllen, und der Körper wurde eben so unverletzt und fleckenlos wie das Bette gefunden. Der Mann wurde ganz verwirrt und glaubte endlich, daß ihn ein böser Traum geneckt habe. Das Lustspiel schloß mit Vorwürfen gegen den Mann über seine unordentliche Lebensweise und mit einer zärtlichen Umarmung.

Doch zur Genugthuung für die Damen will ich bemerken, daß nicht immer die Frauen der leidende Theil waren; einige Beispiele, daß Männer von Frauen Schläge erhielten, habe ich schon früher erzählt; hier mögen noch einige folgen. Manche Dame wird mit großem Vergnügen alte Tapeten gesehen haben, auf denen Ritter knieend vor einer Dame abgebildet sind, die in ihrer Hand eine Ruthe hält. Ja diese ehrenfesten Ritter wurden wirklich zu Zeiten von den Minnehöfen des Mittelalters zu Schlägen verurtheilt, wenn sie des Ehebruchs überführt waren.

Doch ein wahres Rachefest für die Frauen, namentlich Frankreichs und Italiens, war der Tag der »unschuldigen Kindlein«, an dessen Morgen es Gebrauch war, daß die Damen diejenigen Herren ihrer Bekanntschaft, welche sie im Bette ertappen konnten, gehörig mit der Ruthe bearbeiteten. Die Rache für alle im Laufe eines Jahres von einem Manne empfangenen Beleidigungen wurde bis zu diesem Gerichtstage aufgehoben. Am frühen Morgen, vielleicht schon in der Nacht, versammelte sich an einem sichern Orte die Gesellschaft von Damen, welche einen gemeinschaftlichen Feldzug gegen die Männer unternehmen wollten, und entwarfen ihren Operationsplan.

Wer nun von den Herren ein böses Gewissen hatte, dem war das Datum dieses Tages gut im Gedächtniß, und er war wohl bedacht, seine Thür schon am Abend zu verschließen. Mancher ließ auch wohl absichtlich die Thür offen, entweder um den Damen nicht den Spaß zu verderben, oder sich einen Spaß mit ihnen zu machen. Durch Erfahrungen belehrt, waren daher die Damen bei den offenen Thüren am vorsichtigsten und kühlten dafür ihr Müthchen an denen, von welchen sie mit einiger Gewißheit voraussehen konnten, daß sie diesen wichtigen Tag im Kalender richtig vergessen hatten. Dieses Geißeln nannte man nun: donner les Innocents, oder innocenter, wobei ich bemerken will, daß innocent, zugleich unschuldig, aber auch einfältig bedeutet, was überhaupt bei den Französinnen und Italienerinnen stets synonym war und ist. Dieser Gebrauch ist übrigens sehr alt und schon in den Erzählungen der Königin von Navara davon die Rede. Darin wird aber zugleich bewiesen, daß auch Männer davon profitirten, wenn es ihnen eben gefiel.

Ein Tapezierer nämlich hatte sich in sein hübsches Dienstmädchen verliebt; aber die Frau bewachte ihn mit so eifersüchtigen Augen, daß er niemals Gelegenheit fand, mit dem Gegenstande seiner Sehnsucht allein zu sein. Er beschloß nun sein Strategem zu ändern. Einige Zeit vor dem Tage der unschuldigen Kindlein affectirte er gegen seine Frau eine außerordentliche Unzufriedenheit über die Magd, die ihm gar nichts mehr recht machen konnte.

Am Abend vor dem verhängnißvollen Tage beklagte er sich abermals sehr bitter und verkündete seiner Frau, daß er den Entschluß gefaßt habe, das faule und unordentliche Geschöpf am andern Morgen mit der Ruthe ganz gehörig durchzubläuen. Die Frau war damit ganz einverstanden; als er aber am frühen Morgen aufstand und eine ungeheuer große Ruthe ergriff, wurde ihr doch bange, daß er dem Mädchen zu viel Schaden thun möchte. Mit dem ernsthaftesten Gesicht ging der Mann die Treppe hinunter und öffnete mit Gewalt die Thür. Das arme Mädchen erschrak anfangs sehr, aber es endete Alles auf die freundschaftlichste Weise.

Uebrigens finde ich auch angegeben, daß in Frankreich am Sylvestertage alle Hausgenossen das Recht hatten, die Frauenzimmer, welche sie im Bette überraschten, mit der Ruthe zu geißeln. In manchen Gegenden Deutschlands herrscht dieser Gebrauch ebenfalls, und es geschieht dort entweder am Palmsonntag oder am Ostermorgen; genau kann ich das nicht bestimmen, obgleich ich selbst an jenem Tage als Kind oft genug die Ruthe bekam, die mir indessen sogleich durch das Geschenk buntgemalter Ostereier versüßt wurde.

Der Leser, der den Haupttittel meines Buches ansieht, hofft wahrscheinlich, nun bald auf Schläge zu kommen, die mit dem christlichen Fanatismus in genauerem Zusammenhange stehen; allein ich verweise ihn auf den besondern Titel dieses zweiten Buches und zur Geduld, und verspreche ihm noch so viel von den christlichen Prügeln zu erzählen, daß er einen völligen Grau davor bekommen wird; aber jetzt muß ich darin fortfahren, über den Gebrauch des Geißelns beim Haus- und Sklavenwesen, und in der Civil- und Militärjustiz zu reden.

Das Alterthum habe ich bereits abgehandelt und jetzt nur von der mittleren und neueren Zeit zu reden. Besonders waren es die nordischen Völker, welche sich in barbarischer Behandlung ihrer Leibeigenen und Dienstleute auszeichneten. In Mecklenburg Litthauen, Livland, Esthland u.s.w. schalteten die Edelleute und Gutsbesitzer ärger wie Türken. Erwachsene Männer erhielten Stockprügel auf den Hintern, und es kam nicht selten vor, daß Männer und Weiber zu Krüppeln gehauen wurden. Ganz besonders schlimm hatten es junge schöne Mädchen, welche sich den wollüstigen Zumuthungen ihrer alten Barone nicht fügen wollten; ihre Tugend wurde ihnen mit blutigen Zeichen auf die eigne Haut angeschrieben.

Die rohen deutschen Junker verfuhren auf gleiche Weise gewaltthätig, und im Innern der festen Schlösser geschahen Dinge, welche niederzuschreiben sich die Feder sträubt. Hier wie überall war die Wollust mit im Spiele, und die Mädchen, wenn sie nicht lüderlich sein wollten, hatten, sobald es sich um Prügel handelte, stets einen nicht beneidenswerthen Vorzug. Erst seit der Revolution wurde die Willkür der Herren gegen die Diener etwas beschränkt, früher nahmen die Gesetze sich kaum die Mühe, Mißhandlungen an Dienern zu bestrafen.

Am grausamsten in ganz Europa wurden indessen die Leibeigenen in Rußland und Polen behandelt. Hier war das Prügelsystem am kunstgemäßesten ausgebildet und wurde in fast eben so weitem Umfange angewandt, wie in China, von welchem glücklichen Lande ich später reden muß. Wir haben gesehen, wie barbarisch man in Rußland selbst mit vornehmen Personen umging; mit Leuten aus dem Volke und gar mit Leibeigenen machte man natürlich noch weit weniger Umstände.

Die Geschichte Rußlands enthält in dieser Beziehung die entsetzlichsten Datas. Das furchtbarste Ungeheuer unter allen russischen Tyrannen war Johann der Schreckliche. Zu seiner Zeit herrschte im Lande meiner Beziehung wenigstens Gleichheit; die vornehmsten Herren und Damen wurden ebenso gut von ihm oder seinen Trabanten auf offner Straße geknutet, wie die ärmsten Unterthanen. Wer ihm nicht gefiel, der wurde gepeitscht. Frauen und Mädchen in Nowogrod und Moskau und in andern Orten wurden schaarenweise nackt ausgezogen und der Brutalität der rohen Tyrannenknechte preisgegeben. Sie wurden genothzüchtigt, gemartert und jämmerlich zerhauen. Häufig ließ Johann die unschuldigen Töchter Hingerichteter grausam peitschen und auf die Folter spannen. Priester und Mönche waren von dieser Behandlung nicht ausgenommen und erhielten ihren reichlichen Antheil an den Schlägen.

Wie der Fürst so trieben es seine Großen gegen ihre Untergebenen, und um den Lesern nur einen Begriff von russischen Prügeln zu geben, will ich die gewöhnlichsten Arten derselben in der Kürze beschreiben. Die Art, wie die Knute gegeben wurde und, wohl zu merken, noch heute gegeben wird, haben wir bereits an dem Beispiele der Kanzlerin Bestustew kennen gelernt. Das furchtbare Prügelinstrument, die Knute selbst, besteht aus Riemen, in deren Enden Drath eingeflochten ist; schon beim ersten Hiebe spritzt das Blut, aber mancher russische Rücken verträgt hundert bis hundertzwanzig, welche indessen der Todesstrafe gleich geachtet sind. Sonst wurde die Strafe durch Aufschlitzen der Nasen und Ohren oder durch Brandmarkung geschärft. Letztere geschah, indem dem Verbrecher ein W auf die Stirne gebrannt wurde. Das bedeutete Wor (Schelm). Die Brandwunde wurde mit Schießpulver eingerieben, damit die Schrift zeitlebens leserlich blieb.

Eine andere der üblichen Strafen war die Batogge, welche selbst bei jungen Mädchen von vierzehn bis fünfzehn Jahren angewendet wurde. Zwei starke Männer ergriffen die unglückliche Person, welche diese Marter ertragen sollte und entkleideten den Körper bis auf die Hüften. Dann knieten Beide nieder. Der eine nahm den Kopf des Delinquenten und der Andere die Füße zwischen seine Beine, und nun wurde von ihnen abwechselnd der bloße Rücken mit schwanken Stöcken bearbeitet. In älteren Zeiten machte man die Batogge dadurch noch schrecklicher daß man sie auf alle vier Seiten gab. War der Rücken zerfleischt, dann drehte man den Körper des Verurteilten um und prügelte auf den Bauch und die Schenkel; war man damit fertig, auf jede Seite. Noch jetzt ist der Ausruf als Drohung in Rußland sprüchwörtlich: Ich lasse Dir die Batoggen auf alle vier Seiten geben. Als öffentliche Strafe ist diese Art indessen abgeschafft, wenn auch einzelne kleine Tyrannen sie an ihren Leibeigenen noch ausüben mögen.

Die Plette wird auf folgende Weise ausgetheilt: Man legt den Verbrecher auf die Erde, seine Hände sind fest an ein Holz gebunden, und die Füße werden gehalten. Zwei Desanzkis oder Häscher lassen wechselsweise die Peitschen auf den entblößten Rücken fallen. Diese schrecklichen Strafen wurden von dem Hausherrn oder der Hausfrau bei dem geringsten Versehen der Diener befohlen; oft machten sie sich ein Vergnügen daraus, selbst zu peitschen, und ließen Denjenigen, der ihren Zorn erregt hatte, ohne Weiteres überlegen und peitschen. Selbst junge Fräuleins fanden nichts Unanständiges dabei, wenn den männlichen Leibeigenen in ihrer Gegenwart der bloße Hintere gepeitscht wurde. Ja häufig wurden dergleichen Exekutionen bei großen Gastmählern, gleichsam zur Belustigung der Gäste, im Vorzimmer vorgenommen. Die Damen lachten und scherzten bei dem Jammergeschrei der armen Mißhandelten, traten an die Thür und ergötzten sich an den grotesken Schmerzensäußerungen. Ein Leibeigener wurde nicht wie ein Mensch, sondern wie ein Thier behandelt und als solches ohne Umstände gekauft und verkauft. Seine Lage war ganz dieselbe wie die der römischen Sklaven. Es soll vorgekommen sein, daß Söhne gezwungen wurden, ihre Väter auf einem Bunde Stroh mit Ruthen zu peitschen.

Unter der Regierung der Kaiserin Katharina II. zeichnete sich eine russische Fürstin aus, deren Namen ich nicht weiß, sonst würde ich ihn der öffentlichen Verachtung preisgeben. Bei diesem Scheusal war die Geißelmanie eine Geburt der Wollust. Die Fürstin war Mitglied eines Klubs in Petersburg, dem viele vornehme Damen angehörten, und in welchem unzüchtige Schriften und Lieder vorgelesen wurden. Hatte man sich dadurch einigermaßen angeregt, dann geißelte man sich untereinander, das heißt zum Vergnügen; die Herren die Damen und so umgekehrt, so daß bald die ganze Gesellschaft nackt war. Dann wurden die Lichter ausgelöscht, und es ging zu wie bei den Muckern und Adamiten.

Diese Fürstin ließ, wenn sie zornig wurde oder ein ihr behagliches Schauspiel genießen wollte, bald männliche bald weibliche Diener auskleiden und von einer Person andern Geschlechts geißeln. Die Männer ließ sie am liebsten auf die allerempfindlichsten Theile schlagen, und die Weiber und Mädchen mußten ihre Brüste auf eine kalte Marmorplatte legen, und dann hieb sie so lange mit Ruthen darauf los, bis sie welk niedersanken und die Mißhandelten der Ohnmacht nahe waren. Einen unglücklichen Perückenmacher hielt sie zehn Jahre lang in einem Verschlage gefangen und ließ ihn von Zeit zu Zeit entsetzlich prügeln, und das alles nur, damit er nicht verriethe, daß die Fürstin falsche Haare habe.

Kaiser Alexander erbarmte sich der armen Leibeigenen, indem er die Strenge der Strafen milderte und eine Menge himmelschreiender Mißbräuche abschaffte; allein er erwarb sich damit wenig Dank selbst bei denen, welche dadurch beglückt werden sollten. Die Prügel gehörten so zur Natur und zum Bedürfniß der Russen, daß sie gar nicht begreifen konnten, wie man ohne dieselben leben könnte. Das Schicksal der Leibeigenen in Polen war dem der Russen vollkommen gleich.

So schrecklich nun auch die russischen Leibeigenen früher behandelt wurden und theilweise noch behandelt werden, so giebt es doch eine ganze Menschenklasse, welche es als ein Glück betrachten würde, wenn man ihr Schicksal dem dieser Leibeigenen gleich machte; ich meine die armen Negersklaven. Wer hätte nicht schon von dem schrecklichen Loose dieser unserer schwarzen Mitmenschen gehört, wer hätte sie nicht schon von ganzer Seele beklagt und ihre weißen Henker verabscheuet! Seit Jahrhunderten haben sich edle Menschenfreunde bemüht, das Schicksal der unglücklichen Neger zu erleichtern, welche aus schändlichem Eigennutz unendlich härter behandelt werden als unsere Hausthiere; allein noch immer ohne durchgreifenden Erfolg. Der Negerhandel besteht fort und mit ihm die Tyrannei der Weißen, welche sich Anhänger der Lehre Christi nennen.

Die Grausamkeit, mit welcher die Negersklaven von allen europäischen Völkern in Westindien behandelt wurden, übersteigen allen Glauben, und wir würden die Erzählungen davon für phantastische Erfindungen halten, wenn sie nicht durch die glaubwürdigsten und achtungswerthesten Reisenden in allen Punkten bestätigt würden. Mit den Beispielen dieser ungeheueren Menschenschindern könnte man eine ganze Bibliothek füllen; aber ich will mich damit begnügen, nur einige anzuführen, da mir der Umfang dieses Werkchens keine weitere Ausführung erlaubt.

Die schändlichsten Niederträchtigkeiten werden schon beim Raube der Neger begangen. Schaarenweis werden harmlose freie Menschen durch Hinterlist und schändliche Mittel aller Art ihrem Vaterlande entrissen und nach Amerika gebracht. Die Qualen, welche die armen Geraubten schon auf der Ueberfahrt zu erdulden haben, sind unbeschreiblich. Man trägt keine andere Sorge für sie, als unumgänglich nöthig ist, damit sie lebend am Orte ihrer Bestimmung ankommen. Hier werden sie wie das Vieh verhandelt, und der freie Sohn Afrikas wird der Sklave eines elenden Weißen, der keinen andern Gott als wie das Geld kennt.

Die Annoncen in der amerikanischen Journalen beweisen hinlänglich, auf welche Weise die Schwarzen noch heut zu Tage von den freien Amerikanern behandelt werden. Hier sucht ein Pflanzer einen entlaufenen Sklaven, der an der aufgeschlitzten Nase, an den fehlenden Ohren, an frischen Narben oder an einem eisernen Stachelhalsband kenntlich ist; dort sucht ein anderer einen Käufer für Sklaven, deren Kennzeichen er auf ähnliche Weise beschreibt. Hier werden die Grausamkeiten der alten Römer gegen ihre Sklaven noch übertroffen; denn seit jener Zeit hat sich der menschliche Geist nicht umsonst in Erfindung neuer Qualen versucht, und das durch die Pfaffen verkündete Christenthum vermochte es nicht, den Sklavenbesitzern menschliches Gefühl gegen die Schwarzen einzuflößen; ja es war vielmehr bemüht, neue Martern ausfindig zu machen, denn die armen Neger waren ja Heiden!

Die Peitsche spielte natürlich auch bei den Strafen der Neger die Hauptrolle und wird auf die schonungsloseste Weise von den Aufsehern der Plantagen (den Bombas) angewendet. Wer sich zu einem solchen Geschäfte hergeben kann, muß schon ein roher, gefühlloser Mensch sein; aber es giebt wahre Ungeheuer unter ihnen, die ihr Amt mit Lust betreiben und stets bereit sind, bei dem geringsten Versehen die Peitsche anzuwenden. Die Herren selbst sind aber nicht besser, und oft kam es vor, daß diese zur Belustigung ihrer Gäste bei Tische schöne Negerinnen auf den bloßen Hintern peitschen ließen, daß bei jedem Hiebe die Haut aufsprang.

Ein Neger, der sich bei Vollziehung eines Auftrages etwas verspätet hatte, erzählt ein Reisender als Augenzeuge, wurde an einem Krahne an beiden Armen aufgehangen und mit Gewichten an den Füßen beschwert. In dieser Lage wurde er mit dornigen Ebenholzzweigen dermaßen gepeitscht, daß der ganze Körper am andern Tage geschwollen war und ein anderer Neger ihm die Stacheln aus dem Fleische herausziehen mußte.

Wer sich beim Aufstehen verspätete oder sonst ein kleines Versehen beging, wurde in einer andern Plantage auf eine Leiter gebunden und erhielt hier vor dem Hause des Oberaufsehers von dem Bomba 150 Hiebe mit der großen Peitsche auf Rücken und Schenkel, die davon zerrissen wurden. Um den Schmerz noch zu vermehren, wusch man die Wunden mit Pfeffer und Salzwasser. In diesem elenden Zustande mußte der Sklave auf die Feldarbeit und wehe ihm, wenn er nicht arbeitete wie ein Gesunder.

Manche Sklaven starben an den Folgen der Mißhandlungen. Glaubwürdige Reisende bezeugen, daß schwangere Frauen unter den Geißelhieben zu früh niederkamen, und einer war gegenwärtig, als ein Oberaufseher in Surinam eine sehr schöne Sambo-Sklavin zu Tode peitschen ließ, weil sie sich nicht seinen Lüsten preisgeben wollte.

Doch noch grausamer als die weißen Männer sind auch in den Kolonien meistens die weißen Frauen. Mit unverkennbarem Vergnügen wohnen sie oft dergleichen Exekutionen an Personen beiderlei Geschlechts bei und führen wohl selbst die Ochsenpeitsche, oft gegen den Bomba, wenn dieser ihrer Meinung nach nicht kräftig genug schlägt. Ein Reisender sah ein Negermädchen, dem ihre Herrin wegen eines kleinen Versehens mit einem Messer die Nasenflügel aufgeschlitzt hatte; eine andere wurde auf Befehl ihrer eifersüchtigen Frau so schrecklich gegeißelt, daß sie zwei Tage darauf starb. Andere wurden mit Kopf und Füßen zusammengebunden und nun gepeitscht, wohin es gerade kam. Eine weiße Megäre hatte einer Negerin mit einem eisernen Haken den Kopf zerfleischt, dann steckte sie diesen in die Oeffnung eines Abtritts und mißhandelte den Körper. Zuweilen zerschnitt man den Negerinnen das Fleisch und träufelte brennenden Siegellack in die Wunden. Neger, die sich etwa widersetzt hatten, wurden lebend in Ketten aufgehangen, so daß sie dem vollen Strahle der Sonne ausgesetzt waren; der Körper wurde dann mit Honig bestrichen, um die zahllosen Insekten heranzulocken. So ließ man die Unglücklichen allmählig von den Raubvögeln verzehren! – Brandmarken, Nasen aufschlitzen, Ohren abschneiden, Augen ausreißen, die Knie zerschmettern, lebendig braten, rädern und dergleichen gehörten schon zu den gewöhnlichen Strafen.

In den neueren Zeiten haben sich die Gesetze derjenigen Staaten, in denen noch immer Negersklaven gehalten werden, derselben angenommen, allein mit geringem Erfolge, da sich die Plantagenbesitzer nicht daran kehren und die

Regierungen auch niemals darauf bedacht waren, mit der ihnen zu Gebote stehenden Gewalt für Aufrechthaltung dieser Gesetze zu sorgen. – Uebrigens haben sich alle Nationen, welche Kolonien besitzen, dieser Grausamkeiten fast in gleichem Maße schuldig gemacht, und selbst die Engländer haben den Amerikanern, Portugiesen und Holländern darin nicht nachgegeben. Am menschlichsten waren noch die Spanier auf ihrem südamerikanischen Festlande, wenigstens nahm man hier doch zu Zeiten von dem vom Mutterlande gegebenen Sklavengesetzbuche Notiz.

Ich habe nun gezeigt, wie das Geißeln in der häuslichen Zucht fast in allen Nationen gebräuchlich war oder noch ist, und will nun noch in der Kürze darthun, daß auch in den Strafgesetzbüchern fast aller Völker das Geißeln eine sehr bedeutende Rolle spielt. – Auf alten Monumenten der Aegypter finden sich Abbildungen, die auf das unzweideutigste beweisen, daß hier die Prügelstrafe gewöhnlich war. Daß es bei den Juden der Fall war, habe ich schon gesagt. Bei den Indern verordnete das Gesetz ebenfalls Hiebe, und im Sanskrit heißt die Moral förmlich Stock-Regiment (Dannd daniti). Gewöhnlich brauchte man hier den Bambus; bei Dieben gar Eisenstöcke.

Bei den andern asiatischen Ländern wollen wir uns nicht länger aufhalten, aber einige Augenblicke bei China verweilen, dessen Regierung einzig durch Prügel besteht. China liefert den unleugbarsten Beweis davon, daß Prügel das monarchische System am besten konserviren, und diejenigen, welche das neue preußische Strafgesetz entwarfen, wußten am besten, was ihrer Krone frommte. Ein auf chinesische Art eingerichtetes Prügelsystem würde allen liberalen Bestrebungen schnell ein Ende machen.

In China herrscht noch mehr Gleichheit vor dem Stock als in dem glücklichen Rußland; dort ist Niemand vor Stockprügeln sicher als die kaiserlichen Prinzen. Selbst die Minister erhalten zu Zeiten auf Befehl des Kaisers allergnädigste Stockprügel, als leise Warnung; aber sie küssen demüthig drei mal die Erde und bedanken sich, während ihnen die Gnade des Kaisers auch fernerhin bleibt. Ich finde diese

Mode sehr nachahmenswerth. Der geprügelte Mandarin mit drei Knöpfen auf der Mütze kann dafür wieder den mit zwei Knöpfen prügeln lassen, und so geht das in angenehmer Stufenleiter bis zu den untersten Klassen herunter.

Das in China gebräuchliche Instrument zum Prügeln ist der Pant-seb, zu deutsch Bambusrohr. Dies Stöckchen ist am untern Ende handbreit und wird bei Männern gewöhnlich auf den bloßen Hintern applicirt, während Weiber des Anstandes wegen auf enganliegenden nassen Beinkleidern Schläge erhalten. Mehr wie dreißig Hiebe ist nicht leicht ein Chinese im Stande auszuhalten und weil der Pant-seh-Arbeiter sein Instrument mit bösartiger Geschicklichkeit zu führen, so kann, wenn der Behandelte ein Mann ist, schon der dritte Schlag tödtlich werden. Die verschiedenen Variationen der chinesischen Prügelstrafe will ich nicht durchgehen, aber doch noch eine China besonders eigenthümliche Merkwürdigkeit anführen, die dem Spekulationsgeiste des Volkes viel Ehre macht.

Da man in jenem Lande von frühester Jugend an vielfache Gelegenheit hat, die schätzbarsten praktischen Erfahrungen in der Prügelertragungswissenschaft zu machen, so fehlt es dort nicht an Leuten, welche dieselbe zum Gegenstände ihres besondern Studiums und zu ihrem Broderwerb machen. Wie die Geier einem orientalischen Heere, so folgen diese Menschen einem strengen Beamten, und sobald derselbe einen vermögenden Mann zum Bambus verurtheilt, sind sie bei der Hand und erbieten sich, gegen eine angemessene Belohnung die diktirte Tracht Schläge auf ihr Hintertheil zu nehmen. Dies ist zwar nicht in der Ordnung, allein es geschieht. Hat der Mandarin sein Urtheil gesprochen, so überläßt er die sofortige Ausführung einem niederen Beamten, welcher leicht bestochen den ihm in die Hände laufenden Substituten festhält und prügeln läßt, während der eigentliche Eigenthümer der Schläge sich so schnell als er kann davonmacht. –

Jedermann weiß, wie wenig das Mahnen bei schlechten Schuldnern hilft; in China hat man eine weit wirksamere Mode; das Gesetz gestattet nämlich, daß die Schuldner von ihren Gläubigern durch Prügel an die Bezahlung ihrer Schuld erinnert werden können. Eine solche Mahnung zieht auf jeden Fall besser als bloße Worte. Auch eine andere sehr schätzenswerthe Sitte will ich noch erwähnen. Ist der Kaiser krank, so erhält der Leibarzt so lange täglich seine Dosis Hiebe, bis er den erhabenen Patienten gesund gemacht hat. Dies soll die Verstandeskräfte des Arztes ganz ungemein schärfen.

Auf Korea und in Japan herrschen ähnliche Einrichtungen wie in China, ebenso bei den Tataren und den Mongolen; allein ich will mich damit nicht aufhalten, sondern zu den civilisirteren Völkern übergehen, bei denen auch die gesetzlichen Hiebe weit civilisirter – das heißt raffinirter sind.

Das römische Recht ist mit Schlägen sehr freigebig, und schon das Gesetz der zwölf Tafeln, welche die Grundlage der römischen Gesetze bilden, bestimmt für verschiedene Vergehungen Geißelung; am meisten fällt darin auf, das es solche Leute, welche Pasquille und dergleichen injuriöse Schriften verfassen, verurtheilt, todtgeprügelt zu werden! Sonst konnte ein freier römischer Bürger eigentlich nur wegen Diebstahl auf den nackten Körper gegeißelt werden.

Diejenigen Völker, welche das römische Recht annahmen, bildeten die darin enthaltene Theorie des Prügelns nach ihrem individuellen Geschmack und Bedürfnis weiter aus. Das Pfaffenchristenthum mengte sich hinein, und wie dadurch das System der Geißelung befördert wurde, werden wir in der Folge sehen. Wenn Kaiser und Könige sich öffentlich prügeln lassen mußten, so konnte diese Strafe für Niemand mehr besonders beschimpfend sein, und noch unter Heinrich IV. von Frankreich und Ludwig XIV. bestimmen Ordonnanzen, daß selbst Edelleute – die man damals doch noch für eine besondere Sorte Menschen hielt – für Jagdfrevel mit öffentlicher Auspeitschung durch Henkershand bestraft werden sollen. Kurz das Prügeln war in Frankreich die allgemein übliche Strafe. Bisweilen machte man mit honetten Leuten eine Ausnahme oder ertheilte ihnen die zuerkannten Hiebe im Gefängnisse (sous la custode). Lüderliche Dirnen wurden an den Straßenecken zur Erbauung des Publikums gepeitscht. Andere Frauenzimmer, die wegen Herumtreibens oder anderer Polizeisünden in die Gefängnisse oder Spinnhäuser gesteckt wurden, erhielten hier Hiebe auf den nackten Hintern. Die Galleerensträflinge wurden bis auf die Hüften entkleidet und man schlug sie mit Gerten, bis das Fleisch in Fetzen herunter hing. Das geschieht auch jetzt noch.

In Italien hat man in jeder Provinz seine besondere Methode zu prügeln, und besonders wurden Hiebe mit großem Erfolge gegen Fastenbrecher und Liberale gebraucht. Den Carbonaris versuchte man den letzten Funken von Revolutionsgeist auszuprügeln. Italien hat beinahe so viele Staaten wie Deutschland, und es würde etwas zu weitläufig sein, wenn ich die verschiedenen Dialekte, in welchen sich hier der Stock und Anverwandte äußern, namhaft machen wollte. Ich will mich damit begnügen, nur die römische Geißelstrafe näher zu beleuchten.

Mitten auf dem Navonnenplatz steht eine Art von Betpult mit zwei Löchern – oder stand noch vor zwanzig Jahren dort –, welches aber keineswegs zum Beten, sondern dazu bestimmt ist, daran Diejenigen zu befestigen, welche zum Auspeitschen verurtheilt sind, wozu man dort übrigens mit größter Leichtigkeit gelangen kann. Der Patient, der berücksichtigt werden soll wird genöthigt, durch die beiden dazu bestimmten Löcher seine Arme zu stecken, welche durch eine Art Schraube zusammengehalten werden. Nun zählt ihm der Polizeidiener nach Belieben eine Anzahl Schläge auf den in dieser Hinsicht stets höchst partheiisch bevorzugten Theil des Körpers. Die Zahl dieser Hiebe steht in verkehrter Proportion zu den Geldstücken, welche der Geprügelte dem Exekutor in die Hand gedrückt hat. Je weniger Geld, desto mehr Hiebe.

Da es aber höchst unbequem gewesen wäre, die Prügelkandidaten der ganzen Stadt nach dem Navonnenplatz zu führen, so hatte man eine tragbare Prügelmaschine, die jedenfalls einfacher ist als die im vorigen Jahre in Kurhessen erfundene. Dieses philanthropische Instrument heißt das Cavaletto, eine Art Pferd, welches sich sehr schlecht reiten läßt. Es besteht nämlich aus zwei scharfkantigen Pfosten, die auf vier Füßen ruhen, von denen zwei, welche die Hinterfüße des Pferdes vorstellen, etwas niedriger sind. Man sieht, daß die Nachbildung eines Pferdes etwas roh ist, allein der Zweck, dem sie vollkommen entspricht, ist es nicht minder.

Wer zu einem Ritte auf diesem Pferde bestimmt ist, wird von zwei Gensdarmen genöthigt, aufzusteigen, nachdem man ihn der überflüssigen Kleider entledigt hat. Sitzt er im Sattel, dann legt man ihn so nieder, daß sein Kopf auf dem niedrigsten Theile des Gestelles ruht. In dieser bequemen Lage erhält er die ihm bestimmten Hiebe mit dem Ochsenziemer, der jedes Mal die ganze Länge des Rückens mißt. Der Büttel vergißt niemals vor der Exekution andächtig das Kreuz zu machen. Hat der Delinquent den Ritt vollendet, dann steigt er ab und zahlt dem Büttel, und wer sonst noch an dem hölzernen Pferde Antheil hat, einen bestimmten Miethlohn.

Dieses Cavaletto wandert fortwährend in der Stadt herum und hält sich besonders da gern auf, wo ein großer Zusammenlauf von Menschen ist; wie zum Beispiel an den Thüren der Theater. Aeußert Jemand auf eine der Behörde mißfällige Art seinen Tadel, dann erwartet ihn ein Ritt. Wer Fasten bricht – das heißt ohne sich dazu Erlaubniß gekauft zu haben –, erhält auf dem Cavaletto 25 Hiebe, mag die Verletzung auch noch so klein gewesen sein. Der Befehl ist datirt vom 3. März 1821. Ein Kaffeewirth erhielt diese Strafe, weil er während der Fasten einem Engländer weiche Eier und Milch zum Frühstück aufgesetzt hatte.

Das öffentliche Stäupen am Pranger geschah in Holland mit großen Umständen und vielen Ceremonien und wurde als ein ebenso unterhaltendes Schauspiel betrachtet wie eine Hinrichtung. Selbst die zarten holländischen »meisges« freuten sich darauf, da sie bei dieser Gelegenheit doch einmal einen halbnackten Mann zu sehen bekamen. Der Verbrecher wurde bis zum Gürtel entblößt und erhielt dann mit langen Besenruthen dreißig bis siebenzig Hiebe. Das öffentliche Stäupen von Frauenzimmern wurde schon vor längerer Zeit abgeschafft.

In dem freien England hielt man auf die Prügelstrafe große Stücke und wendet sie bei der Erziehung und der Civil- und Militärjustiz mit fast russischer Barbarei an. Die neungeschwänzte Katze, eine Knute mit neun Strängen, wird von den Seeleuten mit großem Rechte gefürchtet. In England erhielten selbst junge Leute unter sechzehn Jahren, welche Geldstrafen, wozu sie verurtheilt wurden, nicht bezahlen konnten, manchmal drei Monate hindurch täglich 40 – 80 Ruthenhiebe.

Die alten deutschen Gesetzbücher diktiren Prügel, die in Hinsicht der Qualität nichts zu wünschen übrig lassen. In den neueren Zeiten ist darin zum Nachtheile der Prügel viel verändert worden; allein die Bosheit niederer Beamten, denen diese Milderung schlecht behagt, sorgt schon dafür, daß da, wo es in ihre Willkür gestellt ist, Prügel auszutheilen, diese nicht allein sehr nachdrücklich, sondern auch auf möglichst beschimpfende Weise gegeben werden. Schon aus der Terminologie der Strafanstalten ersieht man, daß den Stockmeistern u. s. w. das Prügeln eine sehr vergnügliche Sache ist. Da giebt es einen »Willkomm und einen Abschied«, das »Krautbänklein« und den »polnischen Bock«, den »Meister Fitz Fetz«, eine »heimliche Staud«, einen »Stockschilling« u. s. w.

Wäre mir ein Blick in die Polizeistuben, Spinn- und Raspelbäuser und Zuchthäuser gestattet, so würde ich sicher noch heute empörende Details erzählen können; das, was man so beiläufig erfährt, macht schon die Haut schauern. Ich könnte Beispiele anführen, daß von gewissenlosen Richtern nicht allein bei überwiesen schlechten Subjekten Peitschenhiebe oder Stockschläge angewendet wurden, sondern selbst bei Personen, die wegen sogenannter demagogischer Vergehungen in Untersuchungshaft gehalten wurden, um sie zum Geständniß zu bringen.

Die Corrections- und Arbeitshäuser sind die Schauplätze der nichtswürdigsten Schandthaten gewesen, an denen Grausamkeit und lüsterne Wollust gleichgroßen Antheil haben. Besonders hart verfuhr man stets gegen die Personen weiblichen Geschlechts, wenn sie mit den Zuchtmeistern nicht die Sünde wiederholen wollten, wegen welcher sie meistens eingesperrt waren. In manchen Städten hatte man Maschinen, in welche man die Weiber hineinsteckte, so daß sie sich nicht sträuben konnten und Alles mit sich vornehmen lassen mußten. Wo es anständig zuging, ließ man ihnen zur Bedeckung wenigstens das Hemde, und Weiber vollzogen die Strafe, aber meistens hielt man solche Schonung für höchst überflüssig, denn die rohen Schergen wollten ihren Spaß haben.

Dergleichen Züchtigungen fanden manchmal öffentlich in dem Hofe des Polizeigebäudes statt, und zu diesem Festtage wurden die Familien und die Freunde der Anordner förmlich eingeladen. In einer süddeutschen Stadt gab es einen Polizeidirektor, dessen größtes Vergnügen es war, Mädchen auspeitschen zu sehen, und seine polizeiliche Willkür wußte die Gelegenheit hierzu sehr häufig herbeizuführen. Damen seiner Bekanntschaft wohnten dem Schauspiele mit bei und eine davon, die eine wahre Prügelleidenschaft hatte, nahm oft mit Erlaubniß des Polizeidirectors dem Büttel die Ruthe aus der Hand, um selbst zu schlagen. Der Polizist gönnte ihr nicht allein diese Freude, sondern erklärte auch, daß ihre Hiebe nicht mitzählen sollten!

Bei den meisten Armeen ist die Prügelstrafe noch eingeführt, wenn sie auch, Dank sei es der fortschreitenden Civilisation, in diesem Jahrhundert viel gemildert worden ist. Prügel schienen sonst nothwendig zum Soldaten zu gehören und waren den römischen ebenso bekannt wie den Grenadieren Friedrich Wilhelms I. von Preußen. Die Spießruthen sind in der preußischen Armee längst abgeschafft; allein Diebe und dergleichen Subjekte, welche in die zweite Klasse des Soldatenstandes versetzt sind, erhalten, so viel ich weiß, noch jetzt Stockprügel vor versammeltem Bataillon. Zwei Unteroffiziere, die zu beiden Seiten des Delinquenten stehen – der übrigens von Niemand gehalten wird und oft auf einer Bleikugel den Schmerz verbeißt, – geben ihm auf den nur mit dem Hemd bedeckten Rücken mit mäßig dicken Rohrstücken die verordnete Anzahl Hiebe.

Bei den Oestreichern ist das Gassenlaufen indessen noch in voller Blüthe, und außerdem hat noch jeder Korporal seinen besiegelten »Haßling« zur sofortigen Benutzung an der Seite hängen. Die östreichische Armee ist aus zu vielen Nationen zusammengesetzt, von denen einige die Prügel durchaus nicht entbehren zu können scheinen. Durch ein vorzüglich prügeldichtes Fell zeichnen sich nach dem Urtheil aller Sachkenner besonders die slavischen Böhmen, Ungarn und Slowaken aus, womit ich indessen der Ehre keines geborenen Oestreichers zu nahe treten will. Bei Ungarn und Slowaken sind Prügel das halbe Leben und die sogenannte »ungarische Tränke« erfreut sich einer großen Berühmtheit. So nennt man nämlich die Dosis, die ein ungarisches Hintertheil ohne große Beschwerden ertragen kann. Auf dieses letztere sind aber auch ungarische Männer und Weiber nicht wenig stolz. Ein ungarischer Deserteur, der zum dritten Mal erwischt und zum Galgen verurtheilt wurde, machte seinem General den Vorschlag, tausend Prügel für seine Begnadigung ertragen zu wollen. Der Menschenfreund war damit zufrieden, der Ungar erhielt sie und – wurde im Spital geheilt.

In Frankreich wurden die Prügel beim Militär zuerst abgeschafft, und alle Versuche, das deutsche Prügelsystem bei demselben in seiner ganzen Ausdehnung einzuführen, scheiterte an der Entschlossenheit der Soldaten, die sich mit aller Macht zur Wehre setzten. Daß die englischen Soldaten entsetzlich geprügelt werden, habe ich schon gesagt, und daß die russischen noch barbarischer behandelt werden, versteht sich von selbst.

Obwohl ich noch sehr Vieles hierher Gehörige ganz übergangen, Anderes nur sehr fragmentarisch behandelt habe, so will ich doch hier meine allgemeine Prügelschau schließen und zu den römisch-katholischen Geißelungen übergehen.

2. Römisch-katholische Selbsthiebe

„Lobet den Herrn mit Pauken."
Ps. 150, V. 4.

In dem Treibhause der römisch-katholischen Kirche wachsen Prügel von allen Sorten. Neben rechtschaffen fanatischen Selbsthieben mit Ketten, Geißeln und Stricken zur Ehre Christi und zum Heile der Seele finden wir hier wollüstig-jesuitisches Kitzeln mit Ruthen, welches sich zu den mörderischen Hieben der alten Geißelhelden verhält wie der Ringkragen eines jetzigen Lieutenants zu der Rüstung Karls des Großen. Ohne eine heillose Verwirrung anzurichten, kann ich diese verschiedenartigen Kinder eines Stammes nicht in einem Kapitel zusammenbringen, und beschränke mich daher hier in diesem auf die unter den römischen Katholiken gebräuchliche Selbstgeißelung mit ihren theils schrecklichen, theils lächerlichen nächsten Folgen. Das Furchtbare und Lächerliche liegt näher beisammen, als man gewöhnlich denkt. Man stelle sich nur einmal vor den Spiegel und mache ein so furchtbares Gesicht, als man kann, und dann lasse man fast unmerklich die Mundwinkel fallen oder ziehe sie in die Höhe, so hat man die lächerlichste Fratze.

Im dritten Kapitel werde ich von den »ordentlichen und außerordentlichen Kirchen- und Klosterhieben« reden; im vierten von den »beichtväterlich-jesuitischen Disciplinen« und endlich im fünften von den »Erziehungsprügeln«, welche als das mißgestaltete Kind aller früheren Arten zu betrachten sind.

Ich habe schon früher bemerkt, daß die Menschen eine ganz besondere Neigung zu allen recht mühsamen Arten der Gottesverehrung haben, und wie auch unter den Christen der ersten Jahrhunderte die seltsame Idee Raum gewann, daß es verdienstlich und zur Erlangung der Seligkeit nothwendig sei, sich Entbehrungen und körperliche Qualen freiwillig aufzuerlegen. Das bequemste Mittel, sich Schmerzen zuzufügen, hat aber jeder sogleich bei der Hand, indem n sich nur mit der eigenen Faust oder mit einem Instrumente Schläge zu versetzen braucht. Es ist daher zu verwundern, daß die Gewohnheit der Selbstgeißelung nicht schon früher allgemein wurde, als es in der That der Fall ist. Vielleicht war aber grade die Bequemlichkeit des Mittels das Hinderniß, denn aus dem, was ich darüber in dem Kapitel »von den lieben, guten Heiligen« sagte, geht hervor, daß die selbstquälerischen Christen eine Ehre darein setzten, recht mühsame und absonderliche Qualen zu erfinden und an sich auszuüben. Erst als dieser Eifer nachließ, griff man daher zu der Geißelung, die allgemeiner anwendbar war und sich je nach dem verschiedenen Bedürfniß einrichten ließ.

Wir finden indessen schon in den ersten Jahrhunderten bei den Christen Beispiele der Selbstgeißelung, wenn auch den darüber vorhandenen Nachrichten nicht unbedingt zu trauen ist. Der Mönch des 12. oder 14. Jahrhunderts, welcher das Leben seines Lieblingsheiligen beschrieb und der gewohnt war, sich täglich zur Ehre Gottes braun und blau zu schlagen, konnte sich seinen Helden gar nicht anders denken als mit der Geißel in der Hand und erzählte frischweg von dessen entsetzlichen Heldenthaten mit dem größten Aufwände von Phantasie, unbekümmert um die Wahrheit oder die historische Wahrscheinlichkeit, denn erstere glaubte er zu Ehren eines Heiligen verletzen zu dürfen, und daß er gegen die letztere sündigte, wußte er wahrscheinlich selbst nicht.

Es giebt aber in manchen Schriften einige ganz absichtslos eingestreute Stellen, welche als glaubwürdigere Beweise dienen können. In dem Werke Gabriels, Erzbischofs von Philadelphia, Sammlung der Thaten und Handlungen der heiligen Väter, ist von einem Heiligen erzählt, der den Entschluß gefaßt hatte, der Welt zu entsagen, und der sich zu diesem Zwecke in die Nitrianischen Gebirge in Thebais zurückzog. Der gute Heilige hatte den besten Willen, seine Sünden recht ernstlich zu bereuen, und seine Reue schien ihm lange Zeit sehr aufrichtig. Da hörte er aber eines Tages einen benachbarten Bruder Einsiedler laut über seine Sünden weinen und dieses tagtäglich wiederholen. Dies frappirte den Heiligen sehr, denn bis zu Thränen hatten ihn seine Sünden noch nicht gerührt, und er kam sich als ein sehr verstocktes Ungeheuer vor. »Und Du elender Kerl,« sprach er zu sich, »der Du so viel mehr als jener gesündigt hast, Du jammerst und heulst nicht einmal? Aber warte nur, ich will Dich schon kriegen, Du sollst schon mit Gewalt zum Weinen gebracht werden, wenn Du es nicht freiwillig thust; ich will schon machen, daß Du Dich über Deine Sünden betrübst, wie es Dir zukommt.« Darauf machte er eine mächtige Geißel und prügelte sich damit so unbarmherzig, daß ihm bald die Thränen über die Wangen liefen und er in den glückseligen Zustand versetzt wurde, um welchen er seinen Nachbar beneidet hatte.

Climax erzählt Aehnliches von einem morgenländischen Kloster. »Einige unter den Mönchen,« sagt er, »tränkten den Boden mit ihren Thränen, während andere, die keine Thränen vergießen konnten, sich selbst geißelten.« – Thränen über seine Sünden zu vergießen galt bei den morgenländischen Christen als der höchste Grad der Zerknirschung und Reue und zugleich als hinlängliche Buße, denn der den Thränen vorhergehende Zustand war gewiß kein beneidenswerther. Die Geißelung wurde also nur als Thränenerzeugungsmittel gebraucht, wie Schneeberger Pulver zur Beförderung des Niesens.

Indessen wurden die Christen auch noch durch andere Ursachen auf die Selbstgeißelung geführt, und es sind dies dieselben, welche die andere Selbstmarter veranlaßten. Christus war gegeißelt worden und es schien seinen Anhängern ein Beweis der Liebe gegen ihren Meister, wenn sie sich dieselben Qualen auferlegten, die er zu ertragen gehabt hatte; deßbalb geißelten sie sich auch, wie aus den Statuten mehrerer Mönchsklöster hervorgeht. »Wenn die Mönche,« heißt es darin, »die Geißelung an sich selbst ausüben, so sollen sie sich an Christum, ihren liebenswürdigsten Herrn, erinnern, wie er an die Säule gebunden und gegeißelt ward, und sollen sich bemühen, wenigstens einige geringe von den unaussprechlichen Schmerzen und Leiden selbst zu erfahren, welche er erdulden mußte.«

Ein anderer Grund, weshalb man sich geißelte, ist der, daß man dadurch sein Gewissen beruhigte, wenn man eine Sünde begangen hatte. Jeder hatte das Gefühl, daß er dafür Strafe verdient habe. Um nun zu zeigen, daß er das vollkommen anerkenne und durch einen thätlichen Beweis der Reue den Zorn Gottes zu versöhnen, geißelte er sich und suchte nach seinem eigenen Ermessen die Größe der Sünde mit der Anzahl und Stärke der Schläge in ein Verhältniß zu bringen. Als nun später durch die Pfaffen der Glaube aufkam, daß man durch diese oder jene von ihnen auferlegte Pönitenz entsündigt sei, lag der Irrthum sehr nahe, daß dies auch durch eine angemessene Anzahl Schläge geschehen könne, und Gewissenhafte verdoppelten die Portion, um in jedem Falle sicher zu sein. Ein weiterer Grund der Selbstgeißelung war auch der, daß man dadurch die »Anfechtungen des Fleisches« zu überwinden hoffte. Dieser Grund läßt sich hören, denn die tägliche Erfahrung lehrt, daß schon Mancher durch eine tüchtige Tracht Prügel für lange Zeit von aller Verliebtheit geheilt wurde. Daß aber auch unter besonderen Umständen durch Schläge das Gegentheil erzeugt wird, werden wir weiter unten sehen.

Theodoret, Bischof von Cyrus, welcher ungefähr um das Jahr 400 lebte, erzählt uns von dem heiligen Petrus, einem Einsiedler, der am Schwarzen Meere sein Standquartier hatte. Dieser würdige Mann hatte das Glück. ein junges schönes Mädchen aus den Händen eines Offiziers zu befreien, der sie verführen wollte. Der heilige Peter hatte diese Befreiung in der besten Absicht unternommen; aber leider sind, wie ich schon früher bemerkte, diese Heiligen entzündbar wie Streichhölzchen, und auch dieser fromme Mann hatte viel von den Anfechtungen des Fleisches zu leiden. Da ihm nun die Tochter so viel Qual machte, so tröstete er sich mit der Mutter, schloß sich mit derselben ein, und hier geißelte er sich entweder selbst oder ließ sich von dem Weibe geißeln.

Ein anderer uralter Geißler war der heilige Pardulph, der ums Jahr 737, zur Zeit Karl Martels lebte und dessen Leben zuerst von einem gleichzeitigen Schriftsteller, dann aber, zweihundert Jahre später, von Yvus, dem Prior der Benedictiner zu Clugny, auf Verlangen der Mönche des heiligen Martials in der Stadt Limoges in eleganterer Sprache beschrieben wurde. »Der heilige Pardulph,« heißt es an der bezüglichen Stelle, kam selten aus seiner Zelle, bloß, wenn ihn irgend eine Krankheit nöthigte, sich zu baden, wobei er sich allemal vorher die Haut aufritzte. Während der Fastenzeit aber zog er sich ganz nackend aus und befahl einem seiner Schüler, ihn mit Ruthen zu hauen.«

Von dem heiligen Wilhelm, Herzog von Aquitanien, der zur Zeit Karls des Großen lebte, erzählt sein gleichzeitiger Biograph Harduin, »es sei eine allbekannte Sache gewesen, daß sich der Herzog sehr häufig aus Liebe zu Christum hätte geißeln lassen, und daß er dann allemal mit der Person, welche ihn geißelte, allein gewesen wäre.« Ob diese Person nun ein Mann oder ein weibliches Wesen war, kann ich nicht finden; aber die Sache selbst wird auch noch bestätigt durch Häftenus, den Superior des Klosters von Afflingen, der erzählt: »daß der Herzog von Aquitanien ein großes Vergnügen darin gefunden hätte, auf einem harten Bette zu schlafen, und daß er sich überdies selbst mit einer Geißel geschlagen habe.«

Gualbertus, Abt von Pontoise, der um das Jahr 900 lebte, geißelte sich selbst mit einer aus knotigen Riemen gemachten Geißel. Der mit ihm ungefähr zu gleicher Zeit lebende heilige Romuald war ein noch berühmterer Geißeler. Er war aber nicht allein strenge gegen sich, sondern auch gegen seine Mönche, die ihn deshalb haßten, wovon wir im nächsten Kapitel reden werden. Diese Strenge ging so weit, daß er sogar seinen eigenen Vater prügelte! Dieser hatte sich auch dem geistlichen Leben gewidmet, fand aber keinen Geschmack daran und wollte wieder in die Welt zurückkehren. Kaum erhielt sein heiliger Sohn davon Nachricht, als er sich sogleich von seinen Oberen die Erlaubnis; erbat, seinen Vater auf den rechten Weg des Heils zurückführen zu dürfen. Als er dieselbe erhalten halte, machte er sich zu Fuß auf die Reise, barfüßig und mit einem Stock in der Hand und marschirte so von den äußersten Grenzen Frankreichs nach Ravenna, wo sein Vater lebte. Sein erstes Geschäft war es, denselben mit schweren Ketten gefesselt in den Stock zu legen und ihn so unbarmherzig und so lange zu prügeln, »bis er dessen Seele unter göttlichem Beistände zum Stande des Heils wieder zurückgeführt hatte.«

Dieser heilige Romuald war so heilig, daß ihm seine Heiligkeit bald den Tod gebracht hätte. Er hatte sich in einem Kloster in Catalonien niedergelassen und erfüllte die ganze Gegend rings umher mit dem Geruche seiner Heiligkeit. Nachdem er lange Zeit hier gelebt hatte, verbreitete sich das Gerücht, der heilige Mann gehe damit um, das Land zu verlassen. Das ganze Volk kam in Aufregung, denn es fürchtete, – die Reliquien von diesem Heiligen zu verlieren, die es als sein Eigenthum betrachtete, weil derselbe sich so lange Zeit unter ihm aufgehalten hatte. Um nun dem schrecklichen Verluste auf eine ganz sichere Art vorzubeugen, faßte das Volk den sehr sinnreichen Entschluß, – den Heiligen zu ermorden und sich dadurch seines Körpers zu versichern. St. Romuald erhielt jedoch Nachricht von dem beabsichtigten Attentat gegen seinen kostbaren Körper und war gescheut genug, sich bei ihm zugedachten Ehre bei Nacht und Nebel zu entziehen.

Bei der Erwähnung von Ravenna fällt mir ein anderer Fall früherer Selbstgeißelung ein. Heribert, der Erzbischof dieser Stadt, hatte befohlen, daß das Kloster Panposa bei Ferrara niedergerissen werden solle. In diesem war aber der heilige Guido Abt und auf die erhaltene traurige Nachricht beschloß er sowohl als seine Mönche, sich alle Tage im Kapitelhause einzuschließen und daselbst mit Ruthen zu schlagen. Dieser Abt Guido oder Guy lebte am Ende des 10. und Anfang des 11. Jahrhunderts.

An dem Beispiele des Herzogs von Aquitanien habe ich schon gezeigt, daß selbst weltliche vornehme Personen im ersten Jahrtausend der christlichen Kirche sich selbst geißelten. Diesem Beispiele will ich noch zwei andere hinzufügen. Das erste findet sich in einem der Bücher des Osbertus. – In England lebte etwa in der Mitte des 10. Jahrhunderts ein vornehmer englischer Graf, welcher sich, den bestehenden Kirchengesetzen zuwider, mit einer nahen Anverwandtin vermählt hatte. Nach der Hochzeit dachte er ganz anders als vor derselben, und seine Sünde erschien ihm unendlich groß. Seine Buße begann damit, daß er sich einige Zeit darauf nicht nur von seiner Gemahlin scheiden ließ, sondern auch verlangte, in der Gegenwart des heiligen Dunstan und der ganzen Clerisei gegeißelt zu werden. Osbertus erzählt: »Erschrocken über die Größe seines Verbrechens ließ der Graf endlich von seiner Halsstarrigkeit ab, verzichtete auf seine gesetzwidrige Verbindung und legte sich selbst eine Buße auf. Da Dunstan damals gerade Präsident eines gewissen Convents der Clerisei des Königreichs war, welcher auf eine bestimmte Zeit gehalten wurde, so kam der Graf auch in den Convent barfuß, in einem wollenen Kleide und Ruthen in der Hand und warf sich seufzend und weinend dem heiligen Dunstan zu Füßen. Dieses Beispiel von Gottesfurcht rührte die ganze Versammlung, hauptsächlich aber Dunstan. Dessenungeachtet nahm er, da es vorläufig sein einziger Wunsch war, den armen Sünder gänzlich wieder mit Gott auszusöhnen, eine sehr ernsthafte und zu diesem Vorfall sehr passende Miene an und verweigerte ihm eine ganze Stunde lang die Gewährung seiner Bitte, bis sich endlich die übrigen Prälaten für den Grafen ins Mittel schlugen und zugleich mit baten, worauf ihm Dunstan die erbetene Buße gewährte.«

Das andere Beispiel finden wir in Frankreich. Ungefähr um das Jahr 1000 lebte hier ein sehr angesehener Mann, Fulques, mit dem Beinamen Grisegonelle. Er war der Sohn des Reichspräsidenten und zugleich einer der grausamsten und gottlosesten Menschen, was in jener Zeit der Fehden und Räubereien mehr sagen will als heut zu Tage. Dieser Fulques hatte unter andern auch den Herzog von Bretagne, Conan, mit eigener Hand ermordet. Diese That lastete schwer auf seinem sonst so abgehärteten Gewissen, und um Buße zu thun, unternahm er drei Wallfahrten nach dem heiligen Grabe. Bei der dritten ließ er sich sogar nackt mit einem Stricke um den Hals auf einem Karren durch die Straßen von Jerusalem fahren, und außerdem hatte er besondere Männer zur Begleitung, die ihn abwechselnd mit Geißeln schlagen mußten. Eine andere Person, die ihn begleitete, mußte von Zeit zu Zeit ausrufen: »Gott sei gnädig dem verrätherischen und meineidigen Fulques!« – Er wurde nachher sehr fromm, führte ein untadelhaftes Leben und stiftete einige Klöster.

Allmählich wurde die freiwillige Geißelung als Bußmittel immer beliebter. Es bildeten sich besondere Gebräuche dabei, und das Verhältniß zwischen Sünde und Hiebe wurde festgestellt. Besondere Bußbücher bestimmten, durch welche Strafen gewisse Sünden gebüßt werden könnten, und gewöhnlich waren den darin dictirten Fasten, Hersagungen von Gebeten, Almosen und dergleichen eine bestimmte Anzahl Hiebe beigefügt, welche sich die Sünder unter Hersagung oder Absingung der Psalmen entweder selbst aufzählten oder von einem Andern aufzählen ließen. Geißelhiebe wurden gleichsam die Scheidemünze der Buße, besonders für die, welche der römischen Kirche keine anderen Münzen zahlen konnten.

In der Mitte des 11. Jahrhunderts gab es in Italien einige heilige Männer, die im Fache des Selbstgeißelns Außerordentliches leisteten. Sie begnügten sich nicht damit, sich die Vergebung für alle von ihnen begangenen und noch zu begehenden Sünden zu erprügeln, sondern nahmen auch Rücksicht auf die zarte Haut vieler anderer Sünder und geißelten sich für fremdes Conto. Hätte Gott, wie diese armen Narren glaubten, jeden zur Besänftigung seines Zorns geführten Schlag in sein Buch getragen, so möchte ich wohl einmal in dieses Buch gucken, um die Totalsumme all dieser Schläge kennen zu lernen! Sie muß ganz unendlich groß sein, wenn wir in Betracht ziehen, was einzelne dieser fanatischen Geißler vermochten.

Der heilige Rodulphus, Bischof von Gubbio und später von, Eugubio, legte sich oft eine Bußübung für hundert Jahre auf und vollbrachte dieses ungeheure Pensum in zwanzig Tagen durch unaufhörlichen Gebrauch der Ruthen, ohne dabei die gewöhnlichen Bußübungen zu vernachlässigen. Er schloß sich häufig einen ganzen Tag in seiner Zelle ein, sagte wenigstens einmal den ganzen Tag den ganzen Psalter her und peitschte sich unaufhörlich während dieser Zeit mit den großen Ruthen, deren er in jeder Hand eine hielt.

Der wüthendste Geißler, der von keinem andern weder erreicht noch übertroffen würde, war aber der Mönch Dominikus der Gepanzerte, welchen Namen er erhielt, weil er beständig, außer wenn er sich geißelte, einen eisernen Panzer auf dem bloßen Leibe trug. Dieser unwissende und rohe Mönch war unfähig, sich auf irgend eine andere Weise als durch unerhörtes Geißeln auszuzeichnen. Was Petrus de Damiani, Cardinalbischof von Ostia der Bewunderer und Beförderer des Geißelns, von ihm sagte, übersteigt fast allen Glauben. Damiani war Abt des Beneditkinertklosters zu Fonte-Avallana, in welchem Dominikus lebte, und hatte die beste Gelegenheit, die Heldenthaten dieses Narren in der Nähe zu beobachten.

»Kaum vergeht ein Tag,« erzählt Damiani. »ohne daß er mit Geißelbesen in beiden Händen zwei Psalter hindurch seinen nackten Leib schlägt, und dieses in den gewöhnlichen Zeiten, denn in den Fasten, oder wenn er eine Buße zu vollbringen hat (oft hat er eine Buße von hundert Jahren übernommen), vollendet er häufig unter Geißelschlägen wenigstens drei Psalter. Eine Buße von hundert Jahren wird aber, wie wir von ihm selbst gelernt haben, so erfüllt: Da dreitausend Geißelschläge nach unserer Regel ein Jahr Buße ausmachen, und wie es oft erprobt ist, bei dem Hersingen von zehn Psalmen hundert Hiebe stattfinden, so ergeben sich für die Disciplin eines Psalters fünf Jahre Buße, und wer zwanzig Psalter mit der Disciplin absingt, kann überzeugt sein, hundert Jahre Buße vollbracht zu haben. Doch übertrifft auch darin unser Dominikus die Meisten, daß er als ein wahrer Schmerzenssohn, da Andere mit einer Hand die Disciplin ausüben, mit beiden Händen unermüdet die Lüste des widerspenstigen Fleisches bekämpft. Jene Buße von hundert Jahren vollendet er aber, wie er mir selbst gestanden hat, ganz bequem in sechs Tagen.[9] Ich erinnere

9 „Gibt sich also -nach dem angegebenen Maßstabe, 3000 für ein

mich auch, daß er einmal im Anfange der Fasten verlangte, wir sollten ihm tausend Jahre Buße auflegen, und diese Buße erfüllte er fast ganz, ehe die Fastenzeit verfloß.«

An einer andern Stelle berichtet Damiani die größte Geißelthat Dominiks, mit denselben Worten, wie ihm dieser dieselbe erzählte: »Vor einigen Tagen kam er zu mir und erzählte: Als ich zufällig erfuhr, Du habest geschrieben, daß ich an einem Tage neun Psalter mit körperlicher Disciplin abgesungen hätte, erschrak ich und wurde von Gewissensbissen gequält. Wehe mir, sagte ich, das ist ohne mein Wissen von mir geschrieben worden, und ich weiß doch nicht, ob ich es thun kann. Ich will es also nochmals versuchen, um mit Gewißheit zu erfahren, ob ich es auszuführen vermag. Nun zog ich mich am Mittwochen aus, bewaffnete beide Hände mit Geißelbesen, und indem ich die Nacht durchwachte, hörte ich nicht auf Psalmen zu beten und mich zu schlagen, bis ich am andern Tage auf gewöhnliche Art zwölf Psalter vollendet hatte und im dreizehnten bis zum einunddreißigsten Psalm gekommen war.« – Welchen Anblick mag der Körper dieses Geißelhelden dargeboten haben, denn schon beim achten Psalter war das Gesicht zerschlagen, voller Striemen braun und blau. Der Körper Dominiks, erzählt Damiani mit Stolz, habe ausgesehen, wie die Kräuter, die der Apotheker zu einer Ptisane gestoßen habe.

Die Lobsprüche, die Dominikus von allen Seiten erhielt, entstammten seinen Ehrgeiz immer mehr, und er versuchte das Aeußerste. Seinem von Narben durchfurchten Leib konnten die Ruthen nur noch wenig anhaben, und er vertauschte sie einige Jahre vor seinem Tode mit einer Geißel von Riemen, die bei weitem schmerzhafter war, woran er sich indessen auch bald gewöhnte. Er erfüllte die Pflichten, welche er sich auferlegt hatte, so gewissenhaft, daß, wenn er ausgehen mußte, er seine Geißel allemal in seinen Busen steckte, damit er, wenn er irgendwo über Nacht bleiben müßte, nicht die Zeit verlöre und sich mit der gewöhnlichen Pünktlichkeit geißeln könnte. Wenn es nicht anging, daß er

---

Jahr- während dieser sechs Tage 300 000 Hiebe!“

sich an dem Orte, wo er übernachtete, gänzlich entkleiden und sich vom Kopfe bis auf die Füße durchpeitschen konnte, so zerschlug er wenigstens seinen Kopf und seine Füße mit der größten Grausamkeit.

Der schon genannte Cardinalbischof Damiani wurde nun der eifrigste Beförderer des Geißelns und pries diese heilsame Bußübung mit allem ihm zu Gebote stehenden Scharfsinn den frommen Christen an. Seine Ermahnungen fanden Beifall; der Gebrauch der Selbstgeißelung griff immer weiter um sich und wurde besonders in den Klöstern als Hauptbußmittel, welches man vorzugsweise mit der Benennung Disciplin bezeichnete. Ursprünglich bedeutet dieses Wort alle Strafen und Züchtigungen welche solche Personen, die sich eines Vergehens schuldig gemacht hatten, von ihren Vorgesetzten empfingen, und wenn die Geißelung einen Theil der Strafe ausmachte, so wurde dieselbe besonders erwähnt, und man nannte eine solche Disciplin die der Geißel (disciplina scoparum oder flagelli). Als nun diese Art der Disciplin über jede andere den Preis davontrug, wurde das bloße Wort Disciplin der technische Ausdruck, womit man diese Art Züchtigung bezeichnete, und endlich nannte man gar das Instrument, welches zum Schlagen gebraucht wurde, eine Disciplin.

Ueber die beste Art, sich zu geißeln, entstanden nun mancherlei Streitigkeiten. Damiani verlangte, daß man sich ganz nackt und in Gesellschaft eines Andern geißeln solle, wahrscheinlich um eine Controlle für richtige Anwendung der Disciplin zu haben, da man nach Gehör nicht allein urtheilen konnte. Es gab Leute, welche die Wände ihrer Zellen oder die Lehnen ihrer Stühle besser zu treffen wußten, als ihre weit empfindlicheren Rücken. Damiani wurde in seiner Behauptung von dem mit ihm gleichzeitig lebenden Cardinal Pullus unterstützt, der Erzkanzler der römischen Kirche und ebenfalls eine sehr wichtige Person war. Er war der Meinung, daß die Entkleidung des Büßenden die Größe seines Verdienstes bedeutend vermehre. Der Hauptgrund, weshalb man sich von vielen Seiten gegen das ganz nackte Geißeln erklärte, war der, daß man es nicht mit der Schamhaftigkeit und Wohlanständigkeit für vereinbar hielt; allein mit diesem Einwurfe kamen die Verfechter dieser Meinung bei Damiani schlecht weg. Er antwortete darauf Folgendes:

»Sagt mir, wer ihr auch sein möget, ihr, die ihr so viel Stolz besitzt, die Passion unseres Erlösers gering zu schätzen, und indem ihr euch weigert, euch so wie er zu entkleiden, seine Entkleidung lächerlich machen zu wollen scheint, und dadurch seine Leiden zu bloßen Träumen und Kinderspielen macht; sagt mir, ich bitte euch, was wollt ihr alsdann vornehmen, wenn ihr diesen himmlischen Heiland, welcher öffentlich entkleidet und an ein Kreuz gebunden ward, mit Majestät und Ehre angethan, von tausendmal tausend Engeln begleitet und mit Glanz umgeben sehen werdet, welcher nicht beschrieben, mit nichts verglichen werden kann, und unendlich weit über alle sichtbare und unsichtbare Dinge erhaben ist? Was wollt ihr alsdann vornehmen, sage ich, wenn ihr ihn, dessen Blöße ihr geringschätzt, sehen werdet auf einem erhabenen Throne sitzen, mit Feuer umgeben, und wenn er alle Menschen sowohl auf eine gerechte als auf eine schreckliche Art richten wird? Dann wird die Sonne ihren Glanz verlieren, der Mond wird in Dunkel gehüllt werden und alle Steine werden herabfallen, die Grundfesten der Berge werden erschüttert werden und von dem Aether werden nur einige wenige trübe Strahlen herankommen; die Erde und die Luft werden durch ein unauslöschliches Feuer verzehrt werden und alle Elemente werden durcheinander und in Unordnung gerathen; was wollt ihr, ich sage es noch einmal, was wollt ihr alsdann vornehmen, wenn alle diese Dinge geschehen werden? Was werden alsdann euer Gewand und eure Kleider euch für Nutzen bringen, mit welchen ihr jetzt bedeckt seid und welche ihr bei euren Bußübungen nicht ablegen wollt? Wie könnt ihr euch mit einer so stolzen und verwegenen Hoffnung schmeicheln, an der Ehre desjenigen Theil zu haben, an dessen Blöße und Schande ihr nicht habt Antheil nehmen wollen?«

Gegen diese Argumente, die ganz im Geiste jener Zeit waren, konnten die Gegner der Nacktheit allerdings nicht viel einwenden; allein dessen ungeachtet fand das Auskleiden beim Geißeln doch nicht viele Nachfolger, und man begnügte sich damit, den Körper partiell zu züchtigen. Nun war es aber wieder eine höchst wichtige Frage, auf welchen Theil des Körpers die Schläge gegeben werden sollten, und die geißelnde Welt theilte sich in zwei Parteien. Die eine zog das Geißeln des Rückens vor, die sogenannte obere Disciplin (disciplina sursum oder im besten Mönchslatein secundum supra), die andere entschied sich für die Peitschung des Hinterns und der Lenden, für die untere Disciplin (disciplina deorsum, secundum sub).

Beide Parteien wußten für ihre Wahl wichtige Gründe geltend zu machen und ich thue am klügsten daran, wenn ich diese Gründe dem scharfsinnigen Leser zur Prüfung und Beurtheilung vorlege, um bei einer so hochwichtigen Sache seinem Urtheile nicht vorzugreifen. Die Anhänger der oberen Disciplin sagten: diese ist die anständigste, und da ein Schlag auf die Schultern dem Körper noch weher thut als auf dem fleischigen Hintern, so ist sie bei weitem verdienstlicher. – Diesen letztern Punkt wollen wir dahingestellt sein lassen, antworteten ihnen die Anhänger des untern Reviers, allein jedenfalls ist die obere Disciplin der Gesundheit schädlicher. Alle berühmten Aerzte und Anatomen sagen, daß die Nerven der Schultern mit dem Gehirn und den Sehnerven in unmittelbarer Verbindung stehen, und daß durch das heftige Geißeln auf den Schultern die letzteren in Mitleidenschaft gezogen und die Augen krank werden.

Dies ist so gefährlich nicht, antworteten ihre Gegner, denn ihr werdet euch schwerlich so heftig schlagen, daß es die Augen angreift, was bei starkem Blutverlust allenfalls möglich ist, wie das Urtheil des berühmten Arztes darthut, den der höchst ehrwürdige Pater Gretser von der Gesellschaft Jesu darüber zu Rathe zog. Dieses Unheil lautet: »Die gewöhnliche Meinung, daß die Geißelhiebe auf den Rücken die Augen angreifen, kann man nicht so geradezu bestätigen. Es ist wahr, daß das zu häufige Bluten dem Gehirn schadet und zu gleicher Zeit auch den Augen, die, wie einige sagen, davon gleichsam die Schößlinge sind, und daß dieser Schade von der Verminderung der natürlichen Hitze herkommt: aber bei den Disciplinen findet keine so starke Blutung statt, daß dadurch das Gehirn von seiner

Hitze verlieren könnte; und da man sehr oft das Schröpfen auf dem Rücken mit glücklichem Erfolge zur Heilung mehrerer Augenkrankheiten anwendet, warum sollte man für sie etwas Nachteiliges von den Geißelhieben fürchten? Nur allein Denen, welche ein schwaches Gesicht haben und bei denen die natürliche Hitze beinahe erloschen ist, könnten die Geißelungen schaden; übrigens färbt auch die Geißelung, die man auf den Rücken empfängt, nur die Haut roth, ohne eine Blutung zur Folge zu haben, und ist nicht so heftig, als daß man daraus irgend eine üble Folge herleiten könnte.«

Darauf konnten die Anhänger der untern Disciplin nicht viel erwidern, sondern begnügten sich damit, zu behaupten, daß die Erfahrung das Gegentheil lehre, und daß die Geißelung auf den Hintern dem Himmel bei weitem wohlgefälliger sei. Was sie sonst noch zu dieser Hartnäckigkeit bewegen konnte, will ich nicht aussprechen, da es nur eine Vermuthung ist; allein so viel bleibt gewiß, daß sämmtliche Nonnen und überhaupt die Frauen die untere Disciplin vorzogen. Bei ihnen finde ich das ganz natürlich, denn ihr Oberkörper ist zart und schwach; aber warum die Kapuziner und später die Jesuiten sich zu dieser Geißelart bekannten – wird uns vielleicht später klar werden.

Doch will ich nun auch angeben, was gegen diese untere Disciplin hauptsächlich geltend gemacht wurde. Der Hauptanstand dabei war die durchaus nothwendige Entblößung von Körpertheilen, welche man nach den seltsamen Sittengesetzen sich mehr zu zeigen schämt, wie das Gesicht und die Hände oder andere, mehr vom Mittelpunkt des Körpers entfernte Glieder. Manche betrachten diese Art Scham als ein natürliches Gefühl; allein ich behaupte, daß sie ein künstliches und eine Folge unserer »Sündhaftigkeit« ist, um auch ein mal einen theologischen Ausdruck zu brauchen. Das erkennt ja selbst die Bibel an; denn vor dem sündhaften Apfelbiß fiel es weder Adam noch Eva auf, daß sie nackt waren. Erst als sie gesündigt hatten, schämten sie sich, diejenigen Glieder unverdeckt zu zeigen, welche Gott sich nicht geschämt hatte, ihnen unverhüllt zu geben. Dieses Schamgefühl, welches man seit dem Sündenfall fast bei allen Völkern findet, war aber schwerlich der Grund, welcher die älteren Verfasser der Klosterregeln bewog, ihren Mönchen und Nonnen zu verbieten, irgend einen Theil ihres nackten Körpers zu betrachten, sondern dieses Verbot ging aus der Kenntniß des sündhaften Menschen und aus der Furcht hervor, daß durch solche Selbstbetrachtung wollüstige Gedanken erzeugt werden möchten, welche nur das Halten des Gelübdes der Keuschheit erschwerten.

Höchst komisch ist der Eifer, mit dem einige Gegner des Selbstgeißelns von dieser Entblößung sprechen. Ich will nur das anführen, was der Abbé Boileau in seinem berühmten Werke darüber sagt: »Der h. Gregorius von Nyssa lobt in seiner kanonischen Epistel an Leloyus den Gebrauch, die todten Körper zu vergraben, welches man seiner Meinung nach thue, damit die Schande der menschlichen Natur nicht dem Sonnenlichte ausgesetzt werde. – Aber ist es bei der verdorbenen Natur nicht weit schamloser und niederträchtiger, beim Lichte der Sonne die Lenden junger Mädchen und ihre, obwohl der Religion geweihten, nichts desto weniger wunderschönen Schenkel zu zeigen, als einen bloßen und entstellten Leichnam?«

Nun heißt es der Frömmigkeit der Mönche und Nonnen aber wahrlich zu viel zugemuthet, wenn man von ihnen verlangte, daß sie, wenn sie sich zum Geißeln entblößten, nicht einmal die Körpertheile betrachten sollten, deren Anblick ihnen verboten war.[10] Diese Neugierde ist gar zu natürlich und verdankt ihren Ursprung meistens der Eitelkeit und einer gewissen Neigung, sich selbst zu bewundern, die unter den Menschen von jeher gewöhnlich gewesen sind, und es würde schwer halten, eine Periode in unserm Leben ausfindig zu machen, wo wir sagen könnten, daß wir von dieser Thorheit gänzlich geheilt wären. Alle Leute, die sich den Mangel der

10 „Ich habe eine solche Enthaltsamkeit für unmöglich gehalten; indessen erzählte mir eine im Kloster erzogene Dame, daß sie jedes Mal beim Wechseln des Hemdes die Augen fest zugedrückt habe, um nur nichts Verbotenes zu sehen, weil sie sich scheute, diese Sünde zu beichten, und um keinen Preis dem Beichtvater etwas verschwiegen hätte."

Haare und den Ueberfluß der Runzeln in ihrem Gesichte nicht verbergen können, bewundern wenigstens noch ihren wohlkonservirten Körper und machen es wie jene Dame, von der Brantome erzählt.

Diese Dame, die sehr schön gewesen war, aber anfing zu altern, wollte ihr Gesicht nicht mehr im Spiegel besehen, aus Furcht, auf demselben irgend eine neue, durch die Zeit angerichtete Verwüstung zu entdecken. Dafür unterließ sie es aber nie, ihren Körper zu betrachten, und pflegte dann stets mit einer Art von Entzücken auszurufen: »Gott sei Dank, hier werde ich nicht alt.«

Ein anderer Grund, welchen die Gegner der untern Disciplin geltend machten, hängt mit dem vorigen gewisser maßen zusammen. Er ist abermals medicinischer Art, und da ich mich auf diese Wissenschaft nicht verstehe, so will ich hier auch den Abbé Boileau reden lassen. Er sagt: »Wenn man ein Uebel flieht, so muß man wohl Acht geben, daß man nicht unklugerweise in das entgegengesetzte rennt, und daß man, nach dem lateinischen Sprüchwort, um die Scylla zu vermeiden, nicht in die Charybdis geräth. Wenigstens ist die Geißelung der Lenden um so viel gefährlicher, als die Krankheiten des Geistes mehr zu fürchten sind als die des Körpers. Die Anatomen bemerken, daß die Lenden sich bis zu den drei äußern Muskeln der Hinterbacken erstrecken, dem großen, dem mittleren und dem kleinen, und daß darin drei Zwischenmuskeln enthalten sind, oder ein einzelner, welchen man den dreiköpfigen Muskel nennt, oder den triceps, weil er an drei Orten des os pubis beginnt, an dem obern Theile nämlich, an dem mittleren und dem inneren. Hieraus folgt nun ganz nothwendig, daß, wenn die Lendenmuskeln mit Ruthen- oder Peitschenhieben genossen werden, die Lebensgeister mit Heftigkeit gegen das os pubis zurückgestoßen werden und unkeusche Bewegungen erregen. Diese Eindrücke gehen sogleich in das Gehirn über, malen hier lebhafte Bilder verbotener Freuden, bezaubern durch ihre trügerischen Reize den Verstand, und die Keuschheit liegt in den letzten Zügen.

»Man kann nicht daran zweifeln, daß die Natur auf dieselbe Weise verfährt, weil es außer den Nierenblut-, Samen- und Fettadern (veines emulgentes, spermatiques et adipenses) noch zwei andere giebt, welche man Lendenadern nennt, und die sich zwischen dem Rückgrat, zu beiden Seiten des Rückenmarks befinden, und vom Gehirn einen Theil der Samenbestandtheile herführen, so daß diese durch die Heftigkeit der Peitschenhiebe erhitzte Materie sich in die Theile stürzt, welche zur Fortpflanzung dienen und durch den Kitzel und den Stoß des os pubis zur rohen fleischlichen Lust anreizen.«

Diese hier erwähnten Folgen der untern Disciplin waren entweder ihren Anhängern nicht bekannt oder wurden nicht von ihnen gefürchtet, indem sie es, so aufgeregt, vielleicht für um so verdienstlicher hielten, ihr »Fleisch« zu besiegen. Wie die Herren Jesuiten auf diesen Umstand spekulirten, werden wir in der Folge sehen. –

Auch über die Wahl und Zweckmäßigkeit der Geißelinstrumente war man nicht einig, und es herrschten darüber die verschiedensten Ansichten. Manche, vom heiligen Bußeifer ergriffen, geißelten sich mit dem ersten besten Instrumente, welches ihnen in die Hand fiel, war es nun ihr Hut, ein zusammengedrehtes Handtuch oder, wie jener Heilige die Gewohnheit hatte, eine Feuerzange. Andere bedienten sich, wie Dominikus der Gepanzerte, der Besenruthen, andere, wie Dominikus, der Vater des Dominikaner, der eisernen Ketten; noch andere gebrauchten knotige lederne Riemen oder Dornen, Disteln oder Nesseln. Die heilige Brigitte geißelte sich mit einem Büschel Weidenzweige, und eine andere Dame mit einem Federbüschel oder Fuchsschwanz. Manche nahmen auch wohl die flache Hand oder ihr Blanchet, womit ich selbst einmal von einer Dame gegeißelt worden bin.

Man darf indessen nicht glauben, daß der Gebrauch der freiwilligen Disciplin so ohne Widerstand in der christlichen Kirche eingeführt wurde. Es gab selbst unter den Freunden Damiani's einige, welche dieser Verkehrtheit geradezu entgegen waren und sie lächerlich zu machen trachteten. Einer derselben war der Mönch Peter Cerebrosus, welcher zwar nicht geradezu das Selbstgeißeln, aber doch die Art und Weise, wie es geschah, und besonders die lange Dauer der Züchtigung verwarf. Dies veranlaßte den Kardinal, ihm, wie er schon öfters gethan hatte, einen Brief zu schreiben, in welchem er ihn bat, sich deutlicher über diesen Gegenstand zu erklären. Damiani konnte es nicht zusammenreimen, wie man das Geißeln an und für sich nicht tadeln und dennoch eine Beschränkung desselben verlangen konnte. Wenn eine Disciplin von fünfzig Hieben erlaubt sei, so müsse eine von hundert oder zweihundert oder von mehreren tausenden es noch bei weitem mehr sein, da es unvernünftig sei, den größten Theil einer Sache zu tadeln, deren kleinsten man doch gutgeheißen habe. Cardinal Stephan erklärte sich ebenfalls heftig gegen die Selbstgeißelung und die florentinische Geistlichkeit erhob sich in Masse dagegen, als einer gefährlichen Neuerung in Kirchensachen.

Damiani und seine Anhänger suchten aber den Gebrauch des Selbstgeißelns aus der Bibel zu rechtfertigen, indem sie sich darzuthun bemühten, wie selbst Personen des alten und neuen Testaments sich selbst gegeißelt hätten. Cardinal Hosius aber schreibt, wie uns der gelehrte St. Adelgonde berichtet: »daß die Schrift nur ein loser, dürftiger, todter Buchstabe ist, der nicht werth ist, daß man sich viel mit ihm bemühe, viel weniger, daß einer sein Heil darauf setze, dieweil sie eine wächserne Nase ist, die einer in allerlei Gestalt biegen kann,« und es ist in der That ergötzlich zu sehen, wie diese Nase von den Vertheidigern des Geißelns gebogen wurde.

Daß die Bibel eine sehr große Menge von Stellen enthält, in welchen von erhaltenen Schlägen überhaupt die Rede ist, wird sich Jeder erinnern, der sie gelesen hat, aber es sollte ihm sehr schwer werden, eine einzige aufzufinden, die von einem vernünftigen Menschen als ein Beweis für das freiwillige Geißeln unter den alten Juden oder ersten Christen aufgeführt werden könnte, denn dazu gehört eine ganz besonders spitzfindige Pfaffennase.

Ich sagte schon früher, daß man die Psalmen Davids zu diesem Zwecke mißbrauchte, und besonders ist es eine

Stelle im 73. Psalm, aus der Damiani's Anhänger herleiten wollen, daß sich der fromme König alle Morgen höchst eigenhändig durchgebläut habe. Sie heißt nach Luthers Uebersetzung V. 14.: »Ich bin geplaget täglich, und meine Strafe ist alle Morgen da.« – Eine andere Stelle steht im 150. Ps. V. 4: »Lobt den Herrn mit Pauken.« Da die Pauke eine trockene Haut ist, sagt Damiani, so lobt der den Herrn wahrhaftig mit Pauken, der seinen von Fasten ausgemergelten Körper durch die Disciplin schlägt. Mit dem Körper hat der fromme Cardinal überhaupt wenig Mitleid, indem er an einer Stelle von ihm sagt: »Was ist dein Leib? Ist er nicht Aas, ein Madensack, Staub und Asche? Werden die Würmer dir danken, daß du ihn so wohl gepflegt hast?«

Die Hauptbeweisstelle, auf welche sich die Geißler besonders stützen, findet sich aber 1. Corinth. 9, 27, wo der Apostel Paulus sagt: »Ich bezwinge meinen Leib und bringe ihn zur Dienstbarkeit.« Jeder vernünftige Mensch wird einsehen, daß Paulus damit nur sagen will: »meine menschliche Natur treibt mich an zu thun, was ich nicht für recht halte; allein durch die Kraft meines Geistes und meines Willens unterdrücke ich die vom Körper ausgehenden Versuchungen und zwinge diesen, sich nach dem Willen meines Geistes zu richten.« –

Die Vertheidiger des Selbstgeißelns, darunter der gelehrte Jesuit Gretser, behaupten gradezu daß jene in griechischer Sprache geschriebenen Worte dem buchstäblichen Sinne nach lauten: »ich drücke meinem Leibe die Geißel oder die Merkmale der Geißel ein, so daß er durch die harten Schläge braun und blau wird.« Diese Erklärung muß dem deutschen Leser ganz und gar verrückt erscheinen, besonders da die obige Uebersetzung etwas frei ist. Eigentlich würde diese Stelle heißen: »Ich halte meinen Körper streng (oder auch: ich behandle ihn hart) und bringe ihn zur Dienstbarkeit«; allein unglücklicher Weise steht im Urtext ein Wort, welches, streng wörtlich genommen, einen Schlag in das Gesicht bedeutet, wie ihn die Faustkämpfer sühnen, um Jemand ein Auge blau zu schlagen. Diesen Ausdruck, den der Apostel ganz bildlich gebraucht, faßte man nun wörtlich auf! Durch ein Beispiel wird die Sache ganz klarwerden. Ich schreibe: »N. N war bei mir und hat mich zwei Stunden lang auf die jämmerlichste Weise gequält, da ich ihm kein Geld leihen wollte.« Hieraus schließt nun nach Jahrhunderten ein Ausleger, daß N. N. mich mit glühenden Zangen gekniffen und mir die Haut abgezogen habe; denn er findet in einem alten gerichtlichen Urtheile, »daß der Verbrecher vor seinem Tode jämmerlich gequält werden solle,« und liest weiter, daß dieses Quälen in Hautabziehen oder Kneipen mit glühenden Zangen bestanden habe. Dieser Ausleger hat ebenso Recht, wie der Jesuit Gretser und andere Verdreher von Bibelstellen. Ueber diese Stelle des Briefes an die Corinther hat man dicke Bände voll geschrieben, und deshalb wird man mir hoffentlich diese Seite verzeihen, besonders da ich mehr für römische Katholiken als für gescheute Leute schreibe.

Daß die Christen der ersten Jahrhunderte und selbst der heilige Hieronymus vom Selbstgeißeln nichts wußten, daß dasselbe wenigstens noch nicht als Bußübung gebräuchlich war, geht aus den Schriften der altern Kirchenschriftsteller ganz klar hervor, wenn sich auch der jesuitische Scharfsinn an einigen Stellen in der Art des paulinischen Ausspruchs, aber mit nicht besserem Glück versucht hat. Hieronymus, der so viel vom Büßen und von der Besiegung des Fleisches spricht, würde doch in seinen vielen Schriften einmal vom Selbstgeißeln geredet haben, wenn es zu seiner Zeit schon gebräuchlich gewesen wäre. Sabinus, von dem ich schon im ersten Buche redete, dieser gottlose Priester, der sogar die Krippe, in welcher Christus gelegen, dadurch schändete, daß er in ihr ein Mädchen zu notzüchtigen trachtete, – dieser wurde von dem heiligen Hieronymus zu allen möglichen Bußen ermahnt: allein die Selbstgeißelung ist nicht darunter. – Alles dies machten die Gegner derselben geltend und zahlten ihren Vertheidigern mit gleicher Münze, indem sie ebenso wie jene Worte und Aussprüche verdrehten. So hatte man in den ersten Jahrhunderten – entweder im 4 ten oder 5 ten – über die Säule, an welche Christus gebunden und gegeißelt worden war, eine lateinische Inschrift gesetzt, die wie folgt, übersetzt wurde: »In diesem Hause stand unser Herr gebunden; er ward an diese Säule befestigt und bot gleich einem Sklaven seinen Rücken der Geißel dar. Diese ehrwürdige Säule steht noch bis jetzt, trägt den Tempel und belehrt uns, daß wir von aller Geißelung frei sind.« Der lateinische Schluß, auf den es hier besonders ankommt, heißt: Nosque docet cunctis immunes vivere flagris. Das Wort flagrum bedeutet freilich eine Geißel, aber auch eine wollüstige Neigung oder »Regung des Fleisches,« und die Gegner der Geißelung zogen die erste Uebersetzung vor, weil diese ihnen freilich einen schlagenden Beweis dafür darbot, daß die Disciplin unter den Christen der früheren Jahrhunderte nichts weniger als allgemein üblich war, wenn es unter ihnen auch schon hier und da einen Geißelnarren gegeben haben mag.

Damiani war klug genug, diese sich gegen seine Lehren erhebenden Stimmen wenigstens in so weit zu berücksichtigen, daß er in der Praxis einige Mäßigung beobachtete, wenn er auch innerlich damit durchaus nicht einverstanden war. Er schrieb seinen Mönchen einen Brief, in welchem er ihnen von zu anhaltender Disziplin abrieth, da er gehört, daß manche von ihnen täglich einen oder zwei Psalter vollbrächten, und man glaube, daß dies der Gesundheit schädlich sei. Ferner würden auch viele Brüder durch übertriebene Vorstellung von der Härte ihrer Disciplin abgeschreckt, in ihre Congregation zu treten. Er verordne also, daß niemand zur eignen Disciplin gezwungen werden solle, wen aber der heilige Eifer dazu treibe, der solle an einem Tage höchstens vierzig (doch in den Fasten vor Ostern und Weihnachten sechszig) Psalmen hindurch sich geißeln dürfen.

Unter den Vorschriften, welche in Damiani's Congregation befolgt wurden, finden wir auch folgende: Wenn ein Bruder starb, so fastete jeder sieben Tage für ihn, empfing sieben Disciplinen mit hundert Schlägen, machte siebenhundert Kniebeugungen und sang außerdem dreißig Psalmen nach der gewöhnlichen Weise; starb aber ein Novize, ehe er die ihm auferlegte Buße hatte vollbringen können, so wurde die Buße unter die Brüder zu gleichen Theilen vertheilt und mit Freude vollbracht. – Aus solchen Thatsachen erkennt man den damaligen religiösen Zeitgeist, dessen Hundstage damals begannen.

Die Gegner des Geißelns drangen nicht durch, und der Unsinn siegte, besonders da der Zufall wollte, daß einige der heftigsten Widersacher, darunter auch der Cardinal Stephan und dessen Bruder, eines plötzlichen Todes starben. Das dumme Volk schrie: Gottesgericht! und so wurde dem lieben Gott abermals eine menschliche Dummheit aufgebürdet. Die Mönche von Monte Cassino, welche in Folge der Streitigkeiten die Geißelungen an den Freitagen unterlassen hatten, führten diese schleunigst wieder ein, um nicht auch von Gottes Zorn getroffen zu werden. –

Von nun an nahm das freiwillige Geißeln überhand, und wir finden es allein bei Geistlichen und in den Klöstern, sondern unter allen Ständen und selbst bei Frauen. Der heilige Andreas, Bischof von Fiesola, der Abt Poppo, aber besonders der heilige Anthelm, Bischof von Bellay, waren große Geißler. Letzterer lebte etwa hundert Jahre nach Dominikus und Rodulphus von Eugubio. Einer seiner vertrautesten Freunde hat sein Leben beschrieben. In diesem Buche heißt es: »Jeden Tag geißelte er sich selbst und zwar so oft und so heftig, daß seine Haut niemals ganz heil ward, und er die Merkmale der Geißelstreiche stets mit sich herumtrug.« Trotz dieser heftigen Geißelungen wurde der heilige Anthelm sehr alt und es ist auffallend, daß dies fast bei allen Selbstquälern dieser Art der Fall ist. Dominikus, der Gepanzerte wurde vierundachtzig Jahre alt. Der heilige Romuald, von dem ich schon früher erzählte, soll hundertundzwanzig Jahre erreicht haben und ein anderer Geißelnarr, Leo von Preza, gar hundertundvierzig Jahre.

Ja sogar Könige dieser Zeit geißelten sich selbst, wenn wir nämlich den Erzählungen der Pfaffen Glauben schenken dürfen. So berichtet uns Reginhardt von Kaiser Heinrich II., daß er sich niemals unterstand, seinen kaiserlichen Schmuck anzulegen, bevor er nicht die Erlaubniß eines Priesters dazu erhalten, und es sich durch Beichte und Geißelung verdient hatte.

Ludwig der Heilige, König von Frankreich, war eben ein solcher Narr. Wilhelm von Nangis erzählt von ihm, daß er sich nach der Beichte jedes Mal von seinem Beichtvater habe geißeln lassen und fügt hinzu: »Ich darf es nicht unterlassen, noch aufzuzeichnen, daß der Beichtvater, den er vor dem Bruder Geoffroi de Beaulieu (oder de Bello loco) hatte, und der ein Dominikaner war, die Gewohnheit hatte, ihn so hart zu geißeln, daß sein zarte und empfindlicher Körper davon sehr viel zu leiden hatte. Dessenungeachtet ließ er sich, so lange dieser Beichtvater lebte, niemals gegen diesen darüber aus: aber nach dem Tode desselben erwähnte er es scherzend, gegen den neuen Beichtvater, jedoch nicht ohne Ehrfurcht.«

Man geißelte sich aber nicht nur zur Buße für Sünden, die man selbst oder die ein anderer begangen hatte, nein, man geißelte sich förmlich in Vorrath und einzig und allein zu dem Zwecke, den Berg seines Verdienstes immer mehr zu erhöhen, da man glaubte, des Guten dieser Art nie genug thun zu können. Ich greife zum ersten besten Beweise, den ich gerade vorfinde. Es ist dies eine Stelle in den Statuten der berühmten Abtei Clugny, welche Peter Mauritius, gewöhnlich der Ehrwürdige zugenannt, der 1122 Abt wurde, gesammelt hat. Hier heißt es im 53. Kapitel: »Es ward befohlen, daß der Theil des Klosters, welcher zur linken Seite über dem linken Chore war, keinem Fremden offen stehen sollte, er mochte zur Klerisei ober unter die Laien gehören, wie es früher gewesen war, und sollte Niemand außer den Mönchen hineingelassen werden. Dies war deswegen festgesetzt, weil die Fratres, die alte Peterskirche ausgenommen, keinen Platz hatten, wo sie dergleichen heilige und geheime Uebungen vornehmen konnten, wie sie in den Klöstern in Gebrauch waren; sie machten daher auf diesen neuen Theil der Kirche Anspruch, damit sie an diesem Orte bei Tage sowohl als bei der Nacht unaufhörlich ihre Gebete zu Gott abschicken, ihren Schöpfer durch häufige Bußübungen und öfteres Kniebeugen zum Erbarmen bewegen und ihren Körper dreifach geißeln könnten, entweder ihrer Sünden wegen oder zur Vermehrung ihrer eigenen Verdienste.«

Die guten Mönche scheinen auch an unendlich viel Abstufungen der Seligkeit geglaubt zu haben; es genügte ihnen nicht, einfach selig zu sein, sie wollten seliger als selig werden, oder vielleicht in den fünfunddreißigsten Himmel kommen, wie der indische Fakir in Voltaires köstlicher Satire. In dieser heißt es: »Mein Freund Omri führte mich unter anderm zur Zelle eines der berühmtesten von ihnen (der Gynmosophisten oder nackten Philosophen nämlich). Bababek war sein Name. Er war so nackend, wie er auf die Welt gekommen war, und hatte eine große Kette um den Hals, welche über sechszig Pfund wog. Er setzte sich auf einen hölzernen Stuhl, welcher über und über mit kleinen Nagelspitzen versehen war und welche alle in seinen Hintern hineinfuhren. Demungeachtet that er dies mit so vielem Anstand, und ließ so wenig Zwang dabei merken, daß man viel eher hätte glauben sollen, er setzte sich auf ein sammetnes Kissen.

»Ganze Heere von Frauenzimmern strömten zu ihm, um ihn um Rath zu fragen. Er war Orakel fast aller Familien in der ganzen Nachbarschaft und stand, die Wahrheit zu gestehen, wirklich in sehr großem Ansehen. – Ich war bei einer langen Unterredung gegenwärtig, welche Freund Omri mit ihm hielt.

»Glaubt ihr, ehrwürdiger Vater,« sagte mein Freund, »daß ich, wenn ich durch sieben verschiedene Körper gegangen bin, endlich in das Haus des Brahma kommen werde?« – »Ich will es wünschen,« sagte der Fakir, »welche Lebensart führst du?« –

»Ich gebe mir Mühe,« antwortete Omri, »ein guter Unterthan, ein guter Ehemann, ein guter Vater und ein guter Freund zu sein; ich leihe mein Geld den Reichen, welche es bedürfen, ohne Zinsen, und den Armen schenke ich es; ich suche Einigkeit unter meinen Nachbarn zu halten.«

»Aber du hast denn doch auch irgend einmal Nägel in deinen Hintern geschlagen?« fragte der Brahmine.

»Nein, ehrwürdiger Vater, niemals –

»Ei das thut mir leid,« antwortete der ehrwürdige Herr, »wirklich, das thut mir sehr leid. Es ist jammerschade.

Aber du willst gewiß nicht höher als in den neunzehnten Himmel kommen?«

»Nicht höher?!« – versetzte Omri. »Im dritten bin ich vollkommen mit meinem Schicksal zufrieden – aber in welchen Himmel glaubt ihr denn mit euren Nägeln im Hintern und mit eurer Kette zu kommen, ehrwürdiger Bahabek?«

»– In den fünfunddreißigsten!« antwortete dieser.«

Durch die Lehre und das Beispiel der Geißler und besonders durch die Schriften des Cardinals Damiani griff die Geißelwuth immer mehr um sich und steckte auch, wie ich schon bemerkte, fromme Frauen an, die überhaupt allem religiösen Unsinn am zugänglichsten sind. Damiani unterhielt einen sehr lebhaften Briefwechsel mit einer Gräfin Blanka, mit welcher er Ideen über das Geißeln austauschte. – Eine andere von Damiani zum Geißeln verführte vornehme Dame war die Wittwe Zechald, von welcher der Cardinal mit hohem Lobe redet. Sie übernahm vermöge eines gethanen Gelübdes eine hundertjährige Buße, auf jedes Jahr 3000 Hiebe gerechnet, was die anständige Summe von dreimal hunderttausend Hieben macht. Leider hat der Cardinal vergessen, anzumerken, mit was für einem Instrument diese Buße erfüllt wurde. – Das Beispiel dieser vornehmen und angesehenen Damen und besonders Damianis erbauliches Traktätlein »vom Lobe der Geißeln und der Disciplin« machte die Buße dieser Art, auf hundert Jahre nämlich, in vielen italienischen Städten in den Privathäusern zur Modesache – und der heilige Antonius von Padua kann diese gottselige Mode nicht laut genug preisen. Der heilige Franziskus nennt ihn aber auch ein »Rindvieh«, und ich mag ihm nicht widersprechen, und um so weniger als dieses heilige »Rindvieh« der Urheber der Geißelprozessionen wurde, von denen ich weiter unten weitläuftiger reden muß.

Wollte ich alle wahnsinnigen oder hysterischen Weiber nennen, welche sich den Leib zerfetzten oder mit Ruthen peitschten und dafür von der römischen Kirche heilig gesprochen wurden, dann müßte ich meine Leser noch lange langweilen; ich will daher nur einige der vorzüglichsten Geißlerinnen anführen.

Die heilige Brigitte von Schweden war die Wittwe des Königs Sueno. Schon als zwölfjähriges Mädchen hatte sie die seltsame Leidenschaft, ganz nackt vor einem Kruzifix zu beten. Einst wurde sie in dieser seltsamen Betstunde von ihrer Muhme überrascht, welche ganz andere Gründe als Andacht für das Nacktsein der jungen Prinzessin vermuthete und befahl, ihr eine Ruthe zu bringen. Diese wurde alsbald mit Thätigkeit und Geschicklichkeit gehandhabt; aber – o Wunder! – kaum hatte Brigitte einige Schläge erhalten, als es ihr wie Schuppen von den Augen fiel und sie erkannte, welchen köstlichen Schatz sie in dieser Ruthe bisher unbeachtet im Hause gehabt habe.

Von nun an legte man Brigittens frommen Uebungen kein Hinderniß in den Weg; sie konnte sich nach Gefallen aus- und ankleiden, und so viel es ihr beliebte, die Ruthe geben. – Die Schläge schienen aber ihre Wirkung auf das os pubis und weiter auf das Gehirn nicht verfehlt zu haben, denn die heilige Brigitte hatte mystische Visionen und Offenbarungen, besonders über die Art der Geißelung Christi, von welcher sie behauptete, daß dieselbe ganz außerordentlich schmerzhaft gewesen sei, den Angaben der Kirchenväter zuwider, welche sagen: daß Jesus nicht nach der schmerzhaften römischen, sondern nach der jüdischen Weise gegeißelt worden sei und daher nicht mehr als neununddreißig Streicher empfangen habe.

Diese heilige Brigitte hatte eine Tochter Namens Katharina, welche schon frühzeitig in die Geißelmysterien der Mutter eingeweiht wurde. Trotz aller Schläge ward sie ein sehr schönes und vielleicht eben wegen dieser Schläge ein verliebtes Mädchen. – Das Bild eines schönen Mannes, der durch Meere von ihr getrennt war, erfüllte mehr ihre Seele als das des gegeißelten Jesus, und nächtlicher Weile hatte sie Versuchungen, welche sie sehr quälten. Sie klagte diese Noth ihrer heiligen Mutter. Diese bat ihren Beichtvater, sich der armen Versuchten anzunehmen, und die schöne Katharina bekam in ihrem Schlafzimmer in Gegenwart der Mutter ganz besonders tüchtig die Ruthe. Anfangs war sie so heldenmüthig, den ehrwürdigen Pater zu bitten, sie nur ja nicht zu schonen; aber dieser ließ sich die Sache so angelegen sein, daß es ihr doch zu viel wurde und sie erklärte, daß sie spüre, wie die Versuchung gänzlich von ihr gewichen sei.

Die heilige Hedwig, Herzogin von Polen, Gemahlin Heinrichs des Bärtigen und Tochter des Herzogs Berthold von Meranien, war eine ebenso leidenschaftliche Geißlerin wie die heilige Brigitte. L. Surius, der ein Leben der Heiligen und auch über das Geißeln geschrieben hat, spricht sich über sie auf folgende Weise aus: »Um Christo, der für alle gestorben ist, leben zu können, tödtete Hedwig die Glieder ihres Leibes auf das Härteste mit Geißeln ab. Sie nahm das Kreuz der täglichen Züchtigung auf ihre Schultern: und schritt Christus mit männlicher Brust nach, weil sie aus Liebe zu ihm nicht fürchtete, ein Opferlamm zu werden, in Erinnerung der unermeßlichen Liebe, welche ihn bewogen, für das Heil Aller sich kreuzigen zu lassen. Mit dem Dolche der Leiden erstach sie das Laster, bändigte sie die thierischen Triebe, zähmte sie den Muthwillen der äußern Sinne und zwang sie den innern Menschen zu Einschlagung des Gnadenweges und zum Wandeln auf dem Pfade der Tugend und Vollkommenheit.

»Da sie jedoch Christo, welcher unsertwillen völlig entblößt ans Kreuz geschlagen wurde, nicht so ganz nachfolgen konnte, darin, daß auch sie sich völlig entblößte, so strebte sie wenigstens auf das Standhafteste ihm darin nachzuahmen, daß sie die dünnsten und schlechtesten Kleider anzog, welche sie kaum zur Nothdurft bedeckten und blos in demjenigen bestanden, was unsere durch die Sünde verdorbene Natur schlechterdings nicht entbehren kann. Ab warf sie dagegen allen Prunk von kostbaren Seide- und Pelzstoffen, an denen sie Ueberfluß hatte. Im Winter und Sommer, in Hitze und Kälte trug sie ein einziges Gewand und einen einfachen Mantel auf ihrem Leibe, der von Fasten ganz abgemergelt war. Unter ihrer schmutzigen und bleichen Haut, welche durch die unaufhörlichen Geißelstreiche eine ganz eigene Farbe erhalten hatte und stets mit Striemen und Wunden überdeckt ward, schienen nichts mehr als Knochen übrig zu sein; aber sie achtete nicht den Frost, der den Außenleib quälte; sie fühlte nur die heilige Liebe im Innern brennen.«

Ihre Verwandten und Umgebungen, ja selbst ihr Beichtvater drangen vergebens in sie, daß sie sich etwas mehr schonen solle. »Die heilige Liebe, die in ihrem Innern brannte,« hatte ihr dermaßen das Gehirn versengt, daß sie nicht einmal dazu zu bewegen war, während des harten polnischen Winters Schuhe anzuziehen.

Eine andere Närrin dieser Art war die Nichte der heiligen Hedwig, die Tochter des Königs Andreas II. von Ungarn und Gemahlin des Landgrafen Ludwig[11] von Thüringen und Hessen, die heilige Elisabeth. In verkehrter Frömmigkeit erzogen, war sie schon in früher Jugend dem Mystizismus anheimgefallen, und quälte ihren zarten und schönen Körper mit Bußübungen jeder Art. Diese setzte sie auch fort, als sie den schönen und ritterlichen Landgrafen heirathete. Oft schlich sie sich mitten in der Nacht von der Seite desselben hinweg, weckte ihre Frauen und ließ sich von ihnen in einem besonderen Zimmer die Disziplin geben, so daß diese sie mit weinenden Augen baten, gegen sich selbst doch barmherziger zu sein.

Später wurde sie noch strenger gegen sich, als sie sich nämlich unter die Leitung des berüchtigten Dominikanermönchs Conrad von Marburg begab, desselben, welcher den vergeblichen Versuch machte, die Inquisition auch in Deutschland einzuführen. Nie ist eine fürstliche Person mehr von einem Pfaffen tyrannisirt worden, als Elisabeth von Thüringen von diesem Dominikaner! Ohne den Willen dieses Gewissensrathes durfte sie nicht das Geringste thun; er behandelte sie ganz und gar wie ein Kind, und Elisabeth ertrug alle seine Launen mit einer gleichen Sanftmuth und Ergebenheit, wenn sich dieselben auch auf die übermütigste Weise äußerten.

Einst hatte die Landgräfin Besuch von fürstlichen Verwandten und folgte nicht, als ihr Conrad befehlen ließ, zu seiner Predigt oder Homilie zu kommen. Der hochmüthige Pfaffe wurde hierüber wüthend und drohte ihr, sich gar

---

11 „Thiers in seiner critique de l´Histoire de Flagellans nennt (p. 373 u, 74) ihn irrthümlicher Weise Herrmann."

nicht mehr um sie zu bekümmern, was Elisabeth als das schrecklichste Unglück erschien. Sie bat ihren Peiniger auf den Knieen um Verzeihung und erklärte sich bereit, sich jeder Strafe zu unterwerfen. Sie und ihre vier Hofdamen, welchen ihr Ungehorsam Schuld gegeben ward, wurden bis aufs Hemde ausgezogen und tüchtig gegeißelt.

Als Landgraf Ludwig bei Otranto gefallen und Elisabeth dadurch Wittwe geworden war, wurde die Strenge und der Uebermuth Conrads immer ärger. Er gab ihr besondere Aufseherinnen, die an Frechheit mit ihm wetteiferten und unter Anderem auch darauf zu sehen hatten, daß sie gegen Arme nicht zu freigebig war, weil dadurch dem Orden der Dominikaner eine Einnahme entzogen wurde. Mehrmals erhielt Elisabeth für ihre Mildthätigkeit Strafe. –

Einst besuchte die Landgräfin mit ihrer Vertrauten, dem Kammerfräulein Irmtraud, ein benachbartes Kloster, welches dem Mönch Conrad mißfiel und dessen Besuch er seiner geistlichen Tochter verboten hatte. Dieser offenbare Ungehorsam erzürnte ihn so sehr, daß er ihn auf außerordentliche Weise zu bestrafen beschloß. Sowohl die Landgräfin wie ihr Fräulein mußten sich vor ihm auf die Kniee werfen und während er das Miserere betete, erhielten sie von seinem Gehilfen, dem Laienbruder Gerhardt, eine nach der anderen auf den bloßen Unterkörper so heftige Schläge mit einer dicken Ruthe, daß die Striemen bei Elisabeth noch vier Wochen darauf sichtbar waren.

Kurz nach dieser Geißelung besuchte sie ihr alter Freund und Vertrauter, Schenk von Vargula. Dieser konnte sein Mißvergnügen über die zu weit getriebene Unterwürfigkeit gegen den Pfaffen nicht verhehlen, wie auch das zweideutige Gerede der Leute, welche ein Liebesverhältnis zwischen ihr und Conrad voraussetzten. Zur Rechtfertigung ihrer Ehre setzte sich Elisabeth über die Scham hinaus, hob ihre Kleider auf und zeigte ihrem Freunde die Striemen auf ihrem Körper und sagte: »Sehet da die Liebe, die der heilige Mann zu mir trägt und die ich zu ihm trage.« – Schenk mußte schweigen und konnte nur den frommen Wahnsinn seiner sonst so verständigen Freundin beklagen. – Sie starb

1231 in ihren besten Jahren und wurde auf Antrag ihres Quälers, Conrad von Marburg 1236 heilig gesprochen.

Maria von Cugny trieb vierzig Tage hindurch einen seltsamen Gottesdienst. Sie beugte Tag und Nacht hindurch 1001 mal die Knie, rief die heilige Jungfrau an und betete den Psalter. Wurde sie »vom Geist« ergriffen, dann nahm sie eine tüchtige Ruthe und schlug sich damit beim jedesmaligen Niederknien, und zwar so heftig, daß bei den letzten paar hundert Hieben, das Blut an ihrem Körper herunterströmte. – Aehnlich trieben es die heilige Hildegard zu Cöln und eine Menge anderer heiliger Frauen, die ich zum Theil schon im ersten Buche genannt hab.

Schon kurze Zeit nach Damiani's Tode hatte die Geißelwuth selbst in den Klöstern so überhand genommen, daß Verordnungen dagegen erlassen werden mußten. Die erste rührt vom heiligen Bruno her, der den Carthäuser-Orden stiftete. In seinen Statuten findet sich folgende Verordnung: »Was dergleichen Geißelungen, Wachen und andere Klosterübungen betrifft, welche nicht ausdrücklich in unsern Vorschriften anbefohlen worden sind, so soll sie keiner unter uns vornehmen, es geschehe denn mit der Erlaubnis des Priors.«

Damit war jedoch wenig gethan. Die Liebhaber der Geißelung unter den Pfaffen erfanden die seltsamsten Geschichten, welche den Werth derselben in das rechte Licht stellen sollten. So behaupteten Einige, daß die Geißelung die Kraft besäße, die Seelen sogar aus der Hölle zu erretten, schrieben ihr also mehr Wirksamkeit zu als der heiligen Messe, welche die Seelen nur aus dem Fegefeuer befreien soll. So erzählt Vincent von Beauvais, der im Jahre 1256 starb, eine »Thatsache,« die ihm von dem Erzbischof von Umbert mitgeteilt wurde, folgenderweise: »Der Erzbischof Umbert erzählt, daß in dem Kloster St. Silvester im Herzogthume Urbino ein Mönch gestorben. Die Brüder sangen unaufhörlich vom ersten Abendgeschrei des Hahnes bis zwei Uhr Morgens bei seiner Leiche; als sie aber darauf für den Verstorbenen die Messe lasen und das Agnus Dei begannen, erhob sich dieser plötzlich wieder. Die erstaunten Mönche näherten sich ihm, um zu hören, was er zu sagen habe; aber er ließ Lästerungen und Blasphemien gegen Gott hören; spuckte auf das Kreuz, welches man ihm zum Kusse vorhielt, überhäufte die unbefleckte Mutter Gottes mit den grimmigsten Vorwürfen und sagte dann zu den Mönchen: Weshalb singt ihr und lest Messe für mich? Ich war in den Flammen der Hölle, wo Lucifer, mein Herr und Meister, mir eine immerwährend brennende Krone von Erz auf den Kopf setzte und mir ein Gewand von demselben Metall auf den Rücken legte, womit er selbst bekleidet war. Dieses Gewand reichte nicht bis auf die Fersen, aber es war so durchglüht, daß geschmolzene Tropfen davon auf die Erde zu fallen schienen.

»Die Brüder ermahnten ihn darauf, seine Sünden zu bereuen; aber er verfluchte sie und leugnete alle Geheimnisse unsers Erlösers. Die Mönche beteten darauf inbrünstig für ihn, entkleideten sich, um sich zu geißeln, mit der Faust vor den Magen zu schlagen und alle Arten heftiger Bußen an sich vorzunehmen. Dies hatte eine so große Wirkung, daß der Verzweifelte alsbald wieder zu sich kam; er erkannte die Allmacht des Heilandes, entsagte den Irrthümern des Satans, betete das Kreuz an und verlangte Buße zu thun. Das Verbrechen, dessen er sich anklagte, war: daß er, als er sich schon dem geistlichen Leben gewidmet, Ehebruch begangen und diese Sünde niemals gebeichtet hatte. Er pries Gott und lebte bis zum anderen Tage, und nachdem er eine heilige Beichte abgelegt, starb er abermals.«

Folgende Geschichte ähnlicher Art, die denselben Zweck hatte, erzählt Thomas de Chantpré, der mit dem Erzähler der vorigen zu gleicher Zeit lebte: »Hugo war ein Ordensbruder in dem Kloster St. Victor zu Paris. Man nannte ihn wegen seiner außerordentlichen Gelehrsamkeit den zweiten Augustinus. Wenn er aber im Allgemeinen auch große Achtung verdiente, so kann man doch nicht sagen, daß er vollkommen war, weil er sich wegen seiner täglichen Sünden weder allein in seiner Zelle, noch im Chor in Gesellschaft seiner Brüder geißelte. Dies kam daher, wie man mir sagte, weil er schwach und seit seiner Jugend verzärtelt war. Da er sich aber nicht bemühte, über seine Natur Herr zu werden oder vielmehr über eine Gewohnheit, die durchaus nicht gut war, so erfahrt nun, was er dafür in der anderen Welt zu leiden hatte. Als er schon dem Tode nahe war, bat ihn einer seiner liebsten Freunde, ihm nach dem Tode zu erscheinen. Er antwortete, daß er das herzlich gern thun wolle, wenn es ihm der Herr über Leben und Tod erlauben würde. Nachdem er dieses Versprechen gegeben hatte, starb er, und es dauerte nicht lange, so kam er zu seinem ihn erwartenden Freunde und sagte: »Hier bin ich, frage, was du zu fragen hast, ich kann nicht bei dir verweilen.« Der Andere, zu gleicher Zeit erschreckt und erfreut, erwiderte: »Nun Lieber, wie steht es mit dir?« »Sehr gut,« antwortete Hugo, »da ich mich aber in dieser Welt geweigert habe, mich zu discipliniren, so war da fast nicht ein Teufel aus der Hölle, der mich auf meinem Wege ins Fegefeuer nicht schrecklich gegeißelt hätte.««

Kurz, das Geißeln erschien als durchaus nothwendig, und sowohl Gott wie die Heiligen und die Jungfrau Maria fanden Gefallen daran und ließen sich dadurch versöhnen. Die Pfaffen erzählten davon merkwürdige Geschichten. Eine derselben findet sich in einem Buche, welches Itinerarium Cambriae betitelt und von einem Walliser Namens Sylvester Geraldus, der um 1188 lebte, verfaßt worden ist.

»Die Concubine des Kirchenvorstehers der Kirche von Hooëden, welches in Northumberland im nördlichen England liegt, setzte sich eines Tages unachtsamer Weise auf das Grabmahl der heiligen Osanna, der Schwester des Königs Osred, welches von Holz war und in Form eines Sitzes sich über dem Grabe erhob. Als sie aber aufstehen wollte, saß sie so fest im Holze, daß sie es nicht eher vermochte, als bis sie in Gegenwart des herzueilenden Volkes sich ausgekleidet und unter einem Strome von Thränen und bitterer Reue eine Geißelung bis aufs Blut empfangen, eifrig gebetet und eine Buße für das ganze Leben angelobt hatte. Nun erst konnte sie durch ein Wunder des Himmels aufstehen.«

Beweise dieser Art, daß die Heiligen Liebhaber vom Geißeln sind, giebt es noch sehr viele; allein ich übergehe sie und erzähle nur einige, die auf die allerglückseligste Jungfrau Maria Bezug haben. Eine davon erzählt Cardinal Damiani selbst unter dem Titel: »Die gebenedeite Jungfrau befiehlt, daß einem Geistlichen, der sie verehrt, eine Präbende wiedergegeben wird.« »Ferner,« sagt der Cardinal, erzählte mir Stephan eine andere Geschichte, welche er indessen nicht für so gewiß wie die vorhergehende hielt. Ich erinnere mich, sagte er, gehört zu haben, daß es einen dummen und einfältigen Geistlichen gab, der weder irgend einen Beruf zum geistlichen Leben, noch zu der kanonischen Disciplin, noch Ernst und Bescheidenheit hatte; der aber mitten unter der todten Asche eines unnützen Lebens noch einen kleinen Funken von Feuer und Ehrfurcht für die gebenedeite Jungfrau bewahrte. Alle Morgen näherte er sich mit ehrfurchtsvoll gebeugtem Haupte ihrem heiligen Altar und sang den in folgendem Verse des Evangeliums enthaltenen englischen Gruß: »Gegrüßet seist du, Maria voller Gnaden, der Herr ist mit dir, du bist gesegnet unter den Weibern.« Als nun der Bischof seine Unwissenheit und Dummheit entdeckte, war er der Meinung, daß er unwürdig sei, irgend eine geistliche Stelle zu bekleiden, und nahm ihm die Präbende, welche er von dem vorhergehenden Bischof erhalten hatte. Der Geistliche aber wurde dadurch in die bitterste Noth versetzt, da er nichts anderes hatte, wovon er leben konnte. In der Nacht erschien dem Bischof im Traume die heilige Mutter Gottes, der ein Mann voranging, welcher in einer Hand ein helles Licht, in der anderen ein Bündel Ruthen trug. Gleich darauf befahl sie diesem ihrem Begleiter, dem verbrecherischen Prälaten einige Schläge zu geben, zu dem sie dann wie folgt redete: Warum hast du meinem Kapellan, der täglich sein Gebet an mich richtete, eine Kirchenstelle genommen, die du ihm doch nicht gegeben hast? Der erschrockene Bischof war kaum aufgestanden, als er dem Geistlichen auch schon die Präbende wieder zurückgab und in der Folge achtete er denjenigen sehr, von dem er vielleicht geglaubt hatte, daß Gott sich gar nicht um ihn bekümmere.«

In einem anderen, dem Papste Alexander VI. gewidmeten Werke von Bernhard du Bustis (in opere Mariali, Serm.

VIII. de conceptione beatae Virginis) wird eine andere Geschichte erzählt, in welcher ein Doctor der Theologie während des Pontificats Sixtus IV. zu Ehren der Jungfrau Maria auf öffentlichem Markte von einem Fianziskanermönch Schläge erhielt. Doch ich will den Verfasser selbst reden lassen: »er nahm ihn – nämlich den Doctor der Theologie – und legte ihn über das Knie, denn er war sehr stark. Er hob ihm die Robe auf (unter welcher er weder Ober- noch Unterkleid trug), und gab ihm mit der Hand auf seinen viereckigen nackten Tabernakel[12] tüchtige Hiebe, um ihn dafür zu züchtigen, daß er gegen das heilige Tabernakel Gottes geredet und die gebenedeite Jungfrau beschimpft hatte durch eine Citation aus dem Aristoteles, die vielleicht aus dem libro Priorum genommen war. Der andere widerlegte ihn darauf mit Fünffingerschrift auf seinen Posterioribus,[13] worüber sich die versammelte Menge sehr freute. Darunter war sogar eine fromme Frau, die mit lauter Stimme rief: Ach, Herr Prediger, gebt ihm noch vier Hiebe für mich! Gleich darauf fiel eine andere ein: auch vier Hiebe für mich! und eine Menge Anderer folgten, so daß er den ganzen Tag zu thun gehabt hätte, wenn er alle Wünsche hätte erfüllen wollen.«

Der Doctor hatte öffentlich gegen die unbefleckte Empfängniß der Jungfrau Maria gepredigt und Bernhard de Bustis findet diese Züchtigung dem Charakter der Jungfrau so angemessen, daß er sogar hinzufügt: »Vielleicht war es die heilige Jungfrau selbst, welche ihn – den Franziskaner – zu dieser Handlung veranlaßte und die für ihn eine Ausnahme von der Strafe bewirkte, der er sich nach den Gesetzen der Kirche schuldig gemacht, nach welchen niemand eine zur Kirche gehörige Person schlagen darf, – und die also zu seinem Besten die Strenge jener Gesetze linderte.«

Sogar die Teufel geißelten sich zu Ehren der Jungfrau, wenn sie dieselben erblickten. Ein gewisser Jacob Hall, ein großer Wucherer, wurde durch die gebenedeite Jungfrau

12 „Quadrata tabernaculua quae erant nuda."

13 „Das Wortspiel läßt sich nicht gut wiedergeben, es heißt: allegando forsitan Aristotelem in Libro Priorum: iste praedicator confutavit legendo in Libro suorum Posteriorum."

Maria den Krallen der Teufel entrissen. Die höllischen Geister, die in großer Menge da waren, sahen sie kaum erscheinen, als sie anfingen zu fluchen und sich untereinander zu geißeln, worauf sie die Flucht ergriffen.

Doch genug des mönchischen Unsinns! Ich könnte noch viel dergleichen mittheilen, aber es ist selten einmal in diesen Erzählungen ein Fünkchen Geist, welcher der Mühe lohnte; nichts als plumpe Mönchsdummheit, die indessen noch witzig genug war, um die Bekenner der römischen Kirche zu bethören!

Nächst diesen Pfaffenlegenden haben auch die Gemälde unwissender Maler viel zur Geißelnarrheit beigetragen. Schon Papst Gregor, von den Pfaffen der Große genannt, sagte von ihnen: » daß sie die Bibliothekare der unwissenden Christen wären! Die Alten meinten zwar, daß Dichter und Maler nicht verbunden wären, über ihre Handlungen Rechenschaft zu geben; so sagt Horaz nach einer altdeutschen sehr naiven Uebersetzung:

Malern und Dichtern ist erlaubet,
Zu malen offt, das man nicht glaubet,
Ir Recht ist, vil zu maln und Reimen
Welch uber Nacht ja nur thut träumen.[14]

Lucian sagt etwas Aehnliches; aber wenn ich den Malern und Dichtern auch gar nicht das Recht streitig machen will, Dummköpfe zu sein, so muß ich doch lebhaft dagegen protestiren, daß ihre dummen Bilder in die Kirchen gehängt werden. Das ungebildete Volk, welches sie hier sieht und sich auf Poesie und Allegorie schlecht versteht, saugt aus ihnen nur schlechte Vorstellungen ein, welche dazu dienen, es nur immer mehr zu verdummen. Die Griechen und später die Protestanten in den Niederlanden wurden von einem ganz richtigen Gefühle geleitet, als sie die Bilder aus den Kirchen hinauswarfen, nur gingen sie zu weit.

Wie abgeschmackt sind nicht die Abbildungen Gottes. Bald wird er dargestellt durch ein Auge, welches aus den

14 „Pictoribus atque poetis Quidlibet audenti semper fuit aequa potestas“

Wolken herausschaut – das mag allenfalls noch angehen – dann wieder als ein Dreieck, in welchem mit hebräischen Buchstaben Gott steht; dann wieder als alter Mann mit langem Bart, der mit grimmigem Gesicht und ausgespreizten Fingern in halb sitzender, halb springender Stellung »über den Wassern schwebt.« Und nun gar die Abbildungen der schon an und für sich die schwachen Sinne des Volkes verwirrenden Dreieinigkeit! wobei der heilige Geist beständig als Taube figurirt, so daß nun endlich Taube und heiliger Geist bei vielen ungebildeten Menschen ganz identisch geworden sind. So pflegte ein Bauer seine Tauben nur deshalb mit der allergrößten Sorgfalt, weil vielleicht der heilige Geist unter ihnen sein könne. Ein Tischler, der die hölzerne Taube in der Kirche ausgebessert hatte, unter welcher dort der heilige Geist dargestellt wurde, setzte in seine Rechnung: Einen Groschen sechs Pfennige den heiligen Geist zu flicken. – In dieselbe Kategorie gehört die Abbildung von Engeln, und noch abgeschmackter ist die der Teufel mit Hörnern, Pferdefuß und langem Schwanz. Selbst in Gesang- und Schulbüchern sieht man dergleichen mittelalterliche Ungereimtheiten, und das ist sehr schlimm. Die Kinder nehmen dadurch Vorstellungen in sich auf, die nachher nur mit großer Mühe wieder herauszubringen sind.

Die römische Kirche hat ein Interesse dabei, daß sie dergleichen Bilder in ihren Kirchen duldet; aber die Protestanten sollten sich doch von solchem Unsinn frei halten und die Ueberbleibsel der römisch-katholischen Zeit dieser Art aus ihren Kirchen entfernen. Will man Bilderschmuck in denselben haben – und ich möchte ihn aus manchen Gründen nicht daraus verbannt wissen, dann hänge man Bilder wie Lessings Huß, oder Luther auf dem Reichstage zu Worms oder Darstellungen aus dem Leben Jesu hin und verweise dafür die meistens unausstehlich dummen allegorischen Bilder, selbst wenn sie von Raphael, Dürer oder Cranach wären, in die Kunstmuseen, wo sie weit mehr an ihrem Platze sind.

Der Einfluß der Maler auf die Geißelungen verleitete mich zu dieser Abschweifung und ich komme darauf zurück.

Mit ihrer gewöhnlichen Sorglosigkeit malten sie uralte Heilige, bewaffnet mit der Geißel, die zu der Zeit, als sie lebten, noch gar nicht als Selbstbuße angewandt wurde. Das Beispiel so heiliger Personen verleitete die Frommen natürlich zur Nachahmung. – Außerdem ist noch ein anderer Punkt in Betracht zu ziehen, den ich indessen nur andeuten will, da eine weitere Besprechung mich zu weit abführen würde. – Die Maler, welche Heiligengeschichten malten, waren meistens bemüht, ihren Gegenstand so natürlich und so schön als möglich darzustellen. Dies erstreckte sich auch auf die menschlichen, sowohl männlichen als weiblichen Figuren, die häufig nackt gemalt wurden. Nun ist es aber bekannt, wie sehr dergleichen Bilder auf die Einbildungskraft wirken, und besonders bei Menschen, welche wenig zu thun und beständig – wie Mönche und Nonnen – mit dem regen Geschlechtstriebe zu kämpfen haben. Das Bild einer fast nackten, üppigschönen, büßenden Magdalena war den Mönchen meistens der liebste Schmuck für ihre Zellen, während die Nonnen den gegeißelten Jesus oder einen heiligen Sebastian vorzogen. Der Anblick solcher Bilder im Verein mit der untern Disciplin erzeugte oft höchst seltsame Wirkungen, – welche Mönchen und Nonnen die Disciplin noch lieber machte.

Aus den Klöstern drang die Gewohnheit des Geißelns leicht unter das Volk, denn die Laien fanden es sehr gemächlich, mit Erlaubniß ihrer Beichtväter, manche weit längere und lästigere Buße für begangene Sünden in Geißelhiebe umzusetzen, denen eine so große versöhnende Kraft zugeschrieben wurde. Bei dem genauen Zusammenhange, der damals unter den Klöstern aller Länder bestand, ist es kein Wunder, daß die Gewohnheit des Selbstgeißelns sehr bald über die Grenzen Italiens ging, und dann ist es ja auch eine alte Erfahrung, daß Dummheiten sich auf ebenso unbegreifliche Weise verbreiten wie die Cholera.

Eine andere Erfindung des Selbstgeißelns war die, daß man sie bei geistlichen Aufzügen, den sogenannten Prozessionen, anwandte. Diese Sitte der Prozessionen ist aus dem Heidenthum ins Christenthum mit hinübergeschlüpft, wie so vieles Andere, das für uns nicht paßt und nichts mehr taugt. Schon bei den Alten war es Sitte, bei Hungersnoth, Pest, Ueberschwemmung, Erdbeben oder anderm öffentlichen Unglück durch öffentliche Bußübungen die Götter zur Hilfe bewegen zu wollen, und dies behielten die Christen bei. In solchen Fällen zogen sie unter Heulen und Wehklagen, die Geistlichkeit mit den kirchlichen Insignien voran, zu den verehrtesten Heiligthümern der Stadt oder Gegend. Da man alle solche Landplagen als direkte Strafen Gottes für die Menschen betrachtete, und die Kirche nun die Lehre aufgestellt hatte, daß die Gerechtigkeit des Allmächtigen durch freiwillig aufgelegte Schmerzen, besonders durch Geißeln, zu befriedigen sei, so lag es sehr nahe, daß man mit solchen Prozessionen Geißelungen verband.

Als der Urheber solcher Geißelprozessionen wird das heilige »Rindvieh«[15] von Padua genannt, oder, wie er gewöhnlich heißt, der heilige Antonius, aber man hat über die nähere Veranlassung und den Verlauf fast gar keine Nachrichten. Der Biograph des heiligen Antonius, der darüber berichtet, sagt nur: »Seine Predigten waren Feuerströme, denen nichts wiederstehen konnte, und die eine unzählige Menge von Sündern zur Reue und Buße entflammten. Damals fingen die Menschen zuerst an, schaarenweis, sich geißelnd und geistliche Lieder singend, in Prozessionen zu gehen. Dies muß vor 1231 gewesen sein, denn in diesem Jahre starb Antonius.[16] Uebrigens hatten, wie sich schon

---

15 „So nennt ihn, wie schon früher bemerkt, sein Mitheiliger, St. Franziskus, nicht ich. Dies bemerke ich nur, damit die Augsburger »Sion« sich wegen dieser Injurie an ihn wendet und nicht mich anathematisirt oder die Redaktion der Journale, die so ehrenwerth sind, ganze Kapitel aus diesem Buche abzudrucken, wie sie es aus dem ersten thaten. Ich für meine Person sehe das sehr gern, muß dabei aber bitten, meine Worte nicht gar zu sehr zu verstümmeln und dann wenigstens die Quelle zu nennen, wie es ehrenwerthe Blätter auch gethan haben."

16 „Es ist nicht meine Absicht, hier eine Geschichte der sogenannten Geißelfahrten zu schreiben, was wegen der dabei unumgänglich nöthigen Wiederholungen ziemlich langweilig und dabei auch überflüssig wäre, da Dr. E. G. Förstemann in seinem sehr schätzenswerthen Werke die christlichen Geißlergesellschaften Alles zusammengetragen hat, was darüber nur aufzufinden war. Wer sich also noch genauer

aus dem Mangel an Nachrichten schließen läßt, diese ersten Prozessionen weder eine große Ausdehnung, noch sonstige Bedeutung.

Aber die römische Kirche verstand es stets, diejenigen Dinge, die ihr Vortheil bringen konnten, zu erkennen und zu benutzen, und da sie dabei stets auf die Dummheit der Menschen zählen konnte, so irrte sie in ihren Berechnungen nur selten. Wie die heilige Katharina in der Ruthe, so entdeckte sie auch in der Geißel einen kostbaren Hausschatz, eine Waffe gegen die mächtigen Feinde. Diese Feinde waren damals die Hohenstaufen und vor allen der kräftige und aufgeklärte Kaiser Friedrich II.,[17] der an der Spitze der damaligen Liberalen, der Ghibellinen stand: die Partei der Welfen war die der Päpste. Seit langen Jahren rangen diese mit den Kaisern nicht nur um das höchste Ansehen in der Christenheit, sondern auch um den Besitz des reichen Oberitaliens. Dieses Land war damals in unendlich viele kleine Fürstenthümer und Republiken getheilt, ganz ähnlich unserm heutigen Deutschland. Diese Staaten, welche unter sich längst in Zwistigkeit lebten, hatten die verschiedensten Interessen. Selbständig zu schwach, mußten sie sich einer der beiden mächtigen Parteien anschließen, von deren Sieg sie sich den meisten Vortheil versprachen, oder deren Grundsätze mit ihren Ueberzeugungen übereinstimmten.

Schon mehrmals hatten die Päpste in diesem Kampfe den religiösen Fanatismus zur Hülfe gerufen. Franziskaner und Dominikaner, die damalige Leibgarde des römischen Stuhles, die heut zu Tage durch die feineren und geschickteren Jesuiten ersetzt sind, waren unaufhörlich bemüht, diese schreckliche Kraft zu entfesseln und gegen die Ghibellinen zu hetzen; wenn es ihnen gelang, so hatte es fast immer Erfolg. Von Zeit zu Zeit, besonders wenn es der römischen Partei schlecht ging, standen unter diesen Mönchen papstbegeisterte Männer auf, die sich das Ansehen von »Gottbe-

---

darüber zu unterrichten wünscht, den verweise ich auf dieses 1828 erschienene Buch.“

17 „Siehe Pfaffenspiegel, Cap.»Die Statthalterei Gottes in Rom.«“

geisterten« zu geben wußten, und predigten Versöhnung und Frieden, der natürlich nur so lange gewünscht wurde, bis die Mittel zur Fortsetzung des Kampfes herbeigeschafft waren. Wohl den meisten Erfolg hatte unter ihnen der Dominikanermönch Johannes von Vicenza. Seine glänzende Beredsamkeit bezauberte alle Zuhörer und verblendete sie so sehr, daß sie freiwillig wieder die Köpfe in die römische Schlinge steckten, der sie erst glücklich entwischt waren. In den letzten Tagen des August 1233 hielt dieser Mann in einer Ebene an der Etsch, einige Stunden von Verona, vor einer Versammlung von 400 000 Menschen eine Predigt, welche den wunderbarsten Erfolg hatte. Weinend gaben sich die bisherigen Feinde den Friedenskuß, und St. Petri Nachfolger that einen guten Fischzug.

Aber die überlisteten Ghibellinen merkten bald, baß der heilige Johannes, der zu Bologna und Verona in drei Tagen 60 Personen als Ketzer verbrennen ließ, ein Wolf im Schafskleide war, und ergriffen sogleich wieder die kaum niedergelegten Waffen. Acht Jahre später war Gregor IX. abermals in großer Noth, denn Friedrich II. hatte im Frühjahr 1240 mehrere welfische Städte erobert und rückte gerade auf Rom los. Aus dieser Noth errettete kein Friedensprediger mehr, und das schwere Geschütz rückte aus dem Vatikan. Der Papst selbst zog in großer Prozession durch die Stadt, und ein Stück von dem wahren Kreuz Christi nebst den Köpfen der Apostel Petrus und Paulus wurden vor ihm hergetragen.[18] Der Anblick dieser heiligen Raritäten benebelte den ohnedies unklaren Verstand der Römer, und Gregors Aufforderung, die heilige Kirche zu vertheidigen, fand Gehör. Die Leibgardepfaffen predigten von allen Kanzeln einen Kreuzzug gegen Friedrich II., und mit glücklichem Erfolg, denn sie versprachen allen nur gewünschten Ablaß. Die Pfaffen selbst griffen zu den Waffen, und in wenigen Stunden stand ein von römischem Opium berauschtes Heer schlagfertig da. Friedrich wußte, daß der Fanatismus der

18 „Wie es sich damit verhält, habe ich in dem dritten Kapitel des Pfaffenspiegel »die heilige Trödelbude« angegeben."

gefährlichste Feind ist, gab seine Pläne gegen Rom auf und zog sich zurück.

Wie er abermals siegte und den gewaltigen Innocenz IV. beinahe gefangen genommen hätte, wenn dieser sich nicht durch einen Angstritt von 54 italienischen Meilen rettete; wie die elenden deutschen Fürsten den großen Kaiser im Stiche ließen und dieser endlich an päpstlichem Gifte starb – das habe ich schon früher erzählt. Sein wackerer Sohn Manfred setzte den Kampf in Unteritalien fort, und mit solchem Glücke, daß im Jahre 1260 die Ghibellinen fast überall triumphirten, besonders nach der glücklichen Schlacht von Monte Aperto (4. Septbr.), in Folge welcher Florenz und Toskana ihrer Herrschaft unterworfen wurden. Nie war die welfische Partei in größerer Verlegenheit.

Wer sich auf Gott verließ, ist hier auf Erden schon oftmals verlassen geblieben, und was »im Himmel« vorgeht, wissen wir nicht; wer sich aber auf die Dummheit der Menschen verließ und auf diese spekulirte, dem ist es auf Erden noch niemals fehlgeschlagen; und – wie es ihm »im Himmel« gehen wird, das wissen wir auch nicht. Cardinal Bianco kannte sehr gut das Talent seiner Partei, deshalb rief er bei der Nachricht von all dem geschehenen Unglück weissagend aus: »Die Besiegten werden siegreich siegen und in Ewigkeit nicht untergehen.«

Das Talent seiner Partei besteht aber in ihrer Kunst, die Dummheit zu benutzen und den Fanatismus zu entfesseln; er mußte auch diesmal wieder als Bundesgenosse auftreten. – Der lange Krieg hatte Italien verwüstet; der Wohlstand war dahin, die rohe Gewalt herrschte überall, Verbrechen wurden auf Verbrechen gehäuft, kein Mensch war seines Eigenthums oder Lebens sicher, und alle Familienbande waren durch Factionen zerrissen. Es war ein höchst trostloser Zustand, und mit verzweifelnden Blicken schauten die Menschen umher nach einem Mittel, ihn zu beendigen. Da sie auf Erden keines fanden, so nahmen sie ihre Zuflucht zu Gott, und weil sie ihn erzürnt glaubten durch ihre Verbrechen und Sünden, so sehnten sie sich darnach, ihn durch Buße zu versöhnen. Diese Stimmung entging der wachsam päpstlichen Partei nicht, und sie war bemüht, dieselbe zu erhöhen und zu benutzen. In Perugia, einer echt welfischen Stadt an der Grenze von Toskana, welche sich durch ihre Anhänglichkeit an die Päpste stets ausgezeichnet hatte, kam das durch pfäffische Künste zusammengezogene Geschwür zum Aufbruch. Sein ekelhafter Ausfluß war eine große Buß- und Geißelfahrt. Ueber die nächste Veranlassung sind die Geschichtschreiber nicht einig, aber so viel kann man mit ziemlicher Gewißheit annehmen, daß sie von einem Pfaffen ausging, wenn auch viel Wunderbares darüber erzählt wurde, wie es ja bei dergleichen Dingen in früheren Zeiten immer geschah. Bald sollte ein Wiegenkind die Veranlassung gegeben haben, bald ein Eremit bei Perugia, dem eine Stimme vom Himmel herab verkündete, daß die Stadt zu Grunde gehen würde, wenn die Einwohner nicht Buße thäten, und dergleichen Unsinn mehr.

Genug, die Aufforderung zündete wie ein in ein Pulverfaß geworfener Funken, und die Geißelwuth verbreitete sich mit rasender Schnelligkeit. Die Buß- und Geißelfahrt erschien den Gläubigen als eine unmittelbar durch den Geist Gottes errichtete Anstalt; sie verkündeten das, was sie glaubten mit begeisterten Stimmen, und Jung und Alt wurde vom Geißelwahnsinn ergriffen.

Der Papst Alexander IV. ließ den höchst wahrscheinlich von ihm selbst ausgestreuten Samen aufgehen und gedeihen, ohne sich sonst vorläufig darum zu bekümmern. Das that er aus einer ganz natürlichen Politik. Erkannte er die neue Buße offiziell an, so konnte er des heraufbeschworenen Geistes des Fanatismus vielleicht nicht wieder Herr werden, und überdies hätte er durch diese Anerkennung die besten Früchte, die er davon erwartete, verloren. Das Mißtrauen der Ghibellinen wäre gleich von vornherein rege geworden, und man hätte den Büßern die Thore ihrer Städte verschlossen gehalten.

Im September wahrscheinlich begann die Geißelfahrt in Perugia, denn schon im Oktober war sie bis Bologna heraufgedrungen, wie das Zeugniß eines Mönchs von St. Justina zu Padua beweist, dessen Chronik Ursitius von Basel

1585 gedruckt herausgab. Ich will die Schilderung, welche der Chronist von dieser merkwürdigen Erscheinung giebt, wörtlich hersetzen: »Im Laufe jener Jahrhunderte, als viele Laster und Verbrechen Italien schändeten, überfiel plötzlich eine nie erhörte reuige Stimmung der Gemüther zuerst die Einwohner von Perugia, dann die Römer und endlich fast alle Völker Italiens. Die Furcht Christi kam so sehr über sie, daß Edle und Unedle, Greise und Jünglinge, selbst Kinder von fünf Jahren, nackend bis auf die bedeckten Schamtheile, ohne Scheu, paarweise in feierlichem Aufzuge durch die Stadt wallten. Jeder hatte eine Geißel aus ledernen Riemen in der Hand, womit sie sich unter Seufzen und Weinen heftig auf die Schultern schlugen, bis das Blut danach kam. Unter Strömen von Thränen, als wenn sie mit leiblichen Augen das Leiden des Heilandes sähen, riefen sie in kläglicher Weise um Barmherzigkeit zu Gott, dem Herrn der Barmherzigkeit, und um Hülfe zur Mutter Gottes. Sie flehten, daß er, der unzähligen Büßenden verziehen hat, auch ihnen für die erkannten Sünden Versöhnung angedeihen lassen möge.

»Nicht nur am Tage, sondern auch des Nachts, im strengsten Winter, zogen sie mit brennenden Kerzen zu Hunderten, Tausenden, ja Zehntausenden, angeführt von Priestern mit Kreuzen und Fahnen, durch die Städte und nach den Kirchen und warfen sich in Demuth vor den Altären nieder. Also thaten sie auch in Flecken und Dörfern, so daß die Felder und Berge widerzuhallen schienen von den Stimmen Derer, die zu Gott schrieen.

»Es schwiegen zu derselbigen Zeit alle musikalischen Instrumente und alle Liebeslieder; nur den Trauergesang der Büßenden hörte man überall, in den Städten und auf dem Lande; seine klagenden Töne rührten steinerne Herzen, und die Augen der Verstockten füllten sich mit Thränen. Auch die Frauen nahmen Theil an dieser frommen Uebung; in ihren Kammern thaten nicht allein die vom Volke, sondern auch edle Frauen und zarte Jungfrauen mit aller Ehrbarkeit dasselbe. Damals versöhnten sich fast alle Entzweite; Wucherer und Räuber eilten das mit Unrecht Erworbene zurückzugeben, und wer sonst in Lastern befangen war, beichtete demüthig seine Sünden und entschlug sich seiner Eitelkeit. Kerker wurden geöffnet, Gefangene entlassen, und Verbannte durften zurückkehren. Männer und Weiber thaten so große Werke der Barmherzigkeit, als ob sie fürchteten, die göttliche Allmacht werde sie durch Feuer vom Himmel verzehren, oder durch ein Erdbeben zertrümmern lassen, oder andere Strafen, durch welche sich die göttliche Gerechtigkeit an den Sünden zu rächen pflegt, über sie verhängen.

»Eine so plötzliche Sinnesänderung, welche sich nicht nur über Italien verbreitet, sondern auch schon andere Länder erreicht hatte, setzte Ungelehrte sowohl als die Weisesten des Volkes in unbeschreibliches Erstaunen. Man konnte auf keine Weise begreifen, woher ein so heftiger Anfall von Frömmigkeit mit einem Male gekommen sein könnte, besonders da man von dergleichen öffentlichen Bußübungen und Ceremonien in den vergangenen Zeiten kein Wort gehört hatte, da sie von dem Papste, der damals zu Anagni residirte noch nicht gutgeheißen und weder von einem Prediger, noch irgend einer andern Person von Ansehen oder Einfluß empfohlen worden waren, sondern ihren Ursprung blos einfältigen Leuten verdankten, deren Beispiel Gelehrte und Ungelehrte gleicherweise befolgt hatten.«

In vielen Städten der Lombardei wurden die Geißler mit großem Enthusiasmus aufgenommen, besonders in Reggio, Parma und Genua, wo die Podestas, Bischöfe Magistrate, angesehene Geistliche und Leute aller Stände sich den Prozessionen geißelnd anschloßen. Nicht so gut glückte es ihnen in Cremona, Brescia, Novara und Mailand, welche Städte dem mächtigen Ghibellinen Marchese Palavicino gehorchten, und der König Manfreds bester Freund und Bundesgenosse war. In Mailand wollten die Geißler mit Gewalt eindringen, allein der dort befehlende Martino della Torre ließ für sie eine Menge Galgen errichten und schreckte sie dadurch.

Dieses Mißtrauen war vollkommen gerechtfertigt. König Manfred mußten diese Buß- und Friedensprediger bei dem damaligen traurigen Zustande der welfischen Partei um so verdächtiger sein, als der Papst mit seiner Autorisation dieser Buß-Anstalt fortwährend zurückhielt. Er verwehrte daher den Geißlern nicht nur den Eintritt in seine Königreiche Apulien und Sicilien, sondern verbot auch in seinem Gebiete die Ausübung der Geißelbuße bei Todesstrafe.

Die Berichte über diese Geißler, welche uns aus jenen Zeiten zugekommen sind, stimmen im Allgemeinen mit dem des paduanischen Mönches überein. Der Fanatismus wirkte förmlich epidemisch. Dies zeigte sich besonders auffallend in Genua. Hier zog die ganze Menge der Geißler, die von Tortona kam, entkleidet durch die Stadt, unaufhörlich schreiend: »Heilige Jungfrau Maria, erbarme dich der Sünder und bitte Jesus Christus, daß er unserer schone!« Dann warfen sie sich nieder und schrieen laut: »Barmherzigkeit, Barmherzigkeit! Friede, Friede!« An ihrem Halse trugen sie die Waffen, mit denen sie früher viele getödtet oder beschädigt hatten. Dieses wahnsinnige Treiben wiederholte sich drei Tage lang, ohne daß es die Genueser besonders rührte; ja diese verspotteten sie sogar als Narren. Aber plötzlich wurden sie von demselben Wahnsinn ergriffen. Personen aller Stände versammelten sich in den Kirchen, entkleideten sich und stellten mehrere Tage hintereinander Geißelprozessionen an. Alle Verbannte wurden zurückgerufen und in ihre alten Rechte wieder eingesetzt.

Der Bußeifer brachte die seltsamsten Wirkungen hervor. Viele, die Mordthaten begangen hatten, gingen mit bloßen Degen zu ihren Feinden, gaben diese Waffen ihnen in die Hände und baten sie, sich zu rächen; aber diese warfen dieselben an die Erde und fielen gerührt ihren Feinden zu Füßen. Alles war in Sanftmuth, Rührung, Thränen und Versöhnlichkeit aufgelöst.

In ihrem Wahnsinn fühlten die Büßenden gar nicht den Einfluß der Kälte. Manche geißelten sich, bis zum Gürtel nackend, von Morgens früh bis um drei Uhr ohne zu frieren, und es war mitten im Winter! Sie schlugen sich mit Dornen oder mit eigens dazu eingerichteten Riemen, oder gar mit eisernen Handschuhen. Viele Weiber versammelten sich Nachts auf den Straßen und geißelten sich. Anfangs lachte man wohl über den seltsamen heiligen Eifer, aber als er in seiner höchsten Blüthe war, wurde jeder Spötter darüber für einen Gottesverächter gehalten.

Der römisch-katholische Rausch verrauchte aber bald und machte weltlichem Katzenjammer Platz. Die anständigeren und gebildeteren Leute fingen an, sich des Unsinns zu schämen, den sie in ihrem Wahnsinn begangen hatten. Zur Nüchternwerdung trugen viel die mancherlei Unordnungen bei, die durch die enge Berührung so vieler halbnackter Personen beiderlei Geschlechts und aus den verschiedensten Ständen hervorgebracht werden mußten. Eine Menge schmutziger Geschichten, wie sie sich ja schon bei gewöhnlichen Prozessionen zutragen, kamen hie und da zum Vorschein, und der heilige Eifer verging. In den ersten Monaten des Jahres 1261 war der römische Spiritus in Italien aufgebrannt – und die Fehden begannen aufs Neue. Die Aufmerksamkeit der Ghibellinen war zerstreut worden, der Papst hatte Zeit gewonnen, und der Zweck war erreicht.

Aber in Deutschland wurde das beklagenswerthe Schauspiel fortgesetzt. Die Geißelschwärmerei ging über die Alpen und breitete sich aus in Krain, Kärnthen, Steiermark, Bayern, in den oberdeutschen Ländern bis über den Rhein, in Oestreich, Böhmen, Mähren, Ungarn und Polen und Sachsen. In einer Reimchronik von Ottokar, einem gleichzeitigen Schriftsteller, wird über die Geißler diesseits der Alpen wie folgt berichtet:

Ain Volkch deselbing jars (1261) phag
Ainer Puezz, de waz frömd,
Weib und Man heten da Hemd
Da warn Gugel (Kappen) an gesniten.
Nu hört mit wie getanen Siten
Dem Puezz her ze Lande chom.
In Lampparten (Lombardei) sy sich von erst nam.
Jegleich Pharr-Volkch sampt sich
Und giengen gemainklich,
Die man sunder geschört (besonders geschaart),
Parfuez und mit Part.
Sunst (so) sach man sew wanndern,
Von ainer Chirchen zu der andern,
Die Alten zu den jungen,

Ir Pues-Lied sy sungen,
Sy waren Gotleich darczu,
Sy warn auf dez Smorigens frue,
Und wan sy chomen in der nahen,
Daz sy ein Chirchen sahen,
So sluegen sy sich selb an
Mit Gaislen, daz daz Plut ran
Nach dem Ruckch hernieder,
Umb die Chirchen und herwider,
Darnach sy in die Chirchen giengen,
Ir Puezz sy darinn begiengen
Mit Gaislen und mit Gebet.
Hört wie die Frawen schar tet.
Die giengen dez Smorigens frue
In die Chirchen und sparten zue,
Unzct(bis) daz von jn ward volbracht
Ir Puezz und jr Andacht,
So legten sy sich wieder an.
Dacz (in) Wahlen (Welschland) man sein erst begann.
Sunst gie ez ymer mer
Unzct (bis) zu den Dewczschen (deutschen) Lannden her.
Da liesßen sy jns enplannden (sich's gefallen)
Mit paiden jrn hannden
Payde Man und Frawen.
Da mans von erst begund schawen
Umb die Lichtmezz daz geschach,
Und wert also darnach
Gar gancze acht Wochen,
Da ward dew Puezz zebrochen,
Daz sy nicht andechtig wer,
Manig vnuczes mer
Wart davon gesait.
Nu wart ez den Pfaffen lait,
Und predigten darauf,
Daz man süder tet den lauf,
So lang vnczt darvon liez,
Do ez die Pfaffheit also hiez.

Wir sehen hieraus, daß es die Geißler in Deutschland ganz ebenso trieben wie in Italien; nur geben die deutschen Chroniken an, daß sie hier zwar bis zum Nabel nackt, aber, um nicht erkannt zu werden, mit verhülltem Gesichte gingen, wodurch die Sittlichkeit bei diesen Prozessionen eben nicht befördert sein mag. Wenn die Geißler auch hier und da in Deutschland mit Enthusiasmus empfangen wurden, so läßt sich derselbe mit dem der Italiener doch schwerlich vergleichen. Der Grund davon lag theils in der Charakterverschiedenheit beider Nationen, theils darin, daß hier die Pfaffen gar bald die Gegner der Geißler wurden, da sie ihrer Autorität höchst gefährlich zu werden drohten. »Sie absolvirten sich selbst untereinander, nicht achtend der kirchlichen Ordnung,« schreibt der böhmische Abt Johann Neplach.

Die Geißler erhoben ihre Bußweise über jede andere und behaupteten, daß diese die von den Geistlichen vorgeschriebene unnütz mache, und daß sie sich von ihren Sünden dadurch losmachen könnten, ohne der Absolution der Pfaffen zu bedürfen. Die Folge davon war, daß man sie als Ketzer verfolgte, oder daß die Fürsten, deren Länder sie durchzogen, sie auseinanderjagten. So hatte der Unsinn auch diesseits der Alpen bald ein Ende, da der Papst hier vollends kein Interesse dabei hatte, ihn unter seinen Schutz zu nehmen. Hin und wieder hörte man in den nächsten Jahren noch von Geißlern; sie erlangten aber nirgends Bedeutung, denn ihnen war für dies Mal als Ketzern der Stab gebrochen.

Wie diese Geißelfahrt so lange dauern konnte, wird nur dadurch erklärlich, daß die Zahl der Büßenden sich täglich rekrutirte. Zur vollständigen Buße war es nämlich nothwendig, daß man 34 Tage lang der Geißelfahrt folgte. Täglich kehrte nun eine Anzahl wieder in die Heimath zurück, die durch stets aufs Neue herzuströmende Fanatiker ersetzt wurden.

Diese Geißelfahrt ging indessen nicht vorüber, ohne bleibende Folgen zu hinterlassen. Sie ward Veranlassung zur Errichtung stehender Geißlergesellschaften, welche das angezündete Feuer wenigstens fortwährend glimmend erhielten, so daß es nur eines leichten Zuges bedurfte, um es wieder zu hellen Flammen anzufachen. Dergleichen Gesellschaften entstanden besonders in Italien, namentlich zu Piacenza, Modena, Venedig, Rom, Mantua und Bologna und führten besondere Namen. Die in Bologna wurde von dem heiligen Rainer von Perugia eingerichtet, den man als den Eremiten bezeichnet, welcher die Geißelfahrt angestiftet habe. Schon im Jahre 1262 machte die von ihm errichtete Brüderschaft eine Geißelprozession nach Modena zu den Reliquien des heiligen Geminianus, an welcher viele angesehene Personen Theil nahmen. Im Jahre 1269 scheint sie den Versuch gemacht zu haben, eine Geißelfahrt von größerem Umfange zu Stande zu bringen, woran sie aber durch das Mißtrauen der Ghibellinen gehindert wurde. Der Marchese Obizzo von Este und die Räthe von Ferraro erließen die allerstrengsten Verordnungen dagegen. Auch in Deutschland tauchten hie und da zu verschiedenen Zeiten wieder Geißler auf. Ihre Erscheinung war aber schnell vorübergehend und von keiner weiteren Bedeutung.

Erst im 14ten Jahrhundert erneuerte sich der Unfug wieder in größerem Maßstabe, als eine Menge von Umständen zusammentrafen, welche die Menschen bedrückten und zur Buße stimmten. Das erste Feuer dieser Art flammte wieder in Italien auf im Jahre 1334. Dies unglückliche Land wurde fortwährend von innern Kriegen zerrissen. Die Päpste hatten sich nach Avignon geflüchtet und ließen ihre Angelegenheiten in Italien durch Legaten führen. In dem Jahre 1333 hatte der Legat Johanns XXII. eine entscheidende Niederlage erlitten, und die Sache des Papstes stand sehr schlecht. Wie in früheren Zeiten in solchen Lagen, erhob sich auch dieses Mal wieder ein Buß- und Friedensprediger, der Dominikanermönch Venturinus von Bergamo. Er war mit einem außerordentlichen Rednertalente begabt, und die Legende erzählt, daß während er redete, eine Flamme aus seinem Munde hervorging und häufig eine Taube über seinem Haupte schwebte. Er empfahl den durch ihn bekehrten Sündern eine feierliche Bußfahrt nach Rom, um hier von den Aposteln Ablaß zu holen. Die Zahl dieser Sünder belief sich zu Bergamo allein auf 3000, unter ihnen die ärgsten Verbrecher. Todtschläger, Vater- und Brudermörder kamen zu dem Mönche mit einem Stricke um den Hals, und Venturinus schickte sie zu denen, welche von ihnen beleidigt worden waren, um ihnen den Friedenskuß zu bringen. An zehntausend Lombarden schlossen sich der Geißelfahrt nach Rom an, für welche Venturinus eine besondere Kleidung vorgeschrieben hatte.

Diese bestand aus einer langen weißen Kutte, über welche ein farbiger, meist blau oder purpurfarbener Mantel getragen wurde, der bis auf das Knie reichte. Die Füße der Büßenden waren mit Weißen Strümpfen und ledernen Halbstiefeln bekleidet; den Kopf bedeckte eine große Leinwandhaube von der Farbe des Mantels, auf welcher vorn über der Stirn ein I.H.S. stand, unten weiß und oben roth. Auf der Brust trugen sie eine weiße Taube mit einem Oelzweige im Schnabel; in der rechten Hand einen Pilgerstab und in der linken ein Paternoster, welches ein Strick mit sieben Knoten war, der ihnen zugleich auch zum Geißeln diente. Die Farbe der Kleidung wird indessen verschieden angegeben.

Um Christus und seine Jünger nachzuahmen, gingen die Büßenden in kleinen Abtheilungen zu zwölf; ein dreizehnter folgte. Dieser trug auf seinem Stabe ein kleines Kreuz mit dem Bilde der Mutter Gottes, die Christus auf dem Schooße hat, auf der einen, und der heiligen Martha auf der andern Seite.

Manche Städte zeigten sich mißtrauisch und verweigerten ihnen den Eintritt, allein in andern wurden sie sehr freundlich aufgenommen, wie zum Beispiel in Florenz, wo die Bürger die Büßenden beherbergten. Venturinus predigte hier mehrmals unter ungeheurem Zulauf des Volkes, von dem viele sich der Bußfahrt anschlossen.

In Rom machte seine Ankunft großes Aufsehen; aber es scheint nicht, daß er die Römer sehr bußfertig fand. Sie strömten in Menge herbei, um seine Predigten zu hören, aber nicht um daraus gute Lehren zu schöpfen, sondern um nur zu hören, ob er auch gut Latein spräche, wie wenigstens ein Geschichtsschreiber seiner Zeit erzählt. Als er von ihnen Geld für die Armen verlangte, verlachten und verspotteten sie ihn gar, und der heilige Venturinus hielt es für gerathen, Rom zu verlassen, – »um der eitlen Ehre zu entfliehen« sagt freilich einer seiner eifrigen Lobredner und Lebensbeschreiber.

Von Rom ging Venturinus nach Avignon; allein er hatte die Unvorsichtigkeit begangen zu sagen, »es sei kein würdiger Papst, der nicht zu Rom auf dem Stuhle des heiligen Petrus sitze,« und das wurde ihm dort sehr übel genommen. Man klagte ihn als Ketzer an; da aber die verhängte Untersuchung nichts gegen ihn ergab, so wurde er an einen Ort verwiesen, wo man seine Reden nicht zu fürchten hatte. Sein Ruf hatte sich aber so verbreitet, daß viele Prälaten aus Frankreich, Spanien, Deutschland und England kamen, ihn zu sehen, oder doch Briefe mit ihm zu wechseln. – Er starb 1346 zu Smyrna während eines Kreuzzuges, an welchem er mit Bewilligung des Papstes Antheil nahm.

Sechs Jahre nach dieser Bußfahrt nach Rom, im Jahre 1340, trieben abermals gegen 10 000 Geißler im Gebiete von Cremona ihr Wesen. Sie gingen barfuß in armseligem Aufzuge geißelnd umher und sammelten Almosen. Anstifterin dieser Gesellschaft war ein sehr schönes Mädchen, welches man allgemein für eine Heilige hielt. Aber der Bischof von Cremona ließ sie ergreifen, und da entdeckte man in dieser Heiligen die Bettgenossin eines Mönches, der als gottlos und gefährlich bekannt war und von dem sie die nöthigen Künste erlernt hatte. Das Pärchen sollte verbrannt werden, allein die Herren von Gonzaga befreiten sie, entweder weil sie mit ihrer Hülfe politische Absichten durchsetzen wollten, oder weil ihnen das schöne Mädchen gefiel.

Dies waren jedoch alles nur Vorspiele zu der großen Geißeltragödie des Jahres 1349, welche durch die damals herrschende entsetzliche Pest hervorgerufen wurde, die unter dem Namen das große Sterben und der schwarze Tod bekannt ist. Die Verwüstungen, welche in neueren Zeiten die Cholera anrichtete, sind gering im Vergleich mit den Verheerungen, welche der schwarze Tod in der alten Welt verursachte. Die Erde schien krank zu sein. Im innern Asien soll um diese Zeit eine große Erdumwälzung stattgefunden haben, dieselbe, von der man annimmt, daß sie den Lauf des großen Flusses Oxus veränderte. Ueberall herrschten Erdbeben, Ueberschwemmungen und Mißwuchs.

Die Pest brach zuerst 1347 in China aus und zog mit großer Schnelligkeit nach Westen, auf ihrem Wege Millionen von Menschen dahinraffend. In China sollen 13 Millionen ihr zum Opfer gefallen sein. Ganze Städte starben aus, so daß in ihnen kein lebendes Wesen zu finden war, denn vierfüßige Thiere aller Art und sogar Vögel erlagen ebenfalls an dieser entsetzlichen Krankheit.

Durch levantische Handelsschiffe wurden im Frühjahr 1348 ihre Keime in die italienischen Häfen getragen, und bald verbreitete sich die Pest über Italien, Frankreich, Spanien, Deutschland, kurz ganz Europa; das Meer setzte ihr keine Grenzen. Der Tod erschien hier in dreifacher Gestalt. Drüsengeschwülste bildeten sich zu abscheulichen Pestbeulen; ein rasendes Fieber kam dazu und verursachte den Tod; andere starben an schmerzhaften Blutflüssen, und noch andere wurden von einem innern Feuer ergriffen, welches den Körper verzehrte bis auf die Knochen und den Tod zur Folge hatte.

Drei Jahre dauerte diese gräßliche Krankheit, indem sie bald diese bald jene Gegend vorzugsweise zum Schauplatz ihrer Verheerungen wählte. In vielen Ländern starb ein Drittheil, in andern die Hälfte oder zwei Drittheile, in einigen gar neun Zehntheile der Einwohner! Die meisten Dörfer lagen verlassen da, denn die Bauern flüchteten in die Städte, wo sie aber ebensowenig dem Tode entgingen, denn hier war das Sterben noch größer. Straßburg verlor durch diese Weltseuche sechzehntausend Einwohner, Basel vierzehntausend, Lübeck neuntausend, und in Wien starben an einem Tage gegen tausend Menschen. In Erfurt waren bereits alle Kirchhöfe voll, und zwölftausend Todte mußten durcheinander in elf große Gruben geworfen werden. Nicht stark bevölkerte Länder starben fast gänzlich aus. Man fand auf dem Meere reichbeladene Schiffe willenlos umhertreiben, denn es war Niemand mehr auf ihnen, der sie leitete. In manchen Klöstern starben alle Mönche.

Ein so allgemeines Sterben machte aller bürgerlichen und sittlichen Ordnung ein Ende. Jeder sah den Tod vor Augen und wollte vom Leben noch so viel als möglich genießen. Dieser that es auf feinere, jener auf rohere Weise, je nach dem Grade der Bildung. Der Ausbruch der vollen Bestialität wurde aber durch die jenem Zeitalter eigentümliche Religiosität verhindert, wenn diese auch in nichts anderem bestand, als in der Furcht vor dem Fegefeuer und der Hölle, welche die Pfaffen stets mit den entsetzlichsten Farben gemalt hatten. Die Angst vor dem Tode und vor der Nähe des Gerichts erfüllte die meisten mit Verzweiflung, und Jeder suchte noch in der Eile alle Mittel anzuwenden, den Zorn Gottes zu versöhnen; denn als eine Strafe desselben für die sündigen Menschen mußte die Pest nach den damaligen Begriffen erscheinen.

Zunächst richtete sich aber dennoch die Wuth gegen Diejenigen, welche man als die Werkzeuge dieser Rache Gottes und als die Beförderer dieses Sterbens betrachtete. Als solche bezeichnete man die unglücklichen Juden, denen man Schuld gab, daß sie die Brunnen vergiftet hätten, um sich von der Herrschaft der Christen zu befreien und zu Herren der Uebrigbleibenden zu machen. Das Unsinnige dieser Beschuldigung lag auf der Hand, denn sowohl Juden als Christen starben; allein hat das Volk einmal eine Meinung gefaßt, so ist es schwer davon abzubringen, besonders wenn sich Niemand sonderliche Mühe darum giebt.

Man ergriff an vielen Orten die Juden, und auf der Folter gestanden einige Alles, was man verlangte; Boshafte warfen wirklich Gift in mehrere Brunnen, welches man bald fand, und nun war das Factum nach damaligen Rechtsansichten festgestellt. Es begannen die scheußlichsten Judenverfolgungen von Seiten des Pöbels, wenn ihm nicht schon die Obrigkeiten die Mühe ersparten, wie in vielen Städten am Rhein. In Straßburg verbrannte man am St. Valentinstage auf einem auf ihrem Kirchhofe errichteten Gerüste nicht weniger als zweitausend Juden auf einmal! Wer sich taufen lassen wollte, den ließ man leben. Kleine Kinder wurden den Flammen entrissen, um sie im christlichen Glauben zu erziehen. An andern Orten erbaute man zum Verbrennen der Juden große Brennöfen oder hölzerne Schuppen, in welche man sie hineintrieb und die man dann anzündete.

Viele Juden zogen es vor, freiwillig zu sterben und verbrannten sich und ihre Kinder in ihren Häusern oder in den Synagogen, da sie es verschmähten, ihr Leben dadurch zu erretten, daß sie zu einer Religion übertraten, welcher ihre Henker angehörten. Manche Städte gingen dabei in Feuer auf. Der Papst und der Kaiser und viele Obrigkeiten suchten entweder aus Eigennutz oder weil sie von ihrer Unschuld überzeugt waren, ihre Juden zu retten; andere Fürsten dagegen, die ihnen vielleicht sehr verschuldet sein mochten, trieben eifrig dazu an, sie auszurotten, und das Volk bot, wie gesagt, höchst bereitwillig die Hand dazu.

Die römische Kirche unterließ es natürlich nicht, die allgemeine Noth zu ihrem Vortheil auszubeuten. Sie ertheilte Ablaß in reichem Maaße und der Papst schrieb gar für 1350 ein neues Jubeljahr aus. Mit welchem Erfolge, habe ich schon früher erzählt.

Es gab indessen sehr viele Menschen, welche das Gefühl hatten, daß eine Schuld gegen Gott, die dessen Zorn in solchem Maße hervorrief, unmöglich durch das Zahlen einiger Groschen an die Pfaffen und die gewöhnlichen Kirchenbußen gesühnt werden könne; sie dachten daher auf eine strengere, allgemeinere Buße und wählten als solche eine Geißelfahrt.

Schon im Frühling 1349 zogen größere oder kleinere Schaaren sich geißelnd umher, und plötzlich wimmelte es überall von Geißlern, ohne daß man eigentlich weiß, wo der Anfang gemacht wurde. Einige Chroniken und neuere Geschichtsschreiber nehmen an, daß dies in Oberdeutschland geschah; andere sagen wieder in Ungarn, und die Geißler selbst behaupten, ihre Geißelfahrt komme »von Osten«. Welchen Weg dieselbe aber genommen hat, darüber enthält ihre sogenannte Predigt oder der von einem Engel gebrachte Brief – den ich weiter unten mittheilen werde – höchst konfuse Nachrichten. Genug, die Geißler waren da und erfüllten mit ihrem schwermüthigen Bußgesang ganz Europa.

Die genauesten Nachrichten über die große Geißelfahrt sind in einer Straßburgischen Chronik enthalten und treffen in den Hauptsachen mit andern Berichten überein. Ich will bei meiner Erzählung der erst angeführten Quelle folgen,[19] allein die darin fehlenden Nachrichten aus andern ergänzen.

Vierzehn Tage nach Johannis im Jahre 1339, nachdem man die Juden dort bereits verbrannt hatte, verbreitete sich in Straßburg die Nachricht, daß eine Schaar von 200 besonders frommen Geißlern heranziehe. Ihr Hauptanführer, den sie Vater nannten, schritt mit einem Kreuze in der Hand voran, und ihm folgten zehn der Brüder, welche kostbare sammetne und seidene Fahnen und schön gewundene Wachskerzen trugen. Diesen folgte paarweise die übrige Schaar. Sie trugen Mäntel und Hüte, welche beide mit einem rothen Kreuze versehen waren. Während die Glocken ihnen zu Ehren von allen Thürmen geläutet wurden, wie in allen Orten, die sie passirten, geschah, näherten sie sich singend der Stadt. Ihre Lieder aber, die sie sangen, nannten sie Lais, Leis oder Leich, welche Benennung wahrscheinlich durch eine abkürzende Verstümmelung von Kyrie eleison entstanden ist, welches in den ersten Zeiten der Kirche der erste Gesang war. Der Lais der Geißler, den sie im Gehen sangen, lautete:

Nu ist die bettevart so her,
Crist reit selber gen iherusalem,
Er fürt eine krütze an siner hant,
Nu helf uns der heilant.
Nu ist die bettevart so gut,
Hilf uns herre durch din heilges blut,
Daz du an dem crütze vergoßen hast,
Unn uns in dem ellende geloßen (erlöset) hast.
Nu ist die stroße also breit,
Die uns zu unsere lieben frowen treit, (trägt)
In unsere lieben frowen lant
Nu helfe uns der heilant.

19 „Elsassische und Straßburgische Chronik von Jakob von Königshoven. Seite 297. »Von der großen Geischelfart.«“

Wir süllent die buße an uns nemen,
Daz wir gote deste bas gezemen (gefallen)
Aldort in sines vatters rich,
Des bitten wir dich sünder alle gelich.
So bitten wir den vil heiligen Crist
Der alle der welte gewaltig ist.

Der erste Weg der Geißler war nun stets in die Kirche. Kamen sie dorthin, dann knieten sie nieder und sangen:

Jhesus wart gelabet mit gallen,
Des süllent wir an ein crütze hallen.

Nun warfen sie sich plötzlich nieder »daß es klapperte« und daß ihre Körper ein Kreuz bildeten. So blieben sie eine Weile liegen, bis ihre Vorsänger sich erhoben und sangen

Nun hebent uf die üwern hende,
Daz got dis große sterben wende;
Nu hebent uf üwere arme,
Daz sich got über uns erbarme.

Dasselbe wurde nun drei Stunden lang wiederholt unter dem Zuschauen der in Masse herbeigeströmten, verwunderten Menge. Jeder, der es vermochte, lud nun wenigstens einen oder mehrere dieser Wallfahrer zu sich ins Haus; manche nahmen wohl zehn bis zwanzig mit und bewirtheten sie gut.

Die Regel dieser Bußbrüder war nun folgende: Wer in die Brüderschaft treten wollte, mußte sich verpflichten, 34 Tage lang darin zu bleiben, nachweisen, daß er gebeichtet hatte, daß er von Reue zerknirscht sei und daß er allen seinen Feinden vergeben; daß er, wenn verheirathet, die Erlaubniß seiner Frau habe, und für seinen Unterhalt wenigstens täglich vier Pfennige besitze, denn die Geißelbrüder durften nicht betteln. Ebenso wenig durften sie um Herberge bitten oder in ein Haus kommen, es sei denn, daß man sie ohne ihr Bitten einlud. Mit Frauen durften sie nicht reden; wer dagegen fehlte, der kniete vor dem Meister nieder und beichtete es ihm. Dieser gab ihm eine Buße auf, schlug ihn mit der Geißel auf den Rücken und sprach:

Stant uf durch der reinen martel ere
Vnd hüte dich vor den sünden mere.

Geistliche konnten in die Brüderschaft zwar aufgenommen, durften aber niemals Meister werden und wurden auch zum geheimen Rathe nicht zugezogen. Außer dem Meister hatte jede Gesellschaft noch zwei Untermeister, denen unbedingter Gehorsam geleistet werden mußte.

Die Geißelbrüder, welche von den Kreuzen, mit denen sie versehen waren, auch Kreuzbrüder genannt wurden, pflegten am Tage zwei Mal zu büßen; so nannten sie das Geißeln. Gewöhnlich geschah es ein Mal des Morgens und wieder des Abends. Unter dem Läuten aller Glocken zogen sie paarweise und ihre Laise singend unter Vortragung des Kreuzes und ihrer Fahnen auf das Feld hinaus, in Straßburg auf die Metzgerau, ein großer Platz, der damals noch nicht angebaut war. Ihnen folgte, wie natürlich, eine große Menschenmenge.

Auf dem ausersehenen Orte angekommen, legten sie ihre Kleider ab uud zogen eine Art weißleinenen Weiberrocks oder Schürze an, welche von den Hüften bis zu den Füßen herunterreichte. Der Oberkörper war völlig nackt. Nun legten sie sich in einem weiten Kreise an die Erde nieder, und ein Jeder suchte durch ausdrucksvolle Geberden seine Hauptsünde, weshalb er büßte, kenntlich zu machen. Ein Meineidiger legte sich auf die Seite und reckte die Finger in die Höh; ein Säufer setzte die Hand an den Mund, als ob er tränke; ein falscher Spieler machte Bewegungen mit der Hand, als habe er Würfel darin; die Mörder legten sich auf den Rücken und die Ehebrecher auf den Bauch.

Lagen sie nun alle an der Erde, dann schritt der Meister über einen von ihnen hinweg, schlug ihn mit der Geißel und sprach:

Stant uf durch der reinen martel ere
Vnd hüte dich vor der sünden mere.

Der Geschlagene erhob sich und folgte nun dem Meister, der mit den übrigen die Ceremonie wiederholte, bis alle aufgestanden waren.

Nun begann die Geißelung. Zwei oder drei der Brüder, welche die besten und stärksten Stimmen hatten und die Vorsänger machten, stellten sich zusammen und um sie herum bildeten Brüder paarweise einen Kreis. Nun setzte sich derselbe in Bewegung, und jeder geißelte sich selbst mit einer Geißel, die aus einem hölzernen Stiel bestand, an welchem drei Stränge befestigt waren, an deren Enden sich dicke Knoten befanden. Durch diese Knoten waren kreuzweise zwei eiserne Stacheln getrieben, so daß vier Spitzen in der Länge eines Waizenkorns hervorsahen. Diese Spitzen schlugen sich häufig so fest in das Fleisch, daß die Geißler mehr als einmal ziehen mußten, um sie wieder herauszubekommen.

Sie schlugen sich nach dem Takte des Liedes, welches die sich ebenfalls geißelnden Vorsänger sangen, und dessen Refrain sie wiederholten. Es lautete:[20]

Nun tretet herzu wer büßen will,
Fliehen wir die heiße Hölle,
Lucifer ist ein böser Geselle
Sein Trachten ist, wie er uns fangen will.
Wen er hat dem wird Pech zum Lohn[21]
Drum soll'n wir von der Sünd' abstohn.
Wer unsrer Buße will pflegen,
Der soll vergelten und wiedergeben,
Der vergelte recht, lass' die Sünde fahr'n
So wird sich Gott über ihn erbarm'n.
Der vergelte recht, lass' sich die Sünden reuen,
So will sich Gott in ihm erneuen,
Jesus Christ, der wart gefangen
An ein Kreuz wart er gehangen,
Das Kreuz das wart von Blute roth,
Wir (be)klagen Gott's Marter und seinen Tod.

---

20 „Ich gebe dies berühmte Geißlerlied nach der Handschrift der Closnerschen Chronik, auf welche sich Königshofen bezieht, welche aber Förstemann nicht kannte. Letzerer theilt das Lied nach einer andern Quelle mit. Es stimmt zwar im allgemeinen mit dem hier abgedruckten, allein einige Verse sind ausgelassen, andere an falschen Stellen eingeschoben und andere zugesetzt. – Da den Lesern die alte Sprache schwer verständlich sein wird, so gebe ich eine Uebersetzung, so gut ich sie mit Hülfe der Förstemannschen zu geben vermag."

21 „Eine Variante dieses Liedes lautet: Wen er habet,
Mit Pech er ihn labet."

Durch (um) Gott vergießen wir unser Blut,
Das sei uns für die Sünde gut.
Des (dazu) hilf uns lieber Herr und Gott,
Des bitten wir durch deinen Tod.
»Sünder, womit willst du mir lohnen?
»Drei Nägel und eine Dornenkronen
»Das heilige Kreuz, eines Speeres Stich,
»Sünder, das leid‘ ich Alles durch dich.
»Was willst du leiden nun durch mich?«
So rufen wir nun mit lautem Ton:
»Unsern Dienst geben wir zum Lohn:«
Durch dich vergießen wir unser Blut,
Das sei uns für die Sünde gut.
Des hilf uns lieber Herr und Gott
Des bitten wir dich durch deinen Tod.
Ihr Lügener, ihr Meineidschwörer,[22]
Dem höchsten Gott seid ihr ein Greu‘l.
Ihr beichtet keine eurer Sünden,
Müßt drum euch in der Hölle finden.
Davor behüt uns Herr und Gott
Des bitten wir dich durch deinen Tod.

Nun fielen alle Geißler auf die Knie, erhoben die Arme in Kreuzesform und sangen:

Jesus ward gelabt mit Gallen,
Drum sollen wir an ein Kreutze fallen.

Nun fielen sie wieder zur Erde nieder, erhoben sich dann wieder auf die Knie und sangen:

Nun hebet auf wohl eure Hände,
Daß Gott dies große Sterben wende,
Nun hebet auf wohl eure Arme,

---

22 „Ir lügener, ir meinswerere,
Dem hoheste got sint ir un mere,
Ir bihtent keine sünde gar
Des muszent ir in die helle dar.“

Daß Gott sich über uns erbarme.
Jesus durch deiner Namen drei
Du mache uns hier von Sünden frei,
Jesus, durch deine Wunden roth,
Behüte uns vor dem jähen Tod.

Jetzt erhob sich die Schaar und fing wieder an, im Kreise umhergehend, sich zu geißeln, wobei folgender Lais gesungen wurde:

Maria stand in großen Nöthen,
Als sie ihr liebes Kind sah tödten,
Ein Schwerdt durch ihre Seele schneid‘t,
Das laß dir Sünder seien leid.
Des hilf uns lieber Herr und Gott,
Des bitten wir dich durch deinen Tod.
Jesus rief im Himmelreich,
Seinen Engeln allzugleich.
Er sprach zu ihnen dessengleichen:[23]
»Die Christenheit will mir entweichen,
»Drum will ich lan (lassen)
»Die Welt zergan (untergehen),
»Das wisset sicher ohne Wahn.«
Davor behüt uns Herr und Gott,
Drum bitten wir dich durch deinen Tod.
Maria bat ihr‘n Sohn, den süßen:
»Liebes Kind laß sie dir büßen,
»So will ich machen, daß sie müssen
»Bekehren sich,
»Des bitt ich dich,
»Viel liebes Kind gewähr du mich.«
Des bitten wir Sünder all‘ auch dich.
Welch Mann oder Frau ihre Eh‘ nun brechen,

23 „Er sprach zu in vil sendelichen steht eigentlich da, soll aber vielleicht semelichen, desgleichen heißen.“

Das will Gott selber an ihnen rächen.
Schwefel, Pech und auch die Galle
Gießet der Teufel in sie alle.
Fürwahr sie sind des Teufels Beut'. (? bot)[24]
Davor behüt uns Herr und Gott,
Des bitten wir dich durch deinen Tod.
Ihr Mörder und ihr Straßenräuber (strosrôbere)
Euch ist die Red' ein Theil zu schwere,
Ihr wollt euch über Niemand erbarm'n,
Drum müßt ihr in die Hölle fahr'n.
Davor behüt' uns Herr und Gott,
Des bitten wir dich durch deinen Tod.

Nun wiederholte sich dieselbe Zwischenhandlung, die vor der zweiten Geißelung stattfand, und es begann die dritte Geißelung unter Absingung eines an die Sünder gerichteten Lais:

O weh ihr armen Wucherer
Dem lieben Gott seid ihr ein Gräu'l (mere)
Du lieh'st ein Mark wohl um ein Pfund,
Das zieht dich in der Hölle Grund,
Deshalb bist du nun ewig verlor'n,
Dazu so bringt dich Gottes Zorn.
Davor behüt uns Herr und Gott,
Des bitten wir dich durch deinen Tod.
Die Erde bebt, es klaffen die Steine,
Mit den Augen Thränen weinet.
Schlagt euch sehr
Durch Christus Ehr,
Durch Gott vergießen wir unser Blut,
Das ist uns für die Sünde gut.
Des hilf uns lieber Herr und Gott,
Des bitten wir dich durch deinen Tod.

24 „Die Variante bei Förstemann hat spot."

Wer den Freitag nicht gefastet,
Und den Sonntag nicht gerastet,
Der soll in der Hölle Pein
Ewiglich verloren sein.
Davor behüt uns Herr und Gott,
Des bitten wir dich durch deinen Tod.
Die Eh die ist ein reines Leben,
Die hat Gott selber uns gegeben.
Ich rath' euch Frauen und euch Mannen,
Daß ihr die Hoffahrt laßt von dannen,
Durch Gott so lasst die Hoffahrt fahr'n,
So will sich Gott über uns erbarm'n.
Des hilf uns lieber Herr und Gott,
Des bitten wir dich durch deinen Tod.[25]

Hatten nun die Geißler diesen Gesang vollendet, dann zogen sie wieder ihre Kleider an, und einer von ihnen erhob sich und las mit lauter Stimme einen höchst wunderlichen Bericht von einem himmlischen Briefe vor, welchen die Leute die Predigt der Geißler nannten. Sie lautet in möglichst wörtlicher Uebersetzung wie folgt:

»Dies ist die Botschaft unseres Herrn Jesu Christi, die vom Himmel herabgekommen ist auf den Altar der guten

25 „Der Schluß des Liedes, welches Förstemann mittheilt, heißt:
Wäre diese Buße nicht geworden,
Die Christenheit wäre ganz verschwunden,
Der leidige Teufel hat sie gebunden.
Maria hat gelös't unser Band. –
Sünder ich sage dir liebe Mähr:
Sankt Peter ist Pförtener.
Wende dich an ihn, er lässet dich ein,
Er bringet dich vor die Königin.
Lieber Herr Sankt Michael,
Du bist ein Pfleger aller Seel;
Behüte uns vor der Hülle Noth!
Das thu durch deines Schöpfers Tod."

Herren St. Peters zu Jerusalem, geschrieben an eine marmorne Tafel, von der ein Licht ausging gleich einem Blitz. Die Tafel hat Gottes Engel aufgerichtet. Da das Volk das miteinander sah, da fielen die Leute nieder auf ihr Antlitz und schrieen Kyrie eleison! was so viel heißt als:

Herr erbarme dich über uns. Die Botschaft unseres Herrn lautete also:

»Ihr Menschenkinder, ihr habt gesehen und gehöret, was ich verboten habe, und habet das nicht beachtet; weil ihr ungerecht und ungläubig seid, und auch nicht gehalten habt meinen heiligen Sonntag, und habt das nicht gebüßt und gebessert und auch von euren Sünden nicht lassen wollt, die ihr begangen habt, und habt Wohl gehört in dem Evangelio, Himmel und Erde müssen vergehen, aber mein Wort vergeht niemals. Ich habe euch gesandt Korn, Wein und Oel genug, wohl nach rechtem Maße, und das Alles hab ich genommen von euren Augen um eurer Bosheit willen und wegen eurer Sünde, und wegen eures Hochmuths, da ihr meinen heiligen Sonntag und meinen heiligen Freitag nicht beachtet habt mit Fasten und Feiern. Darum gebiete ich den Saracenen und andern heidnischen Leuten, daß sie vergießen euer Blut und viele Gefangene hinwegführen.

»Es ist in kurzen Jahren viel Jammer geschehen; Erdbeben, Hunger, Feuer, Heuschrecken, Raupen, Mäuse, Hagel, Reif, Frost, Gewitter und großen Streites viel; das habe ich euch alles vorhergesandt, weil ihr meinen heiligen Sonntag nicht gehalten habt. Da ihr nun so blind seid an den Augen eurer Seele, und so taub an euren Ohren, daß ihr nicht hören wollt die Worte meiner Stimme, darum habe ich euch viel Schmerzen und Plagen gesandt und daß viel wilde Thiere eure Kinder fressen sollen. Ich habe euch gesandt trockene Jahre, und Regen mit Güssen und großem Wasser, und habe das Erdreich verdorben, daß es unfruchtbar geworden ist. Ich habe über euch gesandt das heidnische Volk, das eure Kinder gefangen hinweggeführt hat. Ich machte, daß ihr dürres Holz vor Hunger mußtet essen ohne Brot in manchen Landen, und die Tannzapfen und Haselzapfen, und das Kraut im Garten und neben den Straßen, das mußten sie vor Hungersnoth essen. Selig war der, der es hatte, darum, daß ihr nicht gehalten habt meinen heiligen Sonntag und auch meinen Freitag.

»O ihr Ungetreuen und ihr Ungläubigen, bedenket ihr nicht, daß mein Gottes-Zorn über euch gekommen ist wegen eurer Bosheit, die ihr euch angewöhnet habt. Ich hatte mir vorgenommen, daß ich zerstören und zertrümmern wollte die weite Welt wegen eures Unglaubens und weil ihr nicht verstehen wollt mein heiliges Wort des heiligen Evangelii, daß ich gesprochen habe, Himmel und Erde müssen vergehen, aber mein Wort nimmermehr. Der Worte habt ihr vergessen und habt nicht gefeiert meinen heiligen Sonntag und meinen heiligen Freitag mit Fasten und mit andern guten Werken. O ihr viel Armen, bedenket ihr denn nicht das Leiden Gottes und sprecht also: wir sind Brüder und sind doch nicht wahre Brüder. Ihr seid einander feind: ihr machet unter einander Gevatterschaft und haltet sie nicht, wie ihr von Rechtswegen solltet. Darum dachte ich, daß ich euch zertheilen wollte in die weite Welt. Das hat mich gereut; um euretwegen nicht, sondern wegen der Menge meiner Engel, die mir zu Füßen gefallen sind und mich gebeten haben, so daß ich meinen Zorn von euch gewendet und euch meine Barmherzigkeit zugetheilt habe. O ihr sehr armes Geschlecht. Den höllischen Leuten, den Juden, habe ich auf dem Berge Sinai gegeben das alte Testament, und diese halten ihren Samstag. Aber ich habe euch gegeben das Gesetz des heiligen Bundes[26] mit meiner Seele selber, und ihr haltet nun dennoch nicht den heiligen Sonntag und den heiligen Freitag und andere Feiertage meiner lieben Heiligen, deshalb will ich über euch gehen lassen meinen Zorn, daß die Wölfe und andere wilde Thiere eure Kinder fressen, und will machen, daß ihr jung sterbet und daß euch der Sarazenen Rosse zertreten müssen und an euch rächen die Tage meiner heiligen Auferstehung. Wahrlich die Wahrheit sage

26 „O ir viel armes geschlechte, daz ich den helleschen lüten den Juden han geben die alten e uf deme berge Synai, unn die behaltend iren samestag. Aber ich habe üch geben die e des heiligen töffes mit miner sele selber etc.“

ich euch, haltet den heiligen Sonntag von dem Samstag zu Mittag bis zum lichten Morgen des Montags. Ich gebiete euch Priestern und Brüdern Bußübungen mit dem Kreuze zu halten[27] und zu fasten und zu beten und zwar an einem Freitag. Glaubet und folget ihr nicht meinem Gebot, so will ich blutigen Regen fallen lassen, dicker als Hagel. Ich hatte die Absicht, an dem zehnten Tage des siebenten Monats, das ist an dem Sonntag nach unser Frauen Tage, als sie geboren ward, Alles zu tödten, was da lebet auf Erden. Davon haben mich meine liebe Mutter Maria und die heiligen Engel Cherubim und Seraphin abgebracht, die nicht abließen für euch zu bitten. Durch diese habe ich euch eure Sünden vergeben und mich über euch Sünder erbarmet. Ich schwöre euch bei meinen heiligen Engeln, daß ich – (wenn die Menschen nämlich nicht seine Gebote halten) euch etliche Thiere und Vögel senden werde, die ihr nie vorher gesehen habt und daß die Sonne so finster werden wird, daß ein Mensch den andern tödtet.

»Ich kehre mein Antlitz von euch, und wird sich unermeßliche Klage mit mancherlei Stimmen erheben. Eure Seelen sollen dürren von dem Feuer, welches kein Ende hat. Ich will über euch schicken ein greuliches Volk, die euch schlagen und euer Land verwüsten wegen eurer Sünde. Ich schwöre euch bei meiner rechten Hand, das ist bei meiner göttlichen Gewalt und bei meiner Würde, sollte es der Fall sein, daß ihr nicht haltet meinen heiligen Sonntag und meinen heiligen Freitag, ich euch so von Grund aus vernichten will, daß eurer auf Erden nimmer gedacht werden soll. Dagegen verspreche ich euch, daß, wenn ihr euch von euren Sünden bekehret, ich euch segnen will, daß die Erde Frucht bringt in Menge und alle Welt mit meiner Würde erfüllt wird. Ich will euch geben meine große frôde[28] und will meinen Zorn gegen euch vergessen und will erfüllen alle eure Häuser mit meiner göttlichen Güte, und wenn ihr kommt

27 „daz sü setzent Crütze verte vasten un betten"

28 „Hier fehlt: also daz ir üwers nüwen mit dem viernen hinbringent, welchen Satz ich nicht entziffern kann."

vor mein Gericht, so will ich euch meine Barmherzigkeit mittheilen mit den Auserwählten in dem ewigen Reiche. Amen.

»Welcher Mensch nicht an die Botschaft glaubet, der wird in den Bann Gottes meines Vaters im Himmel gethan. Aber wer sie glaubet, dem kommt mein Segen in sein Haus. Sehet, wer der Mensch ist, der seinen Nächsten erzürnt hat, der soll sich mit ihm versöhnen, ehe er meinen heiligen Leib empfängt. Wer den andern zwingt oder reizt zum Schwören am Sonntag, der ist verflucht mit dem, der den Eid schwört. Wer Gerichte an meinem Sonntage hält, ist verflucht ewiglich. Wisset, daß ich Gewalt habe über alle Kreaturen im Himmel und auf Erden und im Abgrunde und an allen Orten, und ihr seid so gar unverständig, daß ihr das nicht einseht und eure Sünden weder bereuet, noch Ablaß dafür empfangt. Drum haltet ihr nicht meinen heiligen Sonntag und auch nicht meinen heiligen Freitag und andere meiner Gebote und seid so gar dummen Sinnes, und seid ohne Verstand, und versteht nicht die ewige Reue und den ewigen Frieden. Die Tage die sind mein, ich habe sie geschaffen und alle Zeit. Ich habe euch gegeben Alles, was ihr habt, und ihr erkennt nicht die Tageszeit oder mich selber, und jede Kreatur erkennt doch ihren Schöpfer. O ihr armen Dummen, ihr erkennet nicht euren Schöpfer. Es wäre euch besser, daß ihr nicht geschaffen wäret, daß ihr nicht das ewige Leben besäßet. Sehet, meine Tage sind ewig friedlich alle Zeit, und die Kreatur, die mir dienet, soll würdig sein, etwas von diesem ewigen Frieden zu erhalten; und ihr Armen, ihr erhaltet nicht meinen Frieden. Ihr haltet nicht meinen heiligen Sonntag und andere Feiertage meiner lieben Heiligen, und wer der Priester ist, der den Brief meiner Botschaft hat und ihn nicht liest vor dem Volke und dafür sorgt, daß er gehalten werde, der ist Gottes Feind und hält nicht seine Gebote. Ja, giebt es etliche Priester, die darum Priester werden, daß sie gut essen und trinken und Gottes Wort nicht predigen wollen, das kommt Alles auf ihr Haupt vor Gottes Gericht. Höret ihr meine Stimme und haltet meine Gebote und laßt ab von euren Sünden, so verfluche ich euch nimmermehr. Wahrlich ich schwöre euch bei meiner rechten Hand und bei meinen hohen Armen und bei den Tugenden meiner Engel, ist es der Fall, daß ihr haltet meinen heiligen Sonntag und meinen Freitag, so halte ich euch das vollkommen, was ich euch versprochen habe. Wer der Mensch ist, der gern zur Kirche geht und Almosen giebt und andere Ehre mir erzeiget, für diese Handlungen will ich ihm danken mit mancher Liebe an dem Tage des Gerichtes und an dem Ende. Alle die Wucherer und alle die, welche Zinsen nehmen uud die darnach streben, über die kommt Gottes Zorn, wenn sie sich nicht bessern. Wahrlich alle Ehebrecher und Ehebrecherinnen, die sind miteinander verloren und verdammt ewiglich, wenn sie sich nicht bessern und Buße thun, und alle die freventlich schwören und das nicht ändern, sind auch verloren, denn sie sind und heißen Gottes Lästerer (marteler). O ihr sehr Armen! gebt ihr nicht recht euren Zehnten, so geht Gottes Zorn über euch. Wer die sind, die in die Kirchen gehen an meinem heiligen Sonntage und an andern heiligen Tagen und ihr Almosen theilen mit den Armen, die erwerben die Barmherzigkeit meines Vaters.

»Als der Brief der heiligen Botschaft von dem Engel gelesen wurde und er ihn in der Hand hielt, da kam eine Stimme vom Himmel und sprach: Glaubet mit reuigem Herzen an euren Schöpfer und an die gute Botschaft, die ich euch gesendet habe. Wenn ihr zu entfliehen hoffet, so kann sich Niemand vor meinen Augen verbergen. Da stand auf der Patriarch mit seinen Priestern und rief das Volk zusammen. Da sprach der Engel: Höret Alle und vernehmet, wie ich euch schwöre bei den Tugenden unseres Herrn Jesu Christi und bei seiner Mutter, der reinen Jungfrau, und bei den Tugenden aller Engel und bei den Kronen aller Märtyrer, daß die Botschaft keines Menschen Hand geschrieben hat, sondern der König des Himmels mit seiner Hand, und wer das nicht glaubt, der ist verkehrt und verbannt, und Gottes Zorn kommt über ihn. Wer es aber glaubet, der soll Gottes Erbarmung haben und seine Wohnung in dem ewigen Leben, und wer die Botschaft Gottes abschreibet und von Stadt zu Stadt, von Haus zu Haus und von Dorf zu Dorf den Brief sendet, mein Segen kommt in sein Haus. Welcher

Priester diese Botschaft höret und schreibet und vor dem Volke verkündet, über den soll mein Segen ergehen und soll sich freuen mit meinen Auserwählten immer in meinem Reiche ewiglich. Amen.

»Nun schweiget und höret, so will ich euch sagen von der Brüderschaft und von der Wallfahrt, wie sie hergekommen ist von dem Engel des allmächtigen Gottes, wie das Gott der Welt kund that, daß sie ihn erzürnet hätte, und schrieb an eine Tafel von Marmor und sandte sie durch einen seiner Engel nach Jerusalem. Die Botschaft verkündete der Engel; mit aufgereckter Hand hob er die Tafel auf und sprach also: O ihr armes Geschlecht, warum erkennt ihr nicht euren Schöpfer. Wisset, und willst du nicht fürchten Gottes Zorn, so will er über dich seinen Zorn und seine Gewalt ergehen lassen. Als das Volk die Tafel sah, an welcher die Botschaft stand, so erglänzte die Tafel und erleuchtete die Kirche gleich einem Blitz. Da erschrak das Volk so sehr, daß sie auf das Antlitz niederfielen, und als sie wieder zu sich selber kamen, was thaten sie? sie gingen zu einander und beriethen sich, was sie thäten, das Gott angenehm wäre und daß er seinen Zorn vergesse.

»Da beriethen sie sich und gingen zu dem Könige von Sicilien (Cecilien) und baten ihn, daß er ihnen riethe, was sie thun sollten, daß Gott seinen Zorn gegen sie vergesse. Der rieth ihnen, daß sie auf die Knie fallen und den allmächtigen Gott bitten sollten, daß er ihnen kund thäte, was sie thun sollten und wie sie sich mit ihm versühneten, daß er vergeße seines Zornes gegen die arme Christenheit. Das Volk that, wie er ihm rieth, und fiel auf seine Knie und bat Gott mit ganzem Ernste. Da sprach der Engel: Mensch, du weißt Wohl, daß Gott 34 Jahre auf Erden wandelte und nie einen guten Tag hatte, nicht zu gedenken seiner großen Marter, die er durch dich am Kreuze erlitten hat, das hast du ihm nicht gedankt und willst es ihm auch nicht danken. Willst du dich nun mit Gott versöhnen, so sollst du wallen 34 Tage und sollst niemals guten Tag noch gute Nacht haben, und sollst vergießen dein Blut, so will er nimmer sein Blut an dir lassen verloren werden und will vergessen seines Zornes gegen die arme Christenheit.

»Dies fing an der König von Sicilien und vollbrachte die Wallfahrt gemeinschaftlich mit seinem Volke bis zu dem Könige von Krakau (Krakôwe), der vollbrachte sie bis zu dem Könige von Ungarn. Der König von Ungarn bis zu dem von Meißen, der von Meißen bis zu dem von Brandenburg, der von Brandenburg bis zu dem von Eisenach, die von Eisenach bis zu denen von Würzburg, die von Würzbürg bis zu denen von Hall. Die von Hall bis zu denen von Eßlingen, die von Eßlingen zu denen von Calw, von Calw gen Weil, von Weil gen Bulach, die von Bulach vollbrachten die Wallfahrt zu denen von Herrenberg und gen Tübingen (tuwingen) und gen Rotenburg und ist also gekommen an den Rhein in alle großen und kleinen Städte und in den Elsaß. Nun bittet Gott, daß er uns Kraft gebe und Sinn und Verstand sie gut zu vollbringen, daß es Gott und seiner lieben Mutter Maria und allen Engeln und dem ganzen himmlischen Heere eine Freude sei und allen denen ein Trost, zur Liebe und zur Seele, die uns oder unsern Brüdern, die die Wallfahrt gethan haben, jetzt thun und noch thun wollen, Gutes gethan haben nnd noch wohl thun; denen möge Gott den ewigen Lohn geben und möchten die Seelen noch heute getröstet werden von allen ihren Nöthen (erebeiten). Dazu helfe uns der Vater, der Sohn und der heilige Geist. Amen.

»Allen denen soll werden kund, die diese gesehen oder lesen gehört, daß von Apulien (pullen) bis Sicilien, und in Cypern und von Cypern bis zu Toskana (tuschan), und Catanea (kadan) zu Genua (ienue) bis gegen Avignon (Avion) und wieder von Avignon bis zu Lyon (loyn), von Lyon bis zu Rom und innerhalb allen ihren Gebieten und in Padua (badôwe) und in ihren Gebieten der dritte Mensch nicht leben bleiben soll. Nun ist der Tod gekommen bis gen Bern und nach Kärnthen und nach Oestereich und her bis in den Elsaß. Wer da stirbt oder todt ist, die liegen alle nicht länger als bis zum dritten Tage, und haben keine andere Krankheit als Dreierlei. Die erste ist, manche Menschen bekommen Kopfweh mit großer Hitze und sterben sogleich. Die andere heißet das kalte. Die dritte sind kleine Drüsen, welche unter beiden Armen und in den Kniekehlen in der Größe einer

Haselnuß entstehen. An diesen Krankheiten sind gar viele Leute in den Landen gestorben, und vor den Krankheiten soll Niemand erschrecken. Wer da erschrickt, der ist todt auf der Stelle. Für die Krankheiten ist gut Oel von weißen Lilien und Oel von Dillensamen, zusammen heiß gemacht und dann in ein weißwollen Tuch gethan und daraus gedrückt so heiß man es leiden kann, vier oder fünfmal und auf den Kranken gelegt. Essig und saure Speisen sind für die Krankheiten gut.«

Die Menge der Zuschauer, welche unter Schluchzen und Weinen die Buße mit angesehen hatte, hörte auch geduldig diesen ungeheuren Unsinn mit an, der, wie man schon aus der konfusen Geographie sieht, wahrscheinlich das Machwerk eines der Meister der Geißler und im geheimen Rathe ausgeklügelt war. War die Vorlesung vorüber, dann ging der Zug zurück in die Kirche der Stadt, wieder unter dem Geläute der Glocken und nach Durchmachung der schon früher erwähnten Ceremonien ging jeder Bruder mit seinem Wirthe in dessen Wohnung, wenn es der Meister erlaubte. Auf Federn schlief Niemand, und in keinem Kirchspiele blieben die Geißler länger als eine Nacht.

In Speier hatten sie schon eingen sehr großen Enthusiasmus erregt, das Geißeln wurde hier mode, und sogar zweihundert Knaben rotteten sich zusammen und geißelten sich; viele der Bürger schlossen sich dem Zuge an, der schon um deshalb einen guten Eindruck machte, weil diese Geißler nichts mit den Frauen zu thun hatten und weil sie nicht bettelten.

In Straßburg vermehrte sich der Zug um mehr als tausend Männer und die Meister fanden es für gut, die Geißelfahrt zu trennen. Ein Theil zog den Rhein hinauf, ein anderer hinab, aber Straßburg blieb, wie es scheint, ihr Hauptquartier. Doch diese beiden Schaaren blieben nicht die einzigen. Die neue Buße fand in allen Ländern solchen Beifall, daß sich neue Geißelschaaren unter besondern Meistern bildeten, welche Deutschland und die benachbarten Länder nach allen Richtungen hin durchzogen. Eine dieser Abtheilungen ging sogar über das Meer und nach England, wo sie sich drei Tage lang in der Paulskirche in London geißelte.

Fast überall wurden die Büßenden als fromme, gottselige Leute freundlich aufgenommen; nur die Berner verspotteten die trübseligen Sänger und suchten sich in der traurigen Zeit durch Feste und kriegerische Unternehmungen zu zerstreuen. Den Lais der Geißler parodirend sangen sie:

Wer unsrer Buß will pflegen,
Soll Roß' und Ochsen nehmen,
Gänse und fette Schwein',
Damit gelten wir den Wein.

Die Franzosen übersetzten dagegen die Geißlergesänge, und jedes deutsche Volk sang sie nach seiner Mundart oder dichtete neue. Einige derselben sind in den Fasti Limpurgensis enthalten. Ich will nur zwei daraus mittheilen:

O Herr Vater Jesu Christ,
Wann du allein ein Herre bist,
Du hast uns die sünd macht zu vergeben,
Nun gefrist uns hie unser leben,
Daß wir beweinen deinen tod
Wir clagen dir Herr all unser noth u.s.w.
Ein anderer Lais lautete:
Es ging sich unser Frauwe, Kyrieleison.
Des morgens in dem Tauwe, Halleluja.
Da begegnet ihr ein junge, Kyrieleison.
Sein bart war ihm entsprungen, Halleluja.
Gelobet seistu Maria.

Der große Beifall, den die Geißler überall fanden, machte sie aber bald übermüthig. Wenn man sie fragte, oder wenn man sie gar belehren wollte, dann antworteten sie grob und trotzig und pochten auf den guten Erfolg ihrer Unternehmung. Zwei Predigermönche wollten ihrem Beginnen wehren und ließen sich mit ihnen in eine Disputation ein; allein ihr Widerspruch erzürnte die Geißler dermaßen, daß sie den einen mit Steinen todt warfen. An der bayrischen und meißenschen Grenze soll Aehnliches geschehen sein. Daß sie überhaupt gegen die Geistlichen nicht gut zu sprechen waren, habe ich schon früher bemerkt. Wenn sie von diesen gefragt wurden: »Warum predigt ihr, die ihr nicht gesandt seid und lehrt, was ihr nicht versteht?« dann antworteten sie:

»Wer hat denn euch gesand und woher wißt ihr, daß ihr Christi Körper consekrirt, und daß ihr das wahre Evangelium predigt?« Und fragten die Geistlichen, woran man erkennen sollte, daß die Geißelfahrt wohl begründet sei und wer ihren Brief besiegelt hätte? dann gaben sie zur Antwort: »Der die Evangelien besiegelt hat.« Ueberall, wo sie es vermochten, nahmen sie das Volk gegen die Geistlichen ein, deren Sittenlosigkeit und Schlechtigkeit nach ihrer Meinung an dem Verderben der Welt großen Antheil hatten.

Die Geistlichen, welche mit Besorgniß diese gefährliche Macht sich gegen sie erheben sahen, thaten, was in ihren Kräften stand, sie zu unterdrücken, und suchten Alles hervor, um die Geißler als Ketzer verdächtig zu machen, wozu sie durch manche ihrer Handlungen und Lehren allerdings hinlänglich Veranlassung gaben. Ihre freiwillige Buße war schon überhaupt nicht im Sinne der Kirche, denn griff diese Lehre um sich, so wurde sie den Leuten unentbehrlich. Besonders nahm man es den Kreuzbrüdern sehr übel, daß sie ihren Meistern, die Laien waren, beichteten und von ihnen eine Buße und Absolution empfingen. Auch sollen sie vorgegeben haben, daß durch sie Wunder und Zeichen geschähen. So behaupteten sie, sagte man, sie hätten Todte erweckt und Teufel ausgetrieben. Um letzteres zu beweisen, sollten sie Weiber mit sich herumgeführt haben, welche aussagten, daß durch die Geißler ihre Teufel ausgetrieben worden wären. Auch erzählten sie, daß Gott ihre Speise auf dem Felde vermehrt habe, als sie einst Mangel gelitten hätten und lehrten, daß das Blut, welches durch die Geißelschläge vergossen werde, sich mit dem Blute Christi vermische, und andern Unsinn, welcher dem entgegen war, den die Pfaffen selbst predigten.

Die Folge davon war, daß sie sehr bald anfingen, in Verachtung zu gerathen. Während ein Theil des Volkes die Geißler noch immer verehrte, wurden sie bereits von den Vernünftigen verlacht und selbst gehaßt, da sich allerlei lüderliches Gesindel zu ihnen gesellte und das Land unsicher machte. Hierdurch und weil durch die Geißelfahrt alle Gewerbe und der Ackerbau stockten, wurden verschiedene

Fürsten und Obrigkeiten veranlaßt, mit Strenge gegen diese Fanatiker zu verfahren.

König Philipp VI. von Frankreich befahl »diese Teufelsmärtyrer« mit dem Tode zu bestrafen, denn die Universität Paris hatte erklärt, die neue Sekte sei gegen Gott, gegen die Vorschriften der heiligen Mutter-Kirche und gegen das Heil ihrer eigenen Seele.

Auch Kaiser Karl IV. erließ Verordnungen gegen sie und veranlaßte den Papst, ein Gleiches zu thun. Jacob von Königshofen schreibt darüber: »Das Volk trat in solcher Menge in ihre Brüderschaften, daß es den Papst und den König und die Geistlichkeit verdroß. Da schrieb der römische König Karl dem Papste, daß er etwas in der Sache thäte, sonst würden die Geißler die ganze Welt verkehren; denn sie maßten sich große Heiligkeit an und gaben vor, es geschähen durch sie große Zeichen. Zu Straßburg trug man ein todtes Kind um ihren Ring, aber es gelang ihnen nicht, dasselbe lebendig zu machen. Die Geißelfahrt dauerte über ein halbes Jahr, während welcher Zeit jede Woche einige Schaaren Geißler kamen. Darauf machten sich auch die Frauen auf und zogen über Land und geißelten sich. Hierauf zogen auch die Knaben und Kinder über Land in der Geißelfahrt. Endlich wollten die Stadtbürger sie nicht mehr mit Glockengeläut empfangen, und man war ihrer so müde, daß man aufhörte, sie nach Hause zu laden. Man fing an davon zu sprechen, daß sie mit Betrug umgingen, und daß der Brief, den sie predigten, erdichtet sei. Zuletzt verbot der Papst ihre Fahrt und gebot allen Bischöfen, daß sie in ihren Bisthümern die Geißler abthun und verbieten sollten. Auch in Straßburg gebot man, daß kein Geißler mehr hereinkommen sollte; und wer Lust hätte, sich zu geißeln, sollte sich im Verborgenen in seinem Hause geißeln, so viel als er wollte. Also nahm die Geißelfahrt in einem halben Jahre ein Ende, die, wie sie sagten, vierunddreißig Jahre dauern sollte ... Und so lange die Geißelfahrt währte, so lange dauerte auch die Pest, und als jene aufhörte, ließ auch das Sterben nach.«

Die Pariser Magister schickten den gelehrten niederländischen Benediktiner, Doktor und Professor der Theologie, Johann du Fay, nach Avignon zum Papst, um ihn zum Einschreiten gegen die Geißler zu bewegen. Dieser gelehrte Mann wußte ihn davon zu überzeugen, daß die Geißler dem Ansehen der Kirche gefährlich wären, und Clemens VI. entschloß sich um so leichter, dem Verlangen des Kaisers und der Universität Paris zu entsprechen, als er die Geißler ganz in der Nähe gesehen hatte und durch sie erschreckt worden war. Eine Gesellschaft von etwa hundert Baseler Bürgern, die sich zu einer Geißelfahrt vereinigten, hatten den Einfall, Sr. Heiligkeit einen andächtigen Besuch in Avignon zu machen, um zu erfahren, was die apostolische Kirche eigentlich von den Geißlern hielt. Der Papst wollte sie ins Gefängniß werfen lassen, weil sie sich eigenmächtig eine Kasteiung und Buße auferlegten; allein der heiligen römischen Kirche »Thürpfosten«, die Herren Kardinäle, entschuldigten sie damit, daß die Leute nicht geglaubt hätten, etwas Böses zu thun.

Am 20. Oktober 1339 wurde von Clemens die Verdammungsbulle gegen die Geißler unterzeichnet und an die deutschen, polnischen, schwedischen, englischen und französischen Erzbischöfe abgeschickt.

In dieser Bulle sagt der Papst: »Viele große und glaubwürdige Männer haben uns berichtet, daß in Deutschland und in den daran stoßenden Ländern durch Einwirkung des Satans unter dem Namen einer Buße eine thörichte Religionsübung aufgekommen ist, zu welcher eine Menge einfältiger Menschen sich hat verführen lassen. Sie nennen sich Geißler. Ihre Verführer geben vor, Christus sei dem Patriarchen von Jerusalem in dieser Stadt (wo doch schon so lange kein Patriarch ist) erschienen und habe ihm Einiges gesagt, das abgeschmackt ist und den Aussprüchen der Schrift widerspricht. Dieses Unwesen wird immer gefährlicher und nimmt immer mehr überhand und breitet sich aus, da die Geißler, ohne aus der allgemeinen Verbindung zu treten, sich in Gesellschaften und Versammlungen zertheilen, welche die verschiedenen Provinzen durchstreifen. Sie verachten alle andern Stände und Lebensarten und rechtfertigen sich selbst, indem sie die Schlüssel der Kirche nicht ehren.

Die Kirchenordnung geringschätzend, führen sie ohne eines Obern Erlaubniß unter dem Namen der Buße ein ungewöhnliches Leben, tragen ein Kreuz vor sich her und haben ein besonderes schwarzes Kleid, das hinten und vorn mit einem Kreuz bezeichnet ist. Sie bilden verbotene Gesellschaften und Vereine, zeichnen sich aus durch Handlungen, welche dem Charakter und der Weise der Gläubigen fremd sind, und haben sich eigenmächtig Gesetze und Satzungen aufgestellt, die irrig und vernunftwidrig erscheinen.

»Am meisten beunruhigt uns, daß selbst Ordensgeistliche, vorzüglich von Bettelorden, die Andere von den Irrwegen auf den rechten Weg führen sollten, aus dem Schooße der Mutterkirche sich böslich entfernen und ohne Achtung gegen göttliche und menschliche Gesetze, auf ihre eigene Klugheit vertrauend, gegen die Freiheit der Kirche und die Reinheit des Glaubens predigen und lehren, das Volk vom wahren Glauben abzuführen sich unterfangen, indem sie ihre Zuhörer durch glatte Worte bethören, um denselben zuletzt ihr Gift desto sicherer einzuflößen und sie mit sich in den Abgrund des Verderbens zu reißen.

»Diesem gefährlichen Beginnen, das die göttliche Majestät beleidigt, den Staat gefährdet und die Gläubigen ärgert, müssen wir uns widersetzen, damit es nicht in seinem Fortgange und Wachsthume noch mehr Unheil stifte; denn schon haben Geißler unter dem Scheine der Frömmigkeit mit gottloser Grausamkeit der Juden, welche die christliche Liebe erhält und schützt, häufig auch der Christen Blut vergossen, und wo sie Gelegenheit erhielten, das Eigenthum der Geistlichen geplündert und geraubt, auch der Gerichtsbarkeit ihrer Obern sich anzumaßen sich nicht entblödet, und es ist zu befürchten, daß man sich ihrer Anmaßung und Verwegenheit nicht mehr würde widersetzen können, wenn man ihr nicht bald durch kräftige Mittel begegnete.

»Endlich scheint ein Irrthum, dem man nicht widerspricht, gebilligt zu werden, und wir sind durch unser Amt gehalten, die auf gefährlichen Wegen Irrenden zurechtzuweisen und auf den Weg der Wahrheit und Gerechtigkeit zu leiten. Deshalb befehlen wir nach dem Rathe unserer Brüder (der Kardinäle) den Erzbischöfen und ihren Suffraganen, daß sie in ihren Diöcesen alle Erfindungen, Gebräuche, Gesellschaften, Zusammenkünfte, Verordnungen und Satzungen der sogenannten Geißler, die wir auf unsrer Brüder Rath verworfen und auf ewig verboten haben, in unserm Namen öffentlich für gottlos und verboten erklären oder erklären lassen.

»Die Erzbischöfe und Suffraganen sollen Alle, die in einer solchen Gesellschaft sind, sowohl die Welt- und Ordensgeistlichen als die Laien, wer sie auch sein mögen, in unserm Namen ermahnen, von jener Sekte und Weise abzustehen und nie wieder in dergleichen Verbindungen zu treten und ihre Gebräuche und Satzungen zu beobachten. Sie sollen die Widerspenstigen durch Kirchencensuren, diejenigen, welche ihrer weltlichen Gerichtsbarkeit unterworfen sind, auch durch zweckmäßige weltliche Strafen zur Ordnung nöthigen. Sie sollen die Ordensgeistlichen und andere Irrlehrer, welche das Volk zu jener Sekte verführen, ohne Rücksicht auf ihren Orden und ihre Würde oder auf irgend ein Privilegium in Verhaft nehmen und darin behalten, bis wir ihnen andere Befehle ertheilen, indem sie, wo es nöthig ist, dazu die Hülfe des weltlichen Arms anrufen.

»Durch alles dieses wollen wir keineswegs verhindern, daß die Christgläubigen eine ihnen auferlegte oder eine freiwillig übernommene Buße, in rechter Absicht und aus reiner Andacht, in oder außer ihren Wohnungen, ohne jene abgläubischen Gebräuche, Versammlungen und Gesellschaften erfüllen, und indem sie sich in guten Werken üben, dem Herrn, wie es ihnen eingegeben, im Geiste der Demuth dienen.«

Mit dieser Päpstlichen Verbannungsbulle war aber die Sekte der Geißler noch keineswegs unterdrückt, und es würde niemals mit Gewalt gelungen sein, wenn nicht allmälig die Hitze des Bußeifers mit dem Nachlassen der Pest verraucht wäre. Die Bischöfe sahen sich sehr oft genöthigt, zu »dem weltlichen Arm« ihre Zuflucht zu nehmen, und der Papst hielt es nicht für überflüssig, selbst an verschiedene Fürsten zu schreiben, um sie zur Vertheidigung der Kirche gegen die Geißler aufzurufen, da es den Erzbischöfen und

Bischöfen nicht allein gelingen wolle, »die Giftpflanze, die der himmlische Säemann nicht gesäet, auszureißen.« Der Brief an König Philipp VI. vom 3. Dezember 1349 aus Avignon schließt: »Halte also, geliebter Sohn, diese Verworfenen von dem Reiche ab, wenn sie dahin kommen sollten, ja nöthige sie auch, doch mit Mäßigung, von ihren Thorheiten und Irrthümern abzustehen, damit der katholische Glaube immer seine Reinheit und seinen Glanz behalte, und deine Vorsicht und dein Eifer den Sauerteig der Bosheit dieser Menschen deine Unterthanen nicht beflecken lasse.«

Verschiedene gelehrte Männer schrieben besondere Schriften gegen die Geißler, und wenn diese Schriften auch nicht unter das Volk zu dringen vermochten, so verfehlten sie ihre Wirkung doch nicht auf die Geistlichen, welche mit der Bulle des Papstes vielleicht nicht einverstanden sein mochten. Hatte es diesen doch Mühe gekostet, die Kardinale von der Gefährlichkeit der Kreuzbrüder zu überzeugen. Die meisten der Letzteren gaben ihre Buße auf, da die Kirche ähnliche Gnadenanstalten öffnete und der Papst für 1350 ein neues Jubeljahr ausgeschrieben hatte, wo jeder nach Gefallen Ablaß bekommen konnte. Diejenigen alten Geißler aber, welche Feinde der Pfaffen waren, bildeten heimliche Geißlergesellschaften, in denen ihre von der Kirche verdammten Lehren fortgepflanzt und weitausgebildet wurden.

Daß eine so große und allgemeine Bewegung nicht mit einem Schlag aufhörte und noch längere Zeit nach vibrirte, versteht sich wohl von selbst, und so finden wir noch in den Jahren 1350, 54 und 57 Spuren von Geißlern, besonders in der Diöcese des Erzbischofs von Köln, wodurch dieser veranlaßt wurde, die allerstrengsten Maßregeln zu ergreifen. Diese fruchteten so viel, daß die öffentlichen Geißler ganz aus dem Norden Europas verschwanden; allein unterhalten durch die zahlreichen Geißlergesellschaften, brannte das angezündete Feuer im Süden heimlich fort, wo sein Auflodern abermals durch traurige politische und andere Verhältnisse noch am Ende dieses Jahrhunderts veranlaßt wurde.

Pest und Hungersnoth wütheten in Italien, und von Osten her stürmte drohend der mächtige Sultan Bajazet einher, gefolgt von dem noch mächtigern und wilderen Tamerlan, Sultan von Samarkand. Ungarn und Polen war von türkischen Horden überschwemmt, welche nur auf eine Gelegenheit warteten, auf Europa hereinzubrechen. Im Jahre 1399 glaubte man, daß das Ende der Welt nahe sei und die Menschen waren trostlos, denn sie fürchteten, in ihren Sünden dahin zu fahren. Der Glaube zu der versöhnenden Kraft der Kirche war erschüttert. In dem Kampfe der Gegenpäpste hatten die Söhne der Kirche, gleich dem Sohne des Noah, freventlich die Scham ihrer Mutter aufgedeckt und der erstaunten Welt gezeigt, daß sie durch und durch ungesund war. Sollten die Kranken Hilfe suchen bei noch Kränkern? Die Buße, welche die Kirche vorschreiben konnte, genügte ihnen nicht mehr, und sie sehnten sich darnach, sie aus reineren, unbefleckteren Händen zu empfangen.

Während dieser Stimmung der Gemüther tauchte plötzlich die Gesellschaft der weißen Büßenden auf (Bianchi). Wo sie entstanden, weiß man eben so wenig wie bei den Kreuzbrüdern. Einige sagen, die weißen Büßenden wären aus Spanien gekommen, andere nennen die britischen Inseln, andere Frankreich als ihr Vaterland, und über ihren Ursprung erzählte man wunderbare Sagen. Die verbreitetste und am meisten Glauben findende war folgende: »Im Jahre nach unsers Herrn und Seligmachers Geburt 1394, im Maimonat, in der Dauphiné, ungefähr drei Tagereisen von Alessandria, wie das Gerücht geht, kam unser Herr Jesus Christus, willens, die Welt um unfrei Sünde willen zu strafen, in der Gestalt eines Jünglings von der edelsten Bildung um Mittag zu einem Landmann, der sein Feld bearbeitete. Und als er gearbeitet hatte, setzte er sich nach seiner Gewohnheit, um zu essen. Und als er sein Brot gegessen und seinen Wein getrunken und nichts übrig gelassen hatte, weder von dem Brote noch von dem Weine, kehrte er zur Arbeit zurück. Da erschien ihm Christus in der genannten Gestalt und sprach: Gieb mir ein wenig von deinem Brote. Er antwortete: Verzeih, daß ich dir nichts geben kann, denn so eben habe ich gegessen und nichts übrig behalten. Christus sprach: Du hast doch wohl etwas? Er aber wußte nicht, daß es Christus war, und sprach: Ich habe gewiß nichts. Darauf hieß Christus ihn nachsehen. Und er sah nach und fand drei Brote, oder wie Andere sagen, ein Brot in drei Theile getheilt. Der Landmann verwunderte sich; aber Christus sprach zu ihm: Gehe hin zu jenen Brunnen und wirf diese drei Stücke Brotes in den Brunnen, der an dessen Fuße ist. Und der Landmann sprach: Mehr denn zwanzig Jahre habe ich das Land gebauet und weiß gewiß, daß eine Meile weit im Umkreise kein Brunnen ist. Und Christus sprach: Gehe, denn er ist daselbst. Da bedachte der Landmann, was mit dem Brote geschehen war, und machte sich auf und ging hin und fand den Brunnen an dem Fuße des Baumes. Aber dabei saß eine weißgekleidete Frau, ganz in Thränen; es war die Jungfrau Maria. Dieselbe sprach: Was willst du thun? Und er antwortete: Ich will dieses Brot in den Brunnen werfen, wie mir dort ein Jüngling geheißen. Sie sprach: Wirf es ja nicht hinein, sondern gehe hin zu jenem und sage ihm, du habest eine Frau gefunden, die nicht wolle, daß du es hineinwerfest. Der Landmann that also. Und Christus sprach zu ihm: Geh' und wirf es hinein, wie ich gesagt. Und er kehrte zurück, um es hineinzuwerfen. Sie aber sprach zu ihm: Thue es nicht, sondern kehre wieder zu jenem und sage ihm, deine Mutter will nicht, daß ich es hineinwerfe. Also kehrte der Landmann wieder zurück. Da befahl ihm Christus, es dennoch auf jeden Fall hineinzuwerfen, ohne wieder zurückzukehren.

»Und als die Frau ihn kommen sah, ward sie hoch betrübt und wehrte ihm mit dem Mantel und schrie laut: Wirf es nicht hinein! Aber der Landmann sprach: Er hat mir's befohlen, ich thue es also: – und nahm ein Stück Brot und warf es über die Frau hinweg in den Brunnen. Da sprach sie: Du hast übel gethan; denn dieses bedeutet, daß der dritte Theil der Welt zu Grunde gehen wird. Und wenn du das zweite Stück hineinwerfen wirst, so werden zwei Drittheile zu Grunde gehen, wirfst du aber das Ganze hinein, so wird die ganze Welt untergehen. Und wisse, der dir jenes befahl, war Christus, und ich bin seine Mutter. Er hatte beschlossen, die Welt zu strafen für ihre Sünden; da ließ ich nicht ab zu bitten, daß ich solche Grausamkeit nicht sehen möchte; und ich bewirkte durch meine Fürbitte, was ich wünschte.

»Nun weinte die Frau gar sehr; der Landmann aber fiel auf seine Kniee und sprach: Heilige Jungfrau, sage ein Rettungsmittel. Sie sprach: Ich weiß kein anderes, als daß ihr geht von Stadt zu Stadt, von Ort zu Ort, von Dorf zu Dorf und diese Geschichte predigt und durch eure Predigt die ganze Christenheit in Bewegung setzet, und solche Weise haltet: Alle, Männer und Weiber, Kleine und Große, sollen sich kleiden in weiße Leinwand, gleich wie ich gekleidet bin. und sollen gehen nach Art der Geißler, die Weiber mit einem rothen Kreuze auf dem Kopf, die Männer mit einem rothem Kreuze auf der Schulter, und sich geißeln, und alle sollen, sich geißelnd, neun Tage lang in Prozession hinter einem Crucifix gehend drei Mal rufen, so laut sie können: Barmherzigkeit, und drei Mal Friede! Sie sollen nicht auf bemauerter Erde schlafen, und neun Tage weder sich auskleiden, noch unter ein Dach eingehen; sie sollen jeden Morgen nach einer Stadt oder nach einem Flecken sich begeben, und wenigstens drei Kirchen besuchen, und sollen in einer Kirche Messe lesen lassen, vorzüglich die Messe von den fünf Wunden, und dem Volke predigen; sie sollen kein Fleisch essen und den ersten Sonnabend bei Brot und Wasser fasten, und sollen barfuß gehen, laut singend das Lied Stabat mater dolorosa und andere Gesänge, Psalmen und Gebete. Also soll die Christenheit neun Tage hindurch thun und acht Nächte. Und wenn sie dieses thun, werde ich nicht ablassen, meinen Sohn zu bitten, daß sein Zorn sich lege. Ich bin gewiß, daß er, der voll unendlicher Barmherzigkeit ist, seinen Zorn unterdrücken und das harte Urtheil widerrufen wird.

»Geh und verkündige dies überall, wohin du kommen magst. Und also sollen sie thun mit aufrichtigem Herzen, beichtend alle ihre Sünden und beklagend alle ihre Sünden gegen die göttliche Majestät. Alles Unrecht werde verziehen in allen Städten, Oertern, Dörfern und Ländern, mit dem guten Vorsatze, hinfort nicht mehr zu fehlen, so weit die menschliche Schwäche verstatten wird.

»Der Landman verkündigte alles dieses. Es waren anfangs, wie man sagt, ungefähr achtzehn Männer, die sich also kleideten und anfingen, alles zu thun, was die Jungfrau befohlen. Diese bewogen das ganze Land, dasselbe zu thun, und zogen nebst unzähligen Andern bis nach Genua, in dessen Gebiete sich zuerst sechstausend Menschen also kleideten, hernach aber waren ihrer mehr denn zwanzigtausend, wie Herr Giusto de Filippo di Gaio aus Pistoia, der daselbst gewesen war, sagte.«

Diese neue Geißelfahrt der büßenden Weißen hatte einen ganz anderen Charakter als die der Kreuzbrüder im Jahre 1349. Die Geistlichkeit war sogleich bemüht, sich dieser Bewegung zu bemächtigen, um nicht durch dieselbe bei Seite geschoben zu werden, und die Geißelfahrt bekam dadurch gewissermaßen Gesetzlichkeit und Ordnung. Wer sich derselben anschloß, that, wie nach der Legende die Jungfrau dem Manne gesagt. Männer und Weiber beichteten und breiteten sich durch das Abendmahl zu der Buße vor. Man vergab seinen Feinden, bat die Beleidigten um Verzeihung und erstattete so viel als möglich Unrecht erworbenes Gut zurück. So gereinigt nahm man das bis auf die Füße herabfallende weiße Bußgewand um, welches gewöhnlich aus zwei Betttüchern gemacht war. Der Kopf und das Gesicht wurden durch eine Kapuze oder eigene Tücher verhüllt, und nur Oeffnungen für die Augen waren eingeschnitten. Die Weiber unterschieden sich durch ein rothes Tuchkreuz, welches auf dem Kopftuch genäht war. Viele trugen auf der Schulter eine Muschel. Die Kreuze und Muscheln der Geistlichen waren auf dem Bilde des heiligen Jakob geweiht, auch trugen sie zur Unterscheidung Chorhemden und Chorröcke nebst der Stola und dem Kopftuch. Jeder Weiße trug eine brennende Kerze. Voran zogen drei Männer mit Stäben, um Platz zu machen. Dann kamen die, welche Wachskerzen auf Stäben trugen, dann die Crucifixträger, dann die hohe Geistlichkeit, dann Weiber und zuletzt Männer, entweder paarweise oder zu drei und drei. Hin und wieder beobachtete man auch eine andere Ordnung. Die meisten der Büßenden waren barfuß und geißelten sich mit aus Strängen gemachten Geißeln, ohne sich zu entkleiden. An jedem Scheidewege, an jeder Kirche und auf jedem freien Platze warfen sich die Büßenden nieder und riefen überlaut mit emporgestreckten Händen: Barmherzigkeit, Barmherzigkeit, Barmherzigkeit! Friede, Friede, Friede! Dann beteten sie ein Paternoster oder andere Gebete und sangen gewöhnlich das Stabat mater, ein Lied, welches dem lüderlichen Papste Johann XXII., nach andern dem heiligen Bernhard, oder dem Papst Gregor I., mit dem meisten Recht aber einem Franziskaner, Jakob de Benedictus, zugeschrieben wird, der 1306 starb. Dieses Lied wird noch heut zu Tage so oft gesungen und genannt, daß ich es nicht für überflüssig halte, die früheste gelungene deutsche Uebersetzung desselben hierherzusetzen:

1. Die muter stund vol leid und schmerzen
bei dem kreuz mit schwerem herzen,
da ir liebes kind ane hieng,
deren seufzende traurige sele
ganz vol kummers und große quell
des mitleidens schwert durchgieng.

2. O wie trauig, wie verheret
was die muter hochgeeret,
gottes eingeborner sun,
da sie sach den zarten Herren
sein so heilig blut verreren
und jm soliche pein antun.

3. Welcher mensch wollt doch nit weinen,
wann er sech die muter reine
in so großer quell und Pein?
wer möcht doch nit mit ir trauren,
der Mariam ân alles dauren
sach in solichem jammer sein?

4. Sie sach jn marteln und peinen,
Jesum für die sünd der seinen
leiden so gedultiglich,

sie sach Jesum gar verlassen,
sterben mit den ungenossen,
sein sel lassen bitterlich.

5. Eia munter, brunn des herzen,
mach empfinden mich dein schmerzen,
mach dass ich auch traur mit dir;
mach mein herz also entbrennen,
Christ lieb haben und erkennen,
dass er hab gefall an mir.

6. Heilige muter, deins suns schmerzen,
wöllest eindrucken meinem Herzen,
dass ich stets gedenk daran;
mach mich solich streich und wunden,
Die Christ für mich hat empfunden,
alle zeit in meim herzen han.

7. Mach mich warlich mit dir weinen,
dem kreuz Christi mich vereinen
als lang als mein leben wär,
dass ich bei dem kreuz werd‘ funden,
mit dir wein zu allen stunden
herziglich ist mein beger.

8. Jungfrau aller jungfraun kronen,
wollest meiner sünden schonen
und mich mit dir weinen lan,
dass ich änderst nüt tu achten
dann das leiden Christi betrachten,
das selb in mein herzen han.

9. Mach mich durch den tod deins kindes
sicher vor bei hand des veindes,
vor seim grimmen zorn und neid,
daß ich in der lieb gefirmet
durch dich, Jungfrau, werd beschirmet
auf den tag der letsten zeit.

10. Mach daß mich des kreuzes güte
und der tod Christi behüte
in genaden ewiglich;
wan der leib nüt mer sol leben,
daß meiner armen sel werd geben
bei dir freud in seinem rich.

Die Buße der Weißen dauerte neun Tage, während welcher sie fasteten und sich des Nachts auf freien Plätzen, meistens auf Kirchhöfen, lagerten, Männer und Weiber unter einander, wie es grade kam. Die Schwärmerei ergriff alle Italiener, und wer das weiße Bußgewand nicht anlegte, wurde für einen Ketzer gehalten. Die vornehmsten Herren, selbst Bischöfe und Prälaten, ja sogar Nonnen sah man in den Reihen der Weißen.

Diese wurden als willkommene Friedensstifter fast überall zuvorkommend aufgenommen; nur in Genua, welches durch Parteikämpfe innerlich zerrissen war, wies sie das Volk anfänglich aus Mißtrauen zurück; als sie aber später wiederkamen, wurden sie mit unerhörtem Enthusiasmus aufgenommen, denn ein Wunder bahnte ihnen den Eingang! Zu Boltri wurde ein Knabe, der schon drei Stunden todt gelegen hatte und ihren Fürbitten empfohlen worden war, durch ihr Geschrei: Friede! Barmherzigkeit! wieder lebendig, und das Gespött der Genueser verstummte. Viele Tausende stark hielten die Weißen in Genua ihren Einzug, und der alte Erzbischof, Jakob von Fiesco, benutzte die durch sie erregte Stimmung, Frieden in der Stadt herzustellen.

Er veranstaltete mit allem nur möglichen geistlichen Pomp eine feierliche Messe und schloß sich dann selbst mit seinen Geistlichen der Prozession an. Da er wegen Altersschwäche nicht mehr gehen konnte, so ritt er auf einem gleichfalls in weiße Decken gehüllten Pferde. Ein Lahmer wurde wieder gesund; man fand die Leichname der Heiligen, kurz es trugen sich unerhörte Dinge zu, worunter aber wohl das unerhörteste war, daß sich hier und in andern Orten die gegen einander erbitterten Welfen und Ghibellinen versöhnten.

Joh. Galeazzo Visconti, seit dem Jahre 1395 Herzog von Mailand und der Herr der bedeutendsten Orte in der Lombardei, war den Weißen nichts weniger als günstig. Er fürchtete durch sie den Umsturz seiner Herrschaft und verwehrte ihnen den Eintritt in seine Festungen; aber dessenungeachtet fand die Bußschwärmerei in seinem Lande die regste Theilnahme, und die Einwohner verließen die den Weißen verschlossenen Städte, um ihre Predigten auf freiem Felde anzuhören oder sich der Geißelfahrt anzuschließen. Die Zahl dieser Büßerschaaren war ungeheuer, und am 4. September sah man in der Nähe von Bergamo nicht weniger als zwanzigtausend, und an einer Prozession der Weißen in Florenz nahmen gegen vierzigtausend Büßende Theil. Dieser große Zusammenlauf der Menschen erregte aber die Besorgniß des Herzogs von Mailand in hohem Grade, und am 16. September verbot er bei zehn Goldgulden Strafe, einer solchen Prozession beizuwohnen, weil dadurch die Pest nur immer weiter getragen werde.

In Bologna war der Enthusiasmus ungeheuer. Hierher kam der Bischof von Modena mit fünfzehntausend Weißen und das ganze Volk von Bologna legte weiße Bußkleider an. Todfeinde versöhnten sich hier wie überall, und es geschahen Wunder über Wunder. Bald stand ein drei Stunden lang todt gelegener Priester wieder auf und predigte dieses Wunder, bald sahen die Büßenden durch ihre Fanatismus-Brille allerlei Veränderungen an Sonne, Mond und Sternen, bald weinten und bluteten Kruzifixe, und Krüppel, welche sie küßten, wurden gesund. Den vernünftigsten Leuten wurde der Kopf verrückt, und wer seinen gesunden Verstand behielt, der mußte schon der öffentlichen Meinung wegen den Unsinn mitmachen. Am 8. September sah man den Marchese Nikolaus III. von Este nebst seiner Gemahlin und seinem ganzen Hofe, die Bischöfe von Ferrara und Modena, den Patriarchen von Jerusalem und alle vornehmen und geringen Geistlichen in weiße Säcke gehüllt der Prozession folgen.

Die gottlosen Römer, welche mit den pfäffischen Machwerken am genauesten bekannt waren, lachten und spotteten, als sie von der neuen Buße hörten; aber als die Weißen dorthin kamen, hüllten sich die ärgsten Spötter in weiße Bußkleider und jammerten und heulten über ihre Sünden. Der Papst war ganz erstaunt über die Bußfertigkeit seiner Römer. Als er am 14. August eben auf dem Petersplatze den Segen austheilte, kam dorthin eine Prozession der Weißen. Voran schritt des Papstes mächtiger Feind, Graf Nikolaus Colonna, barfuß und mit dem Kreuze in der Hand. Als der Papst ihn fragte, was ihn zu diesem Vorhaben bewogen habe, antwortete Colonna: »Als die Weißen in mein Land kamen, lachte ich über sie; doch ging ich mit ihnen nach Sutri. Aber nun sah ich wahres Blut aus der Seite des Kruzifixes quellen; da wurde ich gerührt nebst den Meinen: das ist die Veranlassung.«

Der Papst wurde sichtlich gerührt, besonders durch den schönen Gesang der Weiber von Monte Fiascone; er segnete die Büßenden und setzte alle gefangenen Geistlichen in Freiheit. Der Auditor des Papstes und viele päpstliche Hofleute schlossen sich der Wallfahrt an.

Daß bei einem so großen Zusammenfluß von Menschen trotz aller Frömmigkeit höchst unheilige Dinge vorfielen, kann man sich denken, ohne daß ich es sage. Mancher lockere Patron mochte das Bußgewand anziehen, um unter dieser Maske allerlei Unfug zu treiben, und die verliebten italienischen Frauen veranlaßte wohl nicht Frömmigkeit allein dazu, sich in weiße, unkenntlich machende Gewänder zu hüllen. Des Abends auf dem Lagerplatz mögen sich oft genug Freund und Freundin zusammengefunden haben, wie die Bemerkungen der alten Chronikenschreiber vermuthen lassen.

Die Schwärmerei würde vielleicht noch viel länger gedauert haben, als es der Fall war, wenn nicht die entdeckte Betrügerei einiger Anführer der Weißen ihr schnell ein Ende gemacht hätte. Einer derselben, ein großer, schwarzer und bärtiger Alter, kam an der Spitze von dreißigtausend Weißen nach Rom; die Büßenden nannten ihn Johannes den Täufer, und allgemein hieß es, er habe mit einem Kruzifixe Wunder verrichtet. Er stellte es in einer Kirche auf und rief drei Mal wie Bosco: Kruzifix, zeige dein Wunder! Das

Crucifix gehorchte und vergoß drei Blutstropfen. Aehnliche Wunder verrichtete dieser »Johannes der Täufer« noch mehrere und versetzte dadurch den Papst Bonifazius IX. in nicht geringe Unruhe, denn er wurde über den heiligen Mann förmlich vergessen.

Er versammelte ein Konsistorium und erklärte sich bereit, die päpstliche Würde niederzulegen, wenn die Sendung und die Wunder dieses Mannes echt wären. Der römische Senator Zacharias Trevisani von Venedig erbot sich, die Sache zu untersuchen, und nahm zuerst den Heiligen ins Gebet, der mit großer Unverschämtheit dabei blieb, daß er Johannes der Täufer sei. Nun nahm man sein Kruzifix und zerlegte es. Da fand man denn, daß es hohl war und ein kleines Loch an der Seite hatte, aus welchem man vermittelst einer Vorrichtung einige Blutstropfen herausfließen lassen konnte. Johannes blieb aber dabei, er sei kein Betrüger. »Nun gut,« sagte der Senat, »das wird sich zeigen.« und ließ ein großes Feuer anzünden, »Wenn du unversehrt herauskommst, so wollen wir an dich glauben.« »Au waih, Barmherzigkeit um Gottes Willen,« schrie der Heilige und gestand, daß er zwar nicht Johannes der Täufer, aber doch – ein anderer Jude sei. Der Papst ließ ihn ins Feuer werfen und für seine Künste, auf welche die römisch-katholische Kirche nur allein ein Privilegium hat, zu Asche verbrennen.

Ein anderer Anführer der Weißen, den sie den Propheten Elias nannten, that ebenfalls mit einem Kruzifix viele Wunder und gewann einen Ungeheuern Anhang unter dem Volke. Dieser Prophet kam bis nach Viterbo, von wo aus er dem Papste mit seinen fanatisirten Schaaren einen Besuch machen und sich vielleicht selbst auf den Stuhl Petri setzen wollte. Bonifatius war aber klug genug, den Betrüger durch Soldaten aufheben und allein nach Rom bringen zu lassen. Das Crucifix war ebenfalls hohl und der heilige Elias gestand, daß er ein Geistlicher wäre, der nach der päpstlichen Krone getrachtet habe. Er wurde ebenfalls verbrannt. Seine Genossen, die durch ähnliche Wunder gewirkt hatten, machten sich eiligst davon und die Buße der Weißen nahm ein Ende.

Ich habe früher gesagt, daß man über den Ursprung dieser Schwärmerei keine bestimmten Nachrichten hat; allein aus mancherlei zusammentreffenden Umstanden kann man mit ziemlicher Gewißheit den Schluß ziehen, daß die Buße der Weißen, wenn auch nur mittelbar, durch den heiligen Vincentius Ferrer hervorgerufen wurde.

Vincente de Ferrer aus Valencia war die Blume der Dominikaner. Seine Verehrer nennen ihn den Stern von Spanien, das Licht von Valencia und das Wunder der Welt. Er war in der That ein merkwürdiger Mann und noch lange nicht der größte Narr unter den Heiligen. Im Jahre 1357 zu Valencia geboren, trat er 1374 in den Orden, dessen Zierde er werden sollte. Durch seine Schriften wurde der Legat des Papstes in Spanien, Petrus de Luna auf ihn aufmerksam gemacht, und dieser verschaffte ihm eine Professur in Valencia. Als der Legat unter dem Namen Benedict XIII. den päpstlichen Stuhl in Avignon bestieg, berief er Vincentius zu sich und machte ihn (1395) zu seinem Beichtvater und zum Magister sacri palatii.

Hier unter so heiligen Umgebungen entwickelten sich seine Anlagen zum Heiligen wunderbar. Schon im Mutterleibe war er häufig laut geworden und hatte so seine Bestimmung zum Prediger zu erkennen gegeben, und als er als solcher auftrat, war jedermann erstaunt über seine Rednergabe und über seine donnernde Stimme, welche man, wenn er in der Bretagne predigte, bis in Avignon hörte. So erzählte die Acta sanctorum, ein höchst glaubwürdiges Buch.

In Avignon stieg dem Dominikaner die Heiligkeit in den Kopf und er bekam ein hitziges Fieber, welches er dadurch verschlimmerte, daß er während desselben seine gewöhnliche Geißelungen fortsetzte. Er schlug sich alle Nächte mit knotigen Stricken, oder ließ sich geißeln, wenn er zu schwach war, es selbst zu thun. Im Delirium erschien ihm Christus, umgeben von einer Leibgarde von Engeln, und beauftragte ihn, die Menschen durch Predigten zur Buße zu ermahnen, da wegen ihrer Sünden das Ende der Welt sehr nahe sei.

Nun konnte den heilige Mann nichts mehr in Avignon zurückhalten. Der Papst gab seinen Bitten endlich nach, machte ihn zum Special-Legaten und bestätigte ihn (1396 oder 97) als apostolischen Prediger. Als solcher trat er im Jahr 1398 seine großen Wanderungen an, überall die Menschen zur Buße ermahnend und das Ende der Welt verkündend. Zu gleicher Zeit bekehrte er Ketzer und Ungläubige aller Art und warb Anhänger für seinen Papst Benedict XIII. Ueberhaupt schien er sich zur Hauptaufgabe gemacht zu haben, das unheilvolle Schisma in der römischen Kirche zu Ende zu bringen. Die Fürsten, welche das Ende des ärgerlichen Zwiespaltes ebenso sehnlich herbeiwünschten, bedienten sich des allgemein geachteten Vincenz als Vermittler.

Die apostolischen Wanderungen dieses Mannes hatten einen so guten Erfolg, daß er nicht im Stande war, sein Amt allein zu versehen und gezwungen wurde, fünf andere Dominikaner als Gehülfen anzunehmen. Daß die Natur dem Heiligen parirte und auf seinen Befehl von ihren ewigen Regeln abging, das heißt, daß der heilige Mann Wunder verrichtete, versteht sich von selbst, sonst wäre er kein Heiliger.

Wo er nur erschien, strömte ihm eine ungeheure Menge bußbedürftiger und bußfertiger Sünder zu. Die Handwerker hörten auf zu arbeiten, die Professoren in den Universitäten setzten ihre Vorlesungen aus und es traf sich nicht selten, daß gegen achtzigtausend Menschen um Vincentius versammelt waren. Ein ungeheurer Schwarm Büßender begleitete ihn fortwährend und er war genöthigt, zur Verhütung von Unordnung besondere Bußregeln und polizeiliche Anstalten einzurichten. Er stellte einige rechtliche Leute an, welche für Erhaltung der Ordnung, für Herbeischaffung des Proviants und für Einrichtung des Nachtlagers zu sorgen hatten. In letzterem waren stets die Laien von den Geistlichen und die Männer von den Weibern gesondert.

Geistliche aus den verschiedensten Orden zogen mit Ferrer, um Beichte zu hören und Messe zu lesen. Für den Gesang führte er sogar tragbare Orgeln mit sich. Die Büßenden, welche ihm nachfolgten, mußten täglich nach Sonnenuntergang in den Städten und Dörfern, wo sie übernachteten, gewisse Prozessionen anstellen, wobei Lieder gesungen wurden, die er zu diesem Zwecke selbst gedichtet hatte. Jeder mußte sich bei diesen Umzügen auf die bloßen Schultern geißeln und dabei ausrufen: »Dies geschieht zum Gedächtniß der Leiden Jesu Christi und um meiner Sünden willen.« Wenn dies unter den Aeußerungen der tiefsten Zerknirschung von gegen zehntausend Menschen geschah – denn so stark war meistens des Vicentius stehende Narrenarmee – so machte dies auf die von allen Seiten herbeiströmenden Zuschauer einen solchen Eindruck, daß sie anfingen mitzuheulen und gleichfalls von ähnlichem Wahnsinn ergriffen wurden.

Was dieser heilige Mann alles für wunderbare Dinge verrichtete, erzählen höchst glaubwürdige Pfaffen und Mönche der gläubigen Welt in ihren von echt römischem Geist durchwehten Schriften. An der Wahrheit dieser Erzählungen zu zweifeln fällt nur solchen Leuten ein, welche von den römischen Katholiken Ketzer genannt werden. Vincentius erweckte nicht allein Todte, sondern er machte auch, daß sein vortreffliches Latein von allen Völkern, sogar von den Sarazenen verstanden wurde. Wie wäre es sonst möglich gewesen, daß er durch seine lateinischen Predigten achttausend dieser Heiden bekehrt hätte? Doch das ist noch nicht Alles. Er bekehrte auch fünfundzwanzigtausend Juden, gegen vierzigtausend »öffentliche« Sünder, wie Banditen und Huren, und außerdem noch hunderttausend Sünder von der gewöhnlichen Sorte.

Etwas Abglanz von dem ihn umstrahlenden Heiligenschein fiel sogar auf die ihn begleitenden fünf Dominikaner, denn auch sie verrichteten Wunder. Aus ihrer Schule gingen wahrscheinlich die Anführer der verschiedenen Geißlerhaufen der Weißen hervor, denn diese waren, wie man sagt, meistens ausländische Dominikaner. In allen Ländern, die man als Geburtsstätten der Buße der Bianchi nennt, war Vicentius Ferrer gewesen. Im Jahre 1398 zog er von Avignon nach Spanien und auch in das maurische Königreich Granada und auf der Rückreise kam er 1400 wieder nach der Provence, woher die Weißen stammten, die nach Genua und in die Lombardei zogen.

Die Bestrebungen des heiligen Vincentius, und besonders seine Beförderung der Geißler, wurden von den zu

Costnitz versammelten Prälaten keineswegs mit günstigem Auge angesehen. Erst vor kurzer Zeit hatte man eine Anzahl heimlicher Geißlei in Thüringen den Händen der Inquisition überliefert und dadurch erfahren, welche für die römische Kirche gefährlichen Lehren diese Art Fanatismus erzeugen könne, Es lag der Kirchenversammlung viel daran, der gefährlichen Wirksamkeit des Vincentius ein Ende zu machen; allein man konnte mit einem Manne von so außerordentlichem Einflüsse nicht umspringen wie mit dem unglücklichen Johannes Huß. Wurde dem Heiligen ein Haar gekrümmt, so erhoben sich hunderttausende zu seiner Vertheidigung. Ueberdies mußte man ihn auch schon wegen seines großen Einflusses auf den Gegenpapst Benedict schonen und versuchen, ihn von diesem ab und in das Interesse der Kirchenversammlung zu ziehen.

Der Landesherr des Heiligen, Ferdinand I. von Arragonien, forderte ihn auf (1416) nach Costnitz zu gehen, und von hier aus schickte man einen Kardinal und zwei Theologen an ihn ab ihn ebenfalls freundlichst einzuladen; allein Vincentius hatte keine Lust und zog es vor in Frankreich Buße zu predigen. Da schrieben im Juni 1417 der Kanzler von Paris, Johann Gerson und der Kardinal Peter von Cambrai an Ferrer, um die Einladung zu wiederholen. Dies geschah in den allerschmeichelhaftesten Ausdrücken, aber man verhehlte ihm nicht, daß man mit seiner Ansicht über das Selbstgeißeln gar nicht einverstanden sei.

Ferrer war jedoch selbst ein Pfaffe und kannte seine Brüder. Er war nicht ein solcher Narr, daß er den Kopf freiwillig in die Schlinge gesteckt hätte. Er ging nicht nach Costnitz, versicherte aber der Kirchenversammlung schriftlich, daß er sich ihr in allen Dingen unterwerfen werde und zog nach wie vor mit seiner Geißlerarmee im Lande umher.

Gerson reichte nun eine am 18. Juni 1417 abgefaßte Schrift gegen die Geißler dem Concilium ein. Der Inhalt derselben ist folgender: »Die christliche Religion ist eine Religion der Liebe, welche mit wenig Ceremonien (!) sich begnügt, keine drückenden Sklavendienste auflegt und die grausamen abergläubischen Gebräuche der Götzendiener,

z. B. das Zerfleischen des eigenen Körpers, vermeidet. Ihre vornehmste Kraft besteht in der Barmherzigkeit und Gnade, und deren Gefäße sind die Sakramente, durch den bloßen Gebrauch derselben; weshalb verworfen werden muß, was vom Gebrauche der Sakramente, namentlich des Sakraments der Beichte abhält. Aber die Erfahrung lehrt, daß die, welche sich also geißeln, sich weder um die Beichte, noch um die zum Sakramente gerechnete Buße kümmern; denn sie geben vor, ihre Geißelung sei wirksamer zur Vernichtung der Sünden, und einige schätzen sie sogar dem Märtyrerthume gleich oder ziehen sie demselben vor, da sie freiwillig ihr Blut vergössen, die Märtyrer aber nur gezwungen litten.

»Auch ist zu befürchten, daß die Blutbesudelung der Geistlichen und der heiligen Oerter Entweihung und Exkommunikation derselben bewirke. Die Religion verbietet sorgfältig, den Geistlichen öffentliche Buße aufzuerlegen, wegen ihrer Würde; wie viel weniger sollten solche Personen dergleichen öffentliche Buße übernehmen, wie dem Gerüchte nach viele der Selbstgeißler sind; denn man erkennt sie wohl, obgleich sie sich zu verbergen scheinen.

»Ferner wird der Stand der vornehmen Personen beiderlei Geschlechts, die Schamhaftigkeit der Mädchen und Jünglinge, die Würde der Männer und das Ansehen der Eltern, das Alles wird durch jene öffentlichen Entblößungen und Geißelungen beleidigt und geschwächt. Wenn aber Christi Lehre die Geißelungen zuzugeben scheint, nach dem Ausdrucke: Siehe ich bin zum Geißeln bereit! so dürfen dieselben der Vernunft gemäß doch nicht wie bei jenen Geißlern, sondern nur nach dem Urtheile eines Obern, der solche Buße auferlegt, und durch die Hand eines andern, mäßig und ohne Aergerniß und ohne Prahlerei, auch ohne Vergießung des Blutes vorgenommen werden, wie es in einigen bestätigten Orden und von einigen frommen Personen geschieht. Es ist auch bekannt, daß die Lehre Christi, welche erklärt wird durch die heilige Kirche, die mehr Autorität hat, als irgend ein einzelner Lehrer, die Sekte der Selbstgeißler immer gemißbilligt hat, wenn dieselbe sich in verschiedenen Ländern erhob, wie zur Zeit noch jetzt lebender Menschen in Lothringen, Deutschland und Frankreich. Das Christenthum hat viele religiöse Anstalten, wie die der weiblichen und männlichen Begharden, welche Anfangs viel geistliche Frucht zu bringen und Beispiele von Heiligkeit und Strenge zu geben schienen, verworfen, weil sich unter dem guten Scheine (denn nichts Böses kann bestehen ohne einigen Schein des Guten) häufig üble Folgen zeigten; daher ist es ein falscher Schluß, daß man die Sekte nicht aufheben müsse, weil viel Gutes aus ihr komme.

»Die Religion setzte die Christen in ein gewisses Verhältniß mit Gott, aber auch mit ihren Nächsten und mit ihren Fürsten und Prälaten; daher darf das Volk keinen Gebrauch einführen, welcher Aufstand, Spaltung und Aberglaube hervorbringen könnte, sondern solches muß regelmäßig geschehen, nach Vorschrift eines Obern, damit die hierarchische Verfassung nicht gestört werde. Dieses würde aber geschehen, wenn jeder nach Belieben ohne bestimmte Vorschrift und Aufsicht einen neuen Ritus aufbringen dürfte, und Jünglinge und Jungfrauen, Greise und junge Leute, Reiche und Arme sich dazu versammelten. Die einfältige Beobachtung der zehn Gebote ist hinreichend zur Erwerbung der Seligkeit, zumal für die Laien, und es ist unnöthig, neue schwere Lasten aufzulegen. Uebernimmt aber das Volk solche Geißelungen freiwillig, so verachtet es dagegen die göttlichen Gebote um so mehr, denn die verdorbene menschliche Natur zeigt mehr Eifer für die Ausführung der eigenen Entschlüsse und Erfindungen, als für die Erfüllung der göttlichen Gebote; so finden Geistliche mehr Vergnügen an einer freiwillig übernommenen Kasteiung, als an der ganzen regelmäßigen Disciplin.

»Die Unternehmungen der Selbstgeißler sind in der von den Aposteln und heiligen Vätern hinreichend erklärten Lehre Christi auf keine Weise begründet, vielmehr werden sie gemißbilligt und auch in so fern als gefährlich bezeichnet, als sie das Christenthum in den Augen der Juden und Heiden als hart und grausam erscheinen lassen. Die Religion fordert also die Prälaten und Geistlichen und die Fürsten auf, diese blutige Sekte zu zerstören oder zu unterdrücken, sowohl durch Ueberredung als durch Strafen, nach dem Beispiele der Vorfahren. Und da sich, wie die Erfahrungen gelehrt hat, unter der Maske der Buße unzähliges Böse versteckt (neue Ketzereien, Geringschätzung der Geistlichkeit, Verachtung der Beichte und des Bußsakraments, betrügerische Gelderpressungen, verderblicher Müßiggang, Diebstahl, Ehebruch und Unzucht und Verführung zu jeder Sünde durch falsch Büßende), und da das Böse dieser Leute ihr Gutes so sehr überwiegt: ist es räthlich, diese schon früher verdammte Secte, wenn sie wieder keimt und aufwächst, mit der Wurzel auszureißen.

»Um aber nicht mit dem eingewurzelten Unkraute der Geißler auch den guten Weizen auszujäten, verfahre man dabei mit großer Vorsicht. Zuvörderst schärfe man oft und nachdrücklich das Ansehen der heiligen Kirchenversammlung ein, während ihrer Dauer, und das Ansehen des Papstes und der römischen Kirche, damit sich jene den Befehlen derselben unterwerfen. So sagt der vortreffliche Prediger Vincentius in einem neulich hierhergesandten Briefe: Täglich empfehle ich das heilige und allgemeine Concilium zu Constanz, indem ich die Gläubigen auffordere, alle Handlungen, Worte und Schriften der Entscheidung und Berichtigung der heiligen Versammlung zu unterwerfen; und dies thue ich auch in allen meinen Handlungen Reden und Schriften. Diese Worte bezeugen des großen Mannes Demuth und Unterwürfigkeit, welche die Wegweiserin der Tugend ist, indem sie dem Unheile Anderer mehr traut als dem eigenen. Auch lehrt das Beispiel und das noch bestehende Ansehen des heiligen Augustinus, daß Widerruf keine Schande bringt, und den Worten des Demüthigen wird große Kraft verliehen.

»Ferner nenne man die Anstalten, welche mit unschuldiger Frömmigkeit errichtet im Laufe der Zeit ausarten, oder durch Aergerniß, das sie den Schwachen gaben, und aus Mangel an guter Leitung ihres frommen Eifers schädlich wurden. Dabei hüte man sich in Lehre und Predigt, einzelnen Personen, welche sich zu dieser Zeit gegeißelt haben, solche Vorwürfe zu machen, als ob sie des Fluches würdig wären, wenn sie nur der heilsamen Erinnerung Gehör geben, daß Gehorsam besser ist denn Opfer. Man stelle sorgfältige Belehrungen an über die Vorzüge der Geduld in den mancherlei geistlichen und leiblichen Nöthen, welche uns in diesem Leben täglich treffen, von der Geduld in den freiwillig übernommenen Geißelungen. Eine Aufzählung jener vielen Leiden, denen Niemand entgeht, wird zeigen, daß wir unsere Geduld ohne Selbstpeinigung üben können, und daß wir durch standhafte Erduldung derselben unsere Sünden schon abbüßen könnten, wenn die reuige Zerknirschung und ein aufrichtiges und demüthiges Bekenntniß hinzukommt. Es ist mehr werth, sich ohne Murren unter Gottes strafende Hand zu fügen, als wenn man zornig und ungeduldig nicht allein sich bis aufs Blut geißelte, sondern auch sich zerfleischte und gliederweis zerrisse. Wie aber niemand seinen Körper verstümmeln soll, so soll auch niemand freiwillig sein Blut verspritzen, außer zur Erhaltung der Gesundheit und des Lebens.

»Besonders verwende man große Vorsicht, wie gegen eine Unheil bringende Wurzel, gegen jene sehr zahlreiche Gesellschaft, welche solche Geißelungen angefangen oder doch fortgesetzt zu haben scheint. Erklären aber jene Leute ihren Gehorsam, so gebiete man ihnen, von ihrem Unternehmen abzustehen, bis irgend das heilige Concilium oder die römische Kirche dasselbe verordnet und verstattet. Man kann dabei auch die moralische Regel anführen, daß es besser ist, eine Handlung, über deren Zulässigkeit Zweifel obwaltet, zu unterlassen, als sie zu thun, vorzüglich wenn Andere ein Aergerniß daran nehmen. So sichte man die Guten von den Bösen.

»Endlich wenn das Volk etwas Neues verlangt, verweise man es auf solche Gegenstände, die eine sichere und heilsame Andacht gewähren, z.B. auf die Barmherzigkeit der Heiligen, indem man ihre besondere Macht angiebt, und lehrt, wie man bei denselben oder wie ein jeder bei seinem Schutzengel, bei dem Heiligen, dessen Namen er führt, bei der Mutter Gottes und ihrem jungfräulichen Gemahl Hülfe suchen soll. Wenn aber vom jüngsten Gericht oder vom Antichrist gepredigt werden soll, so geschehe es im Allgemeinen mit dem Schlusse, daß mit dem Tode jedem sein ungewisses doch nahes Gericht bevorsteht. Und wollte jemand neue Wunder anführen, so bemerke er, daß die alternde Welt Phantasien falscher Wunder erleide, wie ein alter Mann im Schlafe phantasirt, weshalb die jetzigen Wunder für sehr verdächtig gehalten werden müssen, wenn sie nicht vorher sorgfältig geprüft worden sind. Ueberdies lasse man die Glieder dieser Gesellschaft nicht im Müßiggange leben, wenn sie arbeiten können, damit sie den Arbeitenden ein ermunterndes Beispiel seien und auf keine eigenmächtigen Handlungen verfallen, die, von Verachtung der Prälaten und Geistlichen zeugen, also weder Predigten noch Beichte hören.

»An jedem Orte, wohin sie zum ersten Male kommen, müssen sie sich erst mit den Dienern oder Häuptern der Kirche besprechen und vereinigen, damit keine Trennung zwischen den Laien und Geistlichen entstehe. Sollte endlich der trefflliche Prediger Vincentius dafür halten, daß man keine heilsamen und kräftigen Anstalten treffen könne, sich wider diese Sekte zu verwahren: so scheint es räthlicher zu sein, daß er sich auf einige Zeit von jener großen Gesellschaft entferne und ihr entfliehe. Das könnte durch einen Besuch des heiligen Conciliums geschehen, oder indem er sonst eine Gelegenheit ergriffe.«

Das Concilium sprach sich ganz den Ansichten Gersons gemäß aus; ob aber Vincentius Ferrer dadurch wirklich veranlaßt wurde, seine Geißlerschaaren zu verlassen und nach Constanz zu kommen, davon haben wir keine Nachricht; allein er scheint trotz aller Anfechtungen doch nicht sehr viel von seinem Ansehen eingebüßt zu haben, denn im Jahre 1418 bestätigte Papst Martin V. die ihm früher verliehene Macht zu lösen und zu binden. Im Jahre 1419 starb er in der Bretagne.

Kirche und Staat, oder vielmehr Prälaten und Fürsten, hatten sehr wohl erkannt, wie gefährlich der entfessellte Geißelfanatismus ihrem Regimente werden konnte und sich zur Unterdrückung und Ausrottung desselben vereinigt. Wie wenig die Geistlichen bei den Geißlern des Jahres 1349 in Ansehen standen, haben wir gesehen, und die von Seiten derselben gegen sie veranlaßten Verfolgungen waren nur dazu geeignet, diese Verachtung vollends in Haß zu verwandeln.

Die von fanatischem Bußeifer durchglühten Anführer einzelner Geißlerschaaren sahen, wie schon früher bemerkt, in den Verderbtheiten der Pfaffen die nächste Ursache von dem Zorne Gottes, und alle von denselben empfohlenen Bußmittel erschienen ihnen als unwirksamer Tand, sie betrachten nur allein die Geißelung als einziges Gott wohlgefälliges Sühnmittel.

Der Gewalt nachgebend entsagten zwar die meisten Geißler öffentlich ihren Schwärmereien; allein im Geheimen hingen sie derselben desto eifriger nach, dazu angefeuert durch einige ihrer alten Geißlermeister. Diese trugen, wie gesagt, in ihrem Herzen Haß gegen die Pfaffen und die durch dieselben verkündeten Satzungen der Kirche. Sie prüften dieselben mit ihrem unklaren, durch Fanatismus verwirrten Verstande, und da sie ihnen durchaus nicht genügten, so verwarfen sie dieselben und bildeten für ihre Sekte eine neue Lehre, die zwar nicht viel widersinniger als die der herrschenden Kirche, aber hin und wieder noch abenteuerlicher und mystischer war.

Die Diener der Kirche, welche mit Argusaugen diese ihr Leben bedrohenden Regungen im Volke beobachteten, kamen diesen heimlichen Geißlern bald auf die Spur, und ihre erste Sorge war es, die öffentliche Meinung gegen diese »Ketzer« einzunehmen und dann die »Hauptirrlehrer« zu entfernen. Die Kirche nannte diese heimlichen Geißler sehr verschieden, und da es sehr schwierig war, über ihre Lehren genaue Nachrichten zu erlangen, so warf sie manches Ungehörige zusammen und vereinigte es unter einem Namen. So wurden diese Ketzer bald Krypto-Flagellanten, bald Fratricellen, bald Begharden und noch anders genannt.

In Thüringen, wo die Geißelbuße besonders Anklang gefunden hatte, war der Samen, den ihre Anführer ausgesäet hatten, auch am üppigsten aufgegangen, und die Inquisition entwickelte hier frühzeitig ihre Thätigkeit. Bald nach dem Jahre 1349 verfiel ihr ein gewisser Beghardt, den seine Anhänger für den wiedergekommenen Elias hielten, und der wegen seiner der Kirche widersprechenden, also »ketzerischen« Lehren in Erfurt öffentlich verbrannt wurde Es ist aber eine alte Erfahrung, daß Gedanken sich nicht mit Feuer und Schwert ausrotten lassen, und daß aus jedem Blutstropfen eines sogenannten Ketzers hundert neue Ketzer entstanden. Die Lehren dieser der bestehenden Kirche feindlichen Secten griffen im Geheimen immer weiter um sich und die Inquisition hatte alle Hände voll zu thun. Noch im Laufe des 14. Jahrhunderts wurden sowohl zu Erfurt wie zu Nordhausen eine Menge verbrannt. In letzterer Stadt, im Jahre 1369 sieben Personen, die ihre Lehre nicht widerrufen wollten.

Diese Ketzer waren wohl meistens noch Ueberbleibsel der alten Kreuzbrüder, ohne daß sie eine zusammenhängende Sekte gebildet hatten. Diese entstand allmählig und fing erst im Jahre 1444 an, unter dem Namen Krypto-Flagellanten bekannter zu werden. Sie war besonders ausgebreitet im Gebiete des Thüringer Waldes und Harzgebirges und erregte den Eifer des Ketzermeisters im Stift Halberstadt, des Dominikaners und Professors der Theologie Heinrich Schönfeldt. Unterstützt durch die Fürsten jener Gegenden hielt er über viele als Ketzer eingezogene Personen in Sangerhausen Gericht. Aus den zahlreichen Verhören stellte man folgende Artikel als das Wesentliche ihrer Lehre zusammen:

1) Die Geißler oder Kreuzbrüder haben ihren Anfang genommen vor ungefähr sechszig Jahren durch einen Brief, den ein Engel vom Himmel gebracht, und auf St. Peters Altar gelegt.

2) Bei ihrer Entstehung nahm Gott dem Papste, den Kardinälen und Bischöfen und der ganzen Geistlichkeit alle Gewalt und Aufsicht über das Volk in geistlichen Dingen, alle Macht zu lösen und zu binden, oder etwas zu weihen.

3) Wie Christus um der Priester Bosheit, um des Kaufens und Verkaufens willen das jüdische Priesterthum aus dem

Tempel warf und abschaffte, so hat er um der lasterhaften Pfaffen willen das römische Priestenthum verworfen und abgeschafft.

4) Seitdem die Kreuzbrüder umgegangen, müssen Kirchen, Kirchhöfe, Wasser, Salz, Asche, Oel, Chrisma und andere geweihte Dinge als ungeweiht angesehen werden; denn kein Priester konnte sie weihen.

5) Seit der Kreuzbrüder Auftritt sind die Kirchen nichts als Steinhaufen, Wohnungen der Sünder und Mördergruben.

6) Indem die Priester die Taufe und die andern Sakramente als Gesetze predigen, ermorden sie sich selbst und das Volk geistlich.

7) Der Sprengwedel ist des Todes Keule, und die Tropfen des Weihwassers sind lauter Funken des höllischen Feuers.

8) Das lange Schreien und Amt-Singen in der Kirche ist nicht besser als Hundegeheul.

9) Durch der Geißler Umgehen ist die Wassertaufe von Gott aufgehoben und dagegen die Taufe mit eines jeden Blut eingesetzt.

10) Wie Christus gegen das Ende des Hochzeitgelages zu Kana das weiße Wasser in rothen Wein verwandelt hat, so muß auch vor der Welt Ende die Wassertaufe in die Bluttaufe verwandelt werden.

11) Wie den Gästen auf jener Hochzeit der letzte Wein besser geschmeckt, als der frühere, so hat Gott an der Bluttaufe weit mehr Gefallen, als an allen früheren Sakramenten.

12) Seitdem die Geißelbrüder umgegangen, wird niemand ein Christ, er geißle sich denn selbst und werde so durch sein eigenes Blut getauft.

13) Die Konfirmation nutzt nichts und ist eitel Narrenwerk; denn die Juden, welche von den Pfaffen weder das Chrisma noch sonst etwas bekommen, haben ebensowohl Bärte als Seelen, als die Gefirmten.

14) Das Sakrament der Priesterweihe ist mit den Priestern von Gott verworfen.

15) Der Leib Christi ist nicht wesentlich gegenwärtig im Sakramente des Altars;

16) denn wäre sein Leib wahrhaftig zugegen, so hätte

man ihn längst aufgezehrt, und sollte er auch so groß sein als ein Berg;

17) und da Christus sich nach der Auferstehung von Maria Magdalena nicht wolle verehren lassen, wie viel weniger wird er es thun im Sakramente.

18) Es ist mit den Pfaffen nichts als Geiz; denn sie verkaufen dem Volke einen kleinen Bissen Brot mindestens für einen Pfennig.

19) Wäre Christus wahrhaftig im Sakramente, so wären die Pfaffen ärger als Judas; denn dieser verkaufte Christum für dreißig Silberlinge, jene aber verkaufen ihn für einen Pfennig.

20) Das Sakrament des Altars ist der Pfaffen Kuckuk-Spiel.

21) Zur Vergebung ist Beichte und Absolution oder Sakrament nicht nöthig.

22) Wer einem Pfaffen beichtet, wird nicht reiner, als wenn er sich an einer unflätigen Sau reibt.

23) Eine Sünde sei noch so groß, wenn man sie herzlich bereut und sich freiwillig geißelt, wird sie vergeben.

24) Der Ablaß taugt nichts und ist mit den Pfaffen von Gott verworfen.

25) Der Segen und andere Ceremonien der Pfaffen bei der Trauung schänden und entehren den Ehestand, anstatt ihm Ehre und Würde zu verleihen.

26) Es ist besser, daß einer mit wohlgefärbter und gegeißelter Haut sterbe, als wenn die Pfaffen ein ganzes Pfund Oel an ihm verschmierten.

27) Das hochzeitliche Kleid im Evangelio bedeutet nichts, als der Menschen Haut freiwillig bis aufs Blut durchstäupt und gegeißelt, und

28) niemand, nach der römischen Kirche Gebrauch, darf der sieben Sakramente sich bedienen ohne schwere Todsünde.

29) Statt der sieben Sakramente ist es künftig hinlänglich, zum Andenken an Christi Leiden seinen eigenen Leib bis aufs Blut zu geißeln.

30) Seitdem die Geißler zuerst umgegangen sind, ist kein Mensch ein wahrer Christ, als wer zu ihnen hält.

31) Der Priester und der Levit, welche an dem Verwundeten ohne Erbarmen vorübergingen, sind die jetzigen Pfaffen und das Volk, das ihnen anhängt und glaubt und Christo für sein Leiden keinen Dank weiß;

32) aber der Samariter, der den Verwundeten auf sein Thier legte, ihn in die Herberge führte und zwei Groschen für ihn bezahlte, bedeutet die Geißler, die Christum an ihrem eigenen Leibe tragen und ihn mit dem Vater Unser und Erfüllung der zehn Gebote ehren.

33) Der Antichrist hat schon lange regiert und regiert noch, und der jüngste Tag ist vor der Thür; denn beide, Elias und Henoch, sind schon in der Welt erschienen und gestorben.

34) Der Antichrist sind die Prälaten und Pfaffen, die bis jetzt die armen Geißler verfolgten.

35) Elias ist der Beghardt gewesen, der vor achtundvierzig Jahren zu Erfurt verbrannt worden.

36) Henoch ist Conrad Schmidt gewesen, der die Weise der Geißler in Thüringen eingeführt hat und schon lange der Welt aus dem Wege gegangen ist.

37) Gott schuf im Anfange aller Menschen Seelen zugleich und setzte sie mit Adam ins Paradies.

38) Wenn nun die Frucht im Mutterleibe belebt werden soll, so bringen die Engel die bestimmte Seele aus dem Paradiese; dieselbe wird der Frucht eingeblasen.

39) Als nun jener Beghardt und Conrad Schmidt empfangen wurden, brachten die Engel die Seelen des Elias und Henoch und gossen sie ihnen ein; so daß der Eine der wahrhaftige Elias, der Andere der wahrhaftige Henoch war.

40) Es wird kein jüngstes Gericht gehalten werden durch Christus, sondern es werden sieben oder acht Gerichte durch einige dazu verordnete Richter gehalten werden.

41) Nicht Christus, sondern statt seiner Conrad Schmidt, der Geißler Oberpriester, wird das letzte Gericht anstellen.

42) Alle Schwüre und Eide sind Todsünde; doch es ist besser, die Geißler thun einen Meineid und schwören falsch vor den Inquisitoren, als daß sie ihre Sekte verrathen sollten; denn die Meineide können sie selbst durch die Geißel wieder versühnen.

43) Es giebt kein Fegefeuer nach diesem Leben; darum ist das Gebet für die Verstorbenen unnütz.

44) Vigilien, Begräbniß und Seelenmessen nutzen nichts; sie trösten blos die lebenden Freunde und füllen der Pfaffen Beutel.

45) Du sollst kein Bildniß Christi, Mariä oder irgend eines andern Heiligen anbeten; denn das kann nicht geschehen ohne Abgötterei.

46) Feiere kein Fest außer dem Sonntage, Christi Geburt und Mariä Himmelfahrt.

47) Faste nicht auf der Pfaffen Gebot, außer am Weihnacht-Heiligenabende, am Heiligen-Abende vor Mariä Himmelfahrt und alle Freitage.

48) Fiele der Tag der Geburt Christi auf einen Freitag, so unterlaß das Fasten darum nicht.

49) Die Geißler ehren die Priester, gebrauchen die Sakramente, sind den Geboten der Kirche gehorsam, bringen den Geistlichen zur gewöhnlichen Zeit die Opfer, behalten die Bilder und feiern die Feste, blos damit sie nicht in Verdacht kommen bei den Leuten; doch sie bereuen es immer und büßen es mit der Ruthe und Geißel.

Diese Lehren mußten der römischen Kirche natürlich als höchst verdammliche Ketzerei erscheinen; denn gewannen dieselben mehr Glauben und Verbreitung, so war das Reich der Pfaffen am Ende. Es war daher nicht anders zu erwarten, als daß der Inquisitor mit der größten Strenge richtete. Gegen dreihundert Geißler sollen zu dieser Zeit in Sangerhausen und einigen benachbarten Orten verbrannt worden sein.

Diese Strenge machte den Anhängern der Geißlersekte aber ihre Lehre noch lieber; sie folgten den Vorschriften derselben im Geheimen und zwar mit einer Leidenschaftlichkeit und Hartnäckigkeit, die sich nur aus der damit verbundenen Todesgefahr erklären läßt. Die Pfaffen unterließen es aber nicht, fortwährend die strengste Aufsicht zu führen und den Geißlern allerlei Schändlichkeiten anzudichten, um sie in der öffentlichen Meinung zu brandmarken. Dazu war es nun am dienlichsten, sie der Zauberei oder des Bündnisses mit dem Teufel zu beschuldigen. So erzählte man von ihnen, daß sie sich oftmals zusammen in einen Keller begäben und hier den Teufel anbeteten. Dieser käme dann in Gestalt einer Hummel und flöge Jedem in den Mund. Wer sich gegen die Hummel verneige, dem widerfahre viel Gutes. Darauf lösche man die Lichter aus, und jeder Mann ergriffe das zunächststehende Frauenzimmer, sei es auch seine Tochter oder Schwester, und triebe das Werk der Finsterniß mit ihr. Solcher Unsinn fand damals Glauben!

Im Jahre 1446 hielt der Ketzermeister Friedrich Müller, ebenfalls ein Dominikaner und Professor der Theologie, zu Nordhausen strenges Gericht über eine Anzahl entdeckter Krypto-Flagellanten. Schon in frühern Zeiten hatten ähnliche Verfolgungen in dieser Stadt stattgefunden, und mehrere Leute waren als Ketzer verbrannt worden. Diesmal waren die Eingezogenen hauptsächlich Frauen aus den niedrigen Volksständen. Das Verhör ergab, daß sie ähnliche Ansichten von der Kirche und den Pfaffen hatten, wie sie oben angeführt sind, und daß sie das Geißeln als Haupterforderniß zur Seligkeit betrachteten. Zwölf von ihnen wurden verbrannt, obwohl sie sich bereit erklärten, ihre Irrthümer abzulegen und sich jeder auferlegten Buße zu unterwerfen.

Im Jahre 1481 wurde im Anhaltischen, im Schloß Hoym, auf Verlangen des Fürsten Georg II. Grafen von Anhalt von einer Deputation der halberstädtischen Inquisitoren ein Verhör über einen Ketzer und Geißler Namens Berthold Schade abgehalten. Dieser arme Tropf gestand ein, daß er sich nur gegeißelt, weil ihm ein Anderer weis gemacht habe, daß er dadurch zu Ehre und Reichthum gelangen werde. Von den Pfaffen und der Kirche hielt er übrigens auch nichts, bat aber um Gnade und um Unterricht in der christlichen Glaubenslehre, damit er als ein guter Christ sterben könnte. Was mit dem Dummkopf geschah, weiß ich nicht.

So eifrig die Kirche darauf bedacht war, diejenigen Geißler zu unterdrücken und auszurotten, die sich von ihr emanzipiren wollten, so eifrig war sie aber andererseits bemüht, die Geißlerbrüderschaften zu beschützen und zu pflegen, welche sich dem Willen der Mutterkirche unterordneten. Ich habe schon an einem andern Ort gesagt, daß nach der ersten

Geißelfahrt im Jahre 1260 sich dergleichen Brüderschaften in Italien bildeten. Kirche und Staat betrachteten sie anfangs mit sehr mißtrauischen Augen, denn man argwöhnte, und wohl nicht mit Unrecht, daß bei ihnen die Religion als Deckmantel für politische Verbindungen benutzt werde.

Diese Vereinigungen, die ich hier mit dem allgemeinen Namen Geißlerbrüderschaften bezeichnete, bestanden unter verschiedenen Benennungen und hießen bald Sodalitates, Scholae, Confraternitates, bald Fratriae oder Frataleae. Jede von ihnen hielt sich zu einer bestimmten Kirche und stellte an gewissen Tagen feierliche Geißelprozessionen an. Die Gesellschaften, welche 1260 in Italien entstanden, hießen Compagnia della Scopa, del Battuti, Flagellanti, Scopatori und Disciplinata.

Die große Bußfahrt der Weißen rief wieder viele neue Brüderschaften dieser Art hervor, und überall gab es eine Compagnia de' Bianchi. In Padua entstanden nicht weniger als sechs, die an bestimmten Tagen in weißem Büßergewand in Prozession nach allen Kirchen der Stadt zogen. Viele Personen verordneten, daß sie in einem solchen weißen Büßersack begraben werden und daß auch die Träger und Leidtragenden dergleichen Gewänder anziehen sollten. Diese Sitte fand so vielen Beifall, daß sie sich in Italien bis auf den heutigen Tag erhalten hat. Den meisten Leichen folgte ein Zug weißer Gespenster, deren Gesichter sogar mit weißen Larven bedeckt sind. Die Mitglieder der Geißlerbrüderschaften hatten gewöhnlich eine Kapuze an ihrem Büßerhemd; oder es befand sich an ihrer Mütze oder ihrem Hut ein Stück Leinwand, wodurch das Gesicht verhüllt wurde; nur für die Augen waren Löcher gelassen. Auch aus dem Rücken des Gewandes war ein Stück herausgeschnitten, damit die Geißel auf die nackte Haut angewendet werden konnte.

Die Regierung zu Florenz wollte sich mit diesen vermummten Heiligen nicht befreunden. Sie hob die Comapgnia de' Bianchi auf und verbot das öffentliche Geißeln mit verdecktem Gesicht bei einer Strafe von zweihundert Pfund. Dieselbe Buße stand darauf, wenn sich eine neue Gesellschaft dieser Art ohne besondere Erlaubniß der Regierung bildete.

So lange der Bußeifer des Jahres 1399, welcher die Geißelfahrt der Weißen hervorgerufen hatte, noch nachhielt, bedurften diese Gesellschaften keine besondern Regeln; allein nach und nach fand man es doch für angemessen, sich durch besondere Statuten zu binden. Diese wurden aber im Laufe der Zeit vergessen und vernachlässigt; es schlichen sich allerlei Mißbräuche ein, und die Kirche, welche diese Brüderschaften den Bischöfen unterworfen hatte, fand es für nöthig, die alten Statuten zu revidiren und zu ergänzen.

Ein besonderes Verdienst in dieser Hinsicht erwarb sich der Erzbischof von Mailand, Carl Borromäus, unter dessen Leitung neue Geißelbrüderschaften in seinem Erzbisthum errichtet wurden. Eine Provinzialsynode erließ unter seinem Vorsitze im Jahre 1569 ein Dekret, durch welches den Bischöfen aufgetragen wird, die Geißelbrüderschaften zu visitiren, ihre Statuten und Gebetbücher zu untersuchen, dafür zu sorgen, daß alle Brüder den Prozessionen beiwohnten und sich nicht für Lohn, sondern aus wahrer Frömmigkeit geißelten. Widerspenstige Geißelbrüderschaften sollten strenge bestraft und unverbesserliche aufgelöst werden.

Unter den Regeln, welche der heilige Borromäus für die Geißelbrüderschaften auf Grund der alten feststellte, bemerke ich nur folgende: Selbst Knaben unter sechzehn Jahren hatten Zutritt zum Oratorium der Brüderschaft, damit sie durch das Beispiel auf den guten Weg geleitet und bei erlangtem Alter als Brüder aufgenommen werden konnten. Die Aufnahme selbst erfolgte erst nach sorgfältiger Prüfung und waren dazu wenigstens zwei Drittel der Stimmen der Brüder nöthig. Das Noviziat dauerte ein Jahr. Die Kleidung der Brüder war ein einfacher leinener Saccus. An der Stirn trugen sie ein rothes Kreuz und auf der linken Seite der Brust das Bild des Schutzheiligen der Gesellschaft. Als Gürtel diente ein mit sieben Knoten geknüpfter Strick. Außerdem trug jeder Bruder die Disciplin. Den Novizen fehlte das Kreuz und das Heiligenbild. Diese Kleidung war indessen nur die große Uniform, die bei feierlichen Veranlassungen angelegt wurde; aber auch für die Kleidung der Brüder im bürgerlichen Leben gab es Vorschriften. Vor allen Dingen sollte dieselbe einfach sein, und Federn und Pludderhosen waren verpönt, Waffen nur auf Reisen und mit Erlaubniß des Beichtvaters oder des Priors gestattet.

An bestimmten Festen sollten alle Brüder im Oratorium zusammenkommen, um Gott zu loben durch gewisse Gebete und Gesänge u.s.w., des Morgens und des Abends. Am ersten Sonntage eines jeden Monats sollte ein Todtenamt für die verstorbenen Brüder gehalten werden. Jeder sollte einen bestimmten Heiligen verehren und täglich zehn Pater Noster und Ave Maria beten; außerdem auch stilles Gebet üben und des Nachts, wenn geläutet würde, mit ihrer ganzen Familie beten; ferner täglich Messe hören, zu Hause Tischgebete einführen, wenigstens einmal monatlich beichten und an den ersten Sonntagen der Monate und an bestimmten Festtagen das Abendmahl genießen. Jede Gesellschaft sollte ihren bestimmten Beichtvater haben. An den heiligen Abenden ihrer Feste sollten die Brüder fasten und an den Festen in Feierkleidern zum Abendmahle gehen, aber keine Gastmähler an denselben anstellen. Alle Freitage sollen sie fasten und sich geißeln für eigene Sünden und für die Sünden des Volkes; alle Adventssonntage, an den drei großen Prozessionssonntagen und am Charfreitage sollten sie Geißelübungen anstellen. An Tagen, an welchen viel Ausgelassenheit zu herrschen pflegt (am Aschermittwoch-Heiligenabend, am ersten Mai, am ersten August), sollten die Brüder den Zorn Gottes durch Geißelungen in ihren Oratorien besänftigen und auch außerdem sich üben.

Bei ihren Zusammenkünften sollten sie Beiträge in einer Büchse sammeln für die Bedürfnisse der Gesellschaft und für die armen Brüder. An den drei Sonntagen nach Ostern sollten sich die Brüder aller Geißlergesellschaften der Stadt früh in der Kirche versammeln, welche ihnen der Bischof anweisen würde, und nach Anhörung der Predigt in Prozession eine andere bestimmte Kirche oder Kapelle besuchen und endlich dahin zurückkehren, von wo sie ausgezogen waren. Auf dem Zuge sollten sie sieben Psalmen recitiren und bei der Rückkehr in der Kirche oder Kapelle sich geißeln.

In Flecken und Dörfern, so sich nicht mehrere Gesellschaften vereinigen konnten, sollte jede für sich drei Umgänge anstellen, die gelegensten Kirchen und Bethäuser besuchen, und wenn dergleichen fehlten, wenigstens einen Umgang um den Ort nach Anordnung des Pfarrers halten. Diese Prozessionen sollten geschehen, Gott zu bitten um Ausrottung aller Ketzereien, um Frieden der christlichen Fürsten, um Vermehrung des Glaubens, um Fruchtbarkeit, um Abwehrung von Pest, Krieg und Hungersnoth. Auch den anderen Prozessionen, welche die Geistlichkeit anstellte, sollten sie beiwohnen, und sich immer den Anordnungen des Bischofs unterwerfen.

Jede Brüderschaft sollte einen Prior haben, der über die Regel wachte, und in dessen Abwesenheit sollte der Subprior an der Spitze der Gesellschaft stehen. Der Novizenmeister sollte die neuen Brüder unterrichten, der Direktor des Amtes die Vorsänger ordnen u. s. w.; der Sakristan sollte für Wachs, Oel, Schmuck und Kelche sorgen; der Depositarius sollte die Kasse der Beiträge führen, der Cancellarius die Einkünfte aufzeichnen, wie auch die Instrumente, die Namen der neuen und verstorbenen Brüder, die Beschlüsse des Kapitels und die Wahlen.

Im Bethause oder in der Kapelle sollten an einer Wandtafel die Pflichten der Brüder und die ganze Einrichtung der Gesellschaft angeschrieben sein. Die Prokuratoren sollten die Streite schlichten, unwichtigere Geschäfte nach eigenem Ermessen und wichtigere nach Auftrag des Kapitels besorgen. Die Krankenpfleger sollten für die leiblichen und geistlichen Bedürfnisse der Kranken sorgen und den Sterbenden beistehen. Diesen sollte das Abendmahl gebracht werden in feierlichem Aufzuge aller Brüder, mit brennenden Kerzen und unter Absingung des Miserere. Die Leichen sollten feierlich begleitet werden. Zwei Brüder, die auf einer besonderen Bank sitzen, sollten die Almosen einsammeln und kein Weib in das Bethaus lassen.

Die Beamten der Gesellschaft sollten auf ein Jahr gewählt werden; der Prior, der Subprior und der Novizenmeister durch Stimmenmehrheit, und von diesen die übrigen. Diese Beamten sollten wenigstens fünfundzwanzig Jahre alt sein und konnten erst wieder nach drei Jahren, der Subprior aber sogleich zum Prior gewählt werden.

Strafen waren: Verlust der Stimme im Kapitel, Geißelung, Ausschließung auf eine bestimmte Zeit oder gänzliche Ausstoßung. Tragen von Waffen, Besuch der Weinhäuser, Unterlassung der Kommunion und der Theilnahme an den Prozessionen wurden bestraft. Die Strafgesetze sollten wenigstens vier Mal jährlich vorgelesen werden, wie auch das Breve vom Papst Gregor XIII., welches dieser und ähnlichen Gesellschaften Ablaß ertheilte.

Dieser Ablaß war für die damaligen Menschen sehr verlockend und bewog Viele, in die Geißelbrüderschaften einzutreten. Durch päpstliches Breve vom 12. December 1572, welches wahrscheinlich auf Veranlassung des heiligen Borromäus erlassen wurde, erhielten alle Mitglieder der unter seinem Schutze stehenden Brüderschaften »vollkommenen Ablaß nach Genuß des heiligen Abendmahles, zehnjährigen nach gemeinschaftlicher Geißelung, siebenjährigen nach feindlichen Prozessionen; und diejenigen, welche in den bestätigten Brüderschaften beharrten und den Gebrauch der Geißelung nicht aufgaben, erhielten vollkommenen Ablaß und Vergebung aller Sünden, wenn sie sterbend den Namen Jesu anrufen würden, nachdem sie reuig gebeichtet hätten.«

Durch diese Begünstigungen gewannen die Geißelinstitute außerordentlich, und ihre Zahl vermehrte sich im Laufe des 16. Jahrhunderts besonders in Italien ins ungeheure. Es gab Brüderschaften von allen möglichen Farben, und zur Unterscheidung trugen die Brüder das Wappen der Gesellschaft auf der Schulter. In Rom gab es nicht weniger als hundert solcher Geißelbrüderschaften, und wahrscheinlich bestehen sie dort noch bis auf den heutigen Tag.

Uebrigens muß ich diesen Gesellschaften, die in mancher Hinsicht große Ähnlichkeit mit unsern Freimaurern haben, die Gerechtigkeit widerfahren lassen, zu sagen, daß ihre Geschäfte nicht einzig allein in Beten, Singen und Geißeln bestanden; manche von ihnen hatten es sich auch zur Pflicht gemacht, Kranke zu pflegen, arme Mädchen auszustatten, Verbrecher zum Tode vorzubereiten und auf den Richtplatz zu begleiten und dergleichen mehr. – Daß es unter diesen Büßenden viele gab, welche nicht durch die Frömmigkeit zum Eintritt in die Gesellschaft bewogen wurden, brauche ich wohl nicht erst zu erwähnen, denn das versteht sich von selbst; die eine Hälfte derselben bestand aus Schwachköpfen, die andere aus Heuchlern. Letztere mögen es denn wohl gewesen sein, welche bei den Geißelungen ihre eigenen Rücken schonten und Leute mietheten, die an einem Schlachttage auf ihren Posten traten. Schon Borromäus fand sich veranlaßt, dergleichen Mißbrauch zu verbieten.

Doch nicht allein in Italien, auch in Frankreich wurden derartige Geißelbrüderschaften gestiftet. Die erste, die Gesellschaft der grauen Büßenden, entstand schon im Jahre 1268 in Avignon; aber zur ächten Blüthe gelangten diese Institute auch hier erst im 16. Jahrhundert, wo weiße, schwarze und blaue Büßerschaften entstanden.

Die Franzosen sind eigentlich zu dieser Art Narrheit nicht sehr geneigt, wenn sie auch in andern Zweigen derselben sich auf das rühmlichste auszeichnen; allein zu jener Zeit sah es in Frankreich aus, wie zur Zeit der Welfen und Ghibellinen in Italien. Das Papstthum wurde von allen Seiten hier angegriffen und ließ alle Fledermäuse fliegen, die jemals unter der Tiara ausgeheckt worden waren.

Carl IX., der gekrönte Schurke, welcher in der Bartholomäusnacht seine reformirten Unterthanen schlachten ließ und mit eigener Hand auf sie feuerte, war gestorben, und Heinrich von Anjou wurde sein Nachfolger. Er hatte bereits die polnische Königskrone angenommen, ließ diese aber im Stich und entfloh nach Frankreich, dessen Scepter ihm besser behagte.

Die Welt hat sich wohl selten mehr in einem Fürsten getäuscht, als sie es in Heinrich III. that. Als Kronprinz war er ein aufgeweckter und geistreicher Mann, der ein großer Monarch zu werden versprach; aber als König wurde er ein charakterschwacher Narr, der sich von Günstlingen, Weibern oder Pfaffen gängeln ließ. Katharina von Medicis hatte ihrem Sohne gerathen, den Franzosen vor allen Dingen zu zeigen, daß er ein eifriger und frommer Anhänger der römisch-katholischen Kirche sei; wenn sie davon die Ueberzeugung hätten, dachte sie, dann würden sie auch weniger Umstände machen, ihre Beutel für die Vergnügungen und kostspieligen Bedürfnisse des Hofes zu öffnen. Als Heinrich daher im December 1575 in Avignon war, wohnte er einer Prozession der dortigen Geißler bei. Die Königin-Mutter wollte ebenfalls daran Theil nehmen, allein Heinrich meinte lächelnd, daß sie dazu nicht sehr geeignet sei. Dem Kardinal Carl von Lothringen bekam diese heilige Winterpromenade sehr schlecht. Er hatte der Prozession im bloßen Kopfe und mit nackten Füßen das Kreuz vorgetragen und sich dermaßen erkältet, daß er am 26. December starb. Einige meinen aber, Katharina von Medicis habe durch einiges Gift nachgeholfen, denn der Kardinal war ihr erbitterter Feind.

Heinrich III. ließ sich in einer der Geißlergesellschaften zu Avignon als Bruder aufnehmen. Es gab deren dort drei: die weiße war die des Königs, die schwarze der Königin Mutter und die blaue des Kardinals von Armagnac.

Im Jahre 1576 strebte der König darnach, den Ablaß des Jubiläums zu erhalten, welchen Gregor XIII. für Frankreich ausgeschrieben hatte, und man sah ihn in Begleitung von zwei bis drei Personen, bewaffnet mit einem ungeheuern Rosenkranze, Gebete murmelnd und mit gesenktem Haupte durch die Straßen von Paris gehen. Dieser Rosenkranz bestand aus kleinen Todtenköpfen von Elfenbein, und Heinrich nannte ihn einst lachend die Geißel seiner Ligueurs.[29] Sogar auf Bällen sah man ihn mit diesem seltsamen Schmuck am Gürtel!

Die Franzosen ließen sich aber durch diese zur Schau getragene Frömmigkeit nicht blenden und fingen an, den König wegen seiner Verschwendung zu hassen und wegen seiner kindischen Liebhabereien zu verachten. Des Nachts

[29] „Theilnehmer der Ligue, einer politischen Verbindung, welche den Sturz des Königs und die Erhöhung des Herzogs von Guise zum Zweck hatte und bei welcher der religiöse Fanatismus als sehr wirksamer Hebel benutzt wurde."

strich er mit seinen lüderlichen Genossen maskirt durch die Straßen und trieb den tollsten Unfug, und seine Lieblinge überschüttete er mit reichen Geschenken.[30] Zu seinen Liebhabereien gehörten die der kleinen Hunde, Affen und Papageien. Einst fuhr er mit der Königin, seiner Gemahlin, durch die Stadt und ließ alle kleinen Hunde wegnehmen, die ihm gefielen; dann stellte er zu demselben Zwecke Nachsuchungen in den Nonnenklöstern an und versetzte dadurch eine große Menge Damen in Trauer. Als er 1576 von einer Reise in die Normandie nach Paris zurückkehrte, brachte er eine Menge kleiner Hunde, die er auffangen ließ, und Affen und Papageien mit, welche er in Dieppe gekauft hatte.

Gar bald nannte ihn das Volk mit allerlei Spottnamen. Unter andern gab es ihm folgenden Titel: Heinrich, von seiner Mutter Gnaden ungewißer König von Frankreich und imaginärer König von Polen, Stockmeister des Louvre, Glöckner von St. Germain l'Auxerrois und von allen Kirchen von Paris, Fältler der Krägen seiner Frau, Visitator seiner Badestuben (estuves), Bettelvogt der vier Bettler, Auserwählter der weißen Geißler (Pére conscriptes des Blancs battus) und Protektor der Kuttenträger (Caputtiers).[31]

Dieser Spott machte aber Heinrich keineswegs irre. Im März des Jahres 1583 errichtete er in Paris eine neue weiße Brüderschaft der Verkündigung Mariä, welcher außer ihm seine beiden Mignons Joyeuse und d'Epernon nebst vielen Hofleuten beitraten. Er lud dazu auch die angesehensten Mitglieder des Parlaments, der Rechenkammer und anderer Gerichtshöfe und der Bürgerschaft ein; aber es fanden sich nur wenige, welche Lust hatten, sich den Regeln der Brüderschaft zu unterwerfen, die er in einer Druckschrift unter dem Titel: de la Congregation des Penitens de l´Annonciation nostre Dame bekannt machen ließ und zu welcher der päpstliche Legat, Castello, Bischof von Rimini, eine Vorrede schrieb.

---

30 „Besonders liebte er sehr kostbare Maskeraden und erschien auf ihnen meistens in Weiberkleidung."

31 „Den Ursprung all dieser Titel zu erklären würde gar zu weitläufig sein, da ich dabei tiefer in die Geschichte Heinrichs eingehen müßte, als es der Zweck dieses Buches gestattet."

Am Festtage Mariä Verkündigung, welcher auf Sonntag den 25. März fiel, sollte die neue Geißlergesellschaft zum ersten Male in großer Prozession erscheinen. Ich thue am besten, wenn ich die darauf bezügliche Stelle aus dem Journal du Roy Henri III. wörtlich übersetze. Hier heißt es: »An diesem Tage fand die feierliche Prozession dieser Bußbrüder statt; sie kamen um vier Uhr Nachmittags aus dem Augustinerkloster und gingen in die große Kirche Notre Dame je zwei und zwei, bekleidet mit eben solchen Gewändern wie die Geißler zu Rom, Avignon, Toulouse und an andern Orten, nämlich von weißer holländischer Leinwand, von der Form und dem Schnitte, wie in den Statuten der Brüderschaft vorgeschrieben sind. In dieser Prozession ging der König, sich weder durch eine Wache, noch durch die Kleidung, einen besondern Platz oder sonst etwas von den andern Brüdern unterscheidend. Der Kardinal von Guise, der das Kreuz trug, der Herzog von Mayenne, sein Bruder, der Ceremonienmeister war, und der Jesuit Bruder Edmund Auger, mit dem Ansehen und den Manieren eines Marktschreiers, welches auch sein früheres Gewerbe gewesen war, nebst einem Lyoner, Namens du Peirat, führten die Uebrigen. Die Sänger des Königs und Andere in demselben Büßerkleide folgten in Reihen geordnet und in drei besondere Abtheilungen getheilt, sehr melodisch die Litanei herleiernd. In der Kirche Notre Dame angekommen, fielen sie alle auf die Kniee und sangen das Salve Regina mit sehr harmonischer Musikbegleitung. Der ungeheure Regen, der während dieses ganzen Tag herabgoß, hinderte sie nicht, mit ihren ganz und gar durchnäßten Bußsäcken alle ihre Mysterien und Ceremonien von Anfang bis zu Ende durchzumachen. »Ein angesehener Mann, der diese Prozession vorüberziehen sah, machte auf den nassen Sack des Königs folgenden vierteiligen Vers, der als Impromptu sehr passend gefunden und sogleich wie ein Lauffeuer verbreitet wurde:

Apres avoir pillé la France
Et tout son peuple despouillé
Est ce pas belle penitence
De se couvrir d´un sac mouillè?

(Wenn man Frankreich geplündert und seinem ganzen Volke das Fell über die Ohren gezogen hat, ist es nicht eine schöne Buße, sich mit einem nassen Sacke zu bekleiden?)

»Sonntag den siebenundzwanzigsten ließ der König den Mönch Poncet einstecken, der zu Notre Dame die Fastenpredigt hielt, weil er am vorhergehenden Sonnabend zu frei gegen die neue Brüderschaft gepredigt und sie die Brüderschaft der Heuchler und Atheisten genannt hatte. Ich habe aus guter Quelle erfahren, sagte er, daß gestern Abend, am Freitag, wo ihre Prozession stattfand, der Spieß sich drehte für das Abendessen dieser ungeheuren Büßer und daß man ihnen, nachdem sie den fetten Kapaun verzehrt hatten, zur Kollation für die Nacht ein nettes junges Mädchen bereit hielt. Ah! unglückliche Heuchler, ihr verspottet also Gott unter der Maske und tragt nur des Scheines wegen eine Peitsche an eurem Gürtel; da gehört sie bei Gott nicht hin, sondern auf eure Rücken und Schultern, die ihr tüchtig damit bearbeiten sollt, denn es ist nicht einer unter euch, der sie nicht wohl verdient hätte.[32] Der König wollte ihn wegen dieser Worte nicht zur Rede stellen und sagte, daß er ein alter Narr sei, ließ ihn aber durch den Chevalier du Guet in seiner Kutsche in seine Abtei de Sait Pere zu Melun bringen, ohne daß ihm sonst etwas geschah und er allein mit der Furcht wegkam, daß man ihn in den Fluß werfen würde. Der Herzog von Epernon, der ihn sehen wollte, sagte lachend zu ihm: »Herr und Meister, man sagt, daß ihr die Leute durch eure Predigten lachen macht, das ist eben nicht schön, ein Prediger wie ihr muß predigen, um zu erbauen und nicht um Lachen zu erregen. – Mein Herr (antwortete Poncet, ohne sich weiter zu ärgern), ich will ihnen hiermit sagen, daß ich nur das Wort Gottes predige, und daß kein Mensch in meine Predigt kommt, um zu lachen, er sei denn

---

32 „In mehreren Werken finde ich angegeben, daß Poncet in seiner Predigt die Büßer mit Männern verglich, die, um den Regen aufzuhalten, nasse Kleider anzogen, und dabei wird das Journal de Henry III. angezogen. In dem von mir benutzten Exemplar findet sich jedoch davon nichts.“

ein Nichtswürdiger oder ein Atheist; und habe ich auch niemals in meinem Leben so Viele lachen gemacht als ihr weinen gemacht habt. Dies war für einen Mönch einem Herrn von Epernons Rang gegenüber eine kühne Antwort, die übrigens zu jener Zeit sehr passend gefunden wurde,« – Wie es den armen Pagen ging, welche die Prozession des Königs zu verspotten wagten, habe ich schon im ersten Kapitel erzählt.

»Am grünen Donnerstage, den siebenten April, neun Uhr Abends, ging die Prozession der Büßenden, welcher der König mit allen seinen Mignons beiwohnte, die ganze Nacht durch die Straßen mit prachtvoller Beleuchtung und herrlicher Musik; und einige der Mignons geißelten sich bei dieser Prozession.

In der Kapelle der Geißler bei den Augustinern zu Paris schrieb man an diesem Tage folgenden Quatrain mit Kohle an die Wand:

les os des pauvres Trepassès,
Qu´on depeint en croix Bourguignone,
Monstrent que tes Heurs sont passez,
Et que tu perdras ta couronne.

(Die Knochen der armen Todten, die man in Form des burgundischen Kreuzes über einander legt, bedeuten, daß deine Stunden abgelaufen sind, und daß du deine Krone verlieren wirst.)« –

»Freitag den neunten (März 1584),« heißt es an einer andern Stelle des Journals, »ging der König zu unserer lieben Frau von Chartres und zu U. L. F. von Clery; diese Reise machte er zu Fuß, begleitet von siebenundvierzig der jüngsten Bußbrüder, die am besten zu Fuß waren, und während ihrer ganzen Reise trugen sie unterwegs stets ihre Bußkleider.«

Eine ähnliche Wallfahrt hatte er schon früher gemacht und zwei Hemden U. L. F. von Chartres mitgenommen, eins für sich und eins für seine Frau; »ce qu´ayant fait, il revint à Paris coucher avec elle, en esperance de luy faire un enfant.« Am 26. März 1586 zog er gar mit sechzig Brüdern nach Chartres, und am grünen Donnerstage fand wieder die gewöhnliche nächtliche Prozession statt, an der 200 Büßende Theil nahmen. Vom heiligen Abend bis zum dritten Ostertag blieb er bei den Kapuzinern in Gebet und Bußübungen. Am 5. April 1587 ging er der großen Prozession mit der Kerze in der Hand voran.

So lange der Präsident de Thou lebte, hielt er so viel als möglich den König von diesen öffentlichen Narrheiten ab, die er aufs höchste mißbilligte, weil sie dem Ansehen des Königs durchaus schadeten. In der vortrefflichen »Geschichte seiner Zeit« sagt er darüber: »Die Einführung dieser Ceremonien in Frankreich, wo sie bisher noch etwas ganz Unerhörtes gewesen waren, war den eigennützigen Absichten einiger ehrgeizigen Personen gar sehr willkommen; denn die Verachtung, welche sie dadurch auf die Person des Königs brachten, mußte ganz gewiß das königliche Ansehen in einem sehr hohen Grade schwächen.«

Nicht alle höheren Staatsdiener dachten und handelten so ehrlich wie de Thou; der Kanzler Birague und der Siegelbewahrer Chiverny gingen in ihrer Gefälligkeit so weit, daß sie die Prozession mitmachten. Die Hauptbeförderer dieses Unsinns waren aber der schon erwähnte Legat Castelli und der Jesuit Edmund Auger, der Beichtvater des Königs. Letzterer hätte es gern gesehen, wenn sich auch die Pariser Damen diesen Bußübungen angeschlossen hätten, und er wirkte dafür durch Wort und Schrift. Die Metanöologie, welche er 1584 in französischer Sprache für die Pariser Geißler schrieb, enthält nächst der Bestätigungsbulle Gregors XIII. und der ganzen Einrichtung der Gesellschaft und was sonst noch dazu gehörte, auch folgende Stelle:

»Diese heilige Weise befolgten in der treuen und frommen Stadt Toulouse zur Zeit des letzten Jubiläums (1572) die ehrbaren Frauen; denn nachdem auf Rücksprache mit den ersten Personen des Magistrats und der Geistlichkeit drittehalb hundert derselben drei Tage nach einander verschiedene Male in einer Kirche zusammengekommen waren, mit der größten Andacht das Abendmahl genossen und von Mitternacht an insgeheim sich selbst auf eine ungewohnte Weise gezüchtigt hatten, hielten sie endlich einen feierlichen Umgang, paarweis, in grobe Leinwand gehüllt, barfuß ungeachtet des Schmutzes und der heftigen Kälte; sie trugen Fackeln und einige ein großes Kruzifix auf den

Köpfen und besuchten vier entfernte Kirchen. Die Prozession dauerte vier bis sechs Stunden. Diese neue Andacht setzte alles in Verwunderung, so daß bei dem dritten Umgange mehr als hunderttausend Zuschauer aus der ganzen Gegend zusammenkamen. Auch die Feinde des Glaubens, die Hugenotten aus den umliegenden Orten, liefen zu diesem Schauspiele, und das veranlaßte die gänzliche Auflösung zweier Kriegsschaaren, welche wenige Stunden von Toulouse verwüstend umherstreiften. Dagegen wurden in demselben Monate zu Toulouse drei fromme Bußbrüderschaften gebildet. Möchten doch die üppigen Pariser Damen jenen Frauen von Toulouse nachahmen und jenen Bauerweibern und Bauermädchen, welche vor einigen Monaten, weiß gekleidet, mit einem Kreuze in der Hand und um Barmherzigkeit für Frankreichs Sünden rufend, nach Paris und nach andern Orten zogen. –

»Wie die weiße Brüderschaft, so geht auch die blaue Bußbrüderschaft des heiligen Hieronymus, welche in den Fasten des Jahres 1584 zu Paris bei den Mathurinern errichtet, und zu deren Haupt der junge Kardinal Joyeuse erwählt worden ist, barfuß und mit der Disciplin am Gürtel, mit welcher die blauen Brüder alle Freitage, vorzüglich an den ersten Freitagen des Monats, bei verschlossenen Thüren, im Dunkeln und unerkannt sich geißeln. – Auch das bloße Tragen der Geißel ist verdienstlich. – Oeffentliche Geißelung ist auch nicht zu verwerfen, wenn die Vorgesetzten sie erlauben.«

Die Pariser Damen scheinen indessen der Aufforderung des marktschreierischen Jesuiten nicht Folge geleistet zu haben. Einen desto eifrigeren Schüler fand er dagegen in Heinrich, der sich von Tag zu Tage mehr diesen religiösen Abgeschmacktheiten überließ und die Achtung des Volkes vollends verlor. Wenn auch im Könige noch hin und wieder ein Funken des alten Geistes aufblitzte, so wurde er doch sogleich durch kindische Liebhabereien und Narrheiten verdunkelt, die man kaum begreifen kann. So lesen wir zum Beispiel in dem schon mehrmals angeführten Journal: »Zu dieser Zeit (1585) fing der König an, ein Bilboquet[33] in der Hand zu tragen, selbst wenn er über die Straße ging, und damit zu spielen, wie es die kleinen Kinder thun. Die Herzoge von Epernon, von Joyeuse und mehrere andere Hofleute machten es ihm nach; ihnen folgten darin die Edelleute, Pagen, Lakaien und jungen Leute von allen Arten; so viel Gewicht und Folgen haben (besonders in Bezug auf Narrheiten) die Handlungen und die Aufführung der Könige, Prinzen und großen Herren.«

Endlich hatte der König durch sein unsinniges Betragen erreicht, was er zwar keineswegs beabsichtigte, was aber unausbleibliche Folge desselben war. Das Volk haßte und verachtete ihn so sehr, daß es größtentheils seinem Gegner, dem Herzog von Guise, anhing und im Verein mit diesem den König zwang, Paris zu verlassen und sich nach Chartres zu begeben. Nun trachtete die Partei des Herzogs darnach, die Lage des Königs in Chartres auszukundschaften und die Einwohner dieser ihm treuen Stadt aufzuwiegeln. Dies war aber nicht leicht, denn Alles, was von Paris kam, wurde mit dem größten Mißtrauen bewacht. Um nun den beabsichtigten Zweck zu erreichen, beschlossen die zur Brüderschaft des Königs gehörigen Geißler unter den Aufrührern, eine Geißelprozession nach Chartres zu veranstalten. Da diese mit verhüllten Gesichtern stattfand, so war es nicht leicht, Freund und Feind zu unterscheiden. Um den König sicher zu machen, beschloß man, den einfältigen Joyeuse (einen Bruder des früher zu Coutras getödteten Herzogs von Joyeuse), der nun unter dem Namen Ange Kapuziner geworden war, zu bewegen, diese Prozession anzuführen. Der Dummkopf meinte seinem Herrn eine rechte Freude zu machen und willigte nicht allein ein, sondern bewog auch noch eine Menge andere Kapuziner, bei dieser Prozession Charakterrollen zu übernehmen.

33 „Das Spiel ist noch heut zu Tage überall bekannt. Es besteht nämlich aus einem kleinen Becher, der auf einem Stiele steht. An diesem ist durch einen Faden eine Kugel befestigt, welche gerade in den Becher paßt. Das Spiel besteht nun darin, die Kugel, so weit es der Faden erlaubt, in die Höhe zu werfen und in dem Becher aufzufangen."

Den abenteuerlichen Zug eröffnete ein schmutziger Kapuziner, umgürtet mit einem Säbel und wie ein Marktschreier auf einer verrosteten Trompete blasend. Ihm folgten drei andere Kapuziner mit grimmigen Gesichtern, eiserne Töpfe statt Helme auf den Köpfen, Harnische über der Kutte und verrostete Lanzen in der Hand. Sie stellten die Kriegsknechte vor, welche Christus zur Geißelung führten. Dieser wurde durch Joyeuse selbst repräsentirt, der von den drei Kriegsknechten an Stricken fortgeschleift wurde. Er bot einen seltsamen Anblick dar. Er trug ein weißes Priestergewand und auf ein Perücke eine Dornenkrone, von welcher gemalte Blutstropfen über das Gesicht liefen. Er schleifte ein großes aus Pappe gemachtes Kreuz hinter sich her, that, als ob es ihm sehr schwer würde, seufzte und stöhnte, fiel zuweilen in die Kniee und zerschlug sich die Brust. Ihm zur Seite gingen zwei junge Mönche in Weißen Kleidern. Der eine stellte die Jungfrau Maria dar, der andere Maria Magdalena. Beide heulten und weinten mit dem joyeusen Christus und warfen sich zu Zeiten zur Erde nieder. Hinter dem seltsamen Ecce homo gingen abermals vier grimmige Kriegsknechte, die ihn wie einen wilden Bullen an Stricken hielten und unter Schimpfen und Schlagen vorwärts trieben. Die ganze Gesellschaft sang das Miserere.

Der König ließ den seltsamen Zug in Chartres ein, und derselbe begab sich in die Hauptkirche, wo Heinrich mit seinem Hofe war. Er hatte große Lust über den elenden Zustand des armen Joyeuse zu weinen; allein der größere Theil der Zuschauer war dem Lachen nahe, besonders als man entdeckte, daß das Kreuz von Pappdeckel war und daß die lautschallenden Schläge der Kriegsknechte dem Bruder Ange gar nichts thaten. Der im Gefolge des Königs befindliche brave Gardehauptmann, Berton de Crillon, ein Verwandter des Narren, war sehr entrüstet über das unwürdige Spiel und rief laut: »Harnibieu! haut, haut tüchtig zu, denn er ist ein Feigling, der nur in die Kutte gekrochen ist aus Furcht, den Degen tragen zu müssen!«

Der arme Joyeuse bot auch einen theils Ekel, theils Lachen erregenden Anblick dar! Von den Anstrengungen schwitzte er über und über; der Schweiß weichte die gemalten Blutstropfen auf, und diese liefen nun in langen Streifen herunter. Er ging daher in eine Kapelle, um sich aufs Neue zu bemalen; aber der Zudrang war so groß, daß er dies bei offenen Thüren zur großen Ergötzung des Volkes thun mußte.

Joyeuse verklagte Crillon wegen seiner Worte beim König dieser tröstete ihn aber darüber und machte ihm Vorwürfe, daß er nicht allein mit einer so heiligen Sache Scherz treibe, sondern sich auch von seinen Feinden mißbrauchen lasse, deren er mehrere unter den Büßenden entdeckte. Heinrich aber war zu unentschlossen, um dem Rathe eines seiner Vertrauten zu folgen und diese erkannten Feinde in ihrem Versammlungsorte gefangen zu nehmen.

Wie Heinrich sich endlich durch schändlichen, feigen Mord des Herzogs und des Kardinals von Guise entledigte, wie er dann genöthigt wurde, zur Partei der Hugenotten seine Zuflucht zu nehmen und wie er durch den Dolch eines fanatischen Mönches sein Leben endete, gehört nicht hierher. Mit seinem Tode verloren die Geißelbrüderschaften ihr Ansehen, denn Heinrich IV. war kein Freund davon. Sie wurden sogar durch ein Dekret des Pariser Parlaments vom 17. Juni 1601 völlig aufgehoben und ein Jeder, der trotz des Verbotes die Regeln einer solchen Brüderschaft beobachtete, für einen Majestätsverbrecher erklärt. Gründe zu dieser Strenge fand das Parlament in den politischen Absichten dieser Gesellschaften, welche man mit dem Scheine der Religion verhüllt hatte.

Die römische Kirche fuhr aber fort, diese Institute zu unterstützen, welche durch Beschluß des tridentinischen Concils der besondern Obhut der Bischöfe anvertraut waren. Aus diesem Grunde bestanden sie noch immerfort, besonders in den südlichen Provinzen Frankreichs, wenn sie auch ihre politische Bedeutung verloren.

Vorzüglich waren es die Herren Jesuiten, welche diese Geißelsodalitäten aufrecht zu erhalten strebten. Meistens unter ihrer Leitung fanden an hohen Feiertagen große Geißelprozessionen statt, und da sie sich überall als Beichtväter eingedrängt hatten, so wußten sie auch einen großen

Theil ihrer Beichtkinder zu bewegen, sich diesen lächerlichen Aufzügen anzuschließen.

Ein Jesuit predigte, daß überall, wo die frommen Väter hinkämen, sogleich Friede sei, und St. Adelgonde meint, indem er dies erzählt, daß man sie doch ja alle an die türkische Grenze schicken möge, damit sie dort den Krieg beendigten. Der fromme Pater würde mehr die Wahrheit gesprochen haben, wenn er gesagt hätte, daß die Jesuiten in jedes Land, wohin sie kamen, auch die Geißel mitbrachten. In Mexiko, in Japan und in Ostindien, ja sogar an der Grenze der Tatarei sah man durch Jesuiten neubekehrte Christen zu tausenden in Bußgewändern einherziehen und sich an heiligen Tagen den Rücken blutig geißeln.

Der Umfang dieses Buches erlaubt mir indessen keine Ausflüge in so ferne Länder, und ich will mich nur auf Europa beschränken, welches mir Stoff genug darbietet und was nebenbei noch den Vortheil hat, daß ich mich überall auf ganz authentische Nachrichten stützen kann.

Ich will mit Italien beginnen. Hier bestehen noch heut zu Tage die frommen Brüderschaften, und wenn wir nicht mehr so viel von ihnen hören, so kommt das entweder daher, weil jetzt die römisch-katholische Kirche ihre Lächerlichkeiten vor den Ketzern geheimer hält, oder weil Jedermann dieselben schon so gewöhnt ist, daß sie gar nicht mehr erwähnenswerth scheinen. Hin und wieder findet sich jedoch Einiges darüber in Reisebeschreibungen. Vor etwa zwanzig Jahren wohnte ein Reisender einer frommen Geißlerversammlung in Rom bei, die allwöchentlich in der Kirche des Caravita – so benannt nach einem frommen Jesuiten – neben dem Corso in der Nähe des Colonnaplatzes in der Abenddämmerung gehalten wurde. Es waren in der Kirche wohl tausend Männer versammelt. Nur vier Kerzen brannten auf einem schwarzbehangenen Altar. Ein Prediger bestieg die Kanzel, welche in Italien eine Art Balkon ist, die dem begeisterten Redner Platz genug gewährt, um seine Worte durch alle nur mögliche Gestikulation zu unterstützen. Im dritten Theil der Predigt sprach der Geistliche von den Versuchungen der Natur und verirrte sich in etwas lebhafte Schilderungen der Reize der büßenden Magdalena so sehr, daß er nicht wieder herauskommen konnte und plötzlich den Zuhörern zurief: »Nun wohlan, meine Brüder, bewaffnet euch gegen den Stachel des Fleisches. Züchtigt euch muthig! Bestraft euch, daß ihr so oft unterlagt! Ehret mit einigen Geißelschlägen den, welcher so viel erduldet, um euch von euren Sünden frei zu kaufen!«

Nun stimmte ein Knabe aus dem Chore mit dünner Stimme das Ave Maria an, Jeder holte seinen Rosenkranz hervor, und ein wunderbar schmutziger Küster reichte Jedem eine Geißel. Plötzlich verlöschten die Lichter, und »es wurde zugehauen, daß es schien, als sei der Genius des Sturmes und Wetters in die Kirche gefahren.« Hoffentlich werden indessen noch mehrere der Büßenden so klug gewesen sein wie der berichtende Reisende und anstatt ihrer Rücken die Kirchenpfeiler gepeitscht haben. Nach einer Viertelstunde wurden die Lichter wieder angesteckt. Die Männer machten den Frauen Platz. Diese bedienten sich aber der untern Disciplin, weil die Geißelschläge bei der obern ihnen häufig die Brust verletzten. Die Büßenden waren sämmtlich in weite, dunkle Gewänder verhüllt.

Von den unsinnigen Charfreitags-Prozessionen habe ich schon im vorigen Buche gesprochen. In den südlichen Ländern spielte das Geißeln dabei eine Hauptrolle. Blainville sah eine solche im Jahre 1707 in Rom. Fünfhundert Battuti versammelten sich in Säcken von roher Leinwand vor der Kirche des heiligen Marcellus und zogen nach der Peterskirche. Jeder Büßende hatte in der einen Hand eine brennende Fackel und in der andern eine Geißel, mit welcher er sich von Zeit zu Zeit nachdrücklich züchtigte. Es wurde ihnen ein großes hölzernes Kreuz vorgetragen, das durch eine Krone darauf befestigter krystallener Lampen erleuchtet war, und die Kapuziner begleiteten sie mit Körben voll Zuckerwerk, eingemachter Sachen und Rosolis zur Stärkung für die, welche durch ihre heftige Disciplin ohnmächtig werden sollten. Die Anzahl der aufrichtigen Büßenden, welche sich blutig schlugen, war übrigens klein, indem die meisten eine schützende

Unterlage unter ihren Säcken hatten. Dieses erkannten und unterschieden die Umstehenden an dem Schalle der Streiche und riefen: Dieser hat ein ledernes Wams, jener eine Weiberschnürbrust, jener einen blechernen Küraß unter dem Sacke. – Daß in Venedig eine Menge Geißelbrüderschaften existirten, erzählt Blainville ebenfalls. Der Dominikaner Labat schildert in der Beschreibung seiner Reise durch Spanien und Italien eine Charfreitagsprozession, die er im Jahre 1700 zu Civita Vecchia sah; ich setze seine Schilderung hierher, weil sie von einem römisch-katholischen Geistlichen ist und weil sie für alle dergleichen Prozessionen dienen kann.

»Unser Kloster,« erzählt Labat, »war angefüllt von Büßenden mit verhülltem Gesicht und bloßen Schultern, welche sich heftig geißelten, während sie auf den Anfang der Prozession warteten. Sie bedienen sich zu dieser heiligen Bußübung eines Bündels zusammengeflochtener, an den Spitzen mit Eisen beschlagener Schnüren, womit sie die Haut auf dem Rücken sieben bis acht Zoll breit aufschlagen,[34] daß das Blut herabläuft und Alle bespritzt, welche ihnen nahe sind; denn sie verstehen sich darauf, die Geißeln so zu führen, daß ihr Blut diejenigen trifft, welche sie bespritzen wollen.

»Die drei Bußbrüderschaften der Stadt gingen nach ihrer Ordnung. Zuerst kamen die schwarzen Büßenden des Todes mit ihrem großen, schwarz behangenen Kruzifix und dabei vier Brüder mit Fackeln, dann fünfzehn Kinder als Engel gekleidet mit Passionsinstrumenten, jedes zwischen zwei Fackelträgern; darauf mit vier Fackelträgern als Veronica, die das Tuch mit Christi Gesichtsabdruck trägt, ein junger Mann in einem schwarzen Schleier, hinter welchem vier Brüder mit Fackeln ein erleuchtetes Ecce homo auf ei-

34 „Das geht mit aller Bequemlichkeit, wie jeder finden wird, der den Versuch machen will. Peter Fourier, Geistlicher zu Maraincourt und Vorsteher einer Menge heiliger Anstalten, geißelte sich so häufig und so stark, daß er einst nicht im Stande war, bei der Messe niederzuknieen. Als man ihn untersuchte, fand man auf seinem Rücken eine Wunde, in welche man mit Bequemlichkeit drei Finger hineinlegen konnte!"

nem Gerüst trugen, begleitet von einem Büßenden, der ein schweres Kreuz und lange Ketten an den Füßen schleppte. Auf diesen folgten zehn bis zwölf Geißler, deren Kleider ganz blutig waren, und zwei sogenannte Hieronymus, welche ihren ganzen nackenden Körper fürchterlich zerschlugen mit großen Wachskugeln, in welchen Stücke Glas staken.

»Neben den Büßenden gingen Fackelträger und hinter ihnen Leute, die Wein und Essig auf ihre Wunden spritzten. Endlich schlossen die ehrbarsten Brüder mit Fackeln und nach ihnen sieben bis acht Franziskaner in den Säcken und mit der Kopfbedeckung der Brüderschaft, das Miserere singend, diese erste Abtheilung.

»Nun folgten die blauen Büßenden mit ungefähr zwölf Geißlern hinter ihrem Kreuze. Sie hatten bei sich einen Christus, einen gefesselten Mann in zerrissener Kleidung mit der Dornenkrone und einem schweren Kreuze, geführt an Stricken von sechs oder sieben Henkern und von Kriegsknechten begleitet, einen Simon von Cyrene, einen hämischen, rothbärtigen Judas, der Geld in einen Beutel schüttelte, die drei weinenden Marien. Auf diese folgten die Brüder paarweis, und fünf Dominikaner schlossen singend diese Brüderschaft.

»Zuletzt, an der Ehrenstelle, als die älteste und angesehenste Brüderschaft, kamen die weißen Büßenden mit einer Menge Geißler, Gefesselter und anderer Büßer. Sie hatten die meisten dieser Büßer, weil sie, als die reichste Brüderschaft, für die, welche kamen, um in ihrer Kleidung zu ziehen und sich zu geißeln, nach der Prozession die beste Kollation veranstalteten. Da ihre Priester, die Väter von der Lehre Christi, nicht mit ihnen zogen, so sangen die besten Sänger von ihnen unter Anführung ihres Priors. Fast alle Einwohner der Stadt nahmen Theil an dieser Prozession, welche von der Dominikanerkirche ausging, und die Weiber zeigten sich an den Fenstern und auf den geschmückten Balkons.«

Solche Prozessionen fanden indessen nicht nur allein an Festtagen statt, sondern sie wurden auch häufig durch Missionarien veranlaßt, welche der Großpfaff zu Rom aussandte, um den römisch-katholischen Sinn wieder aufzufrischen. Dergleichen Gesandte waren der heilige Vincentius und Bruder Venturinus, die ihre Instruktionen aber wohl zu weit ausdehnten. Missionarien ähnlicher Art zogen noch in neuern Zeiten umher, und Labat erzählt von einem solchen, dessen Treiben er ebenfalls in Civita Vecchia – welches er Processionopolis nennt – beobachtete.

Es war dies im ersten Decennium des achtzehnten Jahrhunderts. Der von Rom ausgesandte Apostel kam mit einem Gehülfen in einem bequemen Wagen bis in die Nähe der Stadt. Hier stieg er aus, legte Pilgerkleider an und wurde von der blauen Bußbrüderschaft feierlich eingeholt. Er kehrte bei den Dominikanern ein und las in ihrer Kirche die Päpstliche Verordnung über seine Mission vor. Nach derselben hatte er die Macht, mit einem geweihten Kreuze allen denjenigen vollkommenen Ablaß zu ertheilen, welche gebeichtet und die von ihm zu veranstaltende Prozession mitgemacht haben würden. Zum Gebrauch bei der letzteren hatte er eine ganze Kiste voll Geißeln mitgebracht.

In der ersten Nacht predigte er in der Dominikanerkirche vor einer Menge Volks mit großem Erfolge, denn viele wurden zu Thränen gerührt, und die Weiber heulten laut und schrien um Barmherzigkeit. Als die Predigt zu Ende war, wurden die Thüren geschlossen und die Geißeln an diejenigen vertheilt, welche darnach verlangten. Die Lichter wurden ausgelöscht, der heilige Missionar ermahnte zur Geißelbuße und ging mit dem Beispiel voran, indem er sich mit einer Geißel schlug, die aus fünf Ketten bestand, deren Glieder die Gestalt und Größe eines Feuerstahls hatten. Die anderen Geißeln bestanden theils aus zusammengeflochtenen Strängen, theils aus dicken Riemen. Während der Aktion ermunterte er die frommen Narren von Zeit zu Zeit wie ein Jäger die Jagdhunde, indem er schrie: »Muthig, meine Brüder! Lasset uns diesen Feind Gottes züchtigen!« Dieses Exercitium dauerte eine starke Viertelstunde; darauf zogen sich die Büßenden wieder an, die Lichter wurden angezündet, die Geißeln eingesammelt, und Jedermann verließ die Kirche. – Wir sehen, wenn wir diese Schilderung mit der obigen eines Reisenden vergleichen, daß sich von 1700 bis 1826 ungefähr in diesem Geißelunsinn gar nichts geändert hat, und dürfen daher mit Bestimmtheit annehmen, daß er jetzt, 25 Jahr später, noch fortbesteht.

Doch wieder zu unserm Missionarius. Die Predigt desselben hatte so gut gefallen, daß er am anderen Abend auf dem Markte predigen mußte, weil die Menge der Zuhörer nicht in der Kirche Raum fand. In der Dominikanerkirche wurde eine Nacht um die andere Geißelpredigt gehalten und bei verschlossenen Thüren eine Geißelung vorgenommen.

Die Mission dauerte vierzehn Tage. Während derselben wurden fünf Prozessionen gehalten, welche die Büßenden in der Kleidung ihrer Brüderschaften mitmachten. Die Stationen wurden in den Kirchen der Stadt gehalten. Der Missionar schloß den Zug, sich mit seiner schrecklichen, eisernen Geißel geißelnd. Er verstand aber die Kunst, sich mit ungeheurem Geklapper sehr sanft zu schlagen, denn Labat sah, daß sein Rücken ganz heil war.

Die Dominikaner folgten der Aufforderung, sich bei der Prozession ebenfalls zu geißeln, nicht, denn Labat als Provicarius S. Officil schlug es ab, da es Geistlichen verboten sei, öffentlich Buße zu thun. Dies war vielleicht gerade für die Franziskaner ein Sporn, sich desto thätiger zu zeigen. Sie beschlossen, barfuß, mit Dornenkronen, einen Strick um den Hals[35] und sich geißelnd im Zuge zu gehen. Diese Bereitwilligkeit zog das Herz des Missionärs zu den Franziskanern. Am Ende der Mission war allgemeine Communion in der Kirche, in welcher alle Theilnehmer Rosenkränze erhielten. Nachmittags wurde die letzte Prozession gehalten und am Ende derselben zuletzt der päpstliche Segen mit dem großen Kruzifix ertheilt.

Einen gedruckten Anschlag, der die Einrichtung dieser letzten Bußprozession enthielt, ließ Labat von den Kirchenthüren wegnehmen, weil man ihn ohne seine Bewil-

35 „Da war nach der Meinung Vieler der Strick an seiner richtigen Stelle. Der Dichter Nuchananus schreibt an Bruder Pantalabus: In tunicam fluxam nodosa cannabe cingis, cum melius fauces stringeret illa tuas. Das übersetzt St. Adelgonde: Was gürtst die Kutt mit Knoppfecht stricken, Stricks umm den hals, wird sich baß schicken."

ligung angeheftet hatte. Dieser Anschlag war ein Schema, in dem die Namen nur mit Dinte eingeschrieben wurden; ein Beweis daß man dergleiche Komödien auch an anderen Orten aufführte.

Die Büßenden waren darin in halb so viel Klassen getheilt wie das ganze russische Büßervolk, welches in vierzehn eingepfercht ist. Voran zogen die Büßenden, welche Kreuze tragen, sich dabei geißeln oder auf andere noch beschwerlichere Art büßen wollten; sie wurden angeführt von einem Geistlichen mit einem hohen Kreuze. Nun folgten paarweis die Damen ohne Dienerinnen, dann die Mädchen, dann die geringeren Weiber, dann die Geistlichen paarweise und barfuß, mit Dornenkronen auf den Strohköpfen und einem wohlverdienten Strick um den Hals und hinter ihnen das Kreuz der Mission. Dann kamen die Mitglieder der Brüderschaften, welche nicht büßen wollten, und dann die übrigen Narren.

Jede Klasse hatte ihren besonderen Sammelplatz. Wer an der Prozession nicht Theil nähme, oder wer ohne Grund nicht barfuß, ohne Dornenkrone und ohne ein kleines Kruzifix in der Hand ginge, sollte des päpstlichen Segens nicht theilhaftig werden. Die Mädchen sollten das Gesicht mit einem weißen Schleier verhüllen.

Labat ließ die Prozession durch die Sbirren (Polizeidiener) escortiren, um zu verhindern, daß nicht gegen das erlassene Verbot ein halbnackter Hieronymus dabei erscheine. Die Zahl der Geißler war sehr groß. Alle trugen Dornenkronen, und viele schleppten schwere eiserne Ketten an den Füßen nach sich. Außer den Franziskanern nahmen keine Geistlichen an der Prozession Theil. Am Ende derselben predigte der Missionarius zum letzten Mal auf dem Markt, ertheilte nach nochmaliger Geißelung mit dem großen Kreuze den Segen, verkündete den Ablaß und zeigte an, daß er nach andern Städten gehen werde, um dasselbe zu thun. Als der heilige Mann am anderen Tage abzog, begleitete ihn die Brüderschaft bis ans Thor, und in einiger Entfernung davon setzte er sich mit seinem Adjutanten in einen Wagen und fuhr davon.

Im ersten Kapitel habe ich erzählt, daß es bei ungewöhnlichen Naturerscheinungen bei den heidnischen Römern Sitte war, zur Besänftigung der Götter ihre Bilder in Prozession umherzutragen. Das geschieht bei den Christen in Italien noch in unserer Zeit, und wollte ich mir die Mühe machen, die katholischen Journale der neuesten Zeit zu durchblättern, so würde ich gewiß eine Menge Belege auffinden. Hier mag nur ein Beispiel stehen, welches vom 14. März l813 datirt und welches im Allgemeinen Anzeiger der Deutschen von 1814 Nr. 292 zu finden ist.

An dem genannten Tage sah man nämlich zu Gerace in Calabrien eine feuerrothe Wolke vom Meere herkommen, die bald die Tageshelle verdunkelte. Das erschrockene Volk eilte in die Kirche, um zu beten. Endlich, während man das Tosen des eine deutsche Meile weit entfernten Meeres in der Stadt hörte, und unter dumpfem Brausen der Luft und unter heftigem Blitz und Donner fiel ein röthlicher Regen; zufällig ging auch in einem Hause Feuer auf. So schien der jüngste Tag mit Blut und Feuerregen gekommen zu sein. Unter lautem Jammergeschrei lief das Volk durch die Straßen. Manche zerschlugen sich Brust und Gesicht und beichteten laut; Andere geißelten sich und glaubten, das Menschengeschlecht werde wegen seiner Sünden vertilgt. Mit großem Geschrei verlangte man, daß die Heiligenbilder in Prozession herumgetragen werden sollten, welches auch geschah. Um diese Bilder blieb das Volk betend und schreiend zusammengedrängt, bis in der Nacht das Gewitter aufhörte, und die Ursache des Brandes entdeckt und derselbe gelöscht wurde. Buße predigende Missionarien werden noch heut zu Tage ausgesendet, und es geht dabei noch ebenso zu, wie im dreizehnten oder vierzehnten Jahrhundert, wie folgende Schilderung aus dem Jahre 1823 beweist, die in der Allgemeinen Kirchenzeitung vom Juni 1824 zu finden ist. Hier heißt es: »Ein anderes Städtchen in der Gegend von Salerno wurde mit einer Mission Bußprediger heimgesucht. Alt oder jung, dumm oder aufgeklärt, weiblich und männlich, kurz die ganze Bevölkerung mußte öffentliche Buße thun, mit einer Dornenkrone auf dem Haupte, im schwarzen Bußgewande, barfuß die Kirche durchwandeln und mit Stricken und Ketten sich geißeln. Der Prediger von der Kanzel feuerte so sehr zur heftigen Geißelung an, daß gegen hundert Personen die Folgen auf dem Krankenbette büßen mußten.–

»Die Büßenden müssen sich mit den Händen das Gesicht zerfleischen und gegenseitig sich anspucken. Des Abends wird die Kirche erleuchtet und mit Todtenköpfen und andern Schreckensgemälden behängt. Eine schwangere Frau ist aus Entsetzen darüber mit einer unzeitigen Frucht niedergekommen, mehrere Kinder sind in Konvulsionen gefallen. Dieses Unwesen hatte am Ende des Novembers angefangen und dauerte nun schon vierzehn Tage, zum Abscheu aller rechtlichen Menschen, welche sich diesem heillosen Unsinne unterwerfen müssen, wollen sie nicht als Carbonari angeklagt und verfolgt weiden.

»Sonntags den 7. December 1823 forderte der Bußprediger seine unglücklichen Zuhörer auf, ihm ein Zeichen zu geben, daß sie nun in der That ihre Sünden ernstlich bereuet hätten. Was meinst du, welches? Sie mußten alle die Zungen gegen ihn ausstrecken. Aber das genügt mir noch nicht, fuhr er in seiner Predigt fort; nun will ich, daß ihr euch alle in Demuth niederwerft, und auf den Knieen zum Hochaltar rutschet, und mit eurer unkeuschen, sündhaften Zunge den Boden der Kirche ableckt. – Augenzeugen versichern die buchstäbliche Wahrheit.«

In Spanien scheint das Geißeln schon seit der Mitte des elften Jahrhunderts Sitte gewesen zu sein; allein rechten Geschmack daran bekam man dort erst durch den heiligen Vincentius Ferrer. Bei den Spaniern verband sich aber bei den Geißelungen der Bußeifer mit der Galanterie; man geißelte sich nicht allein zur Ehre Gottes und für seine Sünden, sondern auch zu Ehren seiner Dame. Eine spanische Novelle, betitelt »Das Leben des Mönchs Gerund de Campazas«, welche einen sehr gelehrten Mann (vermuthlich einen Jesuiten) zum Verfasser hat, enthält folgende Stelle, welche beweist, wie sehr dort das Geißeln zur Ehre der Geliebten Mode war und vielleicht noch ist: »Antonius, heißt es hier, studirte damals zu Villagarcia, saß schon in der vierten Klasse und war bereits fünfundzwanzig Jahre alt. In der heiligen und Osterwoche wurden die Collegia auf vierzehn Tage geschlossen, und Antonius ging auf diese Zeit nach Hause in seine Vaterstadt, wie es der Gebrauch bei allen Studenten ist, welche nicht zu weit nach ihrer Heimath haben. – Der Teufel, welcher niemals schläft, brachte ihn auf den Gedanken, am grünen Donnerstage den Büßenden zu spielen. Antonius war schön gewachsen, hatte schon einen Bart und verliebte sich in ein junges Mädchen, welches seine Nachbarin gewesen, und mit welcher er früher zu dem Lehrer des Orts in die Schule gegangen war, um das ABC zu lernen. Um nun um ihre Gunst zu werben, hielt er es für das beste und untrüglichste Mittel, als Geißler auszugehen; denn dies ist eine von den Galanterien, welche den Damen von Campos am meisten gefallen, und es ist schon eine sehr alte Erfahrung, daß die meisten Ehebündnisse daselbst bei den Maitänzen und am grünen Donnerstag geschlossen werden. Einige Damen sind in so hohem Grade in diese Ceremonie verliebt, daß sie ein weit größeres Vergnügen empfinden, wenn die sie Geißeln in Bewegung setzen sehen, als wenn sie das Klappern der Castagnetten beim Tanze hören.

»Dem Schelm Antonius war dieser Geschmack der Mädchen seiner Stadt nicht unbekannt, und deshalb ging er, wie schon gesagt, am grünen Donnerstag als Geißler aus. Trotz seiner Maske und seines Büßergewandes, welches bis auf die Fersen herunterhing, hätte ihn doch Catania Rebollo, so hieß seine Geliebte, ehemalige Nachbarin und Schulkameradin, in der Entfernung einer Meile erkennen können; denn außerdem, daß bei der Prozession keine so schöne geputzte und so steife Mütze war, so trug er noch zum Kennzeichen einen schwarzen Gürtel, welchen sie ihm einst am Lukastage gegeben hatte, als er einst von ihr Abschied nahm, um nach Villagarcia zu gehen.

»Sie verwandte die ganze Zeit hindurch, da er bei ihr vorbei ging, kein Auge von ihm; und Antonius, der es sehr wohl bemerkte, ergriff die Gelegenheit, die Strenge seiner Geißelhiebe zu verdoppeln, und machte ihr im Vorbeigehen, ohne daß es die übrigen gewahr wurden, zwei fast unmerkbare verliebte Verbeugungen mit seinem Kopfe; denn dies ist eine der zahlreichen Galanterien und Kunstgriffe, welche unfehlbar die Herzen der mannbaren Mädchen gewinnen und auf welche sie sehr Achtung geben; und derjenige, der es mit der größten Anmuth und Eleganz zu thun weiß, hat unter ihnen die Wahl, gesetzt auch, er wäre noch nicht mit den ländlichen Spielen und Uebungen ganz bekannt.

»Endlich, als Antonius durch seine allzu strenge Geißelung schon unendlich viel Blut vergossen hatte, bat ihn einer der Majordomus, welcher die Aufsicht über die Prozession führte, ehe noch dieselbe ihr Ende erreicht hatte, nach Hause zu gehen und für sich Sorge zu tragen. Catania folgte ihm in das Haus nach, wo Wein, Rosmarin, Salz und Flachs in Bereitschaft standen, denn dies war der ganze Apparat, dessen man sich zu dergleichen Kuren bediente. Man wusch seine Schultern wohl aus und verband ihm die Wunden, welche er sich durch die allzuheftige Geißelung zugezogen hatte. Er legte nachher seine gewöhnliche Kleidung wieder an und hüllte sich in seinen grauen Mantel. Man ging nachher wieder aus, um der Prozession ferner zuzusehen, nur Catanla ausgenommen, denn diese sagte, sie wolle bei Antonius bleiben u. s. w.«

Doch dies steht in einer Dichtung und könnte von Manchem nicht für einen genügenden Beweis gehalten werden. Deshalb mag hier noch der Bericht einer sehr geistreichen Frau folgen, der Gräfin d'Aulnoy, welche einer Prozession in der Marterwoche des Jahres 1679 beiwohnte. Sie erzählte: »Alle wahre Büßende, Heuchler und Stutzer, gehen in der Marterwoche, vorzüglich von Mittwoch bis zum Freitag in Prozession. Die nach der Vorschrift der Beichtväter oder aus eigenem Willen ernstlich und strenge Büßenden schleppen sich häufig mit Ketten, bloßen Schwertern, durch die sie verwundet werden, schweren Kreuzen u. s. w. durch die Straßen und martern sich entsetzlich.

»Die galanten Büßenden, welche blos aus Mode die Geißelaufzüge mitmachen, lassen sich erst in der Kunst, sich mit Grazie zu geißeln, wie in der Tanzkunst unterrichten.

Sie tragen ein langes und weißes Faltengewand von feinem Battist, aus dem Kopfe eine Battist-Mütze drei Mal so hoch als ein Zuckerhut, bedeckt mit holländischer Leinwand, von welcher ein Stück über das Gesicht lang herabhängt. In diesem Schleier sind zwei Löcher für die Augen und im Rücken auf den Schultern zwei große Löcher. Sie haben weiße Handschuhe und Schuhe und viele Bänder am Kleide und eins an der Geißel, Geschenke der Geliebten.

»Wer sich mit Anstand geißeln will, muß dabei blos die Hand, nicht den Arm bewegen, in ruhigem Takte schlagen und sein Kleid nicht mit Blut besudeln. Sie schlagen sich so heftig, daß das Blut von den Schultern fließt, vorzüglich wenn sie vor den Fenstern ihrer Geliebten vorbeiziehen, welche sie hinter den Jalousien betrachten und zum Schlagen ermuntern. Wenn ihnen ein hübsches Frauenzimmer begegnet, so schlagen sie sich so, das dasselbe mit Blut bespritzt wird, und das ist eine ehrenvolle Auszeichnung. Sie haben auch Stacheln in den Geißeln, mit denen sie sich zerfleischen.

»Des Abends gehen auch die jungen Stutzer vom Hofe in Prozession. Die Vornehmeren bitten dazu besondere Gesellschaften, zu denen sie ihre Freunde einladen. Es gingen damals der Marquis von Villahermosa und der Herzog von Bejar. Dieser zog um neun Uhr aus seinem Palaste mit hundert Wachsfackeln, die man vor ihm hertrug und mit sechzig seiner Freunde, die ihm vorangingen, und mit hundert andern, die ihm folgten. Alle hatten wieder ihre Pagen und Bedienten. Wenn solche vornehme Prozessionen gehen, sind alle Damen an den Fenstern; sie haben Tapeten auf ihren Balkons und Fackeln an den Ecken derselben, um besser zu sehen und gesehen zu werden.

»Zuweilen fällt eine Störung vor, wenn zwei dergleichen Prozessionen sich begegnen und keine der andern aus der Mitte der Straße oder vom Trottoir weichen will. So begegneten sich der Herzog von Bejar und der Marquis von Villahermosa und begannen sogleich einen Kampf. Die Diener schlugen sich mit brennenden Fackeln, die Freunde der beiden Anführer mit ihren Degen, die beiden Helden selbst aber mit der Geißel und mit Fäusten, bis der Herzog wich. Darauf schafften beide ihre Verwundeten nach Hause, reinigten ihre Kleider, ordneten ihren Zug und zogen gravitätisch weiter. Nach solchen ermüdenden Geißelumgängen erholen sich die lockeren Büßenden (ungeachtet der Fasten) bei einem prächtigen Gastmahle.

»Am Charfreitag findet eine allgemeine glänzend Prozession statt, welcher der König, die Prinzen und der ganze Hof beiwohnen, indem die Damen in festlichem Schmucke von Ihren geschmückten Balkons zuschauen. Die Menge der Vornehmen, ihr Gefolge, die königlichen Garden, die hohe und niedere Geistlichkeit, die Mönche, die unförmlichen, aber prächtig geschmückten Heiligenfiguren geben einen Anblick, der alle Schauspiele dieser Art übertrifft.«

Noch in neuerer Zeit war es in Madrid Sitte, daß sich die eifrigen römischen Katholiken während der Charwoche in dem unterirdischen Gewölbe einer Kirche versammelten und hier die obere Disciplin auf der bloßen Haut gaben, wozu die Geißeln an der Thür ausgetheilt wurden.

In Frankreich begann mit der wieder hergestellten Herrschaft der Bourbonen auch die der Pfaffen, und die Missionaren zogen predigend im Lande umher, von Vielen verlacht, von Andern ehrenvoll aufgenommen. In der Normandie sang man bei Anwesenheit der Mission ein Lied, dessen Refrain war: Vive Jesus, vive sa croix! Vivent les Bourbons et la foi! – In Toulon wurde am 23. April 1820 unter dem Donner der Kanonen das Missionskreuz auf dem Admiralschiffe aufgepflanzt, und das gute Franzosenvolk schrie: Es lebe der Glaube! es lebe der König! es lebe die Mission! Alle Galeerensklaven knieten längs dem Kai mit entblößtem Haupte, und ein Missionar predigte hier Buße, ein andrer auf dem Paradeplatz. Die Geistlichen von sechs Stunden und alle Korporationen der Stadt waren zugegen; die blauen, weißen, schwarzen und grauen Büßenden gingen barfuß im Sacke, mit einem Stricke umgürtet. – Es war Zeit, daß die Franzosen Karl X. wegjagten, denn schon wallfahrteten die frommen Pariser mit bloßen Füßen, und der König selbst ließ sich von seinem Beichtvater die untere

Disciplin geben! – Der Pfaffenkönig ist nun fort; aber der Bürgerkönig sieht, daß sein Herr Vetter nicht so unrecht hatte, indem er zur Unterdrückung des Volkes römisches Verdummungselexir verordnete, wenn er es auch sonst ungeschickt genug anfing. Die französischen Pfaffen in Paris lenkten schon wieder in die alte Straße ein; aber hoffentlich wirft ihr Wagen bei Zeiten um.

In Deutschland waren Geißelprozessionen ebenfalls üblich; aber sie kamen erst nach der Mitte des 16. Jahrhunderts recht in Aufnahme, als die Herren Jesuiten dieselben eifrig beförderten. In Augsburg scheint selbst eine Geißelbrüderschaft bestanden zu haben. Wir finden die Geißelprozessionen sowohl im Süden als im Norden Deutschlands, und im Anfang des 17. Jahrhunderts entspann sich darüber ein heftiger Federkrieg zwischen Katholiken und Lutheranern. in welchem sich der Jesuit Gretfer, natürlich für das Geißeln, auszeichnete. Mit den Jesuiten scheint das Geißeln bei den Prozessionen in Deutschland aufgeholt zu haben; daß sie auch ohne dasselbe noch immer verrückt genug waren, habe ich im ersten Buche erwähnt. Allein wir haben die besten Hoffnungen! Die Herren Jesuiten bauen sich ja schon wieder bei uns ihre Nester, und Jeder wird wohl mit mir einverstanden sein, wenn ich sage: Wer die Jesuiten hat, der hat auch die Geißel. Ich könnte dies lange Kapitel noch viel länger machen, wenn ich alle die in der Kirche berühmten Männer mittlerer und neuerer Zeit anführen wollte, welche durch Geißelhiebe zu Gott redeten – Greiser und Thiers geben mir Material genug –, allein ich will schließen, um meinen Lesern nicht selbst zur Geißel zu werden.

3. Ordentliche und außerordentliche Kirchen- und Klosterhiebe

„Ach! wie betrübt sind fromme Seelen
Allhier in diesem Jammerthal!“

Die römische Kirche hatte sich anfangs gegen die Buße des Geißelns gesträubt und, wie wir in der Folge sehen werden, sogar den Beichtvätern verboten, dieselbe ihren Beichtkindern aufzuerlegen; allein gar bald erkannte sie, daß sie Unrecht habe, ein Fall, der nur sehr selten eintritt, und entdeckte, daß die Geißel ein vortrefflicher Zaum sei, womit sie den dummen Esel Volk lenken könne. Ja sie betrachtete die Geißelung bald als einen so wesentlichen Theil der Buße, daß ein vom Banne freigesprochener gar nicht anders als durch öffentlich erhaltene Schläge – die, wie sich von selbst versteht, von Pfaffen ertheilt wurden – entsündigt werden konnte.

Welch ein Triumph war es auch für die Pfaffheit, wenn ein Gewaltiger auf Erden demüthig den Rücken entblößen und sich von geweihten Händen vor allem Volk wie ein Sklave mußte behandeln lassen! Bei einem solchen Feste sah das Volk klar, daß die Pfaffen die Herren ihrer Herren waren, und das war es ja eben, was der Großpfaff wollte! Er fühlte sich ein Gott auf Erden, wenn er auf seinen Befehl die geweihte Ruthe auf dem Rücken eines widerspenstigen Königs tanzen sah.

Schon im vorigen Kapitel habe ich einige Fürsten und vornehme Personen namhaft gemacht, welche sich freiwillig der Geißelung unterzogen, unter ihnen den heiligen Ludwig, König von Frankreich, der stets eine aus fünf Ketten bestehende Geißel in einer besonderen Kapsel bei sich trug. Nun will ich aber einige Beispiele von unumschränkten Fürsten anführen, welche gezwungen wurden, die beleidigte Kirche durch öffentlich erhaltene Schläge zu versöhnen.

Julius Graf von Venaissin, einer nicht weit von Avignon gelegenen Grafschaft, hatte den Pfarrer einer Gemeinde lebendig begraben lassen, weil dieser sich geweigert hatte, den Leichnam eines armen Mannes beerdigen zu lassen, – bis nicht die gewöhnlichen Gebühren entrichtet wären. Nicht wegen der Grausamkeit dieser Handlung, aber wohl wegen Verletzung des Ansehens der Kirche in einem ihrer Diener war der Papst gegen den Grafen so ergrimmt, daß er ihn excommunicirte. Was das heißen wollte, habe ich im ersten Buche auseinandergesetzt.[36] Der Graf wurde wie ein Pestkranker geflohen, sowohl vom Volke wie von seinen gleich einfältigen Standesgenossen, und wollte er in dieser Welt noch eine vergnügte, ruhige Stunde genießen, mußte er sich vor »dem Babba auf Siebenspitzen« demüthigen. Er that es, und der Bann wurde von ihm genommen, nachdem er Kirchenbuße gethan hatte und vor dem Tore der Kathedral-Kirche von Avignon öffentlich durch Pfaffenhände gegeißelt worden war.

Doch der Gegeißelte war nur der Herr einer kleinen Grafschaft; ungleich größer war der Triumph, welchen die römische Kirche über den mächtigen König Heinrich II. von England feierte. Eine unvorsichtige Aeußerung desselben hatte den Tod des Erzbischofs von Canterbury, Thomas Becket, – der es übrigens vollkommen verdiente – herbeigeführt, und ganz England wurde dafür mit Bann und Interdikt belegt. Das Volk war dumm genug, deshalb bis zum Tode betrübt unglücklich zu sein, und der König beschloß es aus seiner Qual zu erlösen. Barfuß wallte er zum Grabe des nun heilig gesprochenen, ermordeten Schurken und empfing hier, demüthig zur Erde geworfen, von jedem der dort versammelten achtzig Pfaffen einige Geißelhiebe![37]

Dem mächtigen Grafen Raimund von Toulouse erging es eben so schlimm und noch schlimmer, denn sein Widerstand gegen die Anmaßung der Pfaffen kostete ihm seine Länder, die sich über einen sehr beträchtlichen Theil Süd-

36 „1. Buch S. 133, 139."
37 „Siehe 1. Buch S.148."

frankreichs erstreckten. Er hatte die Kühnheit gehabt, die Albingenser zu beschützen, eine Sekte, di« in seinem Lande sehr ausgebreitet, aber von der Kirche für ketzerisch erklärt war. Innocenz III. ließ einen Kreuzzug gegen ihn predigen, und Raimund unterlag. Wollte er sein Land wiedererhalten, so mußte er zu Kreuze kriechen. Er that es. Bis auf die Lenden entkleidet erhielt er die Disciplin von der Hand des Legaten der ihn von der Thür der Kirche bis an den Altar prügelnd vor sich her trieb.

Unsern deutschen Fürsten erging es nicht besser. Die Kirchenbuße, welche Ludwig der Fromme zu Soissons und die, welche Heinrich IV. im Schloßhofe zu Canossa thun mußte, wägt eine bedeutende Anzahl Geißelhiebe auf, und die Jahrestage jener Triumphe sind im Kalender der römischen Kirche mit rother Farbe angemerkt.

Doch selbst noch nach der Reformation kam es vor, daß der König eines großen Volkes vom Papste öffentlich Schläge hinnehmen mußte, wenn auch nicht auf den höchst eigenen allerdurchlauchtigsten Rücken – sondern auf den seiner Gesandten! Dies ist allerdings die bequemste Art der Geißelung, Der auf diese Weise gezüchtigte König war Heinrich IV. von Frankreich.

Nach Heinrichs III. Ermordung kam Heinrich IV. auf den französischen Thron, aber der Bann des Papstes lag noch auf ihm. Wenn nun auch die Zeiten der Innocenze vorüber waren, so hatten die Paffen während der Ligue doch wieder den alten stinkenden Pfuhl aufgewühlt und die daraus hervorsteigenden Miasmen das Gehirn des Volkes eingenommen. Heinrich saß nicht fest auf seinem Thron, wenn ihn der Papst nicht vom Banne und von der Ketzerei absolvierte. Hierzu entschloß sich dieser endlich nach langem Zögern.

Am 17. September 1595 erschienen die Bevollmächtigten des Königs, die Herrn d‘ Ossat und Du Perron, in Rom vor dem Papste, um von ihm die Absolution ihres Gebieters zu empfangen. Die Psalmsänger sangen während der Ceremonie das Miserere, und der Papst schlug bei jedem Verse mit der Ruthe, die er in der Hand hielt, auf die Schulter eines der Abgesandten, denen es verstattet worden war, diese Schläge angekleidet zu empfangen. Sie waren sehr sanft und nicht einmal fühlbar; allein dem Pfaffenhochmuth war Genüge geleistet, und es konnte in den Kirchenannalen eingetragen werden, daß der Papst den König in seinen Abgeordneten gegeißelt habe.[38]

Die französischen Minister wollten aber nicht zugeben, daß diese demüthigende Handlung in der Absolutionsbulle erwähnt wurde, sondern verlangten, daß sie, als zur Absolution von selbst gehörend, mit Stillschweigen übergangen werden wollte. Der Papst fügte sich, aber die Pfaffen in Frankreich sorgten schon dafür, daß es überall bekannt wurde, und bald hieß es, die beiden Herren Gesandten hätten in der Kirche zu Rom, völlig entkleidet, eine schreckliche Geißelung überstehen müssen.

Noch im vorigen Jahrhundert mußte sich jeder neue Bischof von Würzburg einer seltsamen Ceremonie unterwerfen; ob dieselbe noch jetzt im Geheimen praktizirt wird, weiß ich nicht. Sobald der Bischof gewählt war und ehe er seine neue Würde angetreten hatte, mußte er, bis an die Lenden nackt, förmlich Gassen laufen. Diese Gasse wurde von Domherrn gebildet, die mit tüchtigen Ruthen bewaffnet waren und wahrscheinlich an dem bloßen Rücken ihres geistlichen Oberherrn ihren Unmuth darüber ausliehen, daß sie die Wahl nicht getroffen habe. Den Grund und Ursprung dieses seltsamen Gebrauches weiß ich nicht anzugeben.

Da ich es hier in diesem Kapitel eigentlich mehr mit den unfreiwilligen als mit den freiwilligen Prügeln zu thun habe, so gehören auch diejenigen hierher, welche Heilige an Personen austheilen, die nach ganz andern Dingen lüstern waren.

Da die Heiligen schon durch ihren Stand als Heilige auf die Keuschheit angewiesen waren, und da sie fortwährend so viel Aufhebens von den »Anfechtungen des Fleisches« machten, denen sie beständig ausgesetzt wären, so kann

38 „In diesen Akten heißt es: Domius papa verberabat et percutiebat humeros procuratorum, en cujus libert ipsorum, virga, quam in manibus habebat."

ich schon begreifen, daß es lüsternen Frauen darnach verlangte, den Teufel, der die Heiligen plagte, in die Hölle zu schicken. Wer den Boccaccio gelesen hat, wird sich sehr gut der Novelle erinnern, die von diesen höllischen Teufeleien handelt, und wird wissen, was unter Teufel und Hölle zu verstehen ist; für die, welche die Novelle nicht kennen, bemerke ich nur, daß lüsterne Frauen darnach trachteten, die frommen Männer zu verführen.

Von den Heiligen, welche sich verführen ließen, haben uns die Kirchenschriftsteller nichts erzählt; dies scheint die Regel gewesen zu sein, von der man nicht für nöthig hielt zu reden, denn wäre dies nicht so, so würde man auf diejenigen Fälle, wo sie widerstanden nicht so großes Gewicht gelegt haben.

So erzählt uns ein Pariser Gottesgelehrter, Claude Despence, einen Fall beispielloser Enthaltsamkeit von dem Heiligen Edmund, der nach der hier abgelegten Probe von seiner Heiligkeit Bischof von Canterbury wurde. In diesen frommen Mann verliebte sich ein junges Mädchen und suchte ihn auf alle nur mögliche Weise zum »Werk der Finsternis« zu verführen. St. Edmund widerstand ritterlich; aber endlich wurde ihm der lüsternen Jungfrau Zudringlichkeit lästig, und er beschloß, derselben auf eine oder die andere Weise ein Ende zu machen. Zu diesem Zwecke stellte er sich denn, als sei er ganz bereit, ihren Willen zu erfüllen, und bestellte sie hin zu sich auf seine Studirstube. Als sie voller Freude kam, veranlaßte er sie, sich völlig zu entkleiden, und nun ergriff er sie – zugleich aber auch eine mächtige Ruthe und bearbeitete damit den üppigen Leib dermaßen, daß die dick angeschwollenen Streifen lange Zeit darauf zu sehen waren.

Ganz eben so machte es, wie Surius erzählt, der heilige Bernhard von Siena, nur mit dem Unterschiede, daß er nicht so hinterlistig verfuhr, und daß er gewissermaßen durch die Nothwehr gezwungen wurde, zu seiner Waffe, der Geißel, zu greifen; denn die verliebte Dame setzte seiner Keuschheit förmlich das Messer an die Kehle. Doch der gelehrte Surius mag selbst erzählen: »Eines Tages, als Bernhard ausgegangen war, um Brot zu kaufen, begegnete ihm die Frau eines Bürgers von Siena und bestellte ihn zu sich in ihr Haus. Sobald er dahineingegangen war, schloß sie die Thür ab und sagte: Wenn du jetzt nicht meine Wünsche erfüllst, so verspreche ich dir im Voraus, daß ich dich mit Schande überhäufen und sagen werde, du habest mir unanständige Dinge zugemuthet. Bernard bat in dieser so gefährlichen Lage insgeheim den Himmel, ihn nicht zu verlassen, denn er verabscheute eine solche Handlung. Der Himmel erhörte sein Gebet, und sogleich fiel ihm ein, der Frau zu sagen, daß, wenn sie es nun einmal so haben wollte, sie sich nothwendig auskleiden müßte. Das Weib machte keine Einwendungen; aber sie war kaum ausgekleidet, als Bernhard seine Geißel hervorzog und die verliebte Frau ziemlich unbarmherzig zergeißelte und damit nicht eher aufhörte, bis ihr Liebesfeuer gänzlich erloschen war. Sie liebte nachher den heiligen Mann um desto mehr und eben so sehr ihr Ehemann, als er erfuhr, wie er seine Frau behandelt hatte.«

Der heilige Bernhard, der überhaupt als junger Mann sehr schön war, hatte dergleichen Anfechtungen oftmals zurückzuweisen. Einst kehrte er bei einer Frau ein, die ihn sehr lieb gewann. In der Nacht schlich sie heimlich in Bernhards Schlafkammer. Als dieser gewahr wurde, welche Verführung heranrücke, rief er mit lauter Stimme: Mörder! Mörder! und die Wirthin lief entsetzt davon, denn das ganze Gesinde wurde wach und suchte nach dem vermeintlichen Mörder. Als man nichts fand, legten sich Alle wieder zu Bette, nur die beharrliche Wirthin nicht, welche einen zweiten und endlich einen dritten Sturm versuchte, die aber ebenso wie der erste mit dem Ausruf: Mörder! zurückgewiesen wurden.

Als ihn am andern Tage seine Gefährten um die Ursache seines Geschreis fragten, da doch kein Mörder dagewesen sei, antwortete St. Bernhard: Wahrhaftig, es sind Mörder dagewesen, denn die Wirthin hat es versucht, mir meinen höchsten Schatz zu stehlen, der nie wieder zu erlangen ist, meine Keuschheit. – Der pfalzgräfliche Hofprediger M. Hieronymus Rauscher, der diese Geschichte in seinen »Bapistischen lügen« (1562) auch erzählt, bemerkt dahinter: »Er wird etwa geschrieen haben, wie ein Dieb in einem Rosstal, unsere junge Mönch sind nicht so scheuch noch furchtsam, sie dürffens mit wagen, wenns einem so gut würde. Es saget St. Bernhardus darzu, was er wolte, es wurde gleich ein Son oder Tochter daraus, es wird vieleicht St. Bernhardus die Keuschheit mit jm die ander Welt gefüret haben, dern die jetzigen Mönche gar wenig derselbigen haben.«

Doch der Herr Hofprediger ist ein Ketzer und ihm nicht zu trauen, denn es gab noch zu seiner Zeit Mönche, die es ähnlich machten wie St. Bernhard in diesem letzten Fall. – Der Bruder Matthias von Avignon, der um 1540 lebte, hatte in Corsika, wo er sich mehrere Jahre aufgehalten, den Ruf großer Heiligkeit erlangt. Er ging später in ein piemontesisches Kloster, wo der Bruder Kapuziner sehr freundlich aufgenommen wurde. Als er einst auf dem Lande umher für dieses Kloster betteln ging, übernachtete er in dem Hause einer jungen, sehr schönen und vornehmen Dame. Diese fand Gefallen an dem Frater und stattete ihm in der Nacht einen Besuch ab. Sie war im Hemde, näherte sich seinem Bette und drang sehr innig in ihn. ihr einen Liebesdienst zu erweisen.

Der heilige Mönch war vor Erstaunen stumm, richtete sich aber eiligst auf, ergriff seine an der Wand hängende sehr harte und knotige Geißel und zerpeitschte der Dame Schultern, Rücken und Hintern so erbärmlich, daß sie sehr viele deutliche Merkmale der Lehre, welche er ihr gegeben hatte, mit sich nahm. –

Von den freiwilligen Geißelungen in den Klöstern habe ich im vorigen Kapitel nicht gesprochen, da ich in diesem hier mich fast allein mit jenen heiligen Anstalten beschäftigen muß; St. Adelgonde nennt sie freilich anders, indem er erklärt, weshalb die Klöster von den Wohnungen der andern Menschen abgesondert stehen; er sagt: »jre Wohnungen sein abgesondert von Leuten, weil sie der Welt Sch– häuser sein, dahin sie jre Sünd entlären.«

Der Verrücktheit derjenigen, welche Mönchsorden stifteten, darf man es schon zutrauen, daß sie in ihren Regeln die freiwillige Geißelung nicht übergingen, als diese einmal aufgebracht war, und so ist es denn auch in der That der

Fall. In den ältesten Klosterregeln findet sich von diesem Unsinn zwar keine Spur, aber die spätern haben es meistens reichlich nachgeholt.

Wollte ich nun alle verschiedenen Mönchs- und Nonnenorden einzeln durchgehen und ihre Regeln untersuchen, dann müßte ich ein Jahr an diesem Kapitel schreiben und würde vielleicht noch nicht fertig sein. Schon St. Adelgonde, der eine große Menge Mönchsorden aufzählt, sagt: »Aber ich bedürfte wohl einer stählernen Feder, oder zum mindesten einer Feder aus St. Michaels Flügel zu St. Michael, wenn ich alle Orden beschreiben wollte, die unser heiliger Vater zu Rom der Schrift zuwider gestiftet hat.« – Ich lasse es deshalb bleiben und bemerke nun »Wie etliche inn Schneeweis, etliche inn kolschwarz, die andern inn Eselgraw, inn grasgrün, inn feurrodt, in himmelblaw, inn bund oder geschecket gekleyd gehn, die eynen eyn helle, die andern eyn trübe kapp utragen, die eyn Rauchfarb vom Fegfeur geräuchert, die ander von Requiem Todenbleych. Den einen Mönch graw wie ein Spatz, den andern hellgrau wie eyn Klosterkatz: Etliche vermengt mit schwartz und weis, wie Atzeln. Raupen und Läus, die andern Schwebelfarb und Wolffsfarb, die Dritten Eschenfarb und holzfarb, etliche in vil Röcken ober einander, die andern in eyner blosen Kutt: Etliche mit dem Hemd oberm Rock, die andern on eyn Hemd, oder mit eym pantzerhemd, oder härin hemd, oder Sanct Johanns Cameelshaut auff bloser haut: Etliche halb, etliche gantz beschoren: etliche bärtig, die andern Unbärtig und Ungeberdig: Etliche gehn barheupt, vil Barfüßig, aber all miteynander müßig: Etliche sind gantz Wüllin, etlich Leinin, etlich Schäfin, etlich Schweinin: Etlich füren Juden Ringlein auff der Brust, die andern zwei schwerter kreutzweis zum kreutzstreich darauff geschrenkt, die dritten eyn Crucifix für eyn Bottenbüchs, die Vierten zwen schlüssel. Die fünfften Sternen die sechsten kräntzlin: die sibenden Spiegel auß dem Eulenspiegel, die achten Bischofshut, die Neunten fligel, die Zehenden Thuchschären, die eylfften

Kelch, die zwölfften Muscheln unnd Jacobsstäb, die Dreizehnden geysseln, die Viertzehnden schilt, und andere sonst auff der Bruft seltsam grillen, von Paternostre, Ringen und Prillen. Sehet da, die Feldzeychen sint schon ausgetheylt, es fälen nur die Federpusch, so ziehen sie hin inn Krig gerüst.«

Aus dieser Menge verschiedener Uniformen können wir schon sehen, wie zahlreich die geistliche Armee war, und daß ich gut daran thue, wenn ich nur einige der Orden als Beispiele heraushebe und einige Hauptgeißelnarren flüchtig erwähne.

Die Karmeliter hatten eine ziemlich vernünftige Regel, bis sie unter die Herrschaft der heiligen Therese kamen; dieselbe, welche den Mönchen buchstäblich die Hosen auszog und diese ihren Nonnen anzog.[39] In den Regeln, welche sie dem Orden gab, spielte die Selbstgeißelung eine bedeutende Rolle. Jeden Montag, Mittwoch und Freitag nach der Komplet, alle Ferien und Feiertage gaben sich die Nonnen die Disciplin und zwar mit Ruthen. Dazwischen wurde das Miserere gesungen, und gewöhnlich kam es zum Blutvergießen.

Dies war die gewöhnliche ordentliche Buße; wem sie nicht genügte und wer nach einer außerordentlichen verlangte, der mußte sich dazu die Erlaubniß einholen. Dies war sehr oft der Fall, und viele Mönche und Nonnen trieben diese Sache mit einer Art von Raserei. Einige geißelten sich, besonders während der Fastenzeit, drei bis vier Mal täglich, ja sogar während der Nacht. Einer Nonne, der Schwester Maria vom heiligen Sakrament, schien weder Ruthe noch Geißel hart genug, sie schlug sich mit einem – Kesselhaken!

An einigen Tagen mußte nach den Statuten der Superior allen Religiösen die Disciplin geben. Das war für alle ein großes Freudenfest, und mit ungeduldiger Hast entblößten sie, wenn die Reihe an sie kam, ihren Rücken.

Das Kloster zu Pastrane war eine förmliche freiwillige Marteranstalt. Eine Zelle war gleichsam das Geißelzeug-

39 „Erstes Buch, S. 68".

haus. Hier waren alle nur möglichen Peinigungsinstrumente angehäuft, und jeder Novize hatte das Recht, sich dasjenige Folterwerkzeug auszusuchen, welches ihm für seine Buße am passendsten schien. Eine beliebte Art der Selbstquälerei war das sogenannte Ecce homo. Sie wurde gewöhnlich in Gesellschaft vorgenommen. Die bußbedürftigen Brüder stellten sich im Refectorium auf. Einer trat nun aus der Reihe heraus. Er war nackt bis zum Gürtel und sein Gesicht mit Asche bedeckt. Unter dem linken Arme schleppte er ein schweres hölzernes Kreuz, und auf dem Kopfe trug er eine Dornenkrone. In der rechten Hand hielt er die Geißel. So ging er mehrmals im Refectorium auf und nieder, peitschte sich fortwährend und sagte mit kläglichjammernder Stimme einige besonders zu dieser Gelegenheit verfaßte Gebete her. – War er fertig, dann folgten die andern Brüder.

Der Karmeliterorden hat berühmte Geißelhelden und Geißelheldinnen hervorgebracht, und ich erinnere nur an die heilige Therese und an die heilige Katharine von Cardone, von denen ich schon im Kapitel von den Heiligen weitläufiger gesprochen habe. Die Letztere, die sich auf aller nur erdenkliche Weise quälte, bediente sich zum Geißeln Ketten mit Häkchen oder einer gewöhnlichen Geißel, in welche sie Nadeln und Nägel gesteckt, oder die sie mit Dornenzweigen durchflochten hatte. Mit solchen schrecklichen Instrumenten geißelten sie sich oft zwei bis drei Stunden hintereinander.

Maria Magdalena von Pazzi, eine Karmeliter-Nonne zu Florenz, erlangte durch ihre Selbstquälerei und noch mehr durch die Folgen derselben einen guten Ruf. An diesem armen unglücklichen Mädchen kann man die traurige Wirkung der Geißelmanie am auffallendsten wahrnehmen, und wenn es mir der Raum erlaubte, so würde ich ihre in dieser Beziehung besonders lehrreiche Geschichte weitläufig hersetzen; so begnüge ich mich aber mit einigen Andeutungen.

Sie war 1566 in Florenz geboren und die Tochter angesehener Eltern. Schon als Mädchen von zehn Jahren war es ihre größte Lust, ihrem Körper durch Geißelhiebe oder auf andere Weise wehe zu thun. Häufig machte sie sich von den dornigen Zweigen wilder Orangen einen Kranz, wand sich denselben um die Schläfe und legte sich so ins Bette; manchmal flocht sie sich auch solche Dornenzweige um den nackten Körper. Siebzehn Jahre alt ging sie ins Kloster, und hier war es ihre größte Freude, wenn die Priorin ihr die Hände auf den Rücken binden ließ und sie in Gegenwart sämmtlicher Schwestern mit eigener Hand auf die bloßen Lenden geißelte.

Diese schon seit früher Jugend mit sich vorgenommenen Geißelungen und sonstigen Quälereien hatten ihr Nervensystem ganz und gar zerrüttet, und keine Heilige hatte so häufige Entzückungen gehabt wie sie. Während derselben hatte sie es besonders mit der Liebe zu thun und schwatzte davon das wunderlichste Zeug. Der himmlische Bräutigam erschien ihr sehr häufig, und sie sah ihn in allen möglichen Lagen. Einst blieb sie, das Kruzifix in der Hand, sechzehn Stunden lang in Betrachtungen über das Leiden Christi versunken und sah im Geiste eine der Martern nach der andern, welche er erduldet hatte. Dieser Anblick rührte sie so sehr, daß sie Ströme von Thränen vergoß und ihr Bette davon so naß wurde, als wenn es in Wasser getaucht worden wäre. Dann fiel sie in Ohnmacht und blieb, blaß wie der Tod, eine lange Zeit ohne alle Bewegung liegen.

In diese Entzückungen verfiel sie gewöhnlich, nachdem sie das Abendmahl genommen hatte, oder wenn sie sich in die Betrachtung eines heiligen Ausspruchs vertiefte. Besonders geschah das, wenn sie über ihren Lieblingstext nachdachte; dieser war: Und das Wort ward Fleisch. Einst gerieth sie dabei in eine Verzückung, welche von Abends fünf Uhr bis zum andern Morgen dauerte. Während derselben rief sie plötzlich aus: »Das ewige Wort ist in dem Schooße des Vaters unermeßlich groß; aber in Mariens Schooß ist es nur ein Pünktchen... Deine Größe ist unergründlich und Deine Weisheit unerforschlich, mein süßer, liebenswürdiger Jesus!«

Das innere Feuer drohte sie zu verzehren, und häufig schrie sie: »Es ist genug, mein Jesus! entflamme nicht stärker diese Flamme, die mich verzehret... Nicht diese Todesart ist es, die sich die Braut des gekreuzigten Gottes wünscht; sie ist mit allzuvielen Vergnügungen und Seligkeiten verbunden!«

So steigerte sich ihr Zustand von einer Stufe des Wahnsinns zur andern, und endlich bildete sie sich ein, förmlich mit Christus vermählt zu sein und sowohl von ihm, wie von ihrem Schwiegervater und dessen Adjutanten, dem heiligen Geiste, Visiten zu erhalten. Die Hysterie erreichte den höchsten Grad, und »der Geist der Unreinigkeit« blies ihr die üppigsten und wollüstigsten Phanthasien ein, so daß sie mehrmals nahe daran war, ihre Keuschheit zu verlieren. Aber die Qualen, denen sie sich nach solchen Versuchungen unterzog, waren entsetzlich. Sie ging in den Holzstall, band einen Haufen Dornengesträuch los und wälzte sich darauf so lange, bis sie am ganzen Körper blutete und der Teufel der Unzucht sie verlassen hatte. So ging es fort, bis endlich der Körper erlag und der Tod ihren Qualen ein Ende machte. Die arme Wahnsinnige wurde heilig gesprochen.

Die vielen Abarten des Cisterzienser-Ordens haben sich im Punkte der Selbstgeißelung ebenfalls sehr ausgezeichnet.

Ihre Krone ist die hochgepriesene Mutter Passidea von Siena. Von dieser Närrin habe ich schon früher erzählt, daß sie ein Vergnügen dabei fand, sich wie einen Schinken in den Rauch hängen. Im Geißeln leistete sie Dinge, die selbst den gepanzerten Dominikus in Erstaunen gesetzt haben würden. Schon in früher Jugend schlug sie sich mit eisernen Disciplinen und hörte nicht eher auf, als bis sie am ganzen Leibe zerfleischt und förmlich in ihrem Blute gebadet war. Doch das einfache Geißeln genügte ihr nicht; sie kniete während dieser heiligen Handlung auf Eis und Schnee und im Sommer auf Dornen. Besenreiser waren ihr lieblicher als Rosen und Nelken. Hatte sie sich genug zerfleischt, dann ließ sie sich auf Rücken und Lenden kochenden Essig und Salzwasser träufeln.

Die natürliche Folge dieser Handlungsweise war ebenfalls ein dem Wahnsinn nahe kommender Zustand, in welchem ihr Christus erschien. Das Blut floß aus den Wunden, er streckte ihr die Arme entgegen und rief mit zärtlicher Stimme: »Schmecke, meine Tochter, schmecke!«

Elisabeth von Genton gerieth durch das Geißeln förmlich in bacchantische Wuth, was aber die Pfaffen heilige

Verzückung nannten. Am meisten raste sie, wenn sie, durch ungewöhnliche Geißelung aufgeregt, mit Gott vereinigt zu sein glaubte, den sie sich als einen schönen nackten Mann und im beständigen Bräutigamstaumel mit seiner irdischen Geliebten dachte. Dieser Zustand des Entzückens war so überschwenglich beglückend, daß sie häufig in den Ausruf ausbrach: »O Gott! o Liebe! o unendliche Liebe! o Liebe! o ihr Kreaturen! rufet doch alle mit mir: Liebe! Liebe!« – Gegen ihre Krankheit würde das gut gethan haben, was der böse Stadtrichter mit der heiligen Agnes vornahm.[40]

Ueberhaupt scheinen die Frauen noch weit mehr Vergnügen am Geißeln gefunden zu haben als die Männer; wenigstens findet man nicht, daß die letzteren durch die dadurch hervorgebrachten Wirkungen so schrecklich geplagt wurden; aber vielleicht liegt das nur darin, weil sie leichter als die Nonnen Gelegenheit hatten, Gegenmittel zu gebrauchen.

Die Abkömmlinge des Franziskanerordens haben ebenfalls berühmte Geißlerinnen aufzuweisen. Die Urbanistinnen wurden von einer französischen Prinzessin, Isabelle, Tochter Ludwigs VIII., gestiftet. Die Heiligkeit des Vaters hatte sie angesteckt, und beharrlich schlug sie alle Heirathsanträge aus. Sie wollte durchaus Jungfrau bleiben und Nonne werden. Ehe sie diesen letztern Zweck noch erreicht hatte, geißelte sie ihren zarten Körper so hart, daß das Blut herablief, und wenn sie zu müde war, um sich ordentlich wehe zu thun, ließ sie sich von andern geißeln.

Eine berühmte Geißlerin unter den Kapuzinerinnen war Maria Laurentia Longa, die Gemahlin eines neapolitanischen Ministers gewesen war. Sie bat Jedermann fußfällig, ihr doch die Wollust zu bereiten und sie gehörig mit der Ruthe zu hauen. Bis zum Rücken entblößt lag sie der Länge lang auf harter Erde und ließ sich mit einem ungeheuren Stallbesen zerhauen. Je stärker geschlagen wurde, desto verzückter wurde sie, und desto inniger glaubte sie mit Jesus vereinigt zu sein. Diese innige Vereinigung mit ihrem himmlischen Bräutigam war das Ziel des sehnlichsten

40 „Pfaffenspiegel S. 58."

Verlangens der meisten Nonnen. Viele nahmen aber freilich auch mit einer irdischen Vereinigung mit einem irdischen Liebhaber vorlieb.

Als Laurentia älter wurde, ließ diese durch den Stallbesen erzeugte Liebesbrunst etwas nach; aber Donna Maria d'Erba, Herzogin von Tremoli, durch ihr Beispiel verführt, trat in ihre Fußtapfen, und Geißel und Ruthen waren ihre Wohltäter. Laurentia starb an den Folgen der übermäßigen Kasteiungen.[41]

Die heilige Therese, unerachtet ihres beständigen Krankseins, plagte ihren Körper noch mit den schärfsten Geißeln, sie rieb sich häufig mit frischen Brennesseln, ja sie wälzte sich wohl gar nackt in den Dornen herum.

Da wir hier noch einmal auf die Heiligen zurück kommen so müssen wir auch der schönen Rosa von Lima gedenken, der ersten Blume der Heiligkeit im tropischen Amerika, Diese hatte in und unter ihrem Cilicium kleine Nadeln mit eingeheftet; sie trug täglich eine Dornenkrone, deren Stacheln sich in den Kopf bohrten, und umgürtete sich mit einer dreifachen eisernen Kette. Dafür versetzte sie der Papst Clemens X. unter die Heiligen, und am 2. August jeden Jahres wird sie gefeiert.

Der heilige Ignatius von Loyola, Stifter des Jesuitenordens, und sein Genosse Franz von Xavier, der mehr bekehrt haben soll, als die Römer und Griechen sich jemals unterwürfig gemacht hätten, peitschten sich unablässig mit eisernen Geißeln. Nicht minder Karl der Borromäer von Mailand, der vom Papst Paul V. heilig gesprochen wurde.

Der italienische Mönch Dominikus der Gepanzerte, den der Bischof Damiani als Muster hinstellte und von dem schon im zweiten Abschnitte Manches erzählt wurde, sprach die Worte der Psalmen, zu denen er den Takt mit der

41 „Von hier ab hat wegen der seit Abfassung dieses Werkes verflossenen Zeit, in der sich auch noch verschiedene neue oder unvollkommen benutzte Quellen über diesen Gegenstand vorfanden, eine Ueberarbeitung und Ergänzung stattgefunden, die da der Verfasser verstorben ist, ein ihm gesinnungsverwandter Schriftsteller besorgt hat. Anm. des Verlegers."

Geißel auf seinem Rücken schlug, nicht mit seiner schweren Zunge, sondern bloß innerlich, weil das schneller ging. Einige Jahre vor seinem Tode vertauschte er seine Geißelbesen mit Riemen, um die Schmerzen zu erhöhen.

Die florentinische Geistlichkeit bezeichnete die Selbstgeißelungen als einen Verstoß gegen die Satzungen der Kirche; Andere nahmen an dem strengen Charakter Anstoß, noch Andere, wie der Kardinal Stephan von Monte Cassino, tadelten die dazu nöthige Entblößung als anstößig. Der Bischof Damiani dagegen stützte sich auf den 150. Psalm, der im 4. Verse vorschreibt: »Lobet den Herrn mit Pauken!« Eine Pauke ist eine trockene Haut, und so lobe der den Herrn wahrhaft mit Pauken, der seinen von Fasten ausgezehrten Körper mit der Geißel bearbeite. Und wenn fünfzig Schläge gut seien, so müßten sechzig, hundert, ja tausend und mehr Schläge noch besser sein, denn es sei ungereimt, den kleinen Theil einer Sache zu billigen, aber den größeren zu verwerfen. »Was ist dein Leib!« so rief er aus, »ist er nicht ein Aas, ein Madensack, Staub und Asche? Werden die Würmer dir dafür danken, daß du ihn so sorgfältig gepflegt hast?«

Ein Franziskanermönch hatte das Gelübde gethan so lange er lebte, sich täglich dreimal zu geißeln, und zwar zum Gedächtniß der heiligen Dreieinigkeit: des Morgens für Gott den Vater, nach der Mittagsmahlzeit für Gott den Sohn und kurz vor dem Schlafengehen für den heiligen Geist. Da dies nun seine einzige Leidenschaft war, so hatte sich dadurch bei ihm eine Liebhaberei für die verschiedensten Ruthen und Prügel ausgebildet, und er hatte davon eine reichhaltige Sammlung in seiner Zelle. Allein, nachdem er diese Geißelungen eine gute Reihe von Jahren treulich vollführt hatte, verfiel er in ein garstiges Fieber und wurde dadurch unfähig, sich fürder zu geißeln. Da er fest glaubte, er würde im Unterlassungsfälle bei Gott in Ungnade fallen, so übertrug er die fromme Bearbeitung seines Rückens einem Andern. Sein Aufseher jedoch erhob Einsprache dagegen und tröstete den Kranken mit der Zusage, nach seiner Wiederherstellung solle die Geißelung vollauf nachgeholt werden. Ob er das Glück, sich wieder geißeln lassen zu können oder gar selber zu geißeln, erlebt hat, oder ob er das heilige Bußgeschäft den Engeln im Himmel hat übertragen müssen, ist uns leider nicht überliefert worden.

Sagt doch auch Paulus: »Ich kasteie meinen Leib und zähme ihn.« Aber daß er dadurch gezähmt werden müsse, ließe sich noch bezweifeln. Beim Dienste der griechischen Göttin Cybele war nach Claudianus ebenfalls der Gebrauch.

Auch in Asien und Amerika sah man im sechzehnten Jahrhundert die neubekehrten Christen in großen Mengen mit Geißeln bewaffnet zu den Prozessionen strömen, welche die Jesuiten veranstalteten. In Mexiko waren bei einem Umgange 100 000 Menschen zugegen.[42] In Japan, in Ostindien, dem Vaterlande der Fleischabtödtung, fanden die christlichen Selbstpeiniger, wie sich erwarten ließ, gleichfalls außerordentlichen Beifall. Lieferte doch das Christenthum hierdurch den Beweis, daß es seiner Mutter, des Buddhismus, wenigstens in diesem Betrachte würdig und mehr als würdig war. Es hat den Anschein, daß viele Heiden blos aus Gefallen an solchen Kasteiungen und feierlichen Aufzügen sich taufen ließen. Loyola's Jünger verstanden die Bildungsstufe und die Neigungen der Seelen, die ihrer Hut anvertraut waren, klug zu benutzen.

In der zweiten Hälfte des 16. Jahrhunderts ordneten sie in ihren deutschen Provinzen Geißelungen unter den Soldaten an. In Salzburg, Ingolstadt, München, Dillingen, Konstanz und an vielen andern Orten wurden Geißelprozessionen gehalten. In Augsburg wurde in der Charfreitagsnacht 1548 eine feierliche Geißelprozession von Spaniern veranstaltet. Ein Streit der Katholiken und Lutheraner über die Selbstgeißelung machte, daß diese Prozessionen sich noch vervielfältigten, vielleicht weil Jeder zeigen wollte, daß er dem allmächtigen Gott durch die beste und einzig maßgebende Art von Geißelung diene. Oft wurde ein Vorgang aus der Leidensgeschichte Christi von verlarvten Personen vorgestellt.

Da es kaum einen Blödsinn oder ein Verbrechen giebt, denen man nicht unter dem Vorwande der Gottwohlgefäl-

42 „Jac. Greteori, Opera omnia. Ratisb. 1734–41."

ligkeit und Religiosität Spielraum gegeben hätte, so ist das gesammte Material, was die Geschichte in dieser Beziehung aufgespeichert hat, umfangreich genug, daß man eine ganze Bibliothek damit füllen könnte. Der Denker fühlt sich bei der Durchmusterung dieser heillosen Chronik so wehmüthig ergriffen, daß seine freudige Begeisterung für das Güte und Schöne dabei in Gefahr kommt, von einer schwarz galligen Ansicht der Dinge für immer verdrängt zu werden.

Voltaire erläutert den Begriff des Fanatismus folgendermaßen: »Man versteht heutzutage unter Fanatismus eine Art religiösen Wahnsinns, eine auf der Grundlage gewisser Lehrsätze kunstgerecht aufgebaute Verrücktheit, deren Folgen nach außen hin in der Regel weit entsetzlicher sind, als die aller sonstigen Geisteskrankheiten. Der Fanatismus steckt an wie die Blattern. Hauptträger des Ansteckungstoffes sind Bücher und öffentliche Reden. Der Fanatismus verhält sich zum Aberglauben wie das Delirium zum Fieber und wie die Wuth zum Zorne. ...

»Diese elenden Tröpfe denken fortwährend an das Beispiel Ehud's, der den König Eglon tödtete; an die Heldenthat Judith's, die dem Holofernes den Kopf abschnitt, nachdem sie mit ihm gekost und geküßt hatte; an das Meisterstück Samuels, der den König Agag in Stücke hackte, und meinen, die Aufgabe der Frömmigkeit bestehe darin, dem Beispiele dieser Messerhelden zu folgen.« [43]

In Spanien, wo die Geißel-Aufzüge wohl besonders durch den heiligen Vincenz (Ferrer) in Schwung gebracht worden waren, wurden sie auch gegen Heuschrecken angewandt. Der Papst sandte auf Bitten der Bewohner von Navarra den Bischof Gregor von Ostia (gest. 1044) dorthin, und dieser vertrieb das Ungeziefer durch auferlegte Fasten, Gebete, Almosen, durch Messen, die auf den verwüsteten Aeckern gelesen wurden, und durch Geißel-Prozessionen. Gewiß ebenso probat, wie heute noch manche Krankheit bei uns durch Medizin »vertrieben« wird. Ewig kann ja das Uebel nicht dauern, selbst wenn das unpassendste Mittel

43 „Voltaire, Dictionnaire philosophique"

dagegen gebraucht wird. Und dann hat es das Mittel gethan. Denn über den Zusammenhang von Ursache und Wirkung herrscht heute in den meisten Köpfen noch nicht viel mehr Klarheit als damals. Der Aberglaube verschiebt sich nur von einem Gebiet auf das andere.

Ganz kürzlich suchte ein Heuschrecken-Schwarm das Land Agone im Togo-Gebiet (Afrika) heim, so daß die Sonne verdunkelt wurde. Die Eingeborenen machten Jagd auf diese Insekten, brachten sie auf den Markt, sie wurden geröstet, gebacken und mit Wohlgefallen verspeist. Der König von Kuma jedoch hatte seinen Unterthanen verboten, Heuschrecken zu tödten, und hierdurch die Gunst der Thiere erlangt, wie er überzeugt war; denn sie waren so rücksichtsvoll, sich dort nicht auf die Felder niederzulassen. Der Beherrscher von Io hatte sich an seinen Fetisch gewandt, und der hatte den Heuschrecken »die Zähne stumpf gemacht.« Der Häuptling von Kusunta erklärte sich die Heuschrecken-Plage als Strafe für die in diesem Jahre erfolgte Tödtung so vieler Affen. Deren Brüder hatten sich an den lieben Gott mit der Bitte gewandt, die Agomanen zu bestrafen, die den Affen nicht erlauben wollten, auf deren Feldern Nahrung zu suchen. Doch wir kehren nach Europa und zu unsern lieben Geißlern zurück.

Noch aus den zwanziger Jahren unseres Jahrhunderts erzählt der französische Militärarzt Bertollec: Es ist im Königreiche Neapel Sitte, daß Priester, die man missionarii nennt, zuweilen im Lande umherziehen, um eine gewisse Zeit hindurch die Mission zu predigen, wie sie es nennen. In der Absicht, die Gläubigen in ihrem Glauben wieder neu zu beleben, begleiten sie ihre Reden mit gewissen Handlungen, die auf schwache Gemüther bisweilen einen lebhaften Eindruck machen. So strecken sie ihre Hände über brennende Fackeln, schlagen sich mit Geißeln, die mit eisernen Spitzen versehen sind, binden und knebeln sich. Wenn diese Mittel nicht stark genug sind, so gebieten sie, zu weinen, und die guten Leute wissen denn auch, daß sie weinen müssen, wenn der Missionar ihnen dazu das Zeichen giebt. Diese Predigten dauern jedesmal bis zum Abend, ja selbst eine

Stunde in die Nacht hinein. Der geheimnißvolle Schimmer einiger Fackeln unterstützt die Handlung auf's Beste.[44]

Es ist sicher, daß in den ersten Jahrzehnten unseres Jahrhunderts noch gemeinschaftliche Geißelungen und blutige Prozessionen stattfanden. Von einer solchen berichtet der dänische Missionar Dr. Rosen. Er sah sie auf der Insel Madeira im Jahre 1819. Am letzten Sonntag, so erzählt er, während unserer Abwesenheit, wurde eine große Prozession abgehalten, genannt processo dos cruz, vom Franziskaner-Kloster aus durch eine öffentliche Allee. Ein schwarz gekleideter, verschleierter Trompeter eröffnete den Zug und befahl mit lauter Stimme, die Hüte abzunehmen. Dann blies er einige wilde Töne. Ihm folgten zwanzig Büßende mit blauen Kappen und vermummt; sie trugen größere und kleinere Kreuze, je nach dem Maße ihrer Sünden. Einer von ihnen erregte unser Mitleid. Sein Oberkleid war blutig, an seinen ausgebreiteten Armen war eine eiserne, über den Nacken liegende Stange gebunden, die etwa siebzig Pfund wiegen mochte. Dann kamen fünfzig Mönche in Kutten mit brennenden Wachsfackeln, dann ein Bild Christi, von Mönchen getragen, und wieder eine Schaar Mönche, dann ein Bild der Mutter Maria, ebenfalls von Mönchen begleitet, endlich Janitscharen-Musik und ein Regiment Soldaten, die Hüte in den Händen. Der, welcher im vorigen Jahre die Eisenstange trug, soll bald nach dem Umgange gestorben sein. Einige sagten, das Ganze sei nur eine Betrügerei der Mönche, und die Kreuzträger seien gemiethet. Unter den 60 000 Einwohnern der Insel sind 3000 Mönche und 1400 Nonnen (also auf 13 bis 14 Menschen ein Mönch oder eine Nonne).[45]

Eine nicht weniger strenge Herrschaft übten die Priester damals auf den azorischen Inseln über die frommen Bewohner aus. Sie legten ihnen oft harte Bußen auf: andern Bußen unterzogen die Leute sich freiwillig. Fasten, beschwerliche Wallfahrten und auch Geißelungen gehörten zu den gelin-

---

44 „Zeitschr. f. psychol. Aerzte, I. S. 463."

45 „Magazin for Reiseatagelser, ut givet af R. Nyerup. Th. 1, Kopenhagen. 1820."

desten, aber auch gewöhnlichsten Bußübungen. Schmerzender war das Tragen eines Drahtnetzes (suppliccio) mit eisernen Spitzen auf dem bloßen Leibe.[46]

Zu Buenos Ayres wurden, wie man erzählt, jährlich ein Mal Männer und Weiber zusammenberufen, um neun Tage lang, eingeschlossen in besonders dazu eingerichteten und in Zellen abgetheilten Hütten fromme Uebungen anzustellen, zu fasten und sich bis auf's Blut zu geißeln.[47]

Wir könnten die Zahl der Beispiele von Selbstgeißelungen der Mönche, Nonnen und andern frommen Christen noch unendlich vermehren. Allein es ist überflüssig, da die Wirkungen so ziemlich überall dieselben waren, und es den Leser nur ermüden würde. Wir wollen daher hier abbrechen und zu den Geißelungen übergehen, welche als Strafe angewandt wurden, sowohl in der Kirche überhaupt, als besonders in den Klöstern.

Die Bischöfe hatten sich schon sehr frühzeitig die Gewalt angemaßt, ihre Untergebenen wegen irgend eines Vergehens geißeln zu lassen. Beweise dafür finden wir in den Schriften der ältesten Kirchenschriftsteller, wie zum Beispiel des heiligen Augustinus. Dieser schreibt an den römischen Tribun Marcellinus Folgendes: »Laß nicht ab von dem väterlichen Eifer, den du in der Inquisition gegen die Sünder gezeigt hast, wo du so glücklich gewesen bist, nicht durch die Folter, nicht durch glühende Eisen oder Scheiterhaufen, sondern blos durch Ruthenhiebe die Geständnisse bei größeren Verbrechen herauszubringen. Dies ist die Art zu strafen, welche schon sehr häufig von den Lehrern gegen ihre Zöglinge, von den Eltern gegen ihre Kinder und oft von den Bischöfen im Gericht angewandt worden ist.«

Die »Verbrecher und Sünder«, von denen hier die Rede ist, waren die Danstiften, eine Sekte, deren Lehren von denen der herrschenden Kirche abwichen. Ich führe das nur an, um zu zeigen, wie grausam und intolerant schon in den frü-

---

46 „John W. Webster, A Description of the Island of St. Miguel, Boston, 1822, S. 8."

47 „Allgem. Kirchenztg., 1827. 28. Okt."

hesten Zeiten die christliche Kirche war. Sie beschwerte sich bitter über die Verfolgungen der Heiden; aber kaum hören diese auf, als sie auch schon selbst als Verfolgerin auftritt und die Gewalthaber anreizt, Andersdenkende mit Strenge und Grausamkeit zu zwingen, ihre Meinungen aufzugeben!

Der Bischof Cäsarius von Arles richtete sich bei den von ihm verordneten Geißelstrafen nach dem mosaischen Gesetz und ließ keinem, der etwas verschuldet hatte, mehr als neununddreißig Hiebe geben. War das Verbrechen groß, dann wurde die Strafe nach einigen Tagen wiederholt, dabei aber die Anzahl der Streiche vermindert.

Dergleichen Strafen erhielten indessen nicht nur die Sklaven oder Diener, sondern selbst geweihte Geistliche, und der Papst Gregorius der »Große« empfiehlt den Bischöfen sehr dringend, gehörigen Gebrauch von ihrer Gewalt zu machen. So schreibt er an den Bischof Baschasius über die Art und Weise, wie derselbe den Diakonus Hilarius strafen soll, welcher den Diakonus Johann gelästert hat: »Da ein solches Verbrechen nicht ohne gesetzmäßige Ahndung vorübergehen darf, so befehlen wir hiermit dem, Bischof Baschasius, den Diakonus Hilarius seines Amtes zu entsetzten, ihn öffentlich geißeln zu lassen und alsdann an einem entfernten Orte einsperren zu lassen. Denn die Bestrafung des Einen kann Vielen zur Warnung dienen.«

Es kam sogar vor, daß ein Bischof wegen eines geringeren Versehens öffentlich gegeißelt wurde. Einen Fall dieser Art erzählt Thomas de Chantpré. An der Kirche von Rheims befand sich ein sehr strenger Dechant, ein Engländer von Geburt, der jedes geringe Vergehen der übrigen Domherren auf die härteste Weise bestrafte. Zu seiner Zeit wurde der Bischof Albert von Lüttich in der Nähe der Stadt von Soldaten ermordet, und es wurde ihm ein sehr feierliches Leichenbegängniß bereitet. Bei demselben erschien auch der ehrwürdige Rothard, damals zwar noch Archidiakon von Rheims, aber bereits zum Bischof von Chalons in der Campagne erwählt, mit einem sehr zahlreichen, stattlichen Gefolge, jedoch ohne seinen bischöflichen Mantel.

Als die Leichenceremonien vorüber waren, rief der Dechant das Kapitel zusammen. Als ein jeder seinen Platz eingenommen hatte, sagte er zu Rothard: »Mir ist es doch nicht bekannt, daß du deinem Bisthum oder deinem Archidiakonat entsagt hättest?« – »Dies habe ich auch in der That nicht,« antwortete der Bischof. – »Nun,« sagte der Dechant, »so gieb der Kirche Genugtuung und schicke dich an, deinen Rücken in Gegenwart der Brüder geißeln zu lassen, denn du bist im Chor gewesen, ohne ein hochzeitlich Kleid anzuhaben.« Der Bischof, ohne ein Wort zu erwidern, entkleidete sich selbst und erduldete von dem Dechanten eine sehr nachdrückliche Geißelung. Als dieselbe vorüber war, sagte der Bischof zum Dechanten: »Ich danke Gott und seiner beleidigten Mutter, der Beschützerin der Kirche von Rheims, daß ich diese Kirche unter der Aufsicht eines solchen Mannes, wie du bist, zurücklasse.«

Schon die ältesten Klosterregeln bestimmten für verschiedene Vergehungen der Mönche die Strafe der Geißelung. Zu diesen Vergehungen gehörten Lügen, Diebstahl, Schlägerei und vor allen Dingen unerlaubter Umgang mit Frauenzimmern oder Knaben. So heißt es in den Regeln des heiligen Fructuosius Bischof von Braga: »Wenn ein Mönch Knaben oder Jünglingen nachstellt und entweder darüber, daß er sie küssen wollte oder in irgend einer andern unanständigen Handlung mit ihnen ergriffen worden ist, so daß die Sache selbst durch glaubwürdige Augenzeugen bewiesen werden kann, so soll er öffentlich geißelt werden.« Stolz und Eigensinn wurden ebenfalls als große Verbrechen betrachtet, und in denselben Regeln heißt es: »Demjenigen, der aus Stolz oder Streitsucht fortfährt, seine Fehler zu leugnen, soll eine harte Geißelung zuerkannt werden.« – Noch weit strenger ist in diesem Punkte die verbesserte Regel des heiligen Benedict; in dieser heißt es: »Wenn die Brüder, welche ihrer Fehler wegen exkommuniziert worden sind, ferner in ihrem Stolze verharren und bis auf die neunte Stunde des nächsten Tages fortfahren, sich zu weigern, dem Abte die schuldige Genugthuung zu leisten, so sollen sie bis an ihren Tod ins Gefängniß geworfen und gegeißelt werden.«

Die Regel des heiligen Fructuosius bestimmt in Bezug auf verbotenen Eingang mit dem weiblichen Geschlecht Folgendes: »Lasset den Mönch, der allein ohne Zeugen bei einem Weibe gewesen ist und vertraut mit ihr gesprochen hat, entweder zwei Tage bei Wasser und Brot curiren oder ihm zweihundert Ruthenstreiche geben.«

Hundert Hiebe werden also hier einer Mittagsmahlzeit gleichgesetzt! Das beweist, wieviel die guten Mönche auf das Essen hielten; seit alten Zeiten waren sie wegen ihrer Freßgier zum Sprüchwort geworden, und man hat eine Menge darauf bezüglicher Verschen und Bonmots. Mit einem guten Gericht konnte man einen solchen geschworenen Gourmand in eine Mausefalle locken; ein solches auszuschlagen war ihm unmöglich, selbst wenn es ihm daraus eine reiche Prügelernte erblühte.

Ein Benedictinermönch hatte Gelegenheit gefunden, sich einen ziemlichen Vorrath guten Wein und eine Menge sehr delicater Speisen zu verschaffen, was nach der Ordensregel äußerst strenge verboten war. Diese Schätze allein zu verzehren war wegen des Neides der Brüder zu gefährlich, und er fand es daher für gut, einige derselben freundschaftlich einzuladen. Den Schmaus in einer der Zellen zu halten, ging nicht gut an, und die Gesellschaft begab sich in einen der Keller des Klosters und wählte hier einen Bottich zum Tafelplatz, der etwa vier Fuß Tiefe und neun Fuß im Durchmesser haben mochte und welcher wahrscheinlich zum Zurechtmachen des Weines gebraucht wurde.

Während nun die ehrwürdigen Patres behaglich schmausend im Weinbottich saßen, vermißte der gestrenge Herr Abt mehrere Mönche. Nachdem er sie vergeblich in den Zellen und an allen Ort gesucht hatte, wo sie füglich hätten sein dürfen, fiel es ihm ein, hinab in den Keller zu steigen, wo sich die Zechenden gar bald durch die nicht genug unterdrückten Aeußerungen ihrer Fröhlichkeit verriethen. Der Abt, dem Schalle nachgehend, erlangte bald die Gewißheit, daß die Blüte seines Klosters im Weinbottich stecke, und war höchst begierig zu entdecken, was man dort treibe. Er schlich leise heran, schaute über den Rand des Fasses hinweg, und die strengen Falten verzogen sich bald zu einem lüsternen Schmunzeln und er begann sich die Lippen abzulecken.

Einer der Patres, der eben einen delikaten Bissen in den Mund steckte und dabei dankbar gen Himmel sah, entdeckte am Horizonte des Bottichs das Gesicht des Abtes. Man denke sich den Schreck des Ehrwürdigen! Der Bissen quoll ihm im Munde, und wie in der Verzückung blieb er bewegungslos sitzen, aber vor seinem innern Gesicht zogen in schrecklicher Reihenfolge Carcer, Cariren und unendliche Disciplinen vorüber. Die andern wurden bald die Verzückung ihres Confraters und den Grund derselben gewahr, und das Herz fiel ihnen in die Schuhe. Sie wünschten sich weit aus dem Bottich hinweg und lieber ins Fegefeuer.

Welcher Mönch wäre aber jemals beim Anblick von vollen Flaschen und delikaten Bissen ungerührt geblieben? Auch das Herz des Abtes wurde weich, und die Sünde der Brüder erschien ihm in diesem Augenblicke so klein. Mit sanfter, liebreich-vorwurfsvoller Stimme begann er: Warum habt ihr es mir verborgen, daß ihr ein so köstliches Mahl in Bereitschaft hattet? Wie viel Freude würde es mir gemacht haben, an eurem unschuldigen Genuß und an eurer Fröhlichkeit Theil zu nehmen. Ja noch jetzt – o laßt euch nicht stören – ja noch jetzt würde ich eure Einladung gern annehmen.« Es versteht sich von selbst, daß die von einem Erstaunen ins andere fallenden Mönche mit dieser Einladung nicht zögerten, und mit großer Behendigkeit erkletterte der Herr Abt den Rand des Bottichs und setze sich in die Mitte desselben.

Die Unerfahrenen unter den Schmausenden überließen sich ganz fröhlich dem Genuß; allein die ältern Mönche kratzten sich hinter den Ohren und prophezeiten sich nichts Gutes, als endlich Wein und andere Leckerbissen verzehrt waren. – Sie hatten darin nicht Unrecht. Am andern Tage wurden sämmtliche Mönche versammelt. Der Abt stieg von seinem Sitz und ersuchte den Prior, denselben einzunehmen, während er unter den andern Mönchen Platz nahm. Kaum war dies geschehen, so trat der Herr Abt hervor, klagte sich selbst öffentlich der Sünde an, die er am vorigen Tage begangen hatte, und verlangte, daß man ihn geißeln solle. Der Prior wandte zwar ein, daß es etwas Unerhörtes sei, einen Abt zu geißeln; allein vergebens, dieser bestand darauf und empfing die Disciplin.

Seine Zechgenossen machten sehr lange Gesichter; allein es half nichts, sie mußten in den sauren Apfel beißen und sich ebenfalls der begangenen Sünde anklagen. Der Abt, der nun wieder seinen Sitz eingenommen hatte, ließ einen eigens dazu bestellten Mann mit einer ungeheuren Disciplin hervortreten, und jeder der leckern Väter empfing eine derbe Lection und wünschte sich wieder in den Bottich.

Ich nannte die Mönche hier Väter oder Patres. Dieser Name gab zu vielen Anspielungen Veranlassung, und schon zu alten Zeiten machte man ihn zum Gegenstand von Spottgedichten. Eins der ältesten ist folgendes von dem deutschen Satiriker Fischart:

Hört jr Barfüser, Carmelliter,
Ir Prediger und Jesuiter,
Woher kompts, das jr Vätter heiset?
Daher, das ir solchs wol erweiset:
Dieweil jr gieset Sön und Töchter
hin und wider inn Pfaffen Tröchter:
O solt han jedes Kind eyn plat
Welchs Pfaff und Mönch zum Vatter hat,
So wird die Plat gewiß nicht mehr
Sein der Geystlichkeit Gmerck und Ehr.

Ein anderes Verschen von einem gewissen Goldrich lautet eben so erbaulich:

Das geschrey geht, du solst Luthrisch sein:
Aber dein Pfarrher der sagt, Neyn,
Dann du Hurst, sagt er, gleich so wol
Als der best Bischoff, so sein soll:
Und sauffst, wie der frömmst Abt zum zeren,
Und gedenckst Gotts nicht als im schweren:
Und scheuest dich vor Heylger Schrifft
Als vor dem ärgsten Ketzergifft.
Gecht an den zeychen, kan der Hirt
Erkennen welches Schaaf nicht irrt.

Alle Mönchsstatuten durchzugehen und ihre auf das Geißeln bezüglichen Regeln auszuziehen, würde eine höchst langweilige Arbeit sein; ich begnüge mich daher damit, in der Namen- und Rangliste der Armee des lieben Pfaffengottes zu blättern und das für meinen Zweck Passende herauszunehmen, was mir gerade nahe liegt und gefällt.

Zuerst stoße ich da wieder auf die Karmeliter und die Hosenfeindin St. Therese mit ihrer Regel, die so reichlich mit Geißelverordnungen gespickt ist, daß manches Kloster, welches derselben folgte, ein eigenes Magazin für Ruthen haben mußte. Um nur einen Maßstab für die Strenge dieser Regel anzugeben, führe ich folgendes an: Erschien eine Nonne ohne Erlaubniß im Sprachzimmer, so wurde sie drei Mal vor den versammelten Nonnen gegeißelt und mußte drei Tage bei Wasser und Brot fasten. Sprach sie aber gar bei ihrem unerlaubten Erscheinen im Sprachzimmer, dann geschah folgendes: Die Nonne, welche dieses entsetzliche Verbrechen begangen hatte, mußte sich auf den Boden niederwerfen und demüthig um Vergebung flehen. Dann entblößte sie ihre Schultern und empfing die Geißel so lange und so scharf, als die Priorin es für nöthig finden würde. In dieser Lage mußte sie den Befehl abwarten, wieder aufzustehen, und war dieser endlich gegeben, sich in die ihr zugetheilte Zelle verfügen, verlor Sitz und Stimme im Kapitel und nahm die niedrigste Stelle ein. Doch damit war's noch nicht genug! Während der Mahlzeit mußte sie sich ganz nackt, nur mit einem Mäntelchen bedeckt, mitten in dem Refektorium auf die Erde legen und erhielt zur Nahrung nichts als Wasser und Brot. Während der Horen mußte sie sich vor die Thür des Chores niederwerfen, und die Schwestern schritten über sie hinweg und traten sie mit Füßen. So schrieben es die Statuten vor, und diese hatte ein Mädchen, eine Heilige verfaßt!

Die beschuhten oder graduirten Karmeliter, die sich viel mit dem Studiren beschäftigten, genossen einige Vorrechte; aber um ihnen den Gelehrtenhochmuth auszutreiben, hatte man es doch für nöthig gehalten, die Geißelstrafe bei allen nur möglichen Gelegenheiten anzuwenden. Und daß die gelehrten Herren in ihrer gelehrten Zerstreuung sehr häufig fehlten, scheint schon daraus hervorzugehen, daß eine besondere Verfügung erlassen wurde, nach welcher die Leibröcke und groben Hemden der Mönche hinten mit einem weiten Schlitz versehen wurden, damit sie die Schultern weit genug entblößen und die heilige Disziplin in gehöriger Ausdehnung empfangen konnten.

Wer ein unerlaubtes Buch las, bekam Prügel; wer bei den Horen zu früh aufstand, wer eine Speise fallen ließ, wer gegen irgend eins der vielen Ordnungsgesetze fehlte – bekam Prügel. Kurz, Prügel von allen Graden waren ihr tägliches Brot. – Am allerhärtesten wurden aber die Vergehungen mit hübschen Klosterfrauen bestraft, besonders ein mit denselben begangenes Verbrechen, welches zwar nicht genannt wird, aber in dem Orden sehr häufig vorgekommen sein muß. Schon auf den bloßen Verdacht hin, dasselbe begangen zu haben, wurde ein Mönch, ohne Hoffnung auf Milderung oder Barmherzigkeit zu haben, mit ewigem Gefängniß bestraft und zwar: um dort erbärmlich gequält zu werden, lautet der Beisatz in den Statuten. Was darunter ungefähr verstanden wird, erinnert sich der Leser vielleicht noch aus dem Kapitel von der »Möncherei.«

Die Geißel spielte in den Klöstern eine Hauptrolle, Die Schwestern gaben sich dieselbe freilich auch untereinander; aber am liebsten vollzogen sie höchsteigenhändig die Geißelung an einem jungen Frater oder Novizen. Bald wurde die obere, am liebsten aber die untere Disciplin angewendet.

Hatte eine Nonne Lust zum Geißeln, so bestellte sie einen Novizen auf seine Zelle und befriedigte ihr Verlangen. Klagte der Gepeitschte bei der Aebtissin, so wurde hier die Lektion wiederholt; aber es wird ganz ausdrücklich bemerkt, daß man dabei nicht allzustrenge verfuhr.

Oft ließen sich beide Theile – Mönche und Nonnen – zusammen discipliniren; die Nonnen vom Beichtvater und die Mönche von der Aebtissin. Fühlten sich dumme junge Leute darüber verletzt, daß die Nonnen ihr Seelenheil und ihren Körper so oft berücksichtigten und klagten, dann antwortete ihnen die Aebtissin verblümt: daß es doch gewiß weit besser sei, von einer weichen adeligen Frauenhand, als von der Hand eines rohen, gemeinen Kerls die Ruthe zu erhalten.

Die Ordensregel der Trappisten war entsetzlich strenge und im Innern ihrer Klöster erschöpfte sich die Phantasie der Mönche in Selbstquälerei. Das Geißeln spielte hier eine Hauptrolle und wurde mit einer Geißel verrichtet, die aus einem Büschel von harten, knotigen Zwirnfäden bestand, durch welche die Haut bei einigermaßen anhaltendem Gebrauch wie mit Messern zerschnitten wurde.

Nicht selten klemmte man den Kopf eines unglücklichen Novizen oder Mönchs in ein in die Thür der Zellen angebrachtes Schiebefenster, so daß er ganz wehrlos war und nicht einmal wußte, von wem er die unbarmherzigen Hiebe erhielt die ihm das Fleisch zerrissen. Sein Geschrei verhallte in dem leeren Zimmer, in welches er hineinblickte, und die Wände, welche seine Qualen sahen, waren ebenso mitleidslos wie seine Peiniger. Dieses Thürloch nannte man le trou Patri.

Die heilige Hildegardis von Köln gehörte auch dem Cisterzienserorden an, – von welchem der von La Trappe ein Ableger ist, – und war lange Zeit als Bruder Joseph in einem Mönchskloster. Hier richtete sie viel Unheil an, denn die Herren Patres fühlten in ihrer Nähe eine Beklemmung und eine Beunruhigung, welche so starke Versuchungen herbeiführte, daß dagegen weder Fasten, Aderlässe noch Geißelungen helfen wollten. Inbrünstig sangen sie alle Morgen in der Frühmette:

Mentemqus nostram comprime
Ne polluantur corpora
Per noctium phantasmate etc.[48]

Aber das half Alles nichts, und die heilige Hildegard mag sich oft darüber amüsirt haben, wenn ein junger Mönch die Ruthe bekam für natürliche Sünden, deren Urheberin sie eigentlich war. – Mein Gewährsmann versichert übrigens, daß in dergleichen Versuchungen häufig die Jungfrau Maria zur Hülfe kam.

48 „Das Verschen mag sich Jeder von seinem Schulmeister übersetzen lassen. Es wird übrigens noch heutzutage in der römischkatholischen Kirche gesungen."

Die Franziskaner waren von ihren Stiftern in Bezug auf das Geißeln auch reichlich bedacht worden, gleich wie die weiblichen Franziskaner, die Clarissinnen; allem den sich aus beiden Orden bildenden Seitenzweigen war die Regel noch nicht strenge genug, und besonders zeichneten sich durch zahlreiche Prügelmandate die Orden der männlichen und weiblichen Kapuziner aus.

Sebastian Ammann, der Ex-Prior der Kapuziner, den ich im vorigen Buche schon oftmals citirt habe, giebt eine Beschreibung davon, wie die Geißelung noch heut zu Tage in den Kapuzinerklöstern angewandt wird. Ein solches Zeugniß aus der Gegenwart darf ich mir nicht entgehen lassen und setze die bezügliche Stelle hierher: »Die Geißel ist ein Instrument, aus Eisendraht geflochten, ungefähr vier Schuhe lang; ein Theil davon, den man beim Schlagen um die Hand windet, ist einfach, derjenige aber, mit dem man auf den Leib schlägt, fünffach geflochten und an den fünf Enden gewöhnlich mit eisernen Zacken versehen. Die Geißelung geschieht bei den Kapuzinern auf zweierlei Art. Im Chore Nachts bei der Mette heben sie die Kutten auf und klopfen sich auf den bloßen Steiß, bis der Obere ein Zeichen zum Aufhören giebt. Da sie keine Hosen tragen, so geht die Scene schnell auf das Kommando vor sich. In dem Speisezimmer, wo die Geißelung beim hellen Tage im Angesichte aller Conventualen vor sich geht, pflegt sie auf folgende Weise zu geschehen. Derjenige, welchem die Strafe zu Theil wird, muß, bevor er zu Tische geht, das wollene Hemd (Schweißbletz) und die leinene Schürze (Mutande), die unter der Kutte getragen werden, ausziehen und so mit den Andern sich zum Tischgebete einstellen. Nach diesem gehen alle Uebrigen zu Tische; der Sträfling aber wirft sich auf die Kniee, legt die Geißel vor sich hin auf den Boden, faßt mit beiden Händen die Kapuze und zieht sich die Kutte über den Kopf aus, legt dieselbe vor die Brust hin, so daß der vordere Leib bedeckt, der Hintere aber ganz nackt ist. In dieser Lage hält er mit der linken Hand die Kutte und in der rechten die Geißel.

»Auf ein Zeichen, das ihm der Obere giebt, beginnt er laut Bußpsalmen, das Miserere, De profundis und lateinische Gebete zu sprechen, und schlägt sich so lange auf den nackten Rücken über die Achseln, bis der Obere zufrieden ist und das Zeichen zum Aufhören giebt. Zwickt sich der Pönitent mit der Geißel nicht heftig genug, so läßt ihn der Guardian länger beten und zuschlagen. – Wer noch nicht alles Schamgefühl verloren hat, wie ergraute Kapuziner, der unterzieht sich dieser Operation gewiß ungerne. Daß diese schamlose Handlung Anlaß zu der naturwidrigsten Unzucht gegeben habe, könnte ich Jedem mannigfaltig beweisen, der daran zweifeln sollte.« Die Ordensregel der Augustiner war in Bezug auf die Geißelstrafe ebenfalls strenge. Zu ihnen gehörten viele Doktoren und Baccalauren, die in der Welt eine gewisse Stellung hatten und als Lehrer bei Universitäten und Schulen angestellt waren. Dies schützte sie aber nicht vor der Geißel. Sie wurden scharf beobachtet. Hatten sie eine Sünde begangen, dann wurden sie in das Kloster citirt, dem sie ursprünglich angehörten. Mancher stolze Doktor mußte, anstatt mit dem Mäntelchen und dem schwarzen Barett, in schlechtem Kleide, bis auf die Hüften entblößt, dem Prior zu Füßen liegend seine Sünden bekennen und sich eine derbe Geißelung gefallen lassen. Wer sich etwa der Strafe widersetzte, der wurde sogleich ins Gefängniß geworfen und hier doppelt derb geprügelt.

Die Dominikaner prügelten, peitschten und behandelten sich nicht besser wie Hunde – Am allerschlimmsten hatten es in allen Klöstern die Novizen. Es ist empörend, wenn man liest, wie man mit ihnen umging. Ich habe indessen in dem Kapital von der »Möncherei« schon so viel davon gesagt, daß ich es hier um so mehr für überflüssig halte, als ich in diesem Buche noch gar viele andere wichtige und interressante Dinge zu erzählen habe.

Jedes Kloster hatte zwar seine bestimmten Regeln; allein diese ließen der Willkür der Obern einen solchen Spielraum, daß die Regierungsform in einem Kloster eine durchaus despotische genannt werden muß. Wie sehr die Aebte hin und wieder diese Macht mißbrauchten, geht aus den Bestimmungen hervor, die von Zeit zu Zeit dagegen erlassen werden mußten. So fand es schon in sehr früher Zeit

Cäsarius, Bischof von Arles, für nöthig, den Aebten und Prioren einzuschärfen: daß, wenn sie irgend einen Verbrecher so lange geißelten, daß er daran sterben müßte, sie eines Menschenmordes schuldig geachtet werden würden.«

St. Romuald, der uns schon bekannte Stifter der Kamaldulenser, behandelte seine Mönche auf eine so grausame Art, daß sie dadurch zur Verzweiflung gebracht wurden und ihm Rache schworen. Gar häufig wurde er nun des Nachts »vom Teufel« auf die entsetzlichste Weise durchbläut; aber man hat sehr guten Grund, zu vermuthen, daß diese prügelnden Teufel derbe Mönche waren. – Als diese Warnungen nichts halfen, da erregten die Mißhandelten einen offenen Aufstand, geißelten Romuald ganz unbarmherzig und jagten ihn endlich zum Kloster hinaus.

Es ist eine allgemein bekannte Erfahrung, daß die Weiber im allgemeinen weit grausamer sind als die Männer. Im ersten Kapitel habe ich vielfach Beweise davon beigebracht. In den Nonnenklöstern bestätigte sich diese Erfahrung gleichfalls, und ich habe davon bereits im Kapitel von der »Möncherei« geredet, wo ich auch die gräßliche Geschichte von der Karmeliternonne Therese, welche in neuer Zeit spielt, erzählt habe.[49] Mit einer andern, nicht minder entsetzlichen und in welcher das Geißeln eine Hauptrolle spielt, will ich dieses Kapitel beschließen.

Der Wundarzt Ferdinand Naumann, der in dem Dörfchen Hornstein ein, in der Nähe einer Prämonstratenser-Abtei, wohnte, hatte eine große Vorliebe für die Klöster, welche von seiner Frau getheilt wurde. Aus diesem Grunde beschlossen beide ihre jüngste Tochter Magdalena »dem Himmel« zu weihen, da die älteste große Geschicklichkeit und Neigung für die Landwirthschaft zeigte.

Der Hausfreund Baumanns war der Abt der benachbarten Abtei, und er bestärkte die Eltern noch in ihrem Entschlusse, ja verwendete sich selbst bei den Klarissinnen in der Hauptstadt für die künftige Aufnahme des Mädchens und bewirkte, daß man von ihr eine nicht so große Aus-

49 „Pfaffenspiegel S. 307."

steuer verlangte. Magdalene wurde nun in allen einer Nonne dienlichen Geschicklichkeiten und auch in der Wundarzneikunst unterrichtet und meldete sich nach vollendetem sechzehnten Jahre zur Aufnahme.

Sie war ein wunderschönes Mädchen im ganzen Sinne des Wortes geworden und bezauberte alle Herzen. Es fehlte ihr daher auch nicht an Freiern, unter denen der junge Rehling die redlichsten Absichten hatte und in keiner Hinsicht zu verwerfen war. Magdalena blieb aber fest bei ihrem Entschlusse, ins Kloster zu gehen, in welchem sie durch ihre bigotte Mutter noch immer mehr bestärkt wurde.

Der Vater war wankend geworden, denn die seltsamen schmunzelnden Mienen und die höchst sonderbaren Redensarten des Beichtvaters des Klosters, wie das habgierige Benehmen der Nonnen erfüllten ihn mit bangen Besorgnissen; aber er hatte nicht Energie genug, der Mutter und den Pfaffen gegenüber fest aufzutreten.

Magdalene wurde eingekleidet und vor allen Dingen in die Mysterien des Geißelns eingeweiht, für welches das arme Mädchen bald anfing zu schwärmen. Die kleine Disciplin bestand aus 36, die große aus 300 Hieben auf Rücken und Hintern. – Das Noviziat ging zur Zufriedenheit vorüber und Magdalene that Prozeß zur Verzweiflung des jungen Rehling.

Sie sah bald allerlei Dinge, welche ihr theils gar nicht gefielen, theils sehr befremdlich vorkamen; sie durfte jedoch ihre Bemerkungen nicht laut werden lassen. Endlich kam das Fest der Himmelfahrt Maria und mit ihr die große Disciplin, die sie nur der Theorie nach und im Allgemeinen kennen gelernt hatte. – Das Zimmer, in welchem die Geißelung vorgenommen wurde, war zwar verdunkelt; allein durch die Ritzen der Fensterladen fiel Licht genug herein, um alles was vorging, ziemlich genau erkennen zu lassen. Nur mit großem Widerwillen löste die schamhafte Jungfrau ihren Gürtel und entblößte den wunderschönen untadelhaften Körper, an welchem sich die lüsternen Klosterkatzen und die Aebtissin weideten.

Sie geißelte sich indessen mit allem Eifer, bemerkte aber daß es die andern Nonnen mehr wie eine Spielerei betrieben, nur eine Nonne, Namens Griselda, übertrieb die Sache so sehr, daß das Blut über ihren Körper strömte und die Spitzen der Geißel an manchen Orten wohl einen Zoll tief in das Fleisch eingeschnitten hatten. Magdalene, welche zur Klosterapothekerin ernannt worden war, eilte ihr zur Hülfe und stellte sie in kurzer Zeit gänzlich wieder her. Sie hatte es nicht unterlassen können, Griselda aufzufordern, sich doch in der Folge nicht wieder so hart zu geißeln; allein dies kam der Aebtissin zu Ohren, welche darüber sehr ungehalten wurde, und als Magdalena sich entschuldigen wollte, sie herrisch anschrie: »Schweige Sie!«

Die Folge davon war ein erhöhter Bußeifer der Griselda. Diese fuhr nicht allein fort, sich so hart wie früher zu geißeln, sondern quälte sich auch dermaßen mit dem Cilicium – ein stachlichter Drahtgürtel, der auf dem bloßen Leibe getragen wird –, daß die Stacheln tief in das Fleisch gedrungen waren. Der herbeigeholte Wundarzt erklärte, daß nur die sorgfältigste Operation der Nonne das Leben retten könne, und nun erst verbot die Aebtissin, mit Gutbefinden des Beichtvaters, der Griselda auf das strengste, sich ferner so heftig zu geißeln.

Magdalena, der nun auch das Aderlassen und Schröpfen übertragen wurde, bemerkte bald, daß die erstere Operation mit der zweiundzwanzigjährigen Schwester Theodora fast jeden Monat vorgenommen werden mußte. Sie bemerkte dem Mädchen, daß ein so großer Blutverlust nothwendig die Wassersucht zur Folge habe, und die arme Nonne gestand ihr weinend, daß sie dies auf Befehl der Aebtissin thun müsse, um die Wallungen des Blutes und die damit verbundenen wollüstigen Träume und verbotenen Gelüste, welche Folge des häufigen Geißelns wären, zu unterdrücken, was auch immer für kurze Zeit durch das Aderlassen gelänge. Die Unterhaltung Magdalenens mit Theodora und andere ähnliche Dinge kamen der Aebtissin zu Ohren und erbitterten sowohl diese als die älteren Nonnen gegen Magdalene.

Der Pater Beichtvater hatte seine Pläne auf das schöne Mädchen nicht aufgegeben, sondern ging recht systematisch zu Werke, um zum Ziele zu gelangen. Auf seine Veranstaltung wurde sie zur Oberkrankenpflegerin des Klosters ernannt, welcher Posten sie in häufigere Berührung mit dem Pater Olympius brachte, vor dem sie indessen von einer wohlmeinenden Schwester gewarnt wurde. Dieser scheinheilige Schurke machte ihr allerlei geistliche Geschenke und erwies ihr überhaupt so viel Aufmerksamkeiten, daß die andern Nonnen neidisch wurden. Magdalene suchte sich von dem ihr übertragenen Amte loszumachen, nur um die Berührungen mit Pater Olympius zu vermeiden. Dieser erkannte sehr gut ihre Absichten und machte ihr im Beichtstuhl darüber heftige Vorwürfe, so daß sie genöthigt war, denselben zu verlassen.

Magdalene war nun bereits drei Jahre im Kloster, und die Augen waren ihr vollständig geöffnet. Mit Schaudern erkannte sie nun zu spät, daß der Weg geschlossen sei, und verfiel in tiefe Schwermuth. Häufig fand man sie seufzend und in Thränen schwimmend. Es fing ihr an Alles gleichgültig zu werden, und in ihrer Betrübniß achtete sie nicht immer auf die vorgeschriebenen Formen und beging allerlei Fehler, die mit leichten Bußen bestraft wurden, welche sie bei ihrer aufgereizten Stimmung sehr erbitterten.

Zu dieser Zeit war die Tochter eines andern Wundarztes Nonne geworden, und da sie einige Proben ihrer Geschicklichkeit abgelegt hatte, so nahm man Magdalenen ihre bisherige Stelle und fing an, sie mit großer Geringschätzung zu behandeln.

Man warf ihr die Geringfügigkeit des von ihr ins Kloster mitgebrachten Geldes vor und nannte sie ein lästiges, durchaus unnützes Geschöpf.

Nun ging dem armen Mädchen die Geduld aus. Anstatt die Vorwürfe ruhig hinzunehmen, antwortete sie heftig und mit Spott und wollte nicht schweigen, wenn die parteiische Priorin ihr den Mund verbot. Alsbald wurde der Aebtissin dies widersetzliche Betragen hinterbracht und ihr Magdalene als ein durchaus boshaftes, zänkisches und ungehorsames Geschöpf geschildert. Die Aebtissin fuhr zornig auf und schrie: »Ein solches Benehmen soll dieser Bauerndirne nicht ungestraft hingehen; man muß ihr den Nacken beugen und sie durch Zwang in die Schranken der Ordnung bringen.« Damit ließ sie Magdalene zu sich bescheiden. Diese erschien und sah, daß bereits zwei stämmige Laienschwestern bei der Aebtissin waren; eine der Mägde hatte eine große Kinderruthe in der Hand. Die Aebtissin las Magdalenen ordentlich den Text und kündigte ihr an, daß sie dafür bestraft werden solle. Die Arme weinte und bat, aber alles vergeblich. Endlich äußerte sie in ihrem Eifer, daß sie kein Kind und längst entwachsen, eine solche Züchtigung auch für eine Nonne unschicklich sei. Die Aebtissin ward immer zorniger und gebot Magdalenen, die Erde zu küssen.

Diese war sehr bereit, dem Befehl Folge zu leisten, denn sie hoffte, daß es mit dieser Strafe für dies Mal abgethan sein werde. Kaum lag sie aber auf der Erde, als sogleich eine der Laienschwestern über sie herfiel und sich auf ihren Rücken setzte, während die andere ihr Gewand aufhob und die Ruthe tüchtig gebrauchte. Als dies vorüber war, mußte Magdalene der Aebtissin die Hand küssen und sich für die gnädige Strafe bedanken. Die Nonnen standen auf der Lauer und begleiteten sie mit Hohngelächter, als Magdalene wieder in ihre Zelle ging.

Von nun an hatte die Unglückliche fortwährend von den Verfolgungen zu leiden, deren Ziel sie durch die Feindschaft der Aebtissin, Priorin und des Beichtvaters geworden war. Als sie eines Abends nicht in ihrer Zelle war und in der ihrer einzigen Freundin Crescentia gefunden wurde, schleppte man sie in den Kerker und verurtheilte sie am andern Tage durch förmlichen Kapitalbeschluß zur großen Disciplin. Doch damit war es noch nicht genug, es trafen sie noch eine Menge andere Strafen, darunter auch die Degradation von dem Nonnenrang zu dem einer Laienschwester.

Das arme gequälte Mädchen beging die Unvorsichtigkeit, einen Brief an ihre Eltern zu schreiben, in welchem sie ihnen ihre grauenvolle Lage schilderte und auf die rührendste Weise um Hülfe flehte. Der Brief wurde natürlich aufgefangen und sie gezwungen, einen andern lügenhaften abzuschicken, den ihr Pater Olympius in die Feder diktirt hatte. Für das Verrathen von Klostergeheimnissen an Laien erhielt sie abermals eine derbe Geißelung und wurde vier Wochen lang in den Thurm gesperrt, wo sie einen Tag um den andern Wasser und Brot erhielt.

Ihre Lage verschlimmerte sich, als die Aebtissin starb und ihre Hauptfeindin, die Priorin, an deren Stelle kam. Vergeblich bat Magdalene um Rückgabe des schwarzen Nonnenschleiers; sie mußte nach wie vor als Laienmagd Dienste in der Küche verrichten. Für jedes kleine Versehen erhielt sie die Ruthe, und als sie einstmals bei der Feier des Palmenfestes einen aus Blei gegossen 50 Pfund wiegenden »heiligen Geist«, weil derselbe ihr zu schwer war, fallen ließ, daß er zerbrach: erklärte dies Olympius für absichtliche Bosheit, für ein Religionsverbrechen! Die Aermste empfing in dem neben dem Refectorium gelegenen Gefängnisse eine starke Disciplin.

Um diese Zeit erhielt sie Besuch von einigen Verwandten, welche sie jedoch nur hinter der Clausur sprechen durfte. Was sie gesprochen hatte, wurde untersucht, und man erklärte sie für ein gänzlich verworfenes Geschöpf. – Die Sehnsucht nach »der Welt« wurde nun in Magdalenen immer mächtiger, und sie sann auf Flucht. Sie war auch so glücklich, das Freie zu gewinnen, aber später wurde sie ertappt und mußte wieder in das Kloster zurückkehren, obgleich ein hoher Geistlicher, den sie um Hülfe angerufen hatte, sich für sie verwandte.

Pater Olympius reizte die Aebtissien zu neuen Verfolgungen an, und Magdalene wurde endlich zum Gefängniß auf unbestimmte Zeit verurtheilt. Als man sie dorthin bringen wollte, wehrte sie sich mit der Kraft der Verzweiflung, und man mußte einen Franziskanerlaienbruder zur Hülfe rufen. – Durch diesen Widerstand erbittert, ließ ihr die Aebtissin in Gegenwart der Priorin in dem Gefängnisse auf einem Bunde Stroh abermals sehr derb die Ruthe geben.

Als einst Magdalenens Gefängniß ausgebessert werden mußte, wurde sie in ein benachbartes gebracht, in welchem die Schwester Christin nun schon dreizehn Jahre saß. Sie war zum Gerippe abgezehrt, vom Geißeln lahm und dem Wahnsinn nahe.

An Festtagen wurde Magdalene zum Abendmahl in die Kirche gelassen und mußte monatlich ein Mal dem Pater Olympius beichten. Dieser Schurke hatte seinen Verführungsplan noch immer nicht aufgegeben und drang mit unzüchtigen Anträgen in sie; allein sie schrie um Hülfe, und der Pater stellte sich, als habe er ihr nur die Disciplin geben wollen. Um wenigstens etwas für seine Sinne zu haben, befahl ihr der heilige Mann, sich zu entblößen; allein es kamen einige Schwestern herbei, bei denen er sein Betragen schlecht genug entschuldigte.

Die Einkerkerung des unglücklichen Geschöpfes hatte nun unter fortwährenden Mißhandlungen drei Jahre und acht Monate gedauert; als endlich ein Schornsteinfeger, der in der Nähe ihres Gefängnisses arbeitete und Gewimmer hörte, die Sache der Obrigkeit anzeigte. Es wurde vom betreffenden Ministerium sogleich eine Commission ernannt, welche in dem St. Klarenkloster eine Untersuchung anstellte.

Als man Magdalene ihre Freiheit ankündigte, weinte sie laut vor Freuden; allein die Aermste war so elend, daß sie sich kaum bewegen konnte. Man übergab sie sogleich dem Leibarzt des Kurfürsten und dem Hofwundarzt zu sorgfältigster Pflege.

Das von Beiden über den Zustand des armen Mädchens abgegebene Gutachten sprach sich dahin aus: daß die unaufhörlichen Geißelungen ihr die heftigsten Schmerzen zugezogen hätten, an denen sie fortwährend leide, besonders bei verhärtetem Stuhlgange, der mit Blut und Materie besprengt sei, ohne daß man dies als eine Wirkung der goldenen Ader betrachten könne. Durch die lange Einsperrung ohne alle Bewegung und durch die heftigen Schläge auf die muskulösen und tendinösen Theile der Schenkel und Füße seien diese entzündet, und da man bei ihr keine vertheilenden Mittel angewendet habe, so hätten sich dadurch diese Theile dermaßen verhärtet und zusammengezogen, daß sie gänzlich estorpirt und schwerlich Hoffnung vorhanden sei, sie wieder so weit zu heilen, daß sie ihre geraden Glieder wieder würde gebrauchen können.

Während ihrer ärztlichen Behandlung wurde Magdalene viermal verhört, und es kamen alle im Kloster verübte Schändlichkeiten an den Tag, so sehr sich auch das Pfaffengezücht schlangengleich drehte und wand. Eine Nonne Namens Paschalia, die ebenso wie Magdalene gequält worden war, sollte wahnsinnig geworden und an einem Nervenschlage gestorben sein; aber einige von den fünf Nonnen, welche den Muth hatten, die Wahrheit zu gestehen, behaupteten, sie habe sich in der Verzweiflung im Gefängnisse an ihrem Busenschleier erhängt. Daß man auf einen solchen Selbstmord von Seiten Magdalenens ebenfalls gefaßt war, ergab sich aus den Papieren der Abtei.

Obgleich alle Umstände gegen die Aebtissin und ihr Gelichter sprachen, obgleich sich über Magdalenens Bestrafung kein einziges Protokoll vorfand, – das Pfaffengezücht wußte sich doch so durchzulügen, daß es ohne Strafe davon kam, und die einzige Folge dieser Entdeckungen war eine Einschränkung der Macht der Aebtissin und genauere Beaufsichtigung des Klosters.

Magdalene sollte zeitlebens im kurfürstlichen Hospital bleiben, und wenn sie genesen würde, sollte sie Freiheit haben, auszugehen, anständige Gesellschaften zu besuchen und zu empfangen. Das Klarenkloster mußte ihr die nöthige Ausstattung und außerdem jährlich zweihundert Gulden geben.

Erst nach 5 – 6 Jahren konnte Magdalene wieder gehen, und ihr geknickter Körper erholte sich allmählig. Im Klostergefängniß hatte sie im Falle der Befreiung eine Wallfahrt nach Loretto gelobt. Diese unternahm sie nun mit Erlaubniß der Behörde; allein sie kehrte nicht mehr in ihre Heimath zurück. Im August 1778 starb sie, 45 Jahre alt, in einem Krankenspital zu Narni in Italien. –

Und nachdem in Italien die Klöster, wenigstens offiziell, nun aufgehoben worden sind, haben wir noch in jüngster Zeit im oberen Elbthale die schönsten Bußgeißelungen erlebt. Im Februar 1875 wurde dem »Trautenauer Wochenblatte« von dorther geschrieben, daß in dieser Gegend sich wenige Wochen vorher eine Nonne Namens Juliana Anastasia gezeigt hatte, die mit folgenden »sündenreinigenden und seligmachenden« Werkzeugen ausgerüstet war: einem eisernen Ringe mit Spitzen, der den reumüthigen Sündern auf den bloßen Körper gelegt wurde, einer Geißel mit fünf Riemen, an deren jedem der »besseren Empfindung« wegen einige Knoten geschürzt waren, einem Steine von der Zerstörung Jerusalems u. s. w. Die Ablaßspenderin verabfolgte die seligmachenden Geißelhiebe für den billigen Preis von zehn Kreuzern das Stück. Wer sie dutzendweise kaufte, genoß gar noch Rabatt.

In der Nähe von Arnau soll selbst ein Künstler von Beruf seine Sünden dadurch getilgt haben, daß er sich für zwei Gulden 20 Hiebe auf seinen nackten Ketzerleib von der Nonne aufbrennen ließ. Und zwar mußte sie ihm, um die Wirkung wahrscheinlicher zu machen, zehn davon auf die bloßen Fußsohlen geben, weil der Ablaß auch mit der Erhöung des Schmerzes anwachsen müsse. Auch Arnau selbst und Herrmannseifen wurden von dieser Ablaß-Händlerin heimgesucht. In Ketzelsdorf wurde sie jedoch – Undank ist der Welt Lohn – vom Nachtwächter mit sammt ihren himmlischen Werkzeugen und ihrem Steine von der Zerstörung Jerusalems in den Gemeindekotter eingesperrt – man vermuthet wegen einer die gewöhnlichen Grenzen weit überschreitenden Geistesverfassung.

Den Geißlern verwandte Gesellschaften

Die neuere Geschichte zeigt uns noch verschiedene Arten größtentheils religiöser Schwärmerei, die mit derjenigen der Geißler ihrem inneren Wesen nach nahe verwandt sind. Auch hat man die Gesellschaften, durch die sie vertreten wurden, schon mit denen der Geißler verwechselt. Möge die Einbildungskraft des Lesers, nachdem sie sich so lange um der Wissenschaft willen schier selber gegeißelt hat, an einer kurzen Beschreibung einiger andern religiösen Rasereien eine Art von Erholung finden.

Die Valerianer

Die Valerianer sind die Fanatiker der Entmannung, einer Religionslehre, die schon insofern auf sehr schwachen Füßen steht, als auch der Unwissendste diesen Leuten zu beweisen vermochte, daß die von ihnen eingeschlagene Methode der Heiligung unmöglich im Plane des Schöpfers liegen konnte.

Der eigentliche Stifter dieser Sekte ist Valerius, ein Araber. Unbekümmert um die Thatsache, daß er ohne die von ihm so verwerflich gefundene Natur-Einrichtung als Individuum garnicht bestehen würde, faßte er den kühnen Entschluß, seinem Dasein als Mann ein Ende zu machen und andere heilsbegierige junge Leute zur Nachahmung seines Beispiels aufzufordern. Schon vor ihm hatte bekanntlich Origines in gleicher Weise um die Krone des Paradieses geworben. Valerius ist aber der Erste, der diese That zum allgemeinen Grundsatz erhob und die endliche Kastration des Menschengeschlechts zu ermöglichen dachte. Die Valerianer waren ihrer Zeit eine sehr verbreitete Genossenschaft. Wer in den heiligen Bund eintreten wollte, wußte sich vor allem eine bestimmte Zeit hindurch jeglicher Fleischnahrung enthalten. Hierdurch verging ihm zunächst jedes Uebermaß von Geschlechtslust, welches durch die Fleischnahrung in der That begünstigt wird, und es wurde ihm das völlige Opfer dann weniger schwer. Uebrigens liegen Zeugnisse genug vor, daß der Entmannte selbst noch geschlechtlich erregt werden kann, wenn er auch diesem Drange nicht mehr in naturgewollter Weise zu genügen imstande ist. [50]

Nach Ablauf der Prüfungszeit wurde die Operation unter vieler Feierlichkeit an dem Novizen vorgenommen. Gesang und Gebet würzten die erhebende Handlung, und Schall der Cymbeln verkündete den Engeln des Himmels, daß eine neue Seele gerettet sei. – Jeder, der sich ihrem Bunde nicht anschloß, wandelte nach Ansicht der Valerianer auf den Pfaden des Elends und der Verderbniß. Jeder Genosse des Bundes hatte demgemäß die Pflicht, den Bund auszubreiten und die Seelen seiner weltsündigen Mitmenschen dem Himmel auf dem Wege der Entmannung zuzuführen.

Anfänglich suchten sie dieser Pflicht durch die Kraft der Ueberredung zu genügen. Allmählich sahen sie jedoch ein, daß sich auf diese Weise ihr Bund nur sehr sparsam ausbreiten würde, und so beschlossen sie denn, die Gnade des Herrn mit Gewalt ihren Mitmenschen aufzunöthigen. Gießt man nicht auch – so rechneten sie – einem kranken Kinde die Arznei selbst gegen dessen Willen ein? Oder wäre es barbarisch, einen Irrsinnigen zur Befolgung derjenigen Mittel, die ihn zur Vernunft bringen können, durch körperliche Zwangsmaßregeln anzuhalten? Nun, ebensowenig konnte die gewaltsame Verbreitung eines Heilmittels Sünde sein, das nicht von irdischen Leiden, sondern von dem großen Jammer der ewigen Verdammnis befreit.

Die Folge dieser Theorie war eine entsetzliche Praxis, die gewisse Gegenden Arabiens, in denen die Valerianer besonders verbreitet waren, zum Schrecken aller Reisenden machte. Wer ihnen in die Hände fiel, der wurde, er mochte nun wollen oder nicht, von seiner Erbsünde befreit. Eine

---

50 „Vgl. z. N. Philostratus, Leben des Apollonius von Tyana."

italienische Chronik schätzt die Zahl der Fremden auf 690, die während eines Jahres auf diese Weise verstümmelt wurden.

Durch das ganze Mittelalter hindurch haben sich die Valerianer, wenn auch in sehr bescheidenen Resten erhalten. Noch zu Anfang dieses Jahrhunderts vollzog ein venetianischer Schuhmacher auf den Rath eines griechischen Schiffers die Verengelung an seinem Leibe und nagelte sich darauf noch obendrein selber an's Kreuz. Nachdem er eine halbe Stunde in dieser schrecklichen Lage verbracht hatte, fand man ihn bewußtlos in seinem Blute schwimmen. Er wurde sofort nach dem Krankenhause gebracht, wo er nach mehrmonatlicher Behandlung genas und über die Gründe zu seiner That genaue Auskunft ertheilte.

Die Verzückten

Krämpfe und Fallsucht, Wahnsinn und Raserei können, wie große Aerzte auf Grund von Beobachtungen festgestellt haben, ansteckend wirken. Auf Menschen von besonders empfindlichem Nervensystem, von lebhafter Einbildungskraft und auch wohl schwachem Verstande üben außerordentliche Erscheinungen einen so starken Eindruck, daß häufig dieselben Erscheinungen auch in ihnen sich zeigen und sie zu Irrthum, Unfug und selbst Verbrechen hinreißen können. So bildeten sich beispielsweise im 16. Jahrhundert in Friedberg 150 Menschen ein, sie seien vom Teufel besessen, und im Anfange unsers Jahrhunderts in Marburg neun, sie seien zweiköpfig. Eine sitzende, von der frischen Luft abgesperrte Lebensweise begünstigt natürlich eine solche Ansteckungsfähigkeit, weil das Gehirn dadurch geschwächt wird; auch widerfährt es dem weiblichen Geschlechte leichter als dem männlichen, wegen der größeren Reizbarkeit und der besonderen körperlichen Umstände. Hieraus erklärt sich die Ausbreitung des Hexenthums im 15. und 16. Jahrhundert; die Epidemie der milesischen Mädchen, die sich schaarenweise erhängten, der Weiber von Lyon, die sich haufenweise ertränkten, die »Katzenepidemie« der Nonnen eines französischen Klosters, die zu bestimmten Stunden miauten, und die große Epidemie des 15. Jahrhunderts, wo in einem großen Theile von Deutschland und in den Niederlanden, ja zuletzt bis nach Rom hin die Nonnen sich gegenseitig bissen.[51]

Die Religions-Schwärmerei hat auf ähnliche Weise auch zu Konvulsionen oder Zuckungen geführt. Das Erschrecken über ihre Sündhaftigkeit packte die plötzlich fromm gewordenen Leute, und die Zuckungen, in die sie verfielen, steckten Andere an, in deren Seele sich die gleichen Vorgänge abspielten. Das geschah besonders in den Versammlungen von Separatisten. So entstanden die Verzückungen der Wiedertäufer (1525 und 26) in St. Gallen, genannt das Sterben in Christo, so die der Convulsionairs in Frankreich, besonders der Secouristen (1727–62), so entstanden vermuthlich auch die eigentümlichen Erscheinungen bei den Quäkern oder Zitterern, den Jumpers oder Springern, den Shakers oder Schüttlern und den Methodisten, wenn es bei ihnen »zum Durchbruch kommt« und wenn sie »das Werk vollbringen.«

Ein Augenzeuge, der Arzt Cornish, berichtet über die religiöse Zuckungs-Epidemie in Cornwallis i. J. 1814 Folgendes: In einer Kapelle der Wesley'schen Methodisten in der Stadt Redruth rief unter dem Gottesdienste zum Erstaunen der Versammlung ein Mann mit dem Ausdrucke großer Unruhe und Besorgniß: »Was soll ich thun, um selig zu werden?« Alsbald wiederholten Mehrere diese Worte und schienen kurz darauf die heftigsten Körperschmerzen zu leiden. Hunderte von Menschen, die diese Vorfälle mit anzusehn kamen, wurden auf ähnliche Weise befallen. Die Kapelle blieb mehrere Tage und Nächte offen, und von ihr verbreitete sich die Krankheit nach den benachbarten Städten und Dörfern.

Sie beschränkte sich aber durchaus nur auf die Kapellen jener Sekte. Sie entstand jedes Mal unter dem Ausrufen

51 „Siehe Sprengler's Beitr., 1. 2, 47, und Zimmermann Ueber die Einsamkeit II. 6, 68 ff."

der angeführten Worte, besonders bei Menschen von sehr geringem Verstande. Die Angst drückte sich durch Zuckungen der Glieder aus. Viele schrieen in furchtbaren Tönen, der Allmächtige werde sogleich seinen Zorn über sie ausschütten; sie hörten das Geschrei der gequälten Seelen und sahen die Hülle offen zu ihrem Empfange. Die Geistlichen ermahnten die so Ergriffen, die Erkenntniß ihrer Sünden zu verstärken, da sie von Natur Feinde Christi seien, Gottes Zorn deshalb über sie komme und wenn der Tod sie in ihren Sünden überrasche, die nie erlöschende Qual der Höllenflammen ihr Antheil sein werde. Auch diese Worte wurden wiederholt, und die Wuth der Zuckungsfälle erhöht sich. Glaubten die Geistlichen hinlänglichen Eindruck gemacht zu haben, so veränderten sie ihre Reden, Sie ermunterten nun, auf die Kraft des Heilandes Vertrauen zu setzen, an die Gnade Gottes zu glauben und diese Gnade zu bitten, so daß sie hoffen könnten, ihre Sünden seien ihnen vergeben. Dann schilderten sie mit glänzenden Farben die Freuden des Himmels.

Bei der Mehrzahl der Ergriffenen kam die Bekehrung (die Wiedergeburt oder der Durchbruch) sehr schnell zu Stande. Einige quälten sich aber in der Zerknirschung Tage lang. Sobald bei Einem der Glaube an Vergebung seiner Sünden entstand, fühlte er sich aus dem tiefsten Abgrunde des Elends und der Verzweiflung zur höchsten Glückseligkeit erhoben. Freudig und triumphirend rief er dann aus, die Banden seien gelöst, die Sünden ihm vergeben und er sei in die Freiheit der Kinder Gottes versetzt. Die Zuckungen dauerten jedoch fort. Viele blieben zwei bis drei Tage und Nächte, ohne etwas zu genießen oder nur auszuruhen, in der Kapelle, wo sie den ersten Anfall bekommen hatten, unter beständigen Zuckungen. Nicht weniger als 4000 Menschen sollen auf diese Weise ergriffen worden sein. Selbst Kinder von 5–6 Jahren und 80 jährige Greise, am meisten jedoch junge Weiber wurden befallen. Auf den Shetlands-Inseln zeigten sich ähnliche Erscheinungen. Dr. Hebbert erzählt von einer dortigen Kirche, die er besuchte: Sie war ungemein voll, da eine Predigt über die Einsetzung des

Abendmahls gehalten werden sollte. Bei dieser Gelegenheit sah er die gichtischen Zuckungen, wie sie in den dortigen religiösen Versammlungen auch sonst vorkamen. Die erste Erscheinung dieser Krankheit sollte dort vor ungefähr hundert Jahren stattgefunden haben. Ein Weib hatte epileptische Anfälle, und dies einmal während des Gottesdienstes. Unter den erwachsenen Frauenzimmern und den sechsjährigen Knaben (warum gerade nur diesen?) wurden die Nervenzufälle ansteckend (sympathisch). Die Leidende klagte lange Zeit über Herzklopfen; darauf erfolgte eine Ohnmacht, in der sie über eine Stunde regungslos dalag. Mit der Zeit soll dann die Krankheit die spätere Gestalt angenommen haben. Die davon befallene Frau fällt plötzlich nieder, wirft ihre Arme umher, krümmt ihren Körper auf mannigfache Weise, bewegt den Kopf schnell von einer Seite zur andern und stößt, starr und unbeweglich, das schmerzhafteste Geschrei aus. Trifft sie der Anfall bei einer öffentlichen Lustbarkeit, so mischt sie sich, sobald sie sich erholt, wieder unter die Gesellschaft und ist weiter vergnügt, als wenn nichts vorgefallen wäre. Paroxysmen dieser Art herrschten am meisten während der warmen Sommermonate, und etwa fünfzig Jahre vorher gab es keinen Sonntag, wo sich nicht dergleichen ereignet hätte.

Starke Leidenschaften, so meint dieser Arzt, durch religiöse Schwärmerei angeregt, seien die Ursache jener Anfälle gewesen. Doch meint er, sie rührten nicht von göttlicher Eingebung her, und man müsse das Schamgefühl gegen sie zu Hülfe nehmen. Ein Geistlicher in Shetland hatte zu diesem Behufe gleich beim Antritte seines Amtes die Pfarrkinder versichert, daß es gegen jene Krankheit kein besseres Mittel gebe, als wenn man die Leidenden in kaltes Wasser tauche. Da sich nun in der Nähe seiner Kirche gerade ein See befand, so erklärte er, daß immer Leute bereit sein sollten, das nothwendige Heilmittel anzuwenden. Und seltsamer Weise hat sich der heilige Geist, der doch an solche Taufbäder gewöhnt sein sollte, hierdurch plötzlich abhalten lassen, eine Seele aus dieser Pfarrei durch jenerlei Zuckungen zu belehren, nachdem diese dort Jahre lang

Mode gewesen waren. Der Geistliche durfte sich rühmen, eine der musterhaftesten Gemeinden in Shetland zu haben. Und ähnliche Klugheitsmittel seitens anderer Geistlichen, denen die Verzückungen unbequem waren, haben auch in ähnlicher Weise geholfen.

Die Johannis-Tänzer

Schon vor dem 14. Jahrhundert kamen in der christlichen Kirche Tänze als religiöse Uebungen vor. So tanzte z. B. der Bischof mit seiner Geistlichkeit auf dem Chor der Kirche und die fromme Gemeinde im Schiff der Kirche oder – auf dem Kirchhofe. Das wurde zwar, da sich's gar zu heidnisch ausnahm, durch die geistliche Obrigkeit verboten; doch hinderte das nicht, daß gelegentlich noch weiter getanzt wurde.

So wurde erzählt, daß im Anfange des 11. Jahrhunderts 19 Tänzer auf dem Kirchhofe zu Kolbik tanzten und weil sie dadurch die Christmesse störten, auf des Priesters (Knecht Ruprecht's) Fluch hin ein ganzes Jahr hindurch unaufhörlich tanzen mußten.

Auf der Moselbrücke in Utrecht wollten 200 Tänzer im Jahre 1278 nicht eher aufhören zu tanzen, bis ein Priester den Leib Christi zu einem Kranken da vorbeitrüge. Aber es wollte kein Mensch ihnen zu Gefallen so sterbenskrank werden. Und weil sie nun immer wüthender auf der Brücke tanzten, da brach diese, und all die frommen Tänzer ertranken. Das war dann die Strafe für ihre Vermessenheit.

Es läßt sich muthmaßen, daß diese Tänze wesentlich mit zum Einreißen jener religiösen Tanzsucht geführt haben, die sich im Jahre 1374 wie eine ansteckende Krankheit am Rhein und in den Niederlanden verbreitete. Wie sie entstanden, das weiß man nicht.

Mitten im Sommer traten am Rhein und an der Mosel viele rasende Tänzer auf. Sie stellten sich einander gegenüber, und so tanzten sie oft einen halben Tag lang auf einer

Stelle. Mitten im Tanze warfen sie sich zu Boden und ließen sich auf den Leib treten, wovon sie nach ihrer Aussage gesund wurden – eine etwas kräftige Massage!

Ein Niederländer jener Zeit erzählt uns: Am 16. Juli kam eine sonderbare Art besessener Menschen aus den obern deutschen Ländern nach Aachen, von da nach Utrecht und endlich gegen den September nach Lüttich. Halb nackend, mit Kränzen auf den Köpfen, führten diese Besessenen beider Geschlechter auf den Straßen, selbst in den Kirchen und Häusern, ohn' alle Scham ihre Tänze auf, wobei sie in ihrem Gesange nie gehörte Namen des Teufels ausriefen. (Dies werden wir bald als einen Irrthum erkennen). Nach vollendetem Tanze quälten die Teufel sie mit den heftigsten Brustschmerzen, so daß sie mit schrecklicher Stimme schrien, sie stürben, wenn man sie nicht mit Binden mitten um den Leib stark zusammenschnürte. (Da hätten wir denn den Ursprung des Schnürleibes.)

Bis zum Oktober wuchs ihre Sekte zu vielen Tausenden an. Aus Deutschland strömten täglich neue Tänzer herbei, und zu Lüttich wurden Viele, die noch an Leib und Seele gesund waren, plötzlich von den Teufeln ergriffen und verbanden sich mit den Tänzern. Kluge Leute wußten keinen andern Grund der Entstehung dieser teuflischen Sekte anzugeben, als die herrschende Unwissenheit in Glaubenssachen und in den Geboten Gottes. Viele aus dem Volke warfen aber die Schuld auf die Priester, die im Konkubinat lebten, durch die also jene Leute nicht recht getauft worden seien.

Ein Rauchfaßträger in einer Kirche zu Lüttich fing an sein Faß wunderlich zu schwenken, zu springen und unverständlich zu singen. Als darauf ein Priester verlangte, er solle das Vaterunser beten, wollte er nicht, und als er den Glauben hersagen sollte, sagte er: »Ich glaube an den Teufel.« Da legte der Priester ihm den Chorrock um und las die Teufelaustreibungs-Formel. Alsbald verließ ihn der Teufel, und er sprach das Vaterunser und den Glaubensartikel mit großer Andacht.

In einem Flecken bei Lüttich sammelten sich um Allerheiligen eine Menge Tänzer und Tänzerinnen und beschlossen, nach der Stadt zu gehen und den Prälaten sammt allen übrigen Pfaffen umzubringen. Als sie jedoch nach Lüttich kamen, legte sich ihre Mordlust bald. Sie wurden durch fromme Leute vor die Priester geführt und ließen sich ganz artig von denen die Teufel austreiben.

Das Umlegen des Chorrockes (der Stola) erwies sich als das wirksamste Mittel zur Austreibung des Tanzteufels und wurde besonders im St. Lamberts-Kloster von einem Priester mit Glück angewandt. Als Beschwörungsformel nahm man gewöhnlich den Anfang des Evangeliums Johannis. Auch heilte man durch Auflegen oder Vorzeigen der Hostie, durch Eingießen von Weihwasser, durch Berühren des Mundes mit dem Finger des Priesters, durch Anblasen u. dergl. m. Ein Teufel gestand vor seiner Austreibung, jetzt führen sie freilich nur in gemeine Leute; aber sie würden auch in die Reichen und Mächtigen gefahren sein und durch diese die ganze Priesterschaft aus Lüttich vertrieben haben, wenn sie von dieser nicht jetzt eben zur Flucht genöthigt würden. Das wurde von Priestern erzählt, die sich's zu ihrem Vortheil ausgedacht haben mochten.

Eine junge Aachnerin war von einem Tanzteufel besessen, der sich so hartnäckig erwies, daß er keiner Beschwörungsformel weichen wollte. Da stellte ein Priester die Diagnose, der Teufel wohne seit zwei Jahren in dem Mädchen, und jedesmal wenn sie das heilige Abendmahl nähme, dann schlüpfe er in die Zehenspitzen und halte sich da verkrochen. Wie nun aber ihn da herausstöbern? Teufel sind wasserscheu; das Fräulein muß gebadet werden und natürlich durch den Priester selber, und zwar in lauter Weihwasser – bis an den Mund. Nun kommt der Teufel herauf. Bevor er sich aber zur Flucht bequemt, erbittet er sich noch, ein Amt als Burgwärter zu übernehmen, und um seine Befähigung hierfür an den Tag zu legen, blies er wie auf einer Trompete. Einige Tage später ertranken in einem Bade einige Menschen. Das hatte nun dieser Teufel verübt, und das Bad wurde für immer geschlossen. Dieser siegreiche Feldzug der Priester von Lüttich gegen den Tanzteufel brachte ihnen großen Ruhm ein.

Ein Theil der Tänzer zog vom Rhein und von der Mosel nach Flandern, ein anderer von Antwerpen und Hennegau bis nach Frankreich. Fast alle waren Leute vom niedrigsten Volke. Gleich den verrückten Geißlern verließen sie ihre Wohnörter, zogen umher und verachteten Pfaffen und Sakramente. Nach dem Wortlaut einiger Verse, konnten sie Niemand weinen sehen. Die rothe Farbe, besonders rothes Tuch und Schnabelschuhe, waren ihnen ein Gräuel. Daher wurde den Lütticher Schuhmachern verboten, solche Schuhe zu machen. Sie sagten, sie müßten deswegen hochspringen und tanzen, weil es ihnen vorkäme, als wenn sie in einem Strome von Blut ständen. Andere meinten wieder, sie würden zum Springen genöthigt, wenn der Teufel in ihre Beine hinabstiege; kam er jedoch in den Bauch, so quälte er sie entsetzlich (sehr natürlich nach tagelangem Tanzen).

Bei ihren rasenden Reihentänzen gaben sie sich die Hand und ermunterten einander: frisch! frischkes! Diesen Ausruf und andere ausgestoßene Wörter und Töne hielt man dann für die Namen von allerhand Teufeln. In den Kirchen tanzten sie vor den Altären und den Marienbildern. In Aachen sprangen Manche so hoch wie der Altar. Viele tanzten sich in der Wuth zu Tode, was manchen jungen Ball-Freundinnen von heute als Warnung dienen könnte. Wenn sie nach den konvulsivischen Tänzen sinnlos und in Zuckungen niederfielen, reitelten sie einander mit Stöcken, die sie im Gurt stecken hatten, oder ließen sich zusammenschnüren oder von mehreren Andern auf den Bauch treten und mit Fäusten schlagen. Zuweilen trat ein Tänzer oder eine Tänzerin auf die Schulter eines andern und sah Wunderdinge im offenen Himmel.

Die Raserei machte auf die Zuschauer gewaltigen Eindruck, und viele verfielen folglich in dieselbe Tollheit. Von den Klügeren wurden die Tänzer theils für Kranke, theils für Betrüger ausgegeben, die durch das jämmerliche Schauspiel die Mildthätigkeit rege machen oder mit größerer Ungebundenheit ihre Lüste befriedigen wollten. Sie störten den Gottesdienst, und es wurden ihretwegen viel Predigten gehalten und Prozessionen veranstaltet. Gegen 3000 Tanzteufel wurden durch Beschwörungen ausgetrieben, und weil hierzu das Evangelium Johannes diente, darum nannte man ihren Tanz la danse de St. Jean, den Tanz des heiligen Johannes.

In Köln glaubte man die Entdeckung zu machen, daß die Tänzerei auf Schwindel beruhe, indem es von den Tänzern aufs Geld und auf Unzucht abgesehen sei. Der letztere Verdacht scheint erklärlich, so fern sie, wie es in den Versen bei Peter von Herentals heißt, ihre Tänze bei Nacht vornahmen. So hell erleuchtet wie unsere Ball-Säle werden die ihrigen wohl nicht immer gewesen sein. Auch wurden bei dieser Tänzerei in Köln über hundert tanzende Jungfrauen schwanger. Das war denn Beweis genug, daß die Sache vom Teufel stamme, und so nahm sie nach sechzehnmonatlichem Bestehen ein schimpfliches Ende.

Dessen ungeachtet fanden auch noch im 17. Jahrhundert fromme Tänze statt, in den zwanziger Jahren unsers Jahrhunderts wurden beispielsweise zu Echternach noch Spring-Prozessionen gehalten, und wenn wir recht unterrichtet sind, so springt man in Trier, dem Sitze des sogenannten heiligen Rockes, noch gegenwärtig bei einer gewissen, sich alle Jahre wiederholenden Prozession von der Stadt bis nach einer Kapelle hin, je zwei oder drei Schritte vor und einen zurück.

Die Veitstänzer

Auch nach dem Jahre 1374 wurde die Tanzwuth noch hier und da epidemisch, doch trat sie nicht mehr so heftig auf und hatte auch nicht einen so ausgesprochen religiösen Charakter wie die Johannestänze. Den Anlaß gaben die Krämpfe, die unter dem Namen Veitstanz bekannt sind, obschon die Johannes-Tanzsucht auch häufig gar nichts andres gewesen zu sein scheint. Dort half der heilige Johannes, hier außerdem noch der heilige Veit, und darum nannte man diesen

Tanz nun Veitstanz, gleich als ob dort der heilige Johannes und hier der heilige Veit Vortänzer gewesen wären.

Im Breisgau wallfahrtete man am Abend vordem Johannestage nach der Johanneskirche zu Wasen bei Weiser nach der Veitskirche zu Bießen, um von diesen Heiligen Schutz gegen die Tanzkrankheit zu erflehen. Denn es gab nach Agricola Leute, die sich nicht halten konnten, mehrere Tage und Nächte hindurch zu tanzen. Der heilige Veit, so hieß es, sei einer der vierzehn Apotheker und Nothhelfer. Als er dem lieben Gott den Hals hinhalten sollte, da hat er Gott gebeten, er möge Alle, die an seinem Abend fasten und seinen Tag feiern, vor der Tanzsucht bewahren. Da erscholl eine Stimme vom Himmel: »Veit, du bist erhört!«[52]

Ein Haupttanz ereignete sich im Jahre 1418 zu Straßburg. Plötzlich kam es die Leute an, sie liefen zusammen und tanzten auf den Straßen nach Sackpfeifen. In einer handschriftlichen Chronik heißt es:

»Viel Hundert fingen zu Straßburg an
Zu tanzen und springen, Frau und Mann,
Am offnen Markt, Gassen und Straßen
Tag und Nacht ihrer viel nicht aßen,
Bis ihn das Wüthen wieder gelag,
St. Vits Tanz wird genannt die Plag.«

Die Stadtverordneten beschlossen, diese unglücklichen Leute sollten in drei Haufen hinter einander nach der Kirche des heiligen Veit zum Rothenstein ziehen und allda drei Messen für sie lesen lassen. Für jede Messe sollte Jeder achtzehn Pfennig und außerdem noch etwas als Opfer zahlen. Die tanzenden Kinder, deren Eltern nicht mittanzten, sollten bei den Eltern bleiben, diese jedoch etwas dafür bezahlen, daß der Stadtrath für sie sorgte. Verschiedene Väter erklärten sich dafür als zu arm und schienen lieber ihre Kinder mitpilgern lassen zu wollen, als daß sie sie unterhielten

52 „Agricola, T. Sprichwörter, Nr. 479."

und außerdem noch für sie bezahlten. Das Krankenhaus und das Frauenhaus mußten drei dreispännige Wagen zur Fahrt stellen. Einige Nicht-Tänzer wurden als Bedeckung mitgegeben. Einer von ihnen sollte nach Zabern voranreiten und beim Dechant drei bis vier Priester bestellen, um jedem der Tänzerhaufen ein gesungenes Amt zu halten. Wenn dieses geschehen, sollten die Kranken um den Altar geführt werden und jeder von ihnen (oder ein Führer für ihn) einen Pfennig »pfryneen« und einen Pfennig opfern. Endlich sollten sie, wenn es dem Dechant gut schiene, »ehrlich ausgerichtet« werden. Dabei sollten die Armen einen Pfennig von ihren erhaltenen Almosen in den Stock stecken, und das sollte auch mit allem Gelde geschehen, was noch übrig bliebe.[53] Jedenfalls wird dieses zweckmäßige Mittel geholfen haben; denn der Glaube ist ja allmächtig, und der war ohne Zweifel vorhanden.

Kreuzfahrende Kinder

Auch die Kreuzfahrer sind mit den Geißlern verwechselt worden. Sie liefen in religiösem Rausch zusammen, um Palästina den Ungläubigen zu entreißen und die erlittene Schmach der dortigen Christen zu rächen. Um nicht über die Grenzen dieses Werkes hinauszugehen, beschränken wir uns auf eine kurze Betrachtung der Kinderschwärme vom Jahre 1212.

In der Ueberzeugung, Gott wolle sich der Unmündigen zur Befreiung des gelobten Landes bedienen, erhoben sich in der Gegend von Paris, danach auch in vielen andern Theilen von Frankreich und auch in einem Theile von Deutschland viele tausend Knaben und wohl auch Mädchen und machten sich auf den Weg nach Jerusalem. Vergebens wi-

53 „Jak. von Königshofen, S. 1087 ff. Schilter‘s Anm. 21.“

dersetzten sich anfangs Eltern und Freunde, viele Knaben brachen Riegel und Wände und eilten davon. Auch viele Erwachsene schlossen sich bald den Haufen der Kinder an, meistens von gleicher Begeisterung ergriffen, zum Theil aber auch Gauner, die den jungen Kreuzfahrern ihr eigenes Gut und was sie aus wohlthätigen Händen empfingen, zu entlocken wußten, so daß große Noth sich unter ihnen einstellte. In Köln wurde solch ein Betrüger entlarvt und aufgehängt. Nach Einigen wäre schon der erste Anstoß von solchen Bösewichtern gegeben worden, welche die Kinder gleichsam hätten als Sklaven verkaufen wollen. Und das sollte von zwei Geistlichen ausgegangen sein in der Absicht, sich dadurch aus der Gewalt der Ungläubigen loszukaufen.

Nach Marseille soll ein Haufen von 30 000 solcher Kreuzfahrer gekommen sein. Zwei dortige Kaufleute und Schiffsherren, Hugo der Eiserne und Wilhelm das Schwein (!), versprachen, das Kinderheer unentgeltlich nach dem heiligen Lande zu fahren. Doch von sieben schwer beladenen Schiffen scheiterten zwei, die übrigen fünf segelten nach Egypten, wo die Unglücklichen denn wirklich in die Sklaverei verkauft wurden. Die beiden schändlichen Kaufleute sollen später bei einer neuen Schandthat dem Kaiser Friedrich in die Hände gefallen und mit dem Strange bestraft worden sein.

Deutsche Kinderheere zogen nach den italienischen Häfen. Manche glaubten, das Meer werde austrocknen, so daß sie zu Fuß nach dem heiligen Lande ziehen könnten; aber so stark, um Wasserberge zu versetzen, erwies sich der Glaube denn doch nicht. Viele der jungen Kreuzfahrer kamen schon in den Wäldern und Einöden der Alpen um oder jenseits derselben durch Hitze, Hunger und Durst. Viele wurden bei ihrer Ankunft in Italien von den Lombarden geplündert und schimpflich zurückgewiesen. Glücklicher waren die, die von den Italienern als Knechte und Mägde behalten wurden.

Nach Genua kamen über siebentausend Kinder, Weiber und Männer unter Anführung eines deutschen Knaben namens Nikolaus. Sie trugen als Pilger Kreuze, Taschen und

Stäbe, und es waren viele Kinder aus hohen Familien darunter. Man gebot ihnen die Stadt zu verlassen, doch blieben bei dem Abzuge viele zurück. Auch nach Rom und nach Brindisi sollen Schaaren gekommen sein. Nur wenige flüchteten, von Allem entblößt, in die Heimath zurück, wo sie dann noch verspottet wurden. Auch legte ihnen der Papst die Pflicht auf, den einmal gelobten Kreuzzug, wenn sie herangewachsen sein würden, noch durchzuführen.

Noch im späteren Mittelalter kamen Kinder-Wallfahrten vor. Nach Mont St. Michel an der Küste der Normandie wallfahrteten im 15. Jahrhundert zu zwei verschiedenen Malen Tausende von acht- bis zwölfjährigen Knaben.

Die Pastorels

Im Jahre 1251 verursachte in Frankreich die Kunde von der Gefangennehmung des Königs Ludwig IX. große Bestürzung; die regierende Königin forderte im Verein mit dem Papste auf, den König zu retten, doch ohne Erfolg. Da trat im Norden von Frankreich ein ehemaliger Cistercienser, Meister Jakob aus Ungarn, auf. Sein langer Bart, sein bleiches Gesicht, seine funkelnden Augen, seine donnernde Stimme und sein frömmlerisches Wesen verschafften ihm einen großen Einfluß auf's Volk. Er verkündete, die heilige Jungfrau sei ihm erschienen und habe ihm befohlen, den Einfältigen und Niedrigen das Kreuz zu predigen, denn ihnen habe Gott vorbehalten, das gelobte Land zu befreien.

Er wandte sich an die Bauern, die haufenweis zu ihm strömten, und namentlich an die Hirten. Und weil sich diese Truppe nun größten Theils aus jungen Hirten zusammensetzte, erhielt sie den Namen »Pastorels« (Pastoureaux oder Pastorelli); doch ist es auch nicht unmöglich, daß dieser Name sich auf das Lamm, das sie auf ihren Fahnen fühlten, bezieht. Auch Kinder, sowohl Knaben wie Mädchen, verließen die Häuser ihrer Eltern und liefen dem Propheten nach.

Mit einem Heere von 30 000 Menschen kam Jakob aus Flandern nach Amiens. Sie wurden mit Bewunderung empfangen. Dasselbe geschah in Paris. Den Anführer nahm die Königin selbst ehrenvoll auf und machte ihm große Geschenke.

Solche Begünstigung und das Vertrauen auf ihre Masse machte sie immer kühner. Jakob legte in Paris den bischöflichen Ornat an. Als das Heer durch Zulauf von allerlei schlechtem Gesindel auf 100 000 Menschen angewachsen war, theilte es Jakob, ernannte die Unterfeldherren und gab 500 Fahnen aus, auf denen er selbst, ein Kreuz und ein Lamm abgebildet waren. Das Heer war nun mit Spießen, Degen, Aexten und Messern bewaffnet.

Nachdem sie die Loire überschritten hatten, begingen sie, möglicherweise gegen Jakob's Willen, täglich ärgere Gewaltthätigkeiten. Namentlich verfolgten, plünderten und mordeten sie die Juden. Von der Geistlichkeit sprachen sie höchst verächtlich, erzählten vom Papst und seiner Umgebung die schändlichsten Dinge, was denn dem Volke höchlich gefiel. Wurde ihnen irgendwo der Zugang verwehrt, so brachen sie mit Gewalt ein und begingen die größten Ausschreitungen.

In Orleans wurde, dem Verbote des Bischofs entgegen, Meister Jakob ehrenvoll aufgenommen. Den wenigen Priestern, die gegen ihn predigten, ihn einen Ketzer und Betrüger zu nennen wagten, ging man zu Leibe, dem einen wurde der Kopf gespalten, gegen zwanzig andere wurden vom wüthenden Volke ermordet, ihre Häuser wurden verwüstet, ihre Bücher verbrannt und ihre Güter geraubt.

Jetzt bereute die Königin ihre Gunstbezeigungen. Auf ihr Geheiß belegten die Bischöfe die Pastorels mit dem Bann, und die weltlichen Obrigkeiten verfolgten und zerstreuten die einzelnen Haufen, denn stehende Heere gab es damals noch nicht. Meister Jakob, der Anfangs ein Gesandter Gottes gewesen war und mit den Engeln vertrauten Umgang genossen hatte, war nun ein Zauberer, der mit dem Teufel im Bunde stand; ja man sah in ihm den, der im Jahre 1212 so viele Kinder zum Kreuzzuge verführt hatte, einen verkappten Muhamedaner, einen Sklaven des egyptischen Sultans, dem er versprochen habe, alle christliche Länder zu entvölkern, damit der Sultan sie desto leichter erobern könne. Er wurde endlich, nachdem er in Bourges zum letzten Male gepredigt hatte, von den ihm nachsetzenden Einwohnern eingeholt und von einem Fleischer erschlagen.

Ein Theil seiner Anhänger rettete sich durch die Flucht, nachdem viele erschlagen und andere gefangen genommen waren. Ebenso erging es den andern Haufen Pastorels. Viele wurden durch das Schwert oder den Strick hingerichtet, und nur den einfältigen Bauern wurde das Leben geschenkt. Einige von diesen waren darüber so gerührt, daß sie nach Palästina pilgerten, um für ihre Sünden zu büßen; die andern eilten heim und verkrochen sich in ihren Hütten.[54]

Im Frühjahr 1320, als in Frankreich und England von Neuem die Gemüther zu einem Kreuzzuge gestimmt waren und nur der Papst selber die Könige noch zurückhielt, versammelte sich unter ganz gleichen Umständen, wie im Jahre 1251, eine neue Schaar von Pastorels. Ein abgesetzter Priester und ein abgefallener Benediktiner waren die Kreuzprediger und Anführer. Obgleich auch hier sehr bald eine Menge schlechten Gesindels hinzuströmte, so fanden sie doch in Frankreich, so lange sie ruhig einherzogen, überall günstige Aufnahme, was nach den üblen Erfahrungen mit ihren Vorgängern wohl etwas sagen will. Als sie dann aber sich nicht mehr begnügten, ruhig nach den Kirchen zu wallfahrten und bescheiden um Almosen zu bitten, als sie durch ihr Umherschweifen und die vielen unter sie gerathenen Bösewichter verwildert wurden, raubten und mordeten, und zwar wieder besonders die Juden, da trat ihnen die Obrigkeit entgegen.

In Paris erfuhren sie, man wolle sie angreifen. Alsbald stellten sie sich in Schlachtordnung; da ließ man sie ungehindert passiren. Der Grund hiervon mag auch darin gelegen haben, daß der König selbst einen Kreuzzug wünschte.

54 „Siehe Meusel, Geschichte von Frankreich; Hall, Allg. Welthist. Bd. 36, S. 626 ff.; Fr. v. Raumer, Gesch. der Hohenstaufen und ihre Zeit, Bd. 4, S. 306 f."

Die Pastorels zogen nun nach Guyenne; dort wurden von ihnen wiederum alle Juden, die sich nicht wollten taufen lassen, getödtet und ausgeplündert. Als ein Landeshauptmann (Seneschal) befahl, die Juden zu schützen, widersetzte das Volk sich diesem Gebote, weil man nicht, um Ungläubige zu retten, Christen beschädigen dürfe. Darauf sammelte der Seneschal jedoch Truppen, verbot bei Todesstrafe, die Pastorels zu unterstützen, ließ viele von ihnen ergreifen und einmal 38 zusammen aufknüpfen. In Toulouse, wo sie alle Juden ermordet hatten, wurden an Einem Tage 60 gehenkt. Endlich drohten sie auch nach Avignon zu kommen, wo damals der Papst residirte; aber da rief dieser einen Seneschal zu Hülfe, und nun wurde das Hirtenheer mit dem größten Nachdrucke verfolgt und bald gänzlich zersprengt.[55]

Die Kreuzbrüder

Im Jahre 1309 erhoben sich in Deutschland den Pastorels ähnliche Kreuzfahrer, die auch für Geißler gehalten worden sind. Sie waren mit Kreuzen bezeichnet, wurden Kreuzbrüder genannt und zogen aus verschiedenen Ländern zum Papste hin. Sie hatten vor, über das Meer zu segeln zur Rettung des heiligen Landes. Als sie jedoch nach Avignon kamen, trennten sie sich und kehrten auf verschiedenen Wegen zurück. Es mischten sich auch Weiber darunter, und da ihre Aufführung Mißfallen erregte, so wollte man ihnen nichts mehr geben. Die Geistlichkeit predigte gegen sie, und so wurden auch diese Kreuzbrüder unterdrückt.[56]

---

55 „Siehe Meusel, in der Hall. Allg. Welthist., Bd. 37. S. 219."

56 „Siehe Sevoldi & Northof Origines Marcanae Chronicon Comitum de Morca et Altena, 1358."

Weiße Brüder

Im Jahre 1324 soll eine Sekte von Weißen Brüdern bestanden haben, die weiße, mit grünen Andreaskreuzen gezierte Mäntel trugen. Sie rühmten sich vieler göttlicher Offenbarungen, besonders die Eroberung des heiligen Landes anlangend. In Deutschland fanden sie viel Glauben und Beisteuer. Einige Fürsten forderten den Hochmeister des Deutschen Ordens auf, diese Leute zu unterstützen. Er aber verstand sich dazu nicht, sondern erklärte es für Betrügerei. Dadurch verlor die Sache an Ansehen und löste sich auf. Uebrigens ist es nicht unmöglich, daß dies Geißler waren.[57]

Die Bengeler

Eine der Freischaren, die im vierzehnten Jahrhundert in Deutschland von Fürsten und Grafen gebraucht wurden, um ihre ehr- und habsüchtigen Pläne durchzusetzen, waren die Bengeler im Paderbornischen. Ihr Zeichen waren silberne Prügel (Bengel), die sie vor der Brust trugen. Sie verheerten im Jahre 1390 das Land, plünderten und verbrannten Dörfer und Kirchen und bedrängten den Bischof Ruprecht hart. Den heiligen Liborius, den Schutzheiligen von Paderborn, nannten sie höhnisch einen Verschnittenen, der keine Manneskraft habe, und von den Paderbornen sagten sie, daß achtzehn von ihnen erst einen Mann ausmachten. Der Bischof überfiel sie jedoch und machte ihren Anführer Friedrich von Pathberg nebst 70 bis 100 Kriegern zu Gefangenen. Es erfolgte nun zwar ein Friedensschluß; doch wurde dem Bischof der Eid der Treue verweigert und er endlich von Neuem befehdet. Da sammelten die Fürsten ein Heer, belagerten und eroberten Pathberg. Als aber der Bischof Ruprecht starb, der den Widerstand gegen die Bengeler hauptsächlich leitete, ließ dieser bald nach, und das Land hatte noch manches von diesem Heerhaufen zu leiden.

57 „Siehe Hartknoch, Altes und Neues Preußen, 1684, S. 464."

Die Flegeler

Eine andere Schar, deren sich im Jahre 1412 der Graf Günther von Schwarzburg bediente, hieß die Flegeler, entweder weil Viele von ihnen einen Dreschflegel als Waffen führten, oder, was wahrscheinlicher ist, weil ein Flegel das Zeichen dieser Gesellschaft war. Mit den Geißlern sind sie verwechselt worden, weil beide flagellatores(von flagella, Geißel und Flegel) genannt wurden. Vom Grafen Günther gingen sie zu Friedrich von Heldrungen, der mit ihnen gegen den Grafen Heinrich von Kelbra zog. Er erstieg mit seinen Flegelern in der Nacht das Haus Honstein, wo Heinrich wohnte und deren Ruinen über Neustadt, eine Meile von Nordhausen liegen. Er hatte einen Strick in der Hand, woran er den Grafen Heinrich aufhängen wollte. Aber er fand nur dessen alten Vater, der sich am Kamin wärmte, und den Sohn, die er beide gefangen nahm. Heinrich selbst war, als er den Lärm vernommen, nackt aus dem Bette gesprungen, und seine Gemahlin, ihrem Namen einer Freiin von Weinsberg Ehre machend, hatte ihn an zusammen geknüpften Betttüchern aus dem Fenster hinuntergelassen. Diese Frau wurde dann, wie man erzählt, mit so viel Kleinodien, als sie zu tragen vermochte, entlassen. – Erst im Jahre 1416 soll der sogenannte Flegelkrieg, in welchem viele Dörfer verwüstet wurden, beendigt worden sein.

Willkürliche Unempfindlichkeit

Die Geschichte der Geißler und der ähnlichen Sekten, sowie freilich noch mehr die der christlichen Märtyrer, zeigt uns unzählige Vorgänge, wo Menschen nach unserer hergebrachten Auffassung sehr große Schmerzen empfunden haben müßten, wo sie diese Schmerzen jedoch, und zwar andauernde Schmerzen, nicht nur freudig sich anthun ließen und freudig übernahmen, sondern sie oft sich selber anthaten, und sie anscheinend gar nicht als Schmerzen empfanden. Ja, statt Schmerzen zeigten ihre Aeußerungen vielmehr häufig noch das Gepräge seliger Entzückungen.

Wie sollen wir das erklären? – An Chloroformirung und wie die heute von der Medizin sonst noch gebrauchten Schmerzstillungs-Mittel heißen, dürfen wir nicht denken. Sollten vielleicht einem Theil jener Märtyrer und Geißler andere, heute gar nicht oder nur wenig bekannte natürliche Mittel zur Verfügung gestanden haben, wodurch sie sich, wenn sie es wollten, unempfindlich machen konnten?

Haben ein solches Mittel vielleicht auch viele angebliche Zauberer und Hexen gehabt, die mit allen möglichen Qualen heimgesucht wurden oder sie sich selber auferlegten und dabei doch kein Zeichen des Schmerzes von sich gaben?

Aber was für Mittel denn? so höre ich fragen. Nun, ich bekenne, dieses Mittel freilich noch nicht zu besitzen. Allein – eine Art Antwort auf diese Frage könnten wir einer Lehre entnehmen, die seit zehn bis zwanzig Jahren in Amerika aufgetaucht ist und von der ich dasjenige, was ohne Eingehen in Spezialwissenschaften und auf die Schulausdrücke, leicht faßlich erscheint, hier entwickeln will. Ich gebe sie so wieder, wie ich sie aufzufassen vermochte, und werde freilich auch nicht umhin können, meine von anderen Seiten her geschöpften und durch eigenes Nachdenken ergänzten oder vereinheitlichten Anschauungen damit zu verbinden.

Dem schon einmal im vorigen Abschnitte gebrauchten Worte von der Allmacht des Glaubens kommt doch eine mehr als nur ironische Bedeutung zu. Man hat Beispiele, daß Menschen in höchster Erregung Kraftleistungen ausführten, die man ihnen nach Beschaffenheit ihrer Muskeln und ihrer sonst bekundeten Körperstärke nimmermehr zugetraut hätte und der sie unter andern Umständen auch nicht fähig waren. Welche affenartige Fertigkeit im Klettern, die trotz aller mangelnden Uebung Mondsüchtige zeigen! Allein Bewußtlosigkeit, wie hier, ist zur Entfaltung einer solchen staunenerregenden Geschicklichkeit oder Kraft nicht nötig (wenn man anders den Nachtwandler, ja auch nur den Träumenden überhaupt, bewußtlos nennen darf),

Wohl aber ist die Vereinigung und Einschränkung der Aufmerksamkeit auf den einen, erwählten Gegenstand nöthig, während jede Zerstreuung schwächt.

Vor Allem aber ist Glauben nöthig. Solche Menschen glaubten in den Augenblicken, daß sie das und das ausrichten könnten: und so konnten sie es. Und ähnlich ist auch manchem ein geistiges Werk gelungen, weil er vom festen Glauben an das Gelingen beseelt war.

Kann denn der Glaube nun Alles? kann er »Berge versetzen?« – Wenn man dies nicht buchstäblich nimmt – und wer weiß, was die bildliche Sprache der Bibel mit den »Bergen« meint? – ja, so kann er es allerdings, er kann Ungeheures. Freilich kann er es nur, wenn es in den Grenzen der vorhandenen Kräfte liegt; aber die natürlichen Kräfte des Menschen sind sehr groß und edel. Er kann Alles, was die Grenzen seiner Kräfte nicht überschreitet, wenn er glaubt, daß er es kann. Und wie er einerseits das nicht kann, wovon er sich einbildet, es zu können, wenn es doch außerhalb seiner Kräfte liegt, so kann er andererseits das nicht, was innerhalb seiner Kräfte liegt, wenn er nicht glaubt, daß er es kann.

Sicher ist, daß die allermeisten Menschen von Natur weit höhere Kräfte besitzen, als sie selber ahnen. Wenn man dies zugiebt, so wird man im Hinblick hierauf, da die genaue Schätzung der eigenen Kraft so schwer ist, die Überschätzung derselben, d. h. die Selbstüberschätzung, in etwas milderem Lichte betrachten, als es gewöhnlich geschieht. Der sich selbst Ueberschätzende, wenn er sich nur demgemäß auch anstrengt, ist doch weit mehr werth, als der sich Unterschätzende und darum hinter dem ihm von Natur gebührenden Maß von Leistungen weit Zurückbleibende.

Die natürlichen Kräfte des Menschen werden im Bereiche der modernen Bildung mehr geschwächt als erhöht. Die Erhöhung sucht man hauptsächlich in künstlichen Hilfsmitteln. Brillen, Mikroskope, Fernrohre, Thermometer, Barometer, Chronometer und tausend andere physikalische und chemische Meß- und Forsch-Werkzeuge werden den Sinnen des Menschen als Krücken untergeschoben, diese dadurch verwöhnend und zugleich abstumpfend.

Vergleiche ich solch einen »Herrn der Natur« mit all seinen Hülfswerkzeugen, den »ruhmreichen Errungenschaften« der Kultur und der Wissenschaft, vergleiche ich ihn mit einem Menschen, der im Besitze seiner höchsten natürlichen Kräfte und weiter keiner ist, so glaube ich einen kranken, gebrechlichen Knaben auf hohen Stelzen neben einem kräftig daherschreitenden Riesen zu sehen. Ja – der Mensch ist ein Riese von Natur, mindestens ein geistiger Riese. Hierbei vergleiche ich ihn noch nicht mit dem Thiere – denn wer von uns darf Anspruch erheben, die gesammten Kräfte eines Thieres ermessen zu können? – sondern ich vergleiche ihn bloß mit dem heutigen Durchschnittsmenschen der Zivilisation. Was ist dessen Hauptschwäche? Was fehlt ihm am meisten? Was bedarf er am nöthigsten? – Glauben an sich selbst, an seine hohen natürlichen Kräfte.

Ja, wo sind denn diese zu finden?

In uns selbst, in unserer Tiefe. Wir müssen dazu von der Oberfläche unsers gewöhnlichen Bewußtseins hinabsteigen in die Schachten und Stollen eines uns für gewöhnlich verborgenen, aber doch immer fortlebenden Theiles von unserm Ich. Ja, man würde vielleicht richtiger umgekehrt unser Ich, wie sich's gewöhnlich bewußt ist, nur als einen kleinen Theil des Gesammt-Ich bezeichnen, dessen weit größerer Theil uns für gewöhnlich unbewußt ist.

Der Bereich der Wahrnehmungen sowohl, wie derjenige der Erkenntniß ist für jenes tiefere Ich unendlich viel ausgedehnter, als für das Oberflächen-Ich; denn wie ich durch diese Bezeichnung schon sage, ist dieses nur gleichsam eine Fläche von jenem als Körper. Da indessen die Fläche nur zwei Ausdehnungen oder Dimensionen hat, die Welt, in der wir mit wahrem Bewußtsein leben, aber deren drei, so hat man im Hinblick auf die Welt, in der jenes erweiterte Ich lebt, von einer vierten Dimension gesprochen. Doch das nur nebenbei.

Wie aber gelangen wir nun, d. h. wie gelangt unser Selbstbewußtsein und unsere Selbstbestimmungsfähigkeit aus dieser uns bewußten Vorhalle in den eigentlichen großen Tempel unseres Ich?

Wie anders, als durch den Willen? Und zwar theils positiv, theils negativ, nämlich im letztern Falle durch Aufhebung eines uns daran hindernden Willens oder einer solchen Einbildung. Denn es giebt auch einen Willen – man bezeichnet ihn mit dem Namen Drang –, der uns meistens unbewußt ist. Er kann uns bewußt werden, kann aber dabei mit dem vom Bewußtsein beherrschten Willen im Gegensatze sein und bleiben. Hier soll nun der bewußte Wille nachgeben und jenem ihm unbewußten Willen, der aber nichtsdestominder sein eignes Bewußtsein haben kann, das Feld räumen.

Es gilt, wenn ich mich so ausdrücken darf, mit den Augen des Geistes sehen zu lernen, mit seinen Ohren zu hören und, die übrigen drei Sinne in einen zusammenfassend, mit einem innern Gefühle zu empfinden, zu spüren.

Dazu wird aber schwer einer gelangen, wenn er nicht seine äußern Sinne mehr oder minder verschließt, deren Empfindung von seinem Bewußtsein absperrt, kurz, sich gefühllos machen lernt. Daß dies möglich ist, dafür liegen hinsichtlich aller fünf Sinne Beobachtungen genug vor. Es haben Menschen etwas mit offenen Augen nicht gesehen, ohne doch blind zu sein. Das Entsprechende gilt vom Gehör und von den übrigen Sinnen; und nicht bloß für den Schlaf, sondern auch für Zustände, die man nicht schlechthin mit Schlaf bezeichnen kann. Das Bild lag auf der Netzhaut, die Gehörwerkzeuge waren in bester Bewegung, aber die Seele nahm die Mittheilungen des betreffenden Nervs nicht an. Sie war im Innern anderweitig beschäftigt, sei es durch Wahrnehmungen oder durch Denken bezw. Empfangen von gedanklichen Eindrücken (»Einfällen«)– denn auch in Gedanken vertieften Menschen kann dabei »Hören und Sehen vergehen.«

Kurz es ereignen sich Vorfälle genug, die beweisen, daß der Mensch zwei verschiedene Sinnesreihen besitzt, eine niedere, beschränktere, äußere, und eine höhere, innere und weiter auslangende, deren Wahrnehmungen unabhängig von jenen niederen Sinnen sind, gleichwie er nicht minder neben seinem gewöhnlichen noch ein höheres, nur bei wachem Bewußtsein ihm verborgenes Erkenntnißvermögen besitzt.

Wenn wir nun das Nervensystem des Menschen betrachten, so finden wir es theils der Bewegung, theils der Empfindung dienend. Daß wir den der Bewegung dienenden Theil nach Belieben lenken, ist uns Allen etwas Gewöhnliches. Wir bewegen ein Glied oder wir lassen es in Ruhe, je nach unserm Entschlusse, und nur der Fallsüchtige bewegt sich, ohne es zu wollen: es ist Krankheit. Sollte es vielleicht auch nur Krankheit sein, wenn man einen Schmerz fühlt, den man sehr gerne nicht fühlen möchte? Sollte sich der der Empfindung dienende Theil unserer Nerven vielleicht auch durch den Willen lenken lassen? Dann würde die Seele, die nur durch ihre Verbindung mit dem empfindenden Leibe leiden kann, sich zeitweise von diesem Leiden entbinden, erlösen können. Jedes Nervenbündel, das die verschiedenen Muskeln anregt, ist aus zwei Theilen zusammengesetzt: der vordere Theil ist der Nerv der Bewegung, der Hintere derjenige der Empfindung. So auch in den Rückenmark-Nerven. Wird ein Theil hier durchschnitten, so hört alle Bewegung auf; wenn der andere Theil, alle Empfindung. Wenn nun der Mensch gegenwärtig – seltene Ausnahmen abgerechnet, die freilich bei Naturvölkern wohl häufiger sein dürften – die Herrschaft nur über die Nerven oder genauer die Wurzelfasern der Bewegung, nicht aber die der Empfindung hat, so könnte es doch eine Zeit gegeben haben und wieder geben, ja sie könnte für Manchen schon da sein, wo es ebensowohl in der Macht des Willens stand oder steht, zu fühlen oder nicht zu fühlen, wie den Körper zu bewegen oder nicht zu bewegen.

Der »Seher« Swedenborg und viele Andere in alten Zeiten sollen diese Gabe besessen haben, wie sie denn auch gleichermaßen befähigt gewesen sein sollen, aus großen Entfernungen wahrzunehmen, was man mit einem nicht genügend umfassenden Ausdrucke als Hellsehen bezeichnet. Finsterniß oder dazwischen liegende Gegenstände sollen ebensowenig, wie die Entfernung, ein Hinderniß für diese innere Wahrnehmung bilden.

Auch soll der Zustand, der zur inneren Fernwahrnehmung befähigt – vielleicht wegen der damit verbundenen tiefern Einsicht in den Zusammenhang der Dinge oder, wie ich es eben nannte: des höhern Erkenntnißvermögens –, eine selbstheilende Kraft in sich schließen. Derselbe starke Wille, welcher die Seele oder das Bewußtsein unabhängig macht von den äußeren Sinnen, er bändigt auch die sonstigen Verhältnisse des Körpers und legt ihm jene Harmonie auf, die einem solchen Zustande eigen ist.

Die Meisten schreiben solche Heilwirkungen dem dabei helfenden Menschen als einem Magnetiseur zu; doch giebt dieser mehr nur die Anleitung. Er leitet den Willen des sich vertiefenden Menschen, auf den zuletzt alles ankommt und der nach erlangter Uebung jenen freiern, mächtigern und weiterblickenden Zustand auch ohne die fremde Hilfe kann herbeiführen lernen. Irgend einen Stoff, der dabei vom Leiter auf den Geleiteten hinüberflösse und diesen auch ohne Glauben und Vertrauen in gewünschter Weise beeinflussen könnte, den giebt es nicht.

Die Feinheit des inneren Sinnes geht, ausweislich der angestellten Versuche, so weit, daß eine solche Person von 10 bis 12 ihr in den Schooß geworfenen Dingen von verschiedenen Andern Jedem unbesehen das seinige zurückgegeben hat. Ein ander Mal hat sie unter 6 Gläsern voll Wasser, in deren eines Jemand den Fingern gesteckt hatte, dieses zu bezeichnen vermocht. Es sind hiernach mehrere der Gläser, auch wieder gar keines, berührt worden, und sie hat sich in der Angabe niemals geirrt. Sie versicherte, die Berührung aus der eigentümlichen Aura des Einzelnen, aus dessen Gefühl, Geruch oder Geschmack herauszuspüren. Diese Aura erklärt man als den von jedem Menschen ausströmenden verbrauchten Stoff, der sich den von ihm berührten Dingen mittheilt. Dieser Stoff ist jedoch von so feiner Beschaffenheit, daß er von den gewöhnlichen Sinnen nicht wahrgenommen werden kann. Wenn daher einem Stückchen Papier oder einem Fläschchen Wasser allerdings etwas von einem Menschen, und warum nicht auch etwas Heilkräftiges, mitgetheilt werden kann, so wird doch die Wirkung von der andern Seite bedingt durch eine äußerst feine Empfänglichkeit, vor Allem durch den Glauben an ihre Möglichkeit.

Das Verhalten, wozu ein Mensch behufs Eintrittes in den verinnerlichten Zustand angeleitet wird, zeigt ausfallende Ähnlichkeiten mit den Erscheinungen an religiös Verzückten, von denen wir im vorigen Abschnitte sprachen. Die Nerven sollen beruhigt, die Muskeln schlaff gemacht werden. (Jenes geschieht am besten durch Vermeidung von Allem, was den Geist aufregt, dieses durch Nachgiebigkeit aller Muskeln und Widerstandslosigkeit gegen auftauchende innere Empfindungen.) Einer Schwindligkeit des Kopfes, einem Gefühle des Fallens soll nicht widerstanden, eine krampfhafte Zuckung nicht verhindert werden. Sollte sich das Gefühl einstellen, als wenn der Kopf sich vergrößert,[58] als wenn der Körper schwerer oder leichter würde, niedersinke oder sich aufwärts hebe, so muß diesen und allen sonst etwa noch eintretenden Empfindungen Raum gegeben werden. Ebenso wird Alles, was den Geist vom Körper abzieht, zu dem beabsichtigten Zwecke beitragen.

Auch das Gebet hat die dazu nöthigen Bedingungen erzeugt. So wurde in den siebziger Jahren unsers Jahrhunderts ein Mann bei einem Prärie-Feuer in Amerika schwer versengt; aber er erfuhr an sich die erleichternden Wirkungen des Gebets; sein Schmerz verschwand, obgleich diese Wirkung einer andern Ursache zugeschrieben wurde. Denn das Gebet, indem es den Geist vom Körper abzieht, d.h. den Schwerpunkt des Bewußtseins aus dem gewöhnlichen. niederen Ich hinausrückt, kann so jenen innerlichen Zustand herbeiführen, der äußerlich unempfindlich macht.

58 „Diese Empfindung, ja sogar die, als schwelle der ganze Körper an allen Gliedern zum Doppelten seiner wahren Dicke und mehr an, habe ich oft, besonders im Bette liegend, gehabt. Und das zu Zeiten, wo ich mir keiner besondern Unregelmäßigkeiten in der Lebensweise bewußt war, sodaß also von dem »dicken Schädel« des »Katers« am Morgen nach einem Trink-Abend hier nicht die Rede sein kann. I.G."

Die »religiöse« Erregung junger Mädchen, wie sie bei gewissen amerikanischen Sekten in ihren Erlösungs-Versammlungen auch heute noch nichts Ungewöhnliches ist, kann zu jenem abgeschlossenen Zustande, ja bis zur Starrheit führen. Musik, Harmonie, jede die Nerven besänftigende oder abspannende Gemütsbewegung begünstigt den Eintritt jenes Zustandes. Die Lenkung der Aufmerksamkeit auf entfernte Dinge hat hierbei zunächst nur den Zweck, für die Wahrnehmung des Gegenwärtigen zu betäuben. Ist hierdurch Gefühllosigkeit erzielt, so ist es unmöglich, irgend einem Theile des Körpers Schmerz zuzufügen, wie denn in solchen Sitzungen dem eingeschläferten »Medium« schon Nadeln in‘s Fleisch gestochen worden sind, ohne daß es etwas davon gefühlt hat.

Aber die Unempfindlichkeit kann auch für diesen oder jenen Körpertheil aufgehoben werden, ohne daß der Zustand im Uebrigen dadurch aufhört, ein verinnerlichter zu sein; dies kann vielmehr völlig dem Willen des betreffenden Menschen unterworfen werden. Bisweilen fallen die Sinne langsam und gradweise in diesen Zustand, oft einer nach dem andern, je nach der erlangten Uebung. Verschiedene Menschen erfordern verschiedene Behandlung bei der Einleitung in den Zustand. Die Nachgiebigkeit gegen die Anweisungen des Leiters ist die erste Bedingung; wer sich ihnen nicht in der Seele widersetzt, mit dem soll der Versuch schon beim ersten oder zweiten Male gelingen.

Nun möchte sich freilich unser Selbstgefühl gegen die blind gefügige Unterwerfung unter den Willen eines andern Menschen sträuben. Aber ist nicht auch das Kind unselbstständig und muß, um selbstständig zu werden, sich der Leitung der Eltern Anfangs beinahe willenlos anvertrauen? Und müssen wir nicht auch zur Erlangung jenes höheren Zustandes eine neue Erziehung bekommen, ja gewissermaßen wiedergeboren werden? Der Leiter oder, wie er gewöhnlich genannt wird: »Magnetiseur« ist nun, wenn auch nicht die Mutter, so doch gewissermaßen die Hebamme, die unsere geistige Wiedergeburt vermittelt. Diese aber besteht darin, daß unser im gewöhnlichen Leben steckendes Ich mit jenem höheren Ich in eine, womöglich vom Bewußtsein überblickte, dem Willen unterworfene und stets wirksame Verbindung trete.

Das erste Mal sich selbst in den verinnerlichten Zustand zu versetzen, davon wird abgerathen, weil Manche bewußtlos werden und, wenn Niemand sie anleitete, sich des in dem Zustande Erlebten zu erinnern, dieses vergessen würden. Auch soll man die Augen öffnen können und auf gewöhnliche Weise sehen, während der übrige Körper gefühllos bleibt. Ja, es sind Männer während dieses Zustandes mit offenen Augen auf's Feld gegangen und haben mehr Arbeit verrichtet als Andere. Abends haben sie sich dann selbst geweckt und gar keine Ermüdung verspürt. Hieraus hat man den Schluß gezogen, daß Arbeit, wie jetzt schon für Einige, so künftig ganz allgemein, als ein Vergnügen und Ermüdung als etwas Abgethanes betrachtet werden wird. Ist dieses richtig, so fände hierdurch denn auch die unermüdliche heftige Bewegung der Johannestänzer, deren etliche »1 Jahr lang tanzten«, und mancher andern religiösen Schwärmer ihre Erklärung. Die Priester erscheinen dabei als die Leiter oder Magnetiseure.

Die Empfindungen während des verinnerlichten Zustandes werden von denen, die sich darein versetzten, zwar verschieden beschrieben, aber von Keinem als unangenehm, sondern von Allen als wonnevoll. Dasselbe sehen wir bei den religiös Verzückten und anderen Sekten, wenn sie sich »erlöst« fühlten, oder wenn es bei ihnen »zum Durchbruch kam.« Diese Erlösung war vielleicht einfach die Erlangung des hier beschriebenen verinnerlichten Zustandes.

Um die Unempfindlichkeit bloß eines Theiles vom Körper zu erlernen, soll man sich anleiten lassen, in dem verinnerlichten Zustande den Kopf allein wach zu halten oder zu erwecken. Gelingt das, so bleibt der übrige Körper gefühllos. Allein durch den Willen kann auch jeder beliebige Theil des Körpers unabhängig von den übrigen empfindend gemacht werden. Der Leiter fordert seinen Schüler zu diesem Zweck auf, eine Hand oder einen Arm aufzuwecken und danach wieder unempfindlich zu machen.

Diese Fähigkeit würde bei Unfällen und im Kriege unzähligen Menschen große Leiden ersparen und sogar dem Verluste von Gliedern vorbeugen; doch wäre ja wohl zu hoffen, daß ihre Verallgemeinerung ohnehin eine Erleuchtung der Geister mit sich führte, die jene Unfälle und Kriege überhaupt abstellt. Der nun seit einigen Jahren verstorbene Dr. F. W. B Fahnestock zu Lancester in Pennsylvanien, dem ich den verinnerlichten Zustand hier nachbeschreibe,[59] erzählt einen Fall, der eine wunderbare Verwandtschaft mit manchen »Teufelaustreibungen« der früheren Jahrhunderte zeigt. Eine Jungfrau in Cincinnati, die mit solchen Zuständen noch ganz unbekannt war, wurde – und zwar, wohlgemerkt, zuerst in der Kirche – von einem »Geiste« heimgesucht und deswegen von Freundinnen nach Hause gebracht. Der Geist verließ sie wieder, kehrte jedoch dann und wann zu ihr zurück.

Als Dr. F. dorthin kam – es war im Hause seines Freundes –, war der Geist vor einigen Tagen bei der Jungfrau gewesen. Sie schien in Folge dessen an einer Krankheit zu leiden, an welcher der Geist – denn es war der eines Verstorbenen – hatte sterben müssen. Darum war auch nichts Vernünftiges aus ihr herauszubekommen.

Der Freund nahm sich nun hilfreich des Geistes an. Dr. F. sah dem eine Weile ruhig zu, dann aber sagte er: »Der Geist braucht sich durchaus nicht unglücklich zu fühlen. Wir wollen ihn nur bitten, bei seinem Unglück nicht mehr zu verweilen, sondern die Gedanken auf Andres zu lenken. Wenn er diesen Rath befolgt, wird er auf der Stelle von seinen Leiden erlöst sein.« Gesagt, gethan. Der Geist ging sofort auf diesen Vorschlag ein und wurde von seinen Schmerzen völlig befreit. Darüber war er nun so vergnügt, daß er anhub, herzlich zu lachen und sich ganz ungezwungen zu unterhalten. Als er die Jungfrau nun verlassen wollte, ersuchte ihn der Dr. F., sein Medium in dem Zustande zu verlassen, worin er sie gefunden, was er dann auch bereitwillig that.

---

59 „Siehe dessen Schrift: Statuvolence oder der gewollte Zustand und sein Nutzen als Heilmittel in Krampfzuständen und bei Krankheiten des Geistes und Körpers. Leipzig, O. Muße."

Die Jungfrau erschien darauf ganz im verinnerlichten Zustande. Sie konnte aus der Ferne wahrnehmen, kurz, ihre Fähigkeiten hatten sich in der oben beschriebenen Weise ausgedehnt. Man forderte sie jetzt auf, nur den Kopf zu erwecken, und nachdem dies geschehen, einen Körpertheil nach dem andern zu erwecken und auch wieder gefühllos zu machen. Das Alles vollzog sie sehr leicht; zum Erstaunen der Anwesenden konnte sie jeden beliebigen Theil des Körpers dem Zustande unterwerfen und auch wieder entziehen und ihm dadurch Empfindung verleihen oder sie nehmen.

Am folgenden Abend wurde sie aufgefordert, sich wieder in den Zustand zu versetzen. Dies that sie mit Leichtigkeit, gab einige Proben von »Hellsehen« in die Ferne, besuchte im Geiste einige Freundinnen, und dann kam jener »Geist« wieder über sie. Doch war es ihm jetzt gleich von vornherein bei ihr wohl.

Solche Fälle, deren Dr. F. noch viele erlebt zu haben versichert, führten ihn zur Ueberzeugung, daß man allein im verinnerlichten oder somnambulischen Zustande von Geistern besucht werden und auf diesem Wege auch zum Fernwahrnehmen gelangen könne. Nur müsse hierzu der Geist, bevor er das Medium verläßt (wie im erzählten Falle geschehen), ersucht werden, es in dem Zustande, worin er es gefunden habe, wieder zurückzulassen.

Andere, wie Dr. Wittig, erklären diese »Geister«, ohne deren Dasein zu leugnen, für bloße Vorstellungen oder Erinnerungsbilder, kurz, für eine Art von Traum-Erscheinungen. Doch könne man solche Einbildungen nicht besser vertreiben, als durch zeitweiliges Eingehen darauf, um die verirrte Einbildungskraft am Faden ihrer eigenen Vorstellungen wieder aus dem krankhaften Zustande hinauszuführen. Damit nun dies möglich werde und nicht Wahnsinn eintrete, dazu soll der selbsteigne Vernunftwille immer geübt und gestählt werden.

Die Medien brauchen, nach Dr. Fahnestock, wenn sie klug genug sind, die Leiden der sie besuchenden Geister keineswegs auf sich zu nehmen, ja die Geister selbst können sich die Leiden ersparen, wenn so verfahren wird, wie in dem oben erzählten Falle.

Geister können nach dieser Lehre auch Heilungen bewirken, indem sie der Seele des Mediums Offenbarungen ertheilen, und zwar besonders in dem verinnerlichten Zustande.

Um den Menschen aus diesem Zustande wieder zu erwecken, fragt man ihn, ob er erwachen wolle. Ist dieses der Fall, so lenkt man seine Gedanken dahin, von wo sie ausgingen, und heißt ihn die Augen öffnen. Gegen seinen Willen kann man ihn dazu nicht veranlassen. Bevor man ihn das erste Mal weckt, schärft man ihm ein, sich zu merken, was er Alles gesehen, gehört und gefühlt hat, weil er sich andernfalls dessen gar nicht erinnert. Später ist das bei den Meisten nicht mehr so nöthig. Manche können sich nach Belieben und Stimmung an Alles, Einiges oder gar nichts erinnern, so groß ist die Kraft des Willens.

Es muß freilich auffallen, daß Dr. Fahnestock mehr Anweisung für den Schüler als für den Leiter giebt. Zwar ist ein erschöpfender Unterricht für die Thätigkeit des Leiters vielleicht überhaupt schriftlich nicht möglich, sondern bloß durch persönliche Anleitung, und kann zumal von einer nur 45 Seiten umfassenden Schrift, die doch hauptsächlich anregen soll, nicht verlangt werden. Allein im Verhältniß zu diesem Umfange müßte man bei der großen Wichtigkeit, die der Sache beigelegt wird, doch ausführlichere Anweisungen erwarten. Sollte vielleicht beabsichtigt sein, den Leser nur um so neugieriger zu machen? Hat es doch der von wunderbaren Dingen handelnden Bücher zu aller Zeiten so viele gegeben, die dem Leser nur eine verdeckte Schüssel zeigen. Sollen wir nach Lancester in Amerika reisen ....?

Wer den Menschen eine nützliche Wahrheit mitzutheilen hat, der soll es doch immer so deutlich thun, daß sie Allen, die sie fassen können, womöglich so klar einleuchte wie ihm selber, damit sie von andern weiter entwickelt, vor allem jedoch voll genutzt werden könne. Ich glaube auch, daß dieser Forderung der Vernunft und des Gemeinwohles weit mehr genügt werden würde, wenn die Menschen nicht, in Folge unserer Wirtschaftsordnung, darauf ausgingen, das, was sie haben und wissen, zur Quelle fortlaufender Einnahmen zu machen. So wird manches kostbare Gut, was der Menschheit frei hingegeben werden sollte, ängstlich gehütet, um es so lange und so ergiebig wie möglich auszubeuten. Wer aber solche höhere Zustände kennt, wie den oben beschriebenen, wer an ein Reich des Geistes in irgend einem Sinne glaubt, der sollte sich auch vom materiellen Besitz in dem Grade unabhängig fühlen, um jenen engherzigen Grundsatz fallen zu lassen. Denn dadurch wird nur zu leicht ein gewisses Mißtrauen gegen die Aufrichtigkeit wachgerufen, weil man sich sagt, daß wer seinen Sondervortheil höher stellt als die Sache, die er vertritt, auch wohl im Stande sein könne, um seines Vortheils willen die Sache zu verfälschen, sich etwas auszudenken und es als wissenschaftliche Wahrheit zu behaupten.

Dies hier nur allgemein. Denn im Hinblick auf den vorliegenden Fall wird uns von anderer, durchaus glaubwürdiger Seite her versichert, daß Dr. F. mit Erfolg Menschen in jenen verinnerlichten Zustand versetzt habe. Ein Dr. F. F. Faber in Atalanta (im nordamerikanischen Staate Georgia) soll in dieser Kunst ein vollkommener Meister geworden sein. Er könne ganz nach Willen seinen ganzen Körper oder auch jeden beliebigen Theil desselben in diesen Zustand und wieder heraus versetzen. Er sei bereit, diese Kunst Jedem zu zeigen, der ihn aufsuchen will. Er hat Schritte gethan zur Gründung einer Anstalt, worin diese Kunst Allen, womöglich unentgeltlich, gelehrt werden soll. Sollte sich's nicht für Die, welche die Ausstellung in Chicago besuchen, empfehlen, einen Abstecher nach Atalanta zu machen, um sich von Dr. Faber unentgeltlich zu Universal-Aerzten ihrer selbst und der ganzen Menschheit machen zu lassen?

Da der Wille die oberste Macht ist, so kann der Mensch, wenn er in dem verinnerlichten Zustande einen festen Entschluß faßt, diesem auch nach dem Erwachen Folge leisten. Oder wenn er sich dem festen Glauben an etwas, was mit ihm vorgehen werde, hingiebt, so tritt dieses auch ein. Das können wir uns aber nicht anders erklären als durch eine mit dem verinnerlichten Zustande verbundene Art von Allwissenheit, oder, um nicht mehr zu sagen, als ich sagen will, eine geistige Durchdringung von gegenwärtigen, vergangnen und zukünftigen Vorgängen, mit der unser waches Erkennen keinen Vergleich aushält. Und hieraus hat man denn auch, um die Annahme von Geistern aus einem Jenseits entbehrlich zu machen, die Erscheinungen des Somnambulismus oder jenes verinnerlichten Zustandes zu erklären gesucht, wogegen denn freilich von Seiten der Spiritisten wieder gewichtige Einwände erhoben werden. [60]

Wie dem aber auch sei, so hat sich der verinnerlichte Zustand als ein Mittel zur Heilung von Krankheiten, eingewurzelten Gewohnheiten und unglücklichen Gemüthszuständen bewährt. Denn Fahnestock behauptet auf Grund von 35jährigen Versuchen, daß gleich dem bewegenden auch der empfindende Theil des Nervensystems dem Willen unterworfen werden könne. Das wäre denn freilich von unberechenbarem Segen für die leidende Menschheit – vorausgesetzt, daß sie zugleich überhaupt geistig gehoben würde. Denn andernfalls würde ein solches Mittel, wie ja heute schon die meisten Kräfte der Menschen, mindestens ebenso sehr zum Schlechten wie zum Guten angewandt werden. Die zu erwartenden Schmerzen sind es ja, welche die Menschen von der Uebertretung der natürlichen Gesetze zurückhalten oder wenigstens, wenn sie vernünftig wären, zurückhalten sollten. Fielen aber diese natürlichen Strafen weg, könnte der Natur die Geißel aus der Hand gerungen werden, womit sie die Vergehen gegen ihre heiligen Gesetze straft, so müßten augenscheinlich dem Unrecht noch größere Triumphe zutheil werden als es heute schon feiert. Auch müßte sich mit einem völligen Verschwinden des Schmerzes zugleich das Aufhören der Lust verbinden; oder, anders gesagt, ein Lustzustand schafft sich, da alles Leben auf Gegensätzen beruht, selber seinen Gegensatz, den Schmerz. Wir würden daher unsere Hoffnung und unser Streben nur auf die Abstellung des Uebermaßes zu richten haben.

Was nun aber die Heilungen durch den verinnerlichten Zustand betrifft, so werden wir versichert, daß weder Auf-

60 „Siehe »Animismus und Spiritismus« von Aksákow. 2 Bde. Leipzig, 1890."

regung, noch Entzündung, noch Krampf oder Schmerz während desselben oder nachdem sie vom Willen abgeworfen sind, länger verharren können. Auch bei dem schwersten Nervenleiden in irgend einem Theile des Körpers soll die Versetzung dieses Theiles in den Zustand der Empfindungslosigkeit dem Kranken augenblickliche Erleichterung geben. Verlangt die Krankheit, daß der Theil längere Zeit in dem Zustande behalten werde, so könnte das nach dieser Lehre ebenso leicht geschehen, wie das Zusammenziehen und Strecken irgend welcher Muskeln.

Dann aber würde der Menschheit eine Zeit winken, wo, durch gründlichste Erforschung und Ausnutzung des verinnerlichten Zustandes, alle drückenden Leiden aufhörten und die Menschen schon auf Erden in einer Art Paradies wandelten, besonders wenn die Wissenschaft ihre Hoffnung wahr macht, Bäume, Gras und Stroh durch Ausziehung des Stärkemehlgehaltes eßbar und damit jeden Nahrungsmangel unmöglich zu machen.

Wer's allerdings nicht zu glauben vermag, daß er jenen seligen Zustand erreichen könne, der kann ihn darum auch nicht erreichen, wie ja so vieles Nöthige im Leben der Gesellschaft, Alles in Allem: die Verwirklichung eines reinen Christenthums, einfach deswegen bisher nicht möglich war, weil die Menschen den Glauben an die Möglichkeit in sich nicht zu entzünden vermochten. Die Meisten leben der Meinung, so etwas müsse vom Ganzen ausgehen, ohne gehörig zu bedenken, daß das Ganze ja nur aus den Einzelnen besteht, daß sie selbst solche Bestandtheile des Ganzen sind, und daß folglich sie selbst, Jeder an seinem Platze, beginnen müßten.

Hier ist nun etwas gegeben, ein Weg gezeigt, den Jeder allein gehen kann und wozu nur eine allerdings nicht Jedem leicht mögliche praktische Anleitung nöthig ist. Das Ziel ist herrlich, der Weg nicht eben beschwerlich, nein, mit farbenprangenden, duftenden Blumen an seinen Rändern geschmückt. Die Ausgeburten frömmlerischen Wahnes brauchen wir nicht mehr damit zu verbinden, sie lassen wir dahinten, und ohne einen anderen Priester, als den uns anleitenden Freund, gehen wir ein in einen höheren Zustand, in ein unendlich weiteres und schöneres Land – aber nicht ohne die Kraft des Willens und des Glaubens.

Allerlei Prügelkuren

Nachdem wir des Wunderbaren aus alten und neuen Zeiten nun schon so viel vernommen, dürfen wir kaum noch besonders erstaunen, die Schläge, wodurch die Frommen ihre Seele vom Bösen befreiten, auch als eine Art Universal-Heilmittel gegen die Uebel des Leibes empfohlen zu hören. In der festen Erwartung, daß ich es nicht mit blindgläubig nachahmenden, sondern mit denkenden Lesern zu thun habe, will ich eine Anzahl merkwürdiger Berichte aus dem siebzehnten Jahrhundert, gesichtet, geordnet und in unsere heutige Sprache übertragen, hier wiedererzählen.

Zahnweh

Der Diener eines Obersten wurde lange von heftigen Zahnschmerzen gequält. Da gab ihm sein Herr, als er einmal viel getrunken hatte und auf den Diener ärgerlich war, eine kräftige Maulschelle auf die schmerzende Backe. Darauf erfolgte ein heftiges Zahnbluten, der Schmerz vergrößerte sich anfangs, ließ aber bald nach und verzog sich völlig.

Einem Jäger, der keinen Tag nüchtern war, stieß einmal seine Frau aus Versehen das Branntweinglas um. Das erbitterte ihn so, daß er aufsprang und ihr, trotzdem sie an starken Zahnschmerzen litt, eine derbe Ohrfeige hieb. Auch hier kam Anfangs viel Blut; aber die Schmerzen vergingen dann.

Einem Pfarrer, der verdrießliche Zahnschmerzen hatte, wurde gerathen, sich tüchtig in Schweiß zu bringen. Er hoffte das mit Arzneien bewirken zu können, aber vergebens. Badestuben waren auch nicht in der Nähe. Da verfiel er darauf, einige grobe Holzkloben zu spalten. Dabei sprang ihm ein scharfer Spahn mit Ungestüm gegen die Backe, in der er den meisten Schmerz hatte, so daß ihm Hören und Sehen verging. Ja, es war ihm ein Zahn herausgebrochen und er konnte ihn leicht herausziehen. Aber von der Zeit an waren seine Zahnschmerzen verschwunden.

Scharbock oder Skorbut.

Der soeben erwähnte Pfarrer behielt, gleichsam aus Dankbarkeit für die Heilung von Zahnschmerzen, das Holzspalten bei und bediente sich dieser Uebung auch mit Erfolg gegen den Scharbock.

Ein Bauer, der auch vom Scharbock geplagt war, gebrauchte dagegen eine seltsamere Kur. Nachdem er reichlich Wermuth gegessen und Branntwein getrunken hatte, legte er sich nackt in der heißen Stube auf den Bauch und ließ seinen halb erwachsenen Sohn in Strümpfen ihm auf den Rücken springen und darauf herumtanzen. Nachdem das eine Weile geschehen war, drehte er sich um, und nun wurde der Tanz auf seinem Bauche fortgesetzt, was er aber nicht ebenso lange ausgehalten haben soll, wie den Tanz auf dem Rücken. Dennoch wiederholte er beides ein paar Mal, nahm dann noch recht viel Branntwein zu sich, ließ sich warm zudecken und schwitzte wie ein Gaul. Diese Kur gegen Scharbock hatte er in Lappland gelernt von Einem, der sie oft an sich ausführte und ein alter Mann dabei wurde.

Seitenstechen

Ein Bauer sollte für seinen adligen Herrn Briefe wegtragen Er entschuldigte sich mit Seitenstechen. Der Herr nahm es aber für Faulheit, prügelte ihn mit der Riemenpeitsche bis aufs Blut, und binnen wenigen Stunden verloren sich die Schmerzen. Der Edelmann aber, als er hörte, daß er dem Bauer unrecht gethan, schenkte ihm den ganzen Jahreszins. worüber der Bauer die erhaltenen Schläge desto eher vergaß.

Brustgeschwüre

Ptolemäus Phalerus hatte ein Brustgeschwür. Als er jedoch eine Wunde an der Brust erhielt, wurde er von jenem Uebel befreit.

Jaso Phereus hatte lange Zeit eine Eiterbeule (Apostem) in der Brust, was auf keine Weise sich heilen lassen wollte. Da bekam er einmal einen derben Hieb; hiervon ging sein Geschwür auf, und er blieb am Leben.

Kropf

Es wird erzählt, wie in verschiedenen Fällen, wo Menschen an Kröpfen litten, heftige Stöße gegen den Kropf erfolgten, er davon aufgegangen und außer Eiter auch viele Würmer oder Läuse herausgekrochen sein sollen, und so wäre der Kropf denn vergangen.

Eine Frau hatte einen garstigen Kropf. Den vertrieb ihr eine Zigeunerin auf folgende Weise. Sie machte aus Eschenholz kleine Stäbchen, schabte die Rinde ganz ab und klopfte mit diesen Stäbchen den Kropf Morgens um fünf, Mittags um zwölf und Abends um sieben Uhr. Dazu bestrich sie sowohl den Kropf als auch die Stäbchen über und über mit einem geheimnißvollen Oel. Hernach band sie ein Tuch um den Kropf. Jeden Abend warf sie die gebrauchten Stückchen in's Feuer. Dabei mußte die kranke Frau während dieser ganzen Kur aus der Hirnschale einer mannbaren Jungfrau trinken. Der Kropf aber verzog sich wirklich. Als man die Zigeunerin fragte, warum sie das Beklopfen gerade zu jenen Stunden vorgenommen, antwortete sie: des Morgens um fünf zur Erinnerung an die fünf Wunden Christi, des Mittags um zwölf zum Andenken an die zwölf Apostel, und des Abends um sieben aus Achtung für die sieben Sakramente.

Beulen, Blattern und Geschwüre

Ein Bauer in Pferdsdorf bei Eisenach hatte eine roth unterlaufene und ihn recht verunstaltende Beule am Halse. Aber er war ein eifriger Ackersmann, und so ging er wieder einmal aufs Feld, um zu sehen, ob sein Sohn auch den Pflug recht führe. Die vor den Pflug gespannte Stute hatte ein Füllen, das lief neben ihr her. Da kommt ein Edelmann über das Feld geritten und mit ihm sein Hund gelaufen. Dieser jagt hinter dem Füllen her und hetzt es bald hier- und bald dorthin. Um den Hund zu verscheuchen, wirft der Bauernsohn den mit Eisen beschlagenen Stock, womit er immer die Pflugschar abschlägt, nach dem Hunde. Aber er trifft unglücklicher Weise seinen Vater, und zwar gerade an die Beule, so daß es tief hinein ging und er zu Boden fiel. Nur langsam erhob er sich wieder und wurde heimgebracht. Seine Halsplage jedoch wurde er nun allmälig los, nur daß er den Kopf zeitlebens etwas schief hielt. Aber er lebte danach noch lange und verrichtete seine Arbeit mit Vergnügen.

Elidaeus von Padua, wenn er bei den Kindern das Eintreten von Blattern befürchtete, hieb sie mit Nesseln, damit die Blattern desto eher und glimpflicher überstanden würden.

Ein Tagelöhner-Kind von drittehalb Jahren klagte mehrere Tage lang der Mutter mit Winseln und Weinen sein inneres Leid. Die Mutter wußte nicht, was das zu bedeuten hatte. Nun trieb sie grade ihr Schweinchen aus und hatte dazu ein Bündel frisch gepflückter Nesseln in der Hand. Wie nun das Kindchen in höchster Ungeduld sich auf keine gütliche Art beschwichtigen lassen wollte, da hob ihm die Mutter das Hemdchen auf und gab ihm mit den Nesseln einige Klapse. Noch am selben Tage brachen bei dem Kinde die Blattern an vielen Stellen aus, aber das Kind kam glücklich davon.

Ein Anderer wußte allerhand äußere Schmerzen und Geschwülste nicht besser zu vertreiben, als indem er tüchtig darauf schlug. Das half mehr als alle Pflaster. – Galen empfiehlt als Mittel gegen Geschwüre kleine und glattgestrichene Ruthen, damit soll man so lange auf die betreffende Stelle losklopfen, bis eine kleine Anschwellung entsteht.

Podagra

Paullini[61] erzählt von seinem Vater, wie er auf Rath eines Landpfarrers am ersten Ostertag, am Johanmis- und am Egidientag früh vor Sonnenaufgang in aller Stille kleine Haselruthen schneiden ließ. Das mußte auf einen Schnitt geschehen, und zwar mit einem neuen Messer, auf dem drei Kreuze standen und mit dem noch nichts Anderes geschnitten war. Diese Ruthen wurden so hingelegt, daß die Sonne darauf schien. Wenn nun den Mann das Podagra am ärgsten heimsuchte, dann ließ er sich von einem Knaben mit jenen Ruthen schlagen, und zwar womöglich bis auf's Blut. Paullini hat häufig seinem Vater diesen seltsamen Liebesdienst erweisen müssen und nur dann Schelte bekommen, wenn er zaghaft schlug. Davon bildete sein Vater sich ein, manchmal Erleichterung der Schmerzen zu haben. Dauernd hat es jedoch nicht geholfen, denn er hat sich mit jener Plage bis zur Grube geschleppt.

Ein Geistlicher hatte gegen seine häufigen und mitunter lange anhaltenden Gichtschmerzen im Fuß alles Mögliche versucht, aber umsonst. Da verfiel er darauf, sich, wenn es am meisten schmerzte, mit frischen Birkenreisern heftig, ja bis auf's Blut schlagen zu lassen. Danach steckte er die Füße in frischen oder doch aufgewärmten Kuhmist. Wenn er sie eine Weile drin stehen hatte, so fühlte er die Schmerzen nachlassen oder sich ganz verziehen.

Fieber

In Kurland kurirten die Bauern das Fieber auf dreierlei Art: erstens durch Erschrecken, zweitens durch Baden und drittens durch Schläge. In den Badestuben schwitzten sie so sehr, wie nur möglich, und liefen dann dampfend hinaus. Im

61 „Kristian Frantz Paullini, Flagellum salutis ... Frankfurt am Main, in Verlegung Friedr. Knochens. 1698, Diesem merkwürdigen Werke entnehme ich die meisten der hier angeführten Beispiele."

Sommer liefen sie nach dem nächsten fließenden Wasser, wo sie sich bis an den Hals hineinsetzten; im Winter in den Schnee. Darin wälzten sie sich nackt herum, sprangen dann wieder in die Badestube, und das drei Mal hinter einander. Hiernach verging meistens das Fieber. Das dritte Mittel, die Schläge, wendeten namentlich Herren bei ihren Knechten an. Sie prügelten sie bis auf's Blut. So verging aber, wie man uns versichert, ihre Krankheit, und sie brauchten weder Arzt noch Barbier noch Apotheker. – Auch von einer Nonne wird umständlich beschrieben, wie ein anhaltendes Fieber ihr durch Schläge geheilt worden sei.

Ein elfjähriger Knabe litt mehrere Wochen hindurch am Tertian-Fieber. Da es sich meist gegen Abend einstellte, glaubten die Eltern, das Kind ruhig zur Schule gehn lassen zu können. Auch waren sie froh, daß sie den Tag über vor ihm Ruhe hatten. Allein der Junge zog sich auch die Unzufriedenheit seines Lehrers zu, dermaßen, daß dieser einmal, von der Krankheit nichts wissend, ihn über die Bank legte und nur desto ärger auf ihn losschlug, je mehr er zappelte. Als der Kleine heimkam, klagte er dem Vater sein Unglück. Der eilte entrüstet zum Advokaten und wollte dem Schulfuchser was einbrocken. Da indessen das Fieber nach diesem Vorfall ausblieb und sich's von Tag zu Tage mit dem Jungen besserte, änderte der Vater seine Denkweise, zog seine Klage nicht nur zurück, sondern sagte dem Lehrer noch Dank und bekräftigte diesen durch Uebersendung einer Butterpretzel.

In Hildesheim war eine Magd mit diesem Fieber behaftet und davon dermaßen entkräftet, daß sie zu keiner Arbeit mehr taugte. Die Frau gab ihr ein vom Arzte verschriebenes Pulver; aber sie wollte es nicht einnehmen. »Nimm's,« sprach die Frau, »oder packe dich aus meinem Hause! Denn dein Eigensinn ist ganz allein Schuld, daß deine Krankheit sich so hinzieht.« Endlich nahm es die Magd; aber kaum hatte sie's untergeschluckt, da gab sie es schon wieder von sich. Sie hatte hierbei der Herrin das Kleid arg besudelt, und dafür erhielt sie ein paar ausgesucht saftige Maulschellen. Aber die halfen: von Stund an blieb sie vom Fieber befreit.

Ein starrköpfiger Viehhirt hatte sein Tertian-Fieber durch Genuß einer großen Schüssel voll Gurken, wonach er Ziegenmilch trank, derart verwandelt, daß es nun zweimal täglich wiederkehrte. Es raubte ihm allen Appetit, und so ruhte er nicht, bis er es vollends vertrieben hatte. Da ihm nun jedesmal, wenn das Fieber kam, zuerst der Rücken weh that, so glaubte er, das Uebel stecke im Rücken, da sollte es nun hinausgetrieben werden, und dazu schienen ihm Schläge das geeignetste Mittel. So umspannte er denn einen Baum und gebot seinem Jungen, der mit ihm hütete, ihm den blanken Rücken mit Ruthen zu peitschen. Mitten in seinem Schmerze rief er: »Schla, schla up den Düwel!« Nachdem sie das Beide müde geworden waren, zog der Alte sein Hemd wieder an, legte sich unter einen Eichenbaum und schlief. Er fühlte wohl einige Schauder, aber es ließ sich ertragen. Es erfolgte nicht Hitze, wie sonst, sondern nur Schweiß, das Wasser lief ihm herunter, wie wenn er aus dem Bade stiege. Und nachdem er die Ruthe nochmals gebraucht hatte, blieb das Fieber ganz weg. Er bekam einen Durchfall und war in Kurzem gesund. Wenn man ihn fragte, wie er sich geheilt habe, so schloß er seine Erzählung mit der allerdings bibelwidrigen Moral: »Düweln mut man mit Düweln vertrieben.«

Der Sohn eines Kaufmanns in Hildesheim war schon fünf Monate lang vom Quartan-Fieber heimgesucht worden. Nichts wollte helfen. Da rieth ihm ein guter Freund, er solle, wenn der Anfall im Anzuge sei, sich mit dem Rücken gegen den Kamin stellen und so abgewandten Gesichts mit weißer Kreide seinen Namen anschreiben, und zwar den Zunamen zuerst. Darauf solle er eine gute Viertelstunde lang die Treppen im Hause auf- und abgehen und sich bewegen, aber ja kein Wort dabei sprechen, man frage ihn auch, was man wolle. Er dachte: schaden kann es auf keinen Fall, und ging sogleich an die Ausführung. Wie er nun so Trepp‘ auf, Trepp‘ ab rannte, da schien das den Leuten im Hause sonderbar, die Tochter des Besitzers kam heraus und fragte, was denn das zu bedeuten habe und ob er denn recht bei Troste wäre. Er kehrte sich nicht an sie und setzte seine

Kur weiter fort. Nach kurzer Zeit kam der Hausherr selbst, stellte ihn zornig zur Rede, und als der Junge den Mann garnicht ansah, noch weniger antwortete, gab ihm der ein paar derbe Ohrfeigen. Er aber schluckte sie geduldig ,runter und stieg weiter. Als dann aber die Viertelstunde um war, kam er und erzählte Alles. Und seine Standhaftigkeit fand ihren Lohn, denn sein Fieber blieb aus und kam auch nicht wieder. Man mag selbst urtheilen, ob die Ursache in dem Laufen oder in den Ohrfeigen lag.

Ein deutscher Fürst hatte nach Damper's Bericht einen albernen, närrischen Menschen zur Kurzweil bei sich. Der wäre für sein Leben gerne geritten, aber man mochte ihm kein Pferd anvertrauen. So mußte er denn ohne Pferd reiten: er war Pferd und Reiter zugleich; er hatte immer eine Gerte bei sich, schlug sich damit auf Rücken und Beine und rief dabei ganz wie ein Stallmeister. Dabei trabte er, daß es eine Lust war, und bildete sich ein, er ritte. Diesen kühnen Reiter überfiel nun ein Quartan-Fieber. Aber kühn, wie er war, machte er sich nicht viel daraus. Nun hatte der Fürst grad' an dem Tage, wo der Narr wieder das Fieber bekam, einen vornehmen Grafen bei sich zu Gaste. Da mußte Jener seine Künste zum Zeitvertreibe auch sehen lassen. Deswegen bekam er manchen Schluck Wein mehr als sonst. Danach wurd' es ihm warm ihm Oberstübchen, und nach beendeter Mahlzeit nahm er seine Ruthe, hieb sich tapfer und trabte und galoppirte zwei Stunden lang herum, hopp hopp! Berg auf, Berg ab. Dieser Ritt machte ihm solches Vergnügen, daß ihm der Schweiß die Wangen herabtropfte und er nicht eher abließ, bis er völlig erschöpft war. Da legte er sich in's Heu, verschlief mit der Müdigkeit auch sein Fieber und erlitt keinen weiteren Anfall.

Ein Däne, wenn er Fieber bekam, hüllte sich in seinen Mantel, zog sich die Mütze über die Ohren und ließ sich vom Gipfel eines hohen Berges bis hinunter kullern; davon verging das Fieber. Will nicht einer von unsern vielen Naturärzten eine Heilanstalt anlegen, wohin die Leute reisen können, um da für theures Geld solch eine Kuller-Kur durchzumachen?

Ein Prokurator hatte durch seine Federkünste einem Edelmann übel mitgespielt. Der schwor ihm Rache. Nun bekam der Prokurator ein Quartanfieber; doch konnte er außer der Zeit, wo ihn sein Uebel heimsuchte, gehen, fahren und reiten. Eines Abends, als er bezecht heimfuhr, wurde er unterwegs von einem Besitzer, einem Dritten, gebeten, auf ein Wort zu ihm hineinzukommen. Es solle gar nicht lange dauern. Der Prokurator ging auch darauf ein. Anfangs brachte der Besitzer sein Anliegen vor; bald aber erschien jener beleidigte Edelmann, der zufällig hier zu Besuch war und der den Schreiber hatte vorüberfahren sehen. »Du Hund!« rief er, »treff ich Dich hier? Nun sollst du mir büßen! Zwar bist du in meiner Gewalt, und ich könnte dich sieden und braten; aber ich will es gnädig mit dir machen und dir die Wahl zwischen drei Arten der Strafe lassen. Entweder du sollst einige Mal im Graben auf- und niedergezogen werden, denn das ist für tolle Hunde sehr heilsam. Oder du sollst dich mit dem blanken Hintern in einen großen Ameisenhaufen setzen und so lange darin sitzen bleiben, bis du die sieben Bußpsalmen gelernt hast. Oder ich will dich auf dem Hofe anbinden und in Gegenwart Aller mit Ruthen durchbläuen und etwas von deinem unnützen Blut abzapfen, auf daß du hinfort bescheidener schreiben lernst.« Der Federheld bat himmelhoch, Ihro Hochedel Gestreng möchten doch für diesmal noch seiner schonen, denn morgen hätte er sein Fieber zu gewärtigen. Und wenn er ja der Gnade nicht würdig schiene, möchte sein Herr doch um seiner Frau und Kinder willen den Grimm diesmal fahren lassen. »Nein,« sagte der Edelmann, »Du sollst und mußt dran!« Endlich entschied er sich für die Ruthe, damit es am schnellsten vorüber sei. Als er nun wacker durchgedroschen war, steckte ihm ein Diener noch ein Büschel Buxbaum an den Hut und hieß ihn nach Hause fahren. Damit hatte der Edelmann seine Genugthuung, der Prokurator seine Züchtigung und – außerdem noch das Glück, daß sein Fieber hinausgeprügelt worden war.

Man erklärte das Vergehen des Fiebers nach den Schlagen dadurch, daß hiervon die zähe Feuchtigkeit, wovon jene

Plage entstehe, dünn, flüssiger und in Folge dessen durch die Bewegung und die Erweiterung der Schweißporen hinausgetrieben werde. Mögen aber auch Schläge bei Diesem und Jenem sich als fieberstillendes Mittel gezeigt haben, so paßt doch nicht jeder Leisten für alle Füße. Daß das Fieber nicht immer durch Mißhandlung zu vertreiben ist, zeigt u. A. der Fall mit dem Knaben, der sich über ein halbes Jahr damit geplagt hatte. Es zog ihn in die Gesellschaft seiner Kameraden zurück. Da bekam er von einem stärkern Jungen Ohrfeigen und Stöße. Die Eltern schleppten ihn nach Hause, und am folgenden Morgen war er todt. Naturgemäßer erscheint folgendes Mittel, welches ein Mann mit Erfolg anwandte, wenngleich auch hierzu eine starke Natur gehört. Er ging früh Morgens in den Keller, setzte sich in den kalten Sand, trank nach und nach viel kaltes Bier (Wasser thät' es wohl auch) und lief sich danach in Schweiß.

Fallsucht

Ein westfälischer Bauernjunge, den man seiner Großsprecherei wegen nicht anders als Matz Grotschnut nannte, wurde zu Zeiten von der Fallsucht ergriffen. Nun hatte er sich's angewöhnt, dem Edelmann, dem er diente, Vogelbeeren zu stehlen. Die ließ er erst teig werden und danach verspeiste er sie. Eines schönen Tages als er gerade im besten Pflücken war, bemerkte ihn der Jäger und schlich sich heran. Der Junge auf dem Baum, wie er den Jäger gewahr wird, will sich schnell aus dem Staube machen. Aber der Ast bricht, und mit ihm purzelt auch der Beerendieb auf den Boden. Gleich bekam er seinen Anfall; seine Daumen preßten sich fest in die Hände, und Schaum trat ihm vor den Mund. Der Jäger indeß kehrte sich hieran nicht, sondern gab ihm derbe Ohrfeigen, wälzte ihn auf das Gesicht und bläute ihm den Rücken durch bis zur Erschlaffung. Wegen dieser Härte tadelten ihn Alle, sogar der Edelmann; denn es heißt: wenn du zu strafen hast, so kühle dein Müthchen nicht! Der Junge mußte zwar wegen seiner blauen und rothen Beulen eine Weile zum Wundarzt gehen; allein von der Fallsucht hatte er weiter keine Anfechtung zu erfahren, nachdem er noch wenige Jahre zuvor, besonders wenn er heftig erschrak, sehr darunter zu leiden hatte.

In Padua wurden noch im siebzehnten Jahrhundert Leute, die man für besessen hielt und die nur die Fallsucht hatten, tüchtig gestäupt, wodurch Wärme im Leibe erweckt wurde. Einer von diesen »Besessenen« war auf keine Weise zu zwingen, nicht einmal mit Ketten; aber er selber schlug sich mit Steinen.

Ein französischer Edelmann hatte geraume Zeit an der Fallsucht gelitten, und kein Arzt seiner Heimath hatte ihm zu helfen gewußt. Da entschloß er sich, nach Italien zu reisen, um sich da von guten Leuten Rath ertheilen zu lassen. Doch sollte ihm schon unterwegs Rath werden, wenngleich auf eine höchst unverhoffte Art. Er wurde von spanischen Soldaten überfallen und so arg verwundet, daß er für todt liegen blieb. Man brachte ihn in's nächste Dorf, er kam wieder zu sich, ein Barbier übernahm seine Heilung, und – von der Zeit an hatte er keinen Anfall mehr.

Ein anderes Mittel gebrauchte ein Bettler, nachdem er vergebens alle bekannten Mittel versucht hatte. Nach vorheriger Abführung verzehrte er Rabenbraten, und davon soll er gesund geworden sein.

Tobsucht und Mondsucht

Gegen die Tobsucht empfiehlt schon Coelius Aurelianus (und zwar nach dem Titus, einem Schüler des Asklepiades) Schläge. Hierdurch müsse man den Tollen im Zügel halten, damit er gleichsam wieder Buße thue. Zwar spöttelt er etwas hierüber, doch hat sich die von Titus empfohlene Kur nachmals bewährt. So erzählt Thomas Bartholin von einem ihm bekannten Menschen, der mitunter in heftige Raserei verfiel. Wenn ihm dann rechtzeitig ein Andrer wacker das Leder gerbte, war er so fromm wie ein Lamm.

Auch die Nachtwandler soll man tapfer geißeln, so werde ihnen die Lust zu ihren Ausflügen vergehen. Und nach Heinrich Meibom dem Jüngern sollen in solchen Fällen die Schläge auch gute Wirkung gethan haben. Paullini erzählt von einem ihm bekannten Studenten, der wohl erzogen war, aber die unglückliche Gewohnheit des Nachtwandelns hatte und bei dem scharfes Zureden, Drohungen und, wenn es nicht anders ging, Züchtigungen, neben gehöriger Arznei, oft gut gethan hätten.

Taubstummheit

Dem älteren Lazarus Rivierus, königlichem Rathe und Professor zu Montpellier, erzählte ein damals berühmter Arzt von einem Bettler, dessen Sohn taubstumm war und hierzu noch ein ständiges Fieber bekam. Nachdem Beide an einem gastfreien Orte gewesen, ging der Vater fort und ließ den Sohn zurück. Dieser verlor das Fieber und hütete die Schafe. Einige Jahre darauf kam er beim Brettspiel mit einem Kameraden in Streit und wurde von dem so arg mit einem dicken Stocke geschlagen, daß das ganze os occiptale (am Hintertopf) in viele Stücke zersprang. Von diesem schlimmen Schaden jedoch wurde er geheilt, und mehr noch: indem er begann zu genesen, kam ihm auch das Gehör wieder, ja er fing an, einige Worte zu stammeln, und nach und nach lernte er völlig wieder hören und sprechen und wurde fünfundvierzig Jahre alt.

Lahmheit

Einer, der an der Hüfte verwundet worden war, wurde zwar von der Wunde geheilt, blieb aber noch lahm. Einst kam er mit einem Andern in Streit und wurde an der gleichen Stelle abermals verwundet, und hinfort konnte er ohne Behinderung gehen und laufen, wohin er wollte.

Ein Barbier, der einen Verwundeten mit kuriren geholfen hatte, erzählte, sie hätten ihm Bäder gegeben, die schlimme Stelle dabei gebäht, mit Brennnesseln gerieben und mit dünnen, schlanken Birkenreisern geklopft. Hiervon habe die Lahmheit sich gebessert.

Ein gewisser Johann Berba war lange Zeit lahm gewesen und hatte das Zimmer hüten müssen. Da brach in seinem Hause eine Feuersbrunst aus. Als schon sein Bett von der Flamme erfaßt war, wachte er auf, sprang in der Angst aus dem Fester, und von dem Tage an war er völlig gesund. Marcellus Donatus erwähnt nach dem Benivenius eines Baumeisters, der war lange auf einem Bein lahm, bis ihm das Glück widerfuhr, von einem hohen Thurme zu fallen. Nun konnte er wieder grade gehen (vielleicht sogar in den Himmel).

Lahme, taube Glieder, nach der Vorschrift des Galenus mit Maß, aber hinlänglich gehauen, um dadurch Wärme und mit ihr Empfindlichkeit zu erzeugen, wird als bewährtes Mittel gerühmt. Uebrigens soll Seewasser, wenn es warm und scharf (salzig?) ist, die nämlichen Dienste leisten. – Auch pflegte der gemeine Mann taube und lahme Glieder mit frischen Brennnesseln zu reiben und zu peitschen, damit wieder Blut und die natürliche Wärme hinein komme. Und Brennnesseln sind so scharf, daß kleine Gänschen sterben sollen, wenn sie sich daran stechen.

Wem gegen die Lahmheit das Mittel der Schläge nicht anstehen will, der kann auch, nach der Lehre des Aegineta, ein frisch abgezogenes und noch warmes Schafsfell nehmen, erst kräftig darauf klopfen und es dann um das kranke Glied legen.

Verrenkung des Kinnbackens

Wenn durch zu starkes Gähnen oder Lachen[62] der Kinnbacken verrenkt wird, so muß man dem Betreffenden eine tüchtige Maulschelle geben; damit wird ihm in diesem Falle am besten gedient sein.

In Görg Andersen's und Volquard Iverson's »Orientalischen Reisen« ist von einem königlichen Statthalter von Amadabath erzählt, der bei seiner Ankunft in Agra gleich den holländischen Visitator sammt dem Handelsdirektor zu sich zu Gaste lud. Als sie mitten beim Schmause waren, stopfte sich der Cham, der von seiner Reise vermuthlich einen guten Appetit mitgebracht hatte, den Mund zu sehr voll Reis, so daß er weit aufgerissen stehen blieb und nicht wieder zugehen wollte. Als der Visitator den Reisschlucker da in stummer Verzweiflung sitzen sah, mit dem Munde würgen und die Augen verdrehen, schickte er geschwinde nach seinem Barbier, daß er dem Statthalter helfen komme. Der erschien denn auch und versprach seine ganze ärztliche Kunst anzuwenden, aber er müsse auch sicher sein können, daß es gut aufgenommen werde. Das wurde ihm denn bereitwillig zugesichert. Nun trat er auf den Statthalter zu, hieb ihm eine gute deutsche Ohrfeige, daß es knallte, und siehe, der Mund war sogleich wieder geschlossen. Aber die Diener des Statthalters sahen die Sache mit anderen Augen an, sie überfielen den Arzt mit Säbeln, schlugen wüthend auf ihn los und brachten ihm verschiedene Wunden am Kopfe bei. Ja sie hätten ihn vollends niedergemacht, wäre nicht glücklicher Weise der Cham noch dazugekommen. Er stellte ihnen vor, wie gut es der Barbier mit ihm gemeint habe, und daß er ihm das Leben gerettet habe. Und um das desto glaubhafter zu machen, reichte er dem Manne die Hand, bedankte sich, daß er ihm so geschwinde geholfen, und ließ ihm tausend Rupien (das sind achtzehnhundert Mark) auszahlen. Den Dienern jedoch, sowohl denen, die

62 „Es kann auch durch Erschrecken während des Gähnens geschehen, oder wenn ein Kind den Mund aufreißt und einen Gegenstand zwischen die Zähne klemmt."

den Arzt beschädigt, wie auch denen, die es nur zugelassen hatten, ließ er die Füße emporziehen und unbarmherzig auf die Fußsohlen schlagen.

Ein Knabe in Bevern gähnte dermaßen stark, daß ihm davon der Mund offen stehen blieb. Da gerade Meister Kleinschmidt, Bader aus Hoxer (dem heutigen Höxter?) im Dorfe war, wurde dieser zu Hilfe gerufen. Der lachte, zog den Handschuh ab und verwischte dem Buben eine redliche Maulschelle. Damit war Alles wieder in's Gleiche gebracht, und Meister Bader hatte seine Zeche bequem verdient. Schluchzen, Erstickungsnoth.

Ein Jüngling in Ferrara litt an häufigem unwillkürlichen Schluchzen. Da erhielt er einmal eine derbe Ohrfeige, und nun war er von dem Leiden geheilt.

Einem dreijährigen Knaben sollte gegen dieses Leiden ein Pflaster aufgelegt werden, da er sich gegen das Einnehmen von Medizin hartnäckig sträubte. Als er jedoch auch zu dem Pflaster nicht stillhalten wollte, zählte ihm die ungeduldige Mutter ein Paar tüchtige Klapse auf. Alsobald verschwand auch das unmäßige Schluchzen und kam nicht wieder. Paullini mißt diese Wirkung dem Schrecken bei und erzählt noch mehr Fälle von der Art.

Ein Bürgermeister, der besser in der Weinkanne als in den Akten Bescheid wußte, hatte mit seinen Kollegen auf dem Rathhause zu viel von dem bacchischen Getränk eingegossen und hiervon das Schluchzen bekommen. Als er nun das Heimische suchte, versah er sich auf der Treppe, trat fehl, purzelte aus ziemlicher Höbe hinunter, bekam ein tiefes Loch in den Kopf und den Buckel blau und roth. Doch war ihm nicht bloß der Rausch, sondern auch das Schluchzen vergangen.

Eine Schäferin hatte die gleiche Beschwerde. Ihr Mann gab ihr eine zerstoßene Muskatennuß mit Kreide vermengt in warmem Weine zu trinken und klopfte sie eine Weile auf den Rücken. Darauf deckte er sie warm zu und ließ sie ruhig liegen. So gab sich das Uebel.

Wenn dem Kinde ein Bissen in die unrechte Kehle kam, so warf die Mutter es geschwind auf den Rücken, und damit war ihm geholfen.

Albukases erzählt von Zweien, die dem Ersticken nahe kamen, und als sie an der Gurgel eine Wunde erhielten, wieder genasen.

Stottern

Der Sohn eines wohlhabenden Schneidermeisters in Westfalen hatte vom Dienstmädchen das Stottern angenommen. Es war nicht zu errathen, was er sagen wollte. Je mehr er heranwuchs, desto schlimmer wurde das Uebel. Man hoffte, in der Schule würde sich's geben durch das bessere Beispiel so vieler Kinder. Aber da diese vielmehr ihn mit seinem Stottern hänselten, so schämte er sich, und es war endlich kaum noch ein Wort aus ihm herauszubekommen. Um ungefoppt zu bleiben, mußte er Schule und Gesellschaft meiden. Nicht lange danach überfiel ihn auch noch ein Fieber. In diesem Zustande richtete er allerlei Dummheiten im Hause an. So begoß er einmal versehentlich ein Beinkleid, welches sein Vater für einen Edelmann geschneidert hatte, mit Tinte. Als die Mutter es gewahr wurde, nahm sie in ihrer Aufgebrachtheit die Schneiderelle und bläute den Jungen damit durch; ja sie soll außerdem auch noch vom Faustrechte Gebrauch gemacht haben. Der Knabe fürchtete, vom Vater noch mehr Schläge zu ernten, und versteckte sich. Und weil der Edelmann die mit Tinte verunzierten Hosen nicht annehmen wollte und der Schneider sonst viel von diesem Herrn verdiente, so ward er noch aufgebrachter und schlug seinen Jungen, daß es einen Stein hätte erbarmen können. Ja er empfahl dem ohnehin strengen Schulmeister, der den Stotterer unterrichtete, er solle, wenn der Junge diese übele Angewohnheit nicht lasse, ihn schlagen, daß der Staub umherfliege. Das geschah. Nun war es dem Knaben darum zu thun, die Gunst seiner Eltern wieder zu erlangen und die Pein der allseitigen Verspottung los zu werden. Und, wie sauer es ihm auch wurde, er überwand sein Uebel und lernte immer fließender sprechen.

Trägheit und Müdigkeit

Zur Vertreibung einer krankhaften Trägheit des ganzen Leibes soll man ihn häufig mit frischen Nesseln hauen. Einem dickleibigen Kaufmann auf Island, der hieran litt, wurde von einem Barbier gerathen, sich in einen Sack zwischen lauter Wolle zu stecken (System Professor Jäger), nur daß er eben noch Luft schöpfen könne. Darin sollte er sich eine Weile herumwälzen, danach sich behutsam abklopfen und sich von einem guten Freunde mit bloßen Füßen treten (»bedemmeln«) lassen. Hierauf nahm er einen Schwitztrank ein und schwitzte in der warmen Stube, so sehr er nur konnte. Das brachte ihm die natürliche Frische wieder.

Waghalsigkeit bringt oft mehr zu Wege, als der beste Verstand. Ein Edelmann hatte einen närrischen Menschen, der fing ihm die Hühner weg. Wenn er eines gefangen hatte, verzehrte er es, legte sich in's Heu und schlief mehrere Stunden, wo er arbeiten sollte. Das wollte sein Herr ihm austreiben. Nun war gerade ein Tischler auf dem Schloß, der gab dem Junker den Rath: er solle den Narren zwischen Hobelspäne in einen Sack stecken, ihn dann mit der Klopfpeitsche tüchtig bearbeiten und ihn endlich den Berg, der vor dem Dorfe lag, hinunter wälzen und das etliche Mal wiederholen. Davon würde ihm nicht nur die Hühnerjagd, sondern auch die seitherige Faulheit vergehen. Gesagt, gethan, und siehe, der Mensch wurde in Kurzem anders, ließ die Hühner in Frieden und stellte sein Faulenzen auch ein.

Einem großen, dicken und possirlichen Gelehrten Namens Cyriac Schönthau wurde gegen Müdigkeit, Trägheit, Kopfweh und Schwindel vom Arzte ein Aderlassen gerathen. Aber hiergegen hatte er eine ihm von der Mutter eingeflößte unüberwindliche Abneigung. Als der Arzt nun dabei blieb und der Kranke auch von Andern immer den gleichen Bescheid erhielt, machte er sich, weil ihm sein Leben doch so lieb war, darüber her, sich selber das Blut abzuzapfen. Aber nicht durch medizinischen Aderlaß, sondern durch Selbstpeitschung, wie er sie bei Kapuzinern und anderen strengen Ordensleuten gesehen hatte. Thaten sie es um ihres Seelenheils willen, warum sollte er es nicht thun um der lieben Gesundheit wegen? So ließ er denn seinen Ochsenziemer dermaßen auf seinem Buckel herumtanzen, daß ihm das Blut nicht nur den Buckel herabfloß, sondern auch eine ganze Weile zur Nase herausströmte. Und dieser Erfindung pflegte er sich danach mit beredten Worten zu rühmen. Auch eine Kur für die Dickbäuche!

Harnbeschwerden und Leibesverstopfung.

Der Predigermönch Thomas Campanella erzählt von einem italienischen Fürsten, der seine Nothdurft nicht anders verrichten konnte oder nicht anders habe zu Stuhle gehn können, als nachdem er sich dazu von seinem Diener habe prügeln lassen. Er hielt sich eigens zu diesem Zwecke einen Leibdiener.

Ein dreijähriges Mädchen konnte nur mit Mühe harnen. Da es sein Leiden nicht anders als durch Winseln und Weinen an den Tag gab und sein Stiefvater meinte, dies rühre nur von Trotz oder Verzärtelung her, gab er dem Kinde häufig die Ruthe. Danach weinte es zwar desto mehr, aber sein Bedürfniß konnte es nun desto leichter verrichten.

Ein Kaufmann konnte sein Wasser nur tropfenweise und mit Beschwerden von sich lassen, wenn ihm zuvor nicht seine Frau wacker den Hintern versohlt hatte. Auch kehrte das Uebel, nachdem er sich verheirathet hatte, weit seltener wieder, als es vordem geschehen war. Uebrigens bemerkte er, daß ihm, wenn er Wein getrunken hatte, das Harnen schwerer fiel, als nach dem Biere, woher er denn, gleich Hunden und Schlangen, allem Wein den Rücken kehrte.

Ein preußischer Jäger hatte einen alten Leithund; der konnte ohne die höchsten Beschwerden nicht harnen, wenn ihm nicht Jemand vorher die Stelle erst eine Weile mit der Hand leise geklopft hatte; alsdann ging es ganz leicht.

Auch gegen die Unfähigkeit, den Harn zurückzuhalten, sind Prügel empfohlen worden, haben sich aber nicht bewährt. Dagegen gab ein Schulze seinen beiden Jungen, die das Bett näßten, etwas von einem verbrannten Raben mit Schlehenblüthenwasser, wovon sie gesund wurden.

Ein Bauer in Streckda, der nur der kleine Görge genannt wurde, hatte fünf Tage lang die hartnäckigste Verstopfung. Und dabei aß er flott, besonders blähende Speisen: Erbsen, Bohnen, Rüben u. dergl., auch verrichtete er unverdrossen seine Arbeit. Nachdem er ein Fuder Holz heimgefahren hatte, klagte er gegen Paullini's Vater über sein Leiden. Der gab ihm etwas, rieth ihm aber auch noch den Arzt zu befragen. Erst spät kam er von seiner Arbeit und jagte nun mit dem leeren Wagen zum Thore hinaus. Unterwegs – es war dunkel geworden – wurde er von drei Reitern überfallen. Die wollten ihm die Pferde ausspannen, oder er sollte sich loskaufen und jedem von ihnen eine gute Reiterzehrung geben. Der kleine Görg gab hin, was er in der Stadt für das Holz eingenommen hatte. Aber sie waren damit nicht zufrieden, sondern meinten, er könne wohl mehr geben, und begannen von Neuem die Pferde auszuspannen. Er rief nun um Hilfe. Sie aber ergriffen ihn und schlugen ihn windelweich. Inzwischen näherten sich Leute, und die Reiter jagten von dannen. Von der großen Angst, die der kleine Görg durchgemacht hatte, war ihm »die Büchse losgebrochen«, und er hatte von dem Abenteuer den Vortheil, daß er weder zum Arzte zu fahren noch in der Apotheke etwas zu kaufen brauchte. So ist doch kein Unglück, was nicht irgend was Gutes auch mit sich führte.

Geburtsbeschwerden

Die Frau eines Hauptmanns, wiewohl ziemlich stark am Leibe, konnte ihre Todtgeburt nicht loswerden. Endlich wurde auf Rath eines spanischen Arztes ihr ein Teller über den Nabel gelegt und aus aller Kraft mit der Faust draufgeschlagen, daß die Kindbetterin vor Schmerzen laut schrie. Aber die Leibesfrucht ging unter starkem Blutflusse ab.

Auch soll mit Erfolg geräucherter Taubenmist zu Austreibung todter und Nachgeburten eingenommen worden sein, allenfalls noch vermischt mit Bibergeil, Myrrhen, Kuhgalle, und Opoponax. Und zwar soll derjenige der wilden Taube sich noch besser als der der zahmen hierzu eignen.

Bei den alten Römern schlugen die Theilnehmer am Lupercusfeste die Weiber in die flache Hand und meinten, davon würden sie leichter gebären und bis dahin Unfruchtbare würden hierdurch der Empfängniß fähig. [63] Sollte bei denjenigen unserer heutigen Schullehrer, die dasselbe Mittel bei ihren Schülern anwenden, jener Grund unbewußt mitspielen, indem dadurch vielleicht dem Geiste des Schülers die Empfängniß der Lehre und seinem Munde die Geburt der Worte erleichtert werden soll? – Uebrigens hielten die klügeren Römer nichts von jenem Mittel, sondern verlachten es, wie denn Juvenal singt:

– – Steriles moriuntur, et illis
Turgida non prodest condita pyxido Lyde:
Nec prodest agili palmas praebere Luperco.

(Das heißt ungefähr: Die Unfruchtbaren sterben, und den Andern helfen die Schwielen nichts, die der Lupercus ihnen mit kräftigen Schlägen beibringt, ebensowenig, wenn er in die Handflächen schlägt.)

Geschlechtstrieb

Mit einer Mischung von Brunnenkressensaft und Stabwurz das »gewöhnliche Revier« eingeschmiert, darauf die ganze Gegend mit einem Büschel Brennnesseln langsam aber nachdrücklich geklopft, soll gute Hilfe geleistet haben. Auch Menghus Faventin sagt, wenn Einem das Glied etwa zu kurz und folglich Unfruchtbarkeit zu befürchten sei, der solle zur Nesselruthe greifen.

63 „Vgl. oben Seite 27.“

Johann Picus Graf von Mirandula und Coelius Rodigin erzählen von Einem, der zwar einen sehr starken Appetit gehabt habe, zum zyprischen Streite jedoch träge und untüchtig gewesen sei, er mußte denn zuvor derb durchgeprügelt worden sein. Je stärker nun sein Wunsch, desto schmerzhaftere Schläge verlangte er; denn er hat ihn nicht anders erfüllt, als wenn er bis auf's Blut gepeitscht worden war. Zu diesem Zweck ließ er sich eine eigene Peitsche machen, und nachdem er sie den Tag vorher in Essig gebeizt hatte, gab er sie seiner »Gespielin« und bat sie auf den Knieen, ja nicht fehl zu schlagen, sondern je tüchtiger desto lieber. Weil er aber sonst ein ganz ehrenwerther Mensch war, erkannte und haßte er seine Schwachheit selber.

Brunfels erzählt von einem guten Schlucker in München, der seine »Pflichtschuldigkeiten« nie ohne vorhergehende derbe Schläge abstatten konnte. – Auch kannte Thomas Bartholin einen Venezianer, der zum Beischlaf durch Schläge erhitzt werden mußte.

Ein Käsekrämer in Lübeck kam wegen Ehebruchs vor Gericht. Das Weib jedoch, mit dem er sich abgegeben, bat um Gnade für ihn, indem sie schilderte, wie blutsauer ihm alle Gänge geworden seien. Denn er habe gar nichts vermocht, wenn sie nicht ihn zuvor jämmerlich durchgeprügelt hätte. Er wollte Anfangs aus Scham und um den Hohn zu vermeiden, nicht gestehen; aber auf dringliches Befragen konnte er es nicht ableugnen.

Auch in den Niederlanden soll ein angesehener Mann diese Unfähigkeit an sich gehabt und nur nach dem Empfange von Schlägen zum Liebeshandel getaugt haben. Sobald es aber die Obrigkeit erfuhr, wurde er nicht nur von seinem Amt entfernt, sondern auch noch bestraft.

Von einem glaubwürdigen Physicus erfuhr Paullini folgende Geschichte, die ihm ein liederliches Weib von ihrer Freundin erzählt hatte. Ein Mann beschied sie nebst einer von gleicher Gattung in den Wald. Nachdem sie gefolgt waren, schnitt er ihnen Ruthen ab, gab ihnen den bloßen Hintern zum besten und ließ sie tapfer drauf loshauen. Das thaten sie denn auch. Und was darauf gefolgt sei, läßt sich leicht errathen.

Wir aber müssen uns fragen, ob die Natur das wollen kann, was nicht ohne so gewaltsame und doch wohl naturwidrige Mittel vor sich gehen will.

Nicht nur die Männer wurden durch Schläge zur Geilheit erhitzt, sondern auch die Weiber. Glaubte man doch auch, daß sie desto eher empfingen, wie dies denn schon von den Römerinnen (beim Lupercalienfeste) mehrfach erwähnt wurde, wo sie sich peitschen und geißeln ließen. Zwar erwähnt Juvenal nur die » palmas«, die flachen Hände; aber das Blut in der Hand, von den Schlägen erhitzt, läuft wieder zum Herzen und von da durch die Pulsader zur Gebärmutter, die sogleich erhitzt, erregt, zur Empfängniß vorbereitet wird.

Solche Erwägungen zeigen uns denn auch die »fromme« Leidenschaft der Geißler in um so deutlicherem Lichte.

Paullini erklärt die Einwirkung der Schläge auf die Geschlechtsbegierde folgendermaßen. Durch das Schlagen der Lenden werden die Nieren erhitzt und also der Samenstoff entweder erregt oder vermehrt, wie Bartholin und Meibom versichern. Das Gebot: »gürte deine Lenden wie ein Mann« bedeutet: dämpfe deine Lüste und leiste kräftigen Widerstand! Die das Osterlamm essen wollten, mußten »um ihre Lenden gegürtet« sein. David singt in seinen Bußpsalmen: »Meine Lenden verdorren ganz.« Johannes der Täufer hatte einen ledernen Gürtel um seine Lenden. Die Redensart, die Lenden umgürten, bedeutet im Hebräischen so viel wie Keuschheit bewahren. Darum sagt Salomo von einem tugendsamen Weibe: sie gürtet ihre Lenden fest; denn je mehr sie der Keuschheit nachstrebt, desto mehr leistet sie im Hause. Wo es heißt, daß Gott Herzen und Nieren prüft, da deuten die Nieren auf die Begierde.

Wie auf der einen Seite durch Schläge die Lenden erhitzt werden, so legt man andererseits, um Samenflüsse zu verhindern, kühlende Gegenstände auf. Werden die Lenden erhitzt, so »brodeln die Nieren auf«, das Blut strömt reichlicher hinzu, der Appetit, der Wille selbst wird verstärkt. Da in den Lenden große Gefäße liegen, so muß das Blut, wenn es darin erhitzt wird und aufwallt, durch die arteria spermatica mit um so größerer Macht und Wärme fließen und hierdurch den ohnehin leicht beweglichen Samenstoff vollends brodeln und abführbar machen. Werden die Nieren übermäßig erhitzt, so wird dem durch die venas imulgentes zurückfließenden Blute mehr Wärme mitgetheilt. Das gesammte Blut muß dadurch anhaltend wärmer werden, so daß es auch durch die arteria spermatica erhitzter hinabsteigt. Daher sind Leute mit leicht erhitzbaren Nieren zur Geilheit geneigter.

Flagellum kommt von flagro, flagrare, denn der Leib, wenn er gepeitscht wird, erhitzt sich merklich. (Daher der Ausdruck: ihm eins aufbrennen.) So erklärt sich's, daß Die, welche viel reiten, leicht Liebesappetit bekommen, wegen der Hitze in den Lendengefäßen. Hippokrates zwar widerspricht dem und meint, häufiges Reiten beeinträchtige vielmehr das Venuswerk; aber er spricht von den Scythen, die immerwährend reiten und es bis zur Erschlaffung treiben.

Die Nessel wird, wie schon erwähnt, zum Schlagen bei verschiedenen Unfähigkeiten und so auch zur Beförderung des Beischlafes benutzt. Ein glaubwürdiger Barbiergeselle in Holstein erzählte dem Paullini, daß wenn er von ungefähr über Brennnesseln seinen Harn ließ, er sogleich einen unwiderstehlichen Drang zum Beischlaf bekomme. Da er jedoch einen Abscheu vor der verbotenen Lust hegte, bat er den Meister um Rath. Der sagte ihm, er solle von denselben Nesseln etwas nehmen, den Saft ausdrücken und drei bis vier Löffel davon trinken. Er that's, und der Kitzel verzog sich.

Scaliger schreibt, auf dem Atlas-Gebirge wachse eine Wurzel; wer ein wenig davon ißt, fühle alsbald große Begierde. Die Bewohner jener Gegend versichern nach ihm, wenn Einer nur über die Wurzel harnt, gleich sei er voll Brunst und Feuer. Und wenn die Mädchen, die das Vieh dort hüten, entweder drauf sitzen oder ihre Nothdurft darauf lassen, platze ihnen ihr Häutlein, ganz so, wie wenn sie sich mit einem Manne verbunden hätten.

Magerkeit

Nach Hieronymus Mercurialis ließen einige Aerzte hagere Menschen mit Ruthen schlagen, damit sie dicker und fetter würden. Er beruft sich auf Galenus und die Roßteuscher. Durch dieses Verfahren schwelle das Fleisch auf und erhöhe sich dergestalt, daß der Nahrungsstoff desto stärker angezogen und desto gründlicher angesetzt würde.

Einem etwa fünfzehnjährigen Mädchen begann das linke Bein auffallend zu schwinden. Der in ihrer Nähe wohnende Abdecker gab ihr, nach einer Abführung, noch etwas ein, klopfte alle Morgen und Abend das Bein mit frischen Brennnesseln, bis es hübsch roth war; dann schmierte er es mit Menschenfett [!] ein. Und das that nach Aussage der Eltern nicht übel. Wir dürfen und sollen ja, nach dem Grundsatze gewisser Leute, Alles zu unserm Vortheile ausnutzen, was die Natur uns bietet – warum dann nicht auch das Fett unseres Nebenmenschen?

Einem Knaben war vom Hunger das Gesäß eingefallen. Um dem abzuhelfen, gab man ihm – nicht reichlicher zu essen, sondern – Prügel. Er bekam einen Tag um den andern seine Tracht Schläge auf die mageren Hinterbacken. Und siehe da, sie begannen wieder anzuschwellen und eine ansehnliche Verfassung zu erhalten, in der sie natürlich nur durch beständig erneute Prügel – wie sich vermuthen läßt – konnten erhalten werden.

Teufelbesessenheit, unglückliche Liebe, Einbildungen

Sogar den Teufel hat man mit bloßen Maulschellen vertrieben. Als einmal während der Messe in Dittmarschen in Gegenwart des Bischofs Evermol von Ratzeburg ein Dittmarscher einem Vornehmen zu Leibe ging, um ihn zu ermorden, bemühte sich der Bischof, ihn auf bessere Gedanken zu bringen. Der Mann aber schwur, das Leid, was ihm angethan worden, wolle er nie und nimmer verzeihen. Patsch! gab ihm der Bischof eine Ohrfeige. Da reckte er sofort seine Arme aus und that, was der Bischof verlangte.

Der fromme Gregorius erzählt von einer Nonne, die einen Bauern vermittelst einer guten Ohrfeige vom Satan befreit habe. Und der heilige Benedikt kurirte einen Mönch, der dem Teufel anhing, mit einer derben Ruthe. Nicht aber Teufel, meint Paullini, könnten gezüchtigt werden, sondern es werde dadurch nur die Kraft Gottes bethätigt.

Auch gegen unglückliche Liebe will man Schläge schon mit Erfolg angewandt haben. Ein vierundzwanzigjähriger Jüngling in Amsterdam, der einzige Sohn eines reichen Edelmanns, hatte sich in die Tochter des Stadtdieners dermaßen verliebt, daß er weder essen, noch trinken, noch schlafen, noch was Ordentliches thun mochte. Er magerte ab und schwand sichtlich dahin. Der Vater, dem die eigentliche Ursache noch unbekannt war, übergab ihn dem Arzte. Doch alle Mühe, die dieser anwandte, erwies sich vergeblich. Da ließ ihn der Vater in's Zuchthaus bringen, um dort wieder ein besseres Leben anzufangen. Und hierin hatte er sich nicht verrechnet. Der Jüngling legte dort alle Grillen und sträflichen Liebesgedanken bestens ab und wurde nach vierzehn Tagen mit gesundem Hirn wieder herausgeholt. Andere, bei denen man dieses Mittel anzuwenden versäumte, sind aus Liebe gestorben, und beim Oeffnen der Leiche fand man die Eingeweide zusammengezogen, das Herz verbrannt, die Lunge verdorrt, die Leber geräuchert und die Hirnschale vertrocknet.

Ein Augustinermönch verfiel in Raserei, lief immer hin und her und machte den Prälaten Vorstellungen, daß sie so in den Tag hinein lebten. Er schrieb ihnen auch Regeln vor, nach denen sie die Klöster reformiren und sparsamer haushalten sollten. Das war nun freilich nicht eben so unsinnig; man erklärte es aber für Tollheit, der Reformator wurde in's Loch gesteckt und alle Morgen tüchtig gepeitscht. Danach soll er dann seinen gesunden Kopf wieder bekommen und das Treiben der Prälaten ganz in der Ordnung gefunden haben.

Hysterie

Wir beschließen diese Reihe von »Heilungen durch Schläge«, für deren Nachahmung wir natürlich alle Verantwortung ablehnen müssen, mit einigen ganz kürzlich bei einem Prozeß in Kassel zur Sprache gekommenen Fällen. Der Doktor der Medizin Wiederhold vom Krankenhause zu Wilhelmshöhe war wegen Mißhandlung einer von ihm ärztlich behandelten Generalkonsulin und Kommerzienräthin verklagt. Er erklärte nun, er habe die Züchtigung lediglich angewandt, um die Kranke von ihrer hochgradigen Hysterie zu heilen, wie ihm dies schon in drei früheren Fällen bei Anderen geglückt sei: Ein junges Mädchen von achtzehn bis neunzehn Jahren, deren Nerven durch übermäßige Musikstudien erkrankt waren, sei nach Verabfolgung einiger Klapse mit der Hand sofort ruhig und gesittet geworden, sei vollständig genesen und habe später ihre Dankbarkeit für jene Strenge offen ausgesprochen. Eine andere Kranke litt schwer an Hysterie und Morphiumsucht. Sie hatte u. A. die Liebhaberei, stundenlang ausgestreckt auf Stirn, Knien und Fußspitzen zu liegen. Alle Ermahnungen und Drohungen blieben erfolglos, bis der Doktor ihr schließlich einige Schläge auf den Rücken gab. Dieses Mittel that eine überraschend günstige Wirkung. Die Frau hatte keinen Anfall mehr, wurde zusehends besser und konnte als geheilt entlassen werden. Der dritte Fall betraf einen fünfzehnjährigen Jüngling, der gleichfalls an Hysterie litt. Er war verzottelt und verweichlicht, geberdete sich störrisch und widerspenstig. Er wies jede Nahrung von sich und war infolgedessen schier zum Gerippe abgemagert. Sein Vater hielt ihn für so schwer krank, daß er ihn nur in Begleitung eines Arztes nach dem Krankenhaus brachte, aus Besorgniß, er möchte unterwegs sterben. Anfänglich versuchte der junge Mensch auch dort seine Störrigkeit fortzusetzen und wollte nicht essen. Als er jedoch mit Strenge behandelt und ihm mit Schlägen auch nur gedroht wurde, da ging eine große Aenderung mit ihm vor: er nahm wieder Nahrung zu sich und wurde schließlich geheilt.

Durch die Schläge oder deren Androhung, versicherte Doktor Wiederhold, wurde bei solchen Kranken die äußerst geschwächte Willenskraft wieder gestärkt. Bei 9/10 der Kranken sei eine strenge Behandlung von Nöthen, um Besserung zu erzielen. In den Lehren der Heilkunde, das räumte er ein, sei zwar nichts von Züchtigungen zu finden; auch würde er sich hüten, eine solche Lehre offen zu verkünden, weil dadurch der Willkür und Ungebühr Thür und Thor geöffnet würden. Doch hätten ihm auch andere Krankenhaus-Aerzte bekannt, die Züchtigungen seien zwar das äußerste, aber lange nicht das schlechteste Mittel, vielmehr unter Umständen sogar das einzig wirksame. Bloße Drohungen genügten nicht immer und seien manchmal ganz unangebracht. Die hysterisch Kranken hätten vor Allem das Bestreben, sich interessant zu machen und die Aufmerksamkeit auf sich und ihr vermeintliches Martyrium hinzulenken.

Hierher gehört denn wohl auch eine Mittheilung, welche die »Leipziger populäre Zeitschrift für Homöopathie« im vorigen Jahre (1891) »von unterrichteter und glaubwürdiger Seite« unter Nennung von Ort und Namen erhielt. Danach hatte ein »Geburtsarzt, welcher bei einem Frauenarzt mit hochklingendem Namen als Assistenzarzt wirkte, eine gebärende arme Arbeiter-Frau, die sich in Schmerzen auf ihrem Lager wandte, geohrfeigt und geprügelt, als sie nicht stillhalten wollte.«

So habe auch jene Kommerzienräthin sich widerspenstig betragen, oft stundenlang geschrien und gestöhnt, sodaß die anderen Kranken dadurch sehr belästigt wurden. Da habe sie der Arzt, als alles Zureden nichts half, erst einmal an der Schulter gerüttelt. Als sie dann förmliche Wuthanfälle bekam und schrie, daß man's auf der Straße hören konnte, habe er ihr mit Schlägen gedroht, und weil dies auch noch nichts half, hat er die Drohung wahr gemacht. Zuerst hat er ihr ein paar Ohrfeigen gegeben, denen sie jedoch auswich, und später sich mit einem dünnen Stöckchen, mit dem er kurz vorher seinen vierjährigen Jungen gezüchtigt hatte, auf den Rücken geschlagen. Er hat sie dann flehentlich gebeten, ihn doch nicht wieder in diese Notwendigkeit zu versetzen.

Allein erst nach mehrmaliger Anwendung dieses »äußersten Mittels« wurde sie ganz gefügig, und ihr übermäßiges Stöhnen hörte auf. Sie habe es ihm auch nicht nachgetragen, sondern sei noch acht Wochen bei ihm gewesen und habe freundschaftlich mit ihm verkehrt. Er habe lediglich die Frau bessern und heilen wollen. Ob dem wohlmeinenden Prügel-Doktor dies nun in diesem Falle gelungen sei und nicht auch eine gewisse Verschlimmerung des Leidens verursacht worden, muß freilich zum mindesten dahingestellt bleiben; denn die Frau zeigte sich bei ihrer Abholung nicht nur sehr heruntergekommen, sondern weinte und stöhnte auch noch in einem fort und blieb längere Zeit in beständiger Angst, man werde sie wieder schlagen.

Die hinzugezogenen Sachverständigen, hochstehende Aerzte, erklärten die Züchtigungen als Heilmittel natürlich für unzulässig. Solche würden nur noch bei Kindern und Blödsinnigen angewandt.

Bemerkenswerth ist bei dieser Geschichte namentlich noch die Versicherung, womit ein Professor den Ehemann jener Frau darüber zu trösten versuchte, der Arzt werde seine Drohung der Schläge nicht ausführen; denn, sagte der Professor, es ständen ihm ja fünf andere Mittel zur Verfügung, um Schmerzen zu bereiten, der elektrische Pinsel, der galvanische Strom u.s.w. Leider sind sie nicht alle fünf aufgezählt; aber es dürfte ihrer wohl noch weit mehr als fünf geben. Und endlich die Erklärung des angeklagten die Entgegnung des Dr. Wiederhold: Wenn Irrenärzte (drgl. unter den hinzugezogenen Sachverständigen waren) die Schmerzerzeugung zum Zwecke der Heilung verwerfen wollten, wie sie es dann geschehen lassen könnten, daß bei vielen hysterischen Frauen körperliche Verstümmelung (Kastration) zu Heilzwecken vorgenommen werde?

Da sich eine heutige Kommerzienräthin nicht mit Prügeln kuriren lassen will, so erhielt der wohlmeinende Prügeldoktor für seine Reitpeitschen-Massage außer dem hohen Honorar, was man ihm freilich nicht mehr nehmen konnte, noch Gefängniß – womit für den Denker die Sache als wissenschaftliche Frage natürlich nicht entschieden ist.

Die Massage in ihrer Verwandtschaft mit den Prügelkuren

Man versteht unter Massage eine Reihe mechanischer Eingriffe, die am Körper des Kranken zum Zwecke der Heilung vorgenommen werden. Sie sind zu einer Kunst entwickelt worden, die sich nach dem Bau des menschlichen Körpers, den Lebensvorgängen in ihm und nach der Beschaffenheit der besonderen Fälle richtet. Die Massage ist von jeher ein Volksmittel bei allen Nationen gewesen; aber die heutige Massage glaubt, zum Unterschiede von der früheren, nur auf Erfahrung fußenden, allein ihre Regeln auf die wissenschaftlichen Forschungen zu gründen.

Die Durchschnitts-Zeit einer Massage-Sitzung beträgt für gewöhnlich fünf bis zehn Minuten, in gewissen Fällen jedoch auch eine viertel bis eine halbe Stunde. Das Verfahren ist bei richtiger Anwendung höchst angenehm, da die etwaigen Schmerzen, denen sie abhelfen soll, häufig schon nach der ersten Sitzung nachlassen.

Wir übergehen das Streichen und ähnliche sanftere Arten von Massage und wenden uns gleich zum Kneten, Drücken und Walken. Man hebt den Muskel aus seiner Umgebung heraus und knetet ihn zwischen den Händen. Hiermit verbindet man eine Reibung mit der flachen Hand unter gleichzeitigem Druck auf die betreffenden Theile. Nur durch dieses Verfahren ist nach Dr. Bitterfeld-Confeld die erloschene elektromotorische Reizbarkeit wieder herzustellen. Erst soll mit einer oder beiden Händen geknetet und gedrückt werden. Danach soll man die betreffenden Theile mit den Fingern oder Fäusten mehr oder weniger kräftig zusammenpressen. Endlich wird der Körpertheil mit einer oder beiden Händen umfaßt, und es werden hierbei sogleich oder in allmählicher Steigerung kleine erschütternde Kreisbewegungen ausgeführt. Einige schreiben auch unter Umständen vor, mit den Nagelkanten oder den Fingerknöcheln zu kneifen; man soll die Haut zwischen sämmtliche Finger greifen, sie zusammenkneifen und sie rollen, d. h. kneifend und rollend weitergreifen. Andere (wie Canitz und Siegert) schließen dies aus und wollen, daß die Finger wie beim Ausdrücken eines Schwammes bewegt werden. Die rechte und die linke Hand des Masseurs sollen abwechselnd wie spielend den Körper des Kranken bearbeiten. Die Finger sollen in und zwischen den Muskeln eindringen, aber sie sollen die Muskeln nicht seitlich zusammenpressen. Es soll nicht gequetscht, kein lebhaftes Schmerzgefühl, sondern bloß ein angenehmes Wonnegefühl erweckt werden. – Das Walken geschieht mit vollen Händen, eine Bewegung wie beim Kneten des Teiges. Anfangs wird sanft und dann immer stärker gedrückt, und so abwechselnd stärker und schwächer.

Geknetet wird u. A. bei Muskelanschwellung, die bei Rheumatismus, Hüftweh u. dgl. hervortritt, ferner bei Steifigkeit von Gelenken oder Sehnen, bei Erkrankung oder Schmerzen der Gelenknerven, zur Heilung eines Ueberbeines, in Verbindung mit Streichen und längerem Drücken; auch gegen die Folgen der Ueberanstrengung sonst gesunder Muskeln. Ebenso bei Leberleiden, unter Umständen mit Erschütterungen der Hüfte. Bei Einsenkung der Magengrube wegen Erkrankung der Leber soll, nach A. I. Davis, Magen und Seite eine halbe Stunde lang nach dem Mittagessen geknetet werden. Auch bei Empfindlichkeit der Magengrube wegen Entzündung der Schleimhaut soll geknetet werden, desgl. zur Erleichterung von Geburten (mit Streichen, Drücken und Reiben). Bei Skrofulose soll man den ganzen Körper, namentlich aber die Arme, die Beine und den Leib, mehr oder weniger eingreifend kneten, und zwar im warmen Bade. Bei nervösem Brennen und Schmerzen sollen nach Davis dem Kranken täglich zwei Stunden nach dem Essen Hals, Schultern und die Muskelpartien längs des Rückgrats, sowie um den ganzen Leib herum von Freundeshand recht tüchtig und so lebhaft als möglich, jedoch ohne strengen Schmerz, gerieben, gewalkt und geknetet werden, wobei der Kranke möglichst kräftig zu athmen hat – also eine durch mechanische Eingriffe nur eben hier in aller

Güte, künstlich erzeugte Aufregung. Der Kranke braucht kräftige mechanische Pressungen und Streichhiebe; doch würden sich diese Mittel als unheilsam erweisen, wenn sie nicht von freundschaftlichem Mitgefühle gelenkt würden – also nur freundschaftliche Hiebe.

Die andere Art von Massage-Bewegung, die uns hier besonders interessirt, ist das Klopfen. Es wird meist in sanfter, aber nöthigenfalls auch in der eindringlichsten Weise vorgenommen. Hierher gehört das Klopfen mit den Spitzen der halbgebeugten Finger, mit den Knöcheln und auch ein Klopfen mit der geballten Faust, mit einer oder mit beiden Fäusten. Die Bewegung der Hand geschieht aus dem Handgelenk. Ferner wird mit der innern oder der äußern Handfläche, genannt Handteller, geklatscht und auch mit der Kante der Hand hackend aufgeschlagen. Wenn man diese Bewegungen nicht aus dem Handgelenk, sondern aus dem Ellbogen – oder gar aus dem Schultergelenk ausführt, so ist hierbei eine große Kraftanwendung möglich und man kann so auch die stark entwickelte Muskulatur, z.B. am Nacken, an den Oberschenkeln und am Gesäß mit Vortheil bearbeiten. Beim Klopfen auf Knochen oder edle, empfindliche Theile dagegen soll man vorsichtig sein und keine Gewalt anwenden.

Bei Keuchhusten werden Schultern, Rücken und Brust geklopft. Bei Bräune klopft man den ganzen Rumpf, namentlich die Schultern, das Genick und das Kreuz, allermeist bei Erstickungsnoth. Bei Lähmungen erfolgt Hautrollen am Rücken, kreuz und quer, nebst sanftem Klopfen. Gegen Flecken oder Flor vor den Augen verordnete Davis, die rechte Seite des Körpers jeden Vormittag gründlich zu drücken und zu kneten, förmlich zu pochen, um die Eingeweide und Nieren in schnelle und ungehinderte Thätigkeit zu versetzen; denn die Erschlaffung der Eingeweide verursache Flecken vor den Augen und sogar zeitweilige Blindheit. Bei Magen- oder Darmleiden wird Kneten und Streichen des Bauches, Magens und Kreuzes, auch Klopfen des Kreuzes vorgenommen. Bei Blähungen erfolgt Klopfen des Kreuzes, Kneten in der Seite und Erschüttern der Hüften.

Klopfen mit der Kleinfingerseite der Hand und Stoßen mit den Spitzen der ausgestreckten Finger beider Hände oder mit den Knöcheln oder den obersten Fingergliedern bei geballter Faust wird an Körperstellen mit stark entwickelter Muskulatur vorgenommen, sowie da, wo auf tieferliegende Muskeln eingewirkt werden soll. Dies ist beispielsweise bei Rheumatismus und Nervenschmerzen der Fall.

Man hat auch künstliche Werkzeuge für dieses Klopfen gemacht, wie z. B. den Klemm'schen Muskelklopfer, doch dürfte in den allermeisten Fällen die Hand bessere Dienste leisten.

Hugo Sperling führt einige dreißig verschiedene Arten von »Theilmassage« auf, darunter auch folgende drei Arten von » Erschütterungen«: 1) Hüften-Erschütterung: Rückenlage. Mit beiden Händen werden die Hüften gefaßt und gleichmäßig oder ungleichmäßig geschüttelt. 2) Erschütterung des Magens und Quercolons: Rückenlage. Man steckt die steifen Finger in die Magengrube so tief wie möglich ein und führt zitternde Bewegungen aus. 3) Eine Kreuzbein-Erschütterung: Die weibliche Person ist in Jacke und Hose gekleidet. Die Beine bequem gespreizt, mit den steifen Armen auf einen Stuhlsitz gestützt, darauf das Kreuzbein mit lockerer geballter Faust oder gespreizten Fingern mehr oder weniger stark geklopft. Diese Bewegung greift stark ein und bewirkt starke Erschütterungen der Unterleibs-Organe.[64]

An die genannten Massage-Bewegungen reihen sich auch die sogenannten passiven Bewegungen der Heilgymnastik. Glieder des Kranken werden von einem Andern gezogen, gebeugt, gestreckt, gerollt u.s.w. Dies kann entweder unter völligem Nachgeben des Kranken geschehen, oder er kann Widerstand leisten. Ja, es wird unter Umständen empfohlen, daß hierbei abwechselnd der Kranke und der Masseur Widerstand leiste. Kurz, es ist eine freundschaftliche und kunstgerechte Balgerei zum Zwecke der Heilung. Die Freundschaftlichkeit besteht in der Sorge dafür, daß der Kranke weder in Zittern

64 „H. Sperling, Selbsterlernung der Massage. Dresden, 1881."

verfallen, noch die völlige Ermüdung eintreten oder sich Schmerzen einstellen sollen.

Gewöhnlich beginnt man mit leichten Bewegungen und geht, nachdem einige Gewöhnung eingetreten ist, zu rascheren und stärkeren Bewegungen über. Bei kräftigen Menschen beginnt man auch wohl gleich mit starken Bewegungen. Bei großen Gelenk-Verwachsungen soll man, nach Dr. Werner, gewaltsame Streckungen ausführen, aber nicht ohne den Kranken durch Chloroform zu betäuben. (Als Naturheilverfahren wird dies wohl schwerlich gelten können.)

Die Muskeln und Sehnen, die bei Steifigkeit der Gelenke zusammengezogen und unbrauchbar geworden sind, werden durch die passiven Bewegungen der Heilgymnastik wieder gestreckt und gedehnt und können später bei den aktiven Bewegungen die nöthige Thätigkeit und Uebung wiedergewinnen. Die in den Gelenken abgelagerten unreinen Stoffe werden besser gedrückt und gerieben, so daß sie während des Massirens leichter aufgesogen werden können. Auch die Lymph- und Blutgefäße werden durch das gewaltsame Strecken der Muskeln zusammengepreßt, und es wird hierdurch die Massagewirkung hinsichtlich der Beschleunigung des Säftestromes wesentlich unterstützt. Endlich werden auch die Nerven gedehnt, und man erzielt durch oft vorgenommene Streckungen und Beugungen dieselben Wirkungen wie bei der blutigen Nervendehnung.[65]

Dr. Schreiber erzählt von einem Telegraphen-Beamten, der schon drei Jahre hindurch an rechtsseitigen Nervenschmerzen im Arm und Nacken gelitten und alle erdenklichen Kuren, auch die Elektrizität, vergebens versucht hatte. Eine vielwöchentliche mechanische Behandlung, welche täglich nicht mehr als 10 bis 15 Minuten in Anspruch nahm, brachte das Leiden zum Schwinden. Der Mann war in den ersten Tagen der Behandlung äußerst empfindlich, er stöhnte und ächzte bei jeder mit ihm vorgenommenen Massage-Bewegung. Sein Schreien und Jammern dauerte bis beinahe zum Ende der Kur, obwohl er sich dankend der täglichen

65 „Dr. Werner, Die Massage."

Besserung seines Zustandes freute. »Ich erwähne«, sagt Dr. Schreiber, »diese nebensächliche (?) Beobachtung, um zu zeigen, daß sich der Arzt durch die Schmerzensäußerungen des Kranken nicht irre machen lassen dürfe.«

Von einer Wäscherin, die häufig an Nervenschmerzen über der Augenhöhle gelitten hatte, mager, sonst aber gesund war, wurde derselbe Arzt zu Hülfe gerufen, weil sie sich vor Schmerzen nicht im Bette umdrehen konnte. Er fand, daß beide Hüft- und Steißnerven ergriffen waren; die Muskeln der Hüfte, des Gesäßes und des Oberschenkels versagten den Dienst und waren gegen Druck unempfindlich. Er machte der Kranken begreiflich, daß es wohl ein rasch wirkendes Mittel gebe; das könne man aber nicht in der Apotheke kaufen. Er trage es immer bei sich. Er zeigte ihr seine beiden Hände und fügte hinzu, daß dieses Mittel viel, sehr viel Schmerz, allerdings nur für kurze Zeit, erzeuge; aber er könne ihr den Erfolg verbürgen, und am nächsten Morgen solle sie höchst wahrscheinlich ihrer Berufsthätigkeit wieder nachgehen können. »Ich bin zu Allem bereit,« seufzte sie, »nur arbeitsfähig möchte ich werden.«

Um die Frau an den Schmerz zu gewöhnen, begann der Arzt mit sanftem Streichen, ging dann zu leichten Drückungen über, verstärkte diese immer mehr, führte hierauf Kneiungen, Kneipungen, endlich Muskelhacken an allen schmerzhaften Stellen des Gesäßes und des Oberschenkels aus, und zwar unter großen Schmerzen der Kranken. Alles, um sie möglichst schnell wieder arbeitsfähig zu machen. – – – Darauf ließ er energische passive Bewegungen folgen, besonders kräftige Beugungen des Oberschenkels, so daß die Knie den Rumpf berührten; ja er drückte mit der ganzen Wucht seines Körpers das auf diese Weise gebogene Bein gegen den Leib. Diese passive Bewegung, bemerkt er, sei eigentlich nichts Anderes, als eine Form oder ein Grad der Streckung des Nervus ischiadieus, wie sie unter Betäubung bei gestrecktem Kniegelenke ausgeführt werde. Die beschriebene Uebung wiederholte er zehn Mal. Nachdem die Empfindlichkeit der Nerven auf diese Weise ertödtet war, gebot er der Kranken, sich zehn Mal von der linken auf die rechte Seite und wieder zurück zu drehen. Dies gelang, wenn auch nur unter großen Schmerzen und unter einer kleinen Nachhilfe des Arztes. Nun faßte er die Kranke an beiden Händen, forderte sie auf, das Bett zu verlassen, zog sie vorwärts und machte sogleich Geh-Uebungen. Sie jammerte und ächzte vor Schmerz. Während sie stand, nahm er nun wiederum energisches Muskelhacken der Nates und des Hinteren Theiles der Oberschenkel vor. Will man, sagt er, die Kranke sofort zum Gehen bringen, so müsse große Kraft angewandt werden; es müsse in den gehackten Muskeln viel Wärme erzeugt werden, und diese Wärme rufe höchst wahrscheinlich eine Molekularveränderung in den Muskel- und Nerven-Fibrillen hervor. Da ist kein großer Schritt mehr bis zu der im vorigen Abschnitt erwähnten Behandlung der Kommerzienräthin durch den Dr. W. oder bis zu der im Jahrgang 1890 oder 91 von der »Leipz. popul. Zeitschr. f. Homöopathie« berichteten Behandlung einer gebärenden armen Arbeiterfrau durch einen Geburtsarzt mit Ohrfeigen und Prügeln.

Jene Wäscherin war nach einer Viertelstunde unaufhörlich angewandter praktischer Heilkunst viel weniger empfindlich, als zu Anfang. Nun ließ der Doktor sie ankleiden und eine nahe Höhe von etwa fünfhundert Fuß ersteigen, auf die ein bequemer Weg führte. Er wiederholte im Laufe des Tages noch drei Mal energisches Kneipen und Hacken der Muskeln, was jedes folgende Mal weniger schmerzte, und ließ die Kranke sich drei Mal je eine Stunde Bewegung machen und Sitzübungen vornehmen. Am Abend war der Nerven-Schmerz beinahe völlig erloschen, alle Bewegungen wurden leicht ausgeführt. Die Frau war am nächsten Morgen gesund und konnte, überglücklich, ihrem Tagewerk nachgehen. Nur Spuren von Empfindlichkeit blieben noch mehrere Tage lang.

Es ist wohl unverkennbar, daß solche Heilungen durch energische, »tief eingreifende« Massage wesentlich aus keiner anderen Ursache erfolgen, als viele jener Prügelkuren des siebzehnten Jahrhunderts, mögen diese nun bewußt oder unbewußt, absichtlich, mit oder ohne Willen des Kranken ausgeführt worden sein. Bringt doch Lombroso eine Reihe von Fällen bei, wo Menschen nach Unfällen, die eine große Erschütterung des Kopfes verursachten, zu gewissen, ihnen vorher unmöglichen Leistungen befähigt wurden, und behauptet, hierauf gestützt, nicht ohne allen Grund, daß das Genie von Krankheitszuständen des Körpers abhängig sei. Ja, wer tiefer geht, dürfte sogar dahin gelangen, den angeblich religiösen Hang zur Selbstprügelung, wovon in früheren Abschnitten dieses Werkes die Rede war, theilweise auf ähnliche Ursachen zurückzuführen.

Andererseits aber wird man, wenn man den Blick von jenen Heilungsberichten der Vorzeit auf die Lehren der heutigen Massage lenkt, sich auch sagen müssen, daß diese im Allgemeinen von der Vorzeit etwas mehr Dreistigkeit lernen könnte. Wir sind heute gar sehr wissenschaftlich geworden; unsere Theorien sind bis zur Haarspalterei vervollkommnet. Allein schon das Sprüchwort sagt: Allzu scharf macht schartig; und so verfehlt auch eine allzu zärtliche Rücksichtnahme ihren Zweck. Die gar so zarte Behandlung dürfte in der That manchen Kranken eher noch kränker als gesünder machen, und bei der entschiedensten Verwerfung aller lieblosen Gewaltthätigkeiten kann man einem gelegentlich recht energischen Verhalten gegen den Kranken doch den Vorzug geben. Denn um zu genesen, muß die dem Kranken innewohnende Heilkraft angeregt werden. Eine solche ist auch in der Seele, im Willen vorhanden, und da muß man sie anregen, nicht aber erschlaffen lassen. Die Natur schlägt gelegentlich auch derb genug drauf und wirkt Gutes dadurch; auch große Künstler, der Natur um so ähnlicher, sind niemals kleinlich, sondern gehen vor Allem aufs Ganze und Große. Unsere Naturheilwissenschaft könnte in dieser Beziehung sich ihres Namens vielleicht noch würdiger machen, wenn sie etwas weniger Wissenschaft und etwas mehr Natur wäre.

Schläge als Weihe

Da körperliche Schmerzen, wie überhaupt die Erleidung von Gewalt gegen den eigenen Willen, mit am meisten dazu angethan sind, sich der Erinnerung des Menschen einzuprägen, so hat man schon seit alten Zeiten Schläge mitunter angewandt, um einen Augenblick und eine Stelle dem Gedächtniß der Menschen recht eindringlich zu machen. Wenn bei unseren Voreltern ein Grenzstein gesetzt wurde, so gab man den dabei herumstehenden Kindern tüchtige Ohrfeigen, damit sie sich noch als alte Leute dieser Stelle erinnern sollten und eine Ungewißheit über die Grenze der Felder desto eher verhütet werde.

Und so sind denn Schläge gar häufig geradezu als Mittel der Weihe benutzt worden. Bei der Firmung, dem zweiten katholischen Sakramente, verabfolgte der Bischof jedem Gefirmten eine kleine Ohrfeige, um anzudeuten, daß er von nun an Feuer und Schwert willig und geduldig ertragen müsse, daß er nun aus der Gewalt des Teufels erlöst und gleichsam wehrhaft gemacht und berufen sei, alle Schande, die Gott und seiner heiligen Kirche angethan werde, ritterlich zu rächen. Denn an die Worte Christi zu Petrus: »stecke Dein Schwert in die Scheide,« oder an die: »mein Reich ist nicht von dieser Welt« wurde offenbar dabei nicht gedacht.

Auch die Edelknaben, wenn sie herangewachsen waren, wurden so an den Höfen der Fürsten und Kurfürsten unter einer Ohrfeige » wehrhaft gemacht«. Und zwar mit den Worten: »Das leide sonst von Keinem mehr!« Daher kam die Bezeichnung: Ritter-Ohrfeige.

Auch wenn die Römer Einen freisprachen, mußte er sich eine Ohrfeige geben lassen – gleichsam eine Genugthuung für die Mühe, die sich die Untersuchungsrichter mit ihm gemacht und ein Dankbarkeitsopfer für die ihm erwiesene Gerechtigkeit.

Ehemals durfte, nach Paullini, kein königlicher Prinz an die Tafel seines Vaters kommen und mit ihm speisen, wenn er nicht zuvor von einem fremden Könige »wehrhaft gemacht« worden war.

Wenn die deutschen Kaiser in alten Tagen zur Krönung nach Rom reisten, mußten sie jedesmal auf der Brücke, die über die Adria führt, Ritterschläge ertheilen. Dazu wurde dann öffentlich ausgerufen, ob Etliche da seien, die zum Ritter geschlagen zu werden wünschten. Auf diese mußte der Kaiser warten.

Graf Wilhelm von Holland war i.J. 1247 gegen Friedrich II. zum Kaiser erwählt worden, war aber noch sehr jung. Nun wollte er gerne zuvor zum Ritter geschlagen werden. Das geschah denn auch; er bekam aber eine derbe Ohrfeige mit der Mahnung, sich dabei zu erinnern, wie der Herr Christus um seinetwillen verspottet, geschlagen, gegeißelt, mit Dornen gekrönt und vor dem ganzen Volke gekreuzigt worden wäre. Dessen Schmach eingedenk, solle er auch jetzt sein Kreuz auf sich nehmen, Christi unschuldigen Tod gegen alle seine Feinde bitter rächen und als ein apostolischer Ritter leben und sterben. Er solle sich gürten mit Wahrheit, er solle den Harnisch der Gerechtigkeit anziehen und an den Beinen gestiefelt sein, um dem Evangelium des Friedens nachzuwandeln. Vor Allem aber müsse er den Schild des Glaubens ergreifen, um dadurch alle Pfeilschüsse der Bösewichter zu vereiteln. Er müsse auch nehmen den Helm des Heils und das Schwert des Geistes, nämlich das Wort Gottes, wie Paulus solch eine schöne Kriegsrüstung (vermuthlich nach dem Homer) beschreibt.

Wer zum malthesischen Ritter geschlagen wurde, der erhielt mit dem Schwerte drei leichte Schläge auf die Schultern unter den Worten: »Einem edlen Menschen kann keine größere Schmach widerfahren, als wenn er geschimpft und geschlagen wird. Darum gebe ich Euch hiermit diese Streiche, auf daß dies Eure letzte Schande, Schmach und Unehre sei und Ihr Zeit Eures ganzen Lebens von nun an bis an's Ende hinfüro nimmermehr irgend welche Schande erlebt.«

Bei der Aufnahme in die Hansa wurde man »gehänselt«, d.h. in's Wasser getaucht, in Rauch gehangen oder mit heruntergezogener Hose bis auf's Blut gepeitscht, den Kopf in einem Sack, unter rauschender Musik. Diese Unmenschlichkeit wurde lange aufrecht erhalten, damit sich nicht bloß Reiche in die Hansa eindrängen sollten. – Zu ähnlichem Zweck, um den hohen Adel zu verscheuchen, war das Ruthenstreichen des Novizen auch beispielsweise in dem Hochstift Würzburg Sitte, ja bei den Templern soll man gar dem Großmeister den Hintern haben küssen müssen.

In der Universität von Coimbra in Portugal war es von Alters her bis auf unsere Tage Gebrauch, dem Neuling mit einem sogenannten Canellar eine Art Fußtritt zu versetzen, sobald er nicht den Schutz eines Aeltern in Anspruch nahm. Trotz des Verbotes vom Rektorat wurde der Unfug weiter geübt. Einen vom Pedell auf der That ertappten Studenten verurtheilte der Rektor zu dreitägiger Gefangenschaft. Darüber waren die Studenten so erregt, daß sie am selben Abend ihrem bestraften Genossen ein Ständchen brachten und dann vor der Wohnung des Rektors ihrem Unwillen Ausdruck verliehen. Die Auftritte wiederholten sich, und Polizei und Soldaten schritten mit blanker Waffe ein. Dadurch stieg die Erbitterung immer mehr; die Studenten verlangten die Entlassung des Rektors, des Pedells und des Polizei-Befehlshabers, die Regierung jedoch antwortete mit Schließung der Universität. Und das meldeten die Zeitungen im Mai dieses Jahres.

Die Huldigung, die einst in Kärnten der neue Regent empfing, war von der Art, wie man heute dem neuen Herrscher zu huldigen pflegt, sehr verschieden, aber voll tiefen Sinnes. Nahe bei einer längst untergegangenen Stadt war auf einer geräumigen Wiese ein hoher Marmorstein aufgerichtet. Auf diesen stieg ein Bauer, dem diese Ehre durch Erbrecht zugefallen war. Rechts stand ein magerer schwarzer Ochse, links ein häßliches Mutterpferd und rings herum alles Volk. Nun kam von Weitem der neue Fürst herangeschritten. Voran wurde sein Wappen und eine Fahne getragen. Alle waren Prächtig gekleidet, nur der Fürst hatte ein einfach Bauernkleid an und einen Hirtenstab in der Hand. Sobald ihn der Bauer auf seinem hohen Steine nun von Weitem erblickte, rief er ihm auf Slavonisch entgegen: »Wer ist der, der da so stolz angeschritten kommt?« – Man antwortete: »Der Landesfürst.« – Der Bauer fragte weiter: »Ist er auch gerecht? Sucht er das Beste des Landes? Ist er frei und ehrenwerth? Liebt und vertheidigt er die christliche Religion und breitet sie aus?« – Alle riefen: »Ja, ja.« – Und der Bauer abermals: »Mit welchem Rechte will er mich hier von diesem Platze vertreiben?« – Darauf antwortete der Graf-Paladin zwischen den Fahnenträgern: »Der Platz wird um ein Gewisses verkauft werden. Dies Vieh (indem er auf Ochs und Pferd hinzeigte) soll Deines sein; auch sollst Du die Kleider bekommen, die der Fürst jetzt ablegt, und Dein ganzes Haus soll steuerfrei sein.«

Darauf gab der Bauer dem neuen Herzog eine kleine Ohrfeige, indem er ihn zu allem Guten ermahnte, trat herab, nahm Ochs und Gaul und wanderte damit heim. Der neue Fürst aber stieg auf den Stein, schwang den Degen nach allen vier Himmelsrichtungen und versprach dem Volke Alles, was recht und billig ist. Darauf brachte ein Bauer einen Hut voll kalten Wassers und gab es dem Fürsten zu trinken, um anzudeuten, daß er den Wein hassen und sich ja nicht von ihm überrumpeln lassen sollte. Denn Salomo lehrt: »O nicht den Königen, Samuel, gieb den Königen nicht Wein zu trinken, noch den Fürsten starkes Getränke! Sie möchten trinken und des Rechtes vergessen und verändern die Sache irgend der elenden Leute.«

Endlich ging der Herzog nach einer Kirche, die auf dem nahen Hügel stand. Dort wurde erst eine Messe gehalten; der Herzog legte den Bauernrock ab; es wurde gespeist; dann ging es wiederum auf die Wiese, wo nun der neue Herzog Gericht hielt, Urtheil sprach und an Diesen und Jenen Gaben austheilte.

Und hier könnt' ich noch ein paar Geschichten von fürstlichen und adligen Maulschellen anreihen, die ich ebenfalls dem obengenannten Buche von Paullini entnehme. Zwei junge Edelleute hatten sich wegen einer jungen Dame überworfen, welche sie Beide liebten. Endlich schickte der Eine, und zwar der Jüngere, dem Andern zu Neujahr eine schöne Tasche von blauem Sammt. Darauf war mit Silber ein großer Mund und daneben zwei kreuzweis übereinander liegende Degen gestickt. Damit gab er dem Nebenbuhler zu verstehen, er solle ihm entweder vor die Klinge kommen, oder, wo nicht, Maulschellen von ihm gewärtig sein. Da mußte der Andere sich stellen und schlagen, bekam auch einen Stich in's Knie, grade tief genug, daß er geraume Zeit hinken mußte. – Ebenso schickte Einer dem Andern Feigen zu, um ihm dadurch zu sagen, er sei feige. Als Antwort aber erhielt er Maulbeeren, mit dem Hinzufügen, dergleichen könne Jener noch mehr mit eigenen Händen bekommen.

Kaiser Maximilian hatte einst beschlossen, alle Gefangenen hinrichten zu lassen und Jedem, der für sie bitten würde, mit einer derben Maulschelle gedroht. Nun jammerte den Herzog von Braunschweig der guten Leute, doch durfte er keine Fürsprache einlegen. Endlich wagte er es. Der Kaiser, um sein Wort in Ehren zu halten, gab ihm freundlich und lachend einen kleinen Backenstreich und gebot, die Gefangenen auf freien Fuß zu setzen.

Eine seltsame Hochzeitssitte herrscht in der Bretagne. Dort will es der Brauch, daß, wenn ein Brautpaar den priesterlichen Segen empfangen hat, der Bräutigam der neuen Ehewirthin erst eine Ohrfeige mit den Worten: »So schmeckt es, wenn Du mich böse machst«, und darauf einen Kuß verabreicht. Als nun einst ein Bretagner ein deutsches Mädchen, eine Schwäbin, heirathete, wurde ihr ebenfalls die Ohrfeige von der Hand ihres Angetrauten zu Theil. Mit der Sitte unbekannt, wartete die junge Frau den Kuß nicht erst ab, sondern gab dem Manne sofort eine kräftige Ohrfeige zurück mit den Worten: »Weischt, des kann me scho gar nett g'falle«. Der junge Ehemann rieb sich die Wange und wußte nun wenigstens, daß seine Frau nicht mit sich spaßen lasse.

Der Hang zur Grausamkeit.

Wir wenden uns nun von diesen unschuldigeren Arten von Schlägen wieder zu jenen Streichen, die mit der Absicht ertheilt werden, am Andern eine ihm recht empfindliche, ihn demüthigende Vergewaltigung zu verüben. Oft geschieht dies nur aus falschem Gerechtigkeitsgefühle, man glaubt nur ein Vergehen strafen zu müssen und bedauert, hierzu das Mittel der Schmerzzufügung nöthig zu haben. Nicht selten jedoch schleicht sich hierbei, ja selbst wo gar kein Grund zum Strafen vorliegt, eine unreine Leidenschaft ein, die an der Verursachung fremder Schmerzen ein förmliches Labsal empfindet, und die Grausamkeit wird zu einem Gegenstande der Wollust. Der Abschnitt »Allgemeine Prügelschau« weist genug Beispiele hierfür auf, besonders von Frauen. Ja, wir sind berechtigt, anzunehmen, daß bei den Greueln, die von katholischen Priestern verübt oder begünstigt wurden, sei es nun zu Straf- oder zu angeblichen Heilzwecken, die Grausamkeits-Wollust ganz wesentlich mitspielte.

Es ist über diesen dunklen Punkt wohl schon hier und da philosophirt worden, ohne daß man ihn jedoch in ein recht klares Licht zu setzen vermocht hat. Mir will scheinen, daß das Wohlgefallen an fremden Leiden und folglich besonders an der Verursachung fremder Leiden enge zusammenhängt mit dem ganz natürlichen Streben des Einzelnen, das in ihm lebende Prinzip zu möglichst weiter Geltung zu bringen, oder anders gesagt, seine Umgebung sich zu verähnlichen. Wer darum in sich wegen der Reinheit seiner Seele eine unerschöpfliche Quelle inneren Glückes hat, der strebt aus diesem Grunde, stets Glück zu verbreiten; wem aber bei seiner inneren Zerrissenheit die Brust von seelischem Elende gleichsam zerfressen wird, der trachtet deswegen, auch Andre in möglichsten Jammer zu stürzen. Er will sich nicht allein darin sehen, er will in seiner Hölle Gesellschaft haben. Es ist ihm ein Trost, eine Erleichterung, auch Andere, und so sehr als möglich, Qual erleiden zu sehen, weil seine, wenn auch nur seelischen, Qualen ihm dadurch verhältnißmäßig geringer erscheinen.

Während daher gesunde und starke Menschen meist gutmüthig und mitfühlend sind, findet man Grausamkeit mehr als Begleiterscheinung von Schwachheit oder Krankhaftigkeit. Hier ist eine innere Leere, die vollgesogen sein will, während der Gesunde und Starke seine Gewalt nur da anwendet, wo es gilt, sich zu behaupten oder dem Unrecht entgegenzutreten. Somit giebt es denn wohl auch mehr grausame Weiber als Männer, wenngleich die weibliche Grausamkeit vor der Welt weit seltener als die der Männer entschleiert wird.

Die Thatsache, daß es ungefähr vier Mal so viel männliche als weibliche Verbrecher giebt, erklären die italienischen Gelehrten Lombroso und Ferrero aus der Beschaffenheit der weiblichen Natur. Das Weib ist schwächer als der Mann. Auf dem Lande, wo es kräftiger ist, wird denn auch der Unterschied zwischen ihm und dem Manne hinsichtlich der Verbrechen geringer. Alsdann erklären Geschlecht, Mütterlichkeit und Mitleid obige Thatsache. Das Weib hat weniger Bedürfnisse; die Liebe führt es weniger leicht zu Verbrechen als den Mann. Die Liebe beherrscht das ganze Leben des Weibes, während sie beim Manne nur zeitweise vorherrscht, aber dann ist sie desto mächtiger. Ferner steht das Weib an Geisteskraft hinter dem Manne zurück. Diese beiden Forscher erkennen mithin in der Ausbildung des Geistes keine Gewähr gegen das Verbrechen. Im Gegentheil, der Verstand entwickelt sich schneller als das sittliche Gefühl. »Welche Verbrecher würden in der That die Kinder sein, die grausamen, selbstsüchtigen, rachsüchtigen, wenn sie mehr Kraft und Verstand besäßen.«

Es gehört Erfindungskraft zum Verbrechen, und die fehlt den Frauen so sehr, daß manche nur nicht auf den Gedanken verfallen, eins zu begehen. Ferner hat das Weib weniger Laster und Leidenschaften; Trunk und Spiel beispielsweise treiben es nicht zum Verbrechen. Schließlich hat die natürliche Zuchtwahl das Weib sanfter gemacht, denn der Mann bevorzugt ein sanftmüthiges Weib.

Wo sich indessen zu der Schwäche des Weibes auch Raffinirtheit gesellt, ohne daß das Gefühl veredelt wurde, da zeigt sich mitunter eine um so teuflischere Grausamkeit. Mrs. Montague ist eine verhältnißmäßig junge und hübsche Frau, trotzdem hat sie nicht nur an ihren Kindern, sondern auch an stummen Thieren grausame Handlungen verübt. Jugend und Schönheit sind also keine Bürgen gegen Grausamkeit, und grade in jungen Müttern sind die Leidenschaften um so stärker und können sich um so leichter und furchtbarer auslassen, da die Kinder kleiner und hilfloser sind. Denn die Grausamkeit liebt Schwäche. Grade die Schwäche, welche das Mitleid des starken Mannes erregt und ihn um Schutz anfleht, stellt der herzlosen Frau Straflosigkeit in Aussicht. Es liegt in der eigenen Schwäche der Frauen begründet, daß sie vorwiegend sprachlose Thiere oder hülflose Kinder zu Opfern ihrer Leidenschaft auslesen.

Daß es weniger weibliche als männliche Verbrecher giebt, braucht nicht in erster Reihe an der mangelnden Verstandes-Ausbildung zu liegen. Dem Weibe fehlt auch mehr die Gelegenheit, es hat einen beschränkteren Wirkungskreis und endlich eine reinere, bessere Natur. Wenn aber Frauen einmal auf die Bahn des Verbrechens gerathen, so sind sie den Männern an Gewissenlosigkeit, Lasterhaftigkeit und Verhärtung des Gemüthes weit überlegen. Weibliche Gefangene sind meistens viel schwerer zu behandeln als männliche; sie sind verschmitzter, durchtriebener und rachsüchtiger. Und so dürfte es weniger Beschränktheit als grade die mehr in's Kleine und Einzelne eindringende Verschlagenheit sein, wodurch Frauen vom Verbrechen zurückgehalten werden. Denn ein Verbrechen ist gewöhnlich ein Mißgriff, etwas Thörichtes; allermeist wird die Entdeckung eines Verbrechens im Allgemeinen durch irgend eine Gedankenlosigkeit oder ein Versehen herbeigeführt. Hätte Mrs. Montague ihr Töchterchen nicht in einer höchst unvorsichtigen Weise gefesselt, so wäre die von der unmenschlichen Mutter verübte Quälerei wahrscheinlich niemals entdeckt worden.

Die Selbstbeherrschung im Interesse der Gesellschaft begreifen verständige Leute als eine Nothwendigkeit. Daher zügeln sie ihre Leidenschaften und unterdrücken ihre schlechten Triebe. Frauen dagegen, die unter dem Deckmantel irgend eines Erziehungs-Grundsatzes handeln, lassen ihrer Grausamkeit freien Lauf, und alsdann steigert sie sich in's Krankhafte. Kleine Mädchen sind oft ebenso grausam wie Knaben. Man sah Mädchen, welche Kätzchen mit Stecknadeln stachen, um zu beobachten, ob sie Schmerz fühlten – allerdings garkeine andre Handlung, als sie der vivisecirende Professor, der eine Physiologie des Schmerzes schreiben will, an zahllosen Hunden und Kaninchen verübt. Die Grausamkeit bei Kindern ist häufig nur auf ihre Unwissenheit zurückzuführen, doch wird sich in Kindern einer grausamen Mutter nicht leicht ein zarteres Mitgefühl entwickeln.

Mit der Hilflosigkeit ihres Opfers nimmt auch die Grausamkeit einer Frau zu, sie artet zuletzt in wahre Teufelei aus. Kann es etwas Grausameres geben als die Zunge einer Frau? Wie vermag sie zu zerreißen und zu verletzen, die wunden Stellen aufzusuchen, den Charakter in Stücke und den guten Ruf in Fetzen zu reißen! Wer ist grausamer, als die schöne, geliebte Frau, die, eine Kokette vom Scheitel bis zur Sohle, sich nichts aus dem Liebhaber macht! Wie ergötzt sie sich daran, ihr Opfer bis zum Wahnsinn zu quälen, während sie die Wirkung ihrer Worte und Blicke durch die katzenartigen Augen beobachtet, bis sie glaubt, weit genug gegangen zu sein, und alsdann von ihrem herzlosen Spiel abläßt, um den Unglücklichen durch wohlberechnetes Bedauern wieder zu besänftigen! Wie strenge regiert sie über den, der sich einmal unter ihr Scepter gebeugt hat; wie läßt sie alle Grillen und Launen an ihm aus; wie leichtsinnig bricht sie sein Herz und raubt ihm dadurch den Glauben an das weibliche Geschlecht!

Frauen lieben die Macht noch mehr als Männer, obgleich sie meistens gezwungen sind, das Verlangen danach zu verdecken. Und dies unterdrückte Verlangen nach Macht ist eine Quelle von vielem Bösen.

Ein Kindermädchen in London, dessen Namen wir nicht verewigen helfen wollen, gestand, sie habe für die Tödtung von Kindern und Thieren keine anderen Beweggründe, als das seltsame, wahnsinnige Vergnügen, was sie dabei genösse. Sie war befriedigt, wenn sie die Todesqualen sehen konnte. Sie hatte ihrer vermeintlich angeborenen Neigung zu Todtschlag jahrelang vor der Entdeckung ihrer Verbrechen gefröhnt und ihr im Geheimen viele Opfer gebracht.

Eine in einem deutschen Krankenhaus angestellte Wärterin wurde ebenfalls nur von einer rücksichtslosen Neugierde getrieben, die Todesqualen der hilflos daliegenden Kranken, die ihrer Pflege anvertraut waren, mit anzusehen. Bei ihrer Verhaftung bekannte sie offen, eine große Anzahl Hospitalkranker gemordet zu haben.

A.J. Davis, ein amerikanischer Leib- und Seelen-Arzt von reicher Erfahrung und großen Verdiensten, dem ich auch die beiden eben angeführten Fälle entnehme, kennzeichnet solche grausamen oder mordsüchtigen Weiber folgendermaßen: Ihre Neigungen schlagen von klein auf leicht in Naturwidrigkeiten um. Sie sind unmäßig und unbeständig in ihren Geistesthätigkeiten. Sie haben Perioden großer Trägheit und Gleichgültigkeit, Neigung zur Ueberschätzung ihrer selbst und zu plötzlichem Trotze, üble Laune bei der geringsten Veranlassung, sind selbstsüchtig, gegen sich selbst sehr nachsichtig, dabei mißtrauisch gegen ihre Lebensgefährten und Freundinnen. Ihr Appetit wechselt, ihr Gesichtsausdruck ist kummervoll; manche sind zu Zeiten verstimmt und mürrisch. Bei alledem aber zeigen sie ein freundliches Gesicht und eine herzgewinnende Seite in ihrer Gesinnung, die nicht leicht eine Lust an Schmerzbereitungen vermuthen läßt.[66]

Klares Verstandes-Bewußtsein mag vorhanden sein, selbst während die persönliche Willenskraft machtlos und vielleicht bewußtlos ist. Es giebt, sagt Davis, eine Art geistiger oder sittlicher Epilepsie, die, wenn sie den Menschen befällt, ihn unfähig macht, einen langsam reifenden Trieb zur Verübung von Tätlichkeiten und Verbrechen in sich

---

66 Davis, Der Tempel. Deutsche Uebers. v. Dr. G. v. Langsdorf Leipzig, Besser. S. 302.

zu erkennen; er verfällt hoffnungslos einem Schicksal, das er sich selbst gewoben hat. Diese Erscheinung entwickelt sich besonders bei reizbaren weiblichen Personen, aber sie kommt auch bei Männern von sonst guter Gemüthsart vor. Die höheren Gehirnwerkzeuge werden plötzlich des ihnen nöthigen Nervensaftes beraubt und wirken ganz wie bei der gewöhnlichen Fallsucht. Eine Zusammenziehung der leitenden Gefäße sperrt augenblicklich das Blut ab. Sobald es dann wieder hinzutreten kann, hört der Anfall auf.

Wenn wir nun bedenken, wie wenig naturgemäße Gesundheitspflege nach den heutigen Begriffen bei jenen Mönchen, Nonnen und anderen frommen Leuten in Uebung war, wie sie in engen Zellen verschlossen lebten und ihren Körper durch unmäßiges Fasten und auf alle sonstigen Arten mißhandelten, so ist hierdurch allein schon ihre Neigung zu Wahn-Ideen und allen möglichen geistigen und sittlichen Ausschreitungen erklärt. Und wie Manchen mag der unfreiwillige Hunger noch heute schon dadurch zum Verbrechen hinreißen, daß in seinem Gehirn, in Folge der mangelnden Nahrung, blutleere oder blutarme Stellen entstehen, wo nicht gedacht wird! Die Richter, deren Auskommen ihnen erlaubt, sich alle Tage angenehm satt zu essen, deren Gesetzbücher und sonstige Richtschnuren alle von satten und insofern regelrecht denkenden Menschen verfaßt wurden, wissen bloß mit dem Bewußtsein des satten Menschen zu rechnen. Und weil da eine gesetzwidrige Handlung nur aus reifer Ueberlegung und nicht aus Gedankenlosigkeit verübt werden kann, so nehmen sie das erstere – seltene Ausnahmen abgerechnet – auch bei allen Verklagten an. Sie machen es ähnlich mit dem verkümmerten Geiste des Verbrechers, wie es jenem hungernden Knaben mit seinem eingefallenen Hintern geschah, der durch Schläge in eine dem Auge wohlgefälligere Form gebracht werden sollte.

Die hoffnungslosesten Beispiele von Mordsucht, sagt Dr. Mandsley, werden offenbar in Verbindung mit Epilepsie gefunden. Bisweilen geht ein Anfall von Wahnsinn einem oder einer ganzen Reihe epileptischer Krämpfe voraus. Aber es steht noch in Zweifel, ob die dadurch erzeugte Verirrung die

Form tiefer moralischer Störung mit Neigung zu Mord und Todtschlag habe. – Sehr häufig entwickelt sich unterdrückte Fallsucht zur Mordsucht. Daher sollte man bei vielen Morden sorgfältig nachforschen, ob sich Neigung zu Fallsucht, eine aura epileptica oder andere der Fallsucht verwandte Erscheinungen gezeigt haben.

Im Jahre 1869 berichteten die Zeitungen in Amerika, u. A. der »Boston Herald«, von einem Waisenmädchen, Namens Sara Maria Mc. Keering, das im Alter von kaum siebzehn Jahren in Lawrance (Massachusetts) starb, nachdem es vom siebenten Jahre an den wahnsinnigen Grausamkeiten eines wohlhabenden Bauernpaares ausgesetzt war. Diese Leute hatten das Kind aus dem Waisenhause zu Tewksbury mit der Verpflichtung übernommen, es in anständiger Weise aufzuerziehen. Nun schickte die Leitung der Anstalt einmal einen Agenten zu den so in Pflege gegebenen Kindern herum, um sich von den Fortschritten in deren Entwicklung zu überzeugen. Die Familie, die Sara genommen hatte, erklärte, diese sei nach vierjährigem Aufenthalte entlaufen. Der Beamte forschte nach und fand Sara bei einer ehrbaren Familie derselben Stadt. Das Mädchen hatte in jammervollem Zustande, die Arme blau und schwarz von roher Behandlung, bei einer Nachbar-Familie für die Nacht Schutz gesucht. Sie war krank und hilflos – ein schönes Mädchen von sechzehn Jahren, und mehrere Aerzte erklärten, sie werde unfehlbar an der Auszehrung dahinsiechen.

Sie erzählte eine traurige Geschichte von der unmenschlichen Behandlung seitens ihrer Pflegeeltern. Viele Tage lang hatte sie nichts als kalte Kartoffeln und Salz bekommen. Von großem Hunger gequält, hatte sie ein Stückchen Apfelkuchen entwendet und versteckt. Das entdeckte der Herr. Um sie zu bestrafen, führte er sie nach dem Stalle und zwang sie, von einem großen Löffel, den er ihr in den Mund preßte, noch frischen Kuh-Dünger zu essen. Bei einer andern Gelegenheit schleppte die Frau sie nach der Küche und hielt ihre Hände so lange über die glühend heißen Ofenplatten, bis sie mit Blasen bedeckt waren. Auch wurde das Mädchen einmal von der Frau gezwungen, aus einem

Nachtgeschirre Urin zu trinken. Wegen eines kleinen Vergehens führte die Pflegemutter sie auf einen Dachboden, zog sie erst nackt aus, band sie dann an einen Balken fest und schlug sie mit einem Bündel von vier Stöcken so fürchterlich und so lange, bis die Stöcke ganz zerschlagen waren. Als ihre Pflegeeltern ihr mit »wieder solch einer Lektion« gedroht hatten, war sie entflohen, so wenig sie auch wußte, wo sie ein Unterkommen finden werde. Sie war so elend und in Fetzen gekleidet, daß die, welche sie zuerst beherbergten, anfangs im Zweifel waren, ob es ein Knabe oder ein Mädchen sei. Die traurige Geschichte wiederholte sie auch in Gegenwart ihrer Peiniger, denen sie nun auf immer entflohen war.

In dem Krankenhause einer westamerikanischen Stadt kam ein außerhalb lebender Mann anfragen, ob er nicht ein Kind zum Auferziehen bekommen könnte. Es wurde ihm die kaum achtjährige Tochter einer Insassin des Krankenhauses gegeben. Drei Jahre darnach fuhr vor dem Hause ein Wagen vor, und ein bejammernswerthes, bleiches, entstelltes Kind wurde der Vorsteherin mit den Worten übergeben, man könne das Kind nicht länger behalten und brächte es daher zurück. Groß war das Entsetzen der armen Mutter, die noch immer im Krankenhause verweilen mußte, beim Anblick ihres Kindes in diesem Zustande. Es zeigten sich Merkmale einer langandauernden und systematisch schlechten Behandlung. Die Außenformen waren verkrüppelt und verwachsen, die kleinen Hände von rauher unablässiger Arbeit ganz schwielig und sahen eher Krallen als Kinderhänden ähnlich. Den Körper bedeckten schwarzblaue Flecke von wiederholten harten Schlägen, und der Hals zeigte die Spuren eines Strickes, an dem das Kind aufgehängt und später damit auf dem Boden herumgezogen worden war. Die Knöchel waren angeschwollen und wund durch den Strick, womit es Kopf abwärts aufgehängt gewesen war – zur Strafe! Die ganze Erzählung der Kleinen, die mit augenscheinlicher Wahrheitsliebe vorgebracht wurde, enthüllte die Thatsache, daß sie während der ganzen drei Jahre mit einer teuflischen Grausamkeit behandelt worden war. Einmal wurde sie an einem Stricke über einer Düngergrube aufgehängt, bis sie beinahe erstickt war.

Die Leute, die solche Schmerzen und Grausamkeiten verursachen, sind, wie Davis sagt, gewöhnlich als klarköpfige, eigenwillige, arbeitsame, sparsame und besonders als strenggläubige Sonntagsmucker und Kirchenlichter geachtet und als gute Nachbarn und fügsame Bürger geschätzt. Aber die Hülle, die äußerlich so rein und lieblich anzusehen, birgt etwas sehr Unreines. Natürlich sind alle solche Personen Heuchler, sowohl soziale wie religiöse.

Der Leser überdenke dies, halte es zusammen mit den im ersten Theil dieses Werkes berichteten »religiösen« Schandthaten, und er wird hier wie dort die gleiche Entartung der Menschennatur finden. Diese kann natürlich wirksam nur durch Beseitigung ihrer Ursachen, die in naturwidriger Lebens- und Nahrungsweise, in sozialen Uebelständen u.s.w. liegen, mit dauerndem Erfolge bekämpft werden. Auch wollen wir uns nicht verhehlen, daß unzählige Fälle ähnlicher Grausamkeiten gewiß heute noch unbestraft und andere ganz unentdeckt bleiben, wo die Leuchte der Menschlichkeit, getragen vom Muthe der Wahrheit, ihre Strahlen noch hinsenden muß.